GERMAN THE EASY WAY

GERMAN THE EASY WAY

by Paul G. Graves

Instructor of German
University of Colorado
Boulder, Colorado

BARRON'S EDUCATIONAL SERIES, INC.

To my wife, Eva Alkalay Graves

All inquiries should be addressed to:
Barron's Educational Series, Inc.
250 Wireless Boulevard
Hauppauge, New York 11788

Library of Congress Catalog Card No. 84-2954

Paper Edition
International Standard Book No. 0-8120-2719-1

Library of Congress Cataloging in Publication Data
Graves, Paul G.
    German the easy way.

    1. German language—Grammar—1950-   2. German
language—Text-books for English speakers.   I. Title.
PF3112.5.G68 1984   438.2′421   84-2954
ISBN 0-8120-2719-1

PRINTED IN U.S.A.

3   100   12

CONTENTS

INTRODUCTION

Teacher (to little Tommy): Don't say 'I ain't coming.' You must say 'I am not coming, he is not coming, we are not coming...'
Little Tommy: Ain't nobody coming?

Soon Tommy will learn how to say it correctly. Most children speak as if they knew their grammar. Self-consciousness afflicts mainly grown-ups. Lucky are those who can retain into adulthood that parrot-like gift of the child of "picking up" a foreign tongue. It is a sad fact that a minimum of grammar is essential for the proper study of a foreign language. But grammar in this book is not the bugaboo of yesterday. You will be eased into it without pain. Please keep in mind, this book wants to make friends with you; it tries to be neighborly, lively and humorous.

The topics, as outlined in the table of contents, are relevant to everyday situations and problems. There is a storyline (sort of), not exactly a cliff-hanger, yet designed to keep you interested. And there are characters in the story itself that you will recognize, a friend, a relative, maybe yourself. Anecdotes, jokes, and brain teasers are interspersed throughout the text to lend it variety. There are loads of exercises also —not too hard, I believe — following each section. The answer key at the back of the book will enable you to verify your responses. There are German-English and English-German Vocabularies, a list of strong and irregular verbs, and a pronunciation guide.

You probably know that German is spoken today by close to ninety million people living in West Germany, East Germany, Austria, and Switzerland. German is used and understood by millions elsewhere in Europe and around the world. It is recognized as one of the great international languages and is particularly useful in the fields of science, technology and commerce. West Germany is one of the leading industrial countries, ranking second only to the United States. Every fourth machine on the world market today was manufactured in West Germany. The economy of this country of sixty-two million is larger than that of the United States west of the Mississippi River, twice as big as that of the entire Spanish-speaking world.

Knowing German will give you access to some of the world's finest literature, and, in works of non-fiction, to superior reference- and textbooks on every conceivable subject. Visiting one of the German-speaking countries as a tourist, your pleasure will be vastly enhanced if you are able to talk with the Germans, the Austrians, and the Swiss in their native tongue.

May I tell you how to use this book? Set aside half an hour each day or one to two hours three times a week for its study; then stick to your schedule. Read each lesson aloud, and repeat what you have read. Repetition in language study is half the battle. Test yourself daily on the vocabulary that you have just learned. Your stock of words will grow by leaps and bounds. Some of them will be identical with their English counterparts, others will strike you as quite similar; this fact alone should give you a head start. Since German is closely related to English, you will know a great number of words even before you get going. You will notice that German is largely a phonetic language, which means that you will pronounce most words the way they are spelled. Speak and listen at any opportunity to German-speaking people here or abroad. Don't be afraid to speak. Nobody is going to laugh at you. People will usually help and respect you for the effort.

Let me tell you something: There are many Germans whose grammar will be poorer than yours. So don't worry about using the wrong word. Remember what Mark Twain once said: "As for the adjective, when in doubt, leave it out."

CHAPTER 1

Auf dem Weg zum Schwimmbad
On the Way to the Pool

How to Pronounce It Properly

It is hot in the city. There is only one thought that occupies the mind of Anton Gruber, an employee of the Schmidt Advertising Agency, just back from the office in his apartment where the air conditioning has broken down. It is 5 p.m.:

> **Schwimmen!**
> Shvĭmĕn!
> To swim!
> **Ich muß schwimmen gehn.**
> Ĭch mōōss shvĭmĕn gāyn.
> I must swimming go.

(Pardon the word order.)

The *i* in ***schwimmen*** is short as in most vowels that are followed by two or more consonants. The ˇ on top of the vowel *i* shows you that it is a short vowel. But the ¯ on top of the *a* in ***gāyn*** means that here we have a long vowel. In this chapter a short vowel (*ă, ĕ, ĭ, ŏ, ŭ*) or umlaut (*ä̆, ö̆, ü̆*) is marked by the symbol ˇ, and a long vowel or umlaut by the symbol ¯. Concerning the ***ich***: please do not say *ik*; it sounds icky. This kind of *ch* is similar to an exaggerated *h*, as in *Hugh*. The *i* before it is short, as in *nitwit*. The *u* in ***muß*** is short also—think of the dog with the ugly *puss*. And look again at the word ***schwimmen***. Germans have to put a *c* between the *s* and the *h*, but it's still pronounced *sh*. Watch out for the German *w*. This is always pronounced like the English *v*.

Anton needs company, so he says to himself:

> **Ich glaube, ich geh mit Susie.**
> Ĭch gloubĕ ĭch gāy mĭt Sūsĭe.
> I think I (will go) go with Susie.

The *au* in ***glaube*** should remind you of *Ouch!!* Anyway, he calls his girl-friend:

> **Susie, willst du schwimmen gehn?**
> Sūsĭe, vĭlst dōō shvĭmĕn gāyn?
> Susie, wilt thou swimming go? (Do you want to go swimming?)

Actually, the word is ***gehen***, but when you speak you often skip the second *e*. The Germans, being a very poetic people, ask a question the way William Shakespeare would. Apparently she agrees because he continues:

> **Gut, ich komme um zehn Uhr.**
> Gōōt, ĭch kŏmĕ ōōm tsāyn ōōr.
> Good, I come (will come) at ten o'clock.

The *u* in the German ***gut*** rhymes with *loot* or *boot*, so it's long. The *o* in ***komme*** is short, as in *on* (Come on!). The *u* in ***um*** is also short as in *my foot!* The *z* in ***zehn*** must be pronounced like *ts*. Think of the last Tsar of Russia. To sound it like an *s* is prohibited on pain of death. The *h* in ***zehn*** merely tells you to lengthen the vowel. It does the same after an *a*, an *o* or a *u*. Therefore, the sound of the *u* in

Uhr is long. If from now on you are to pronounce the *oo* as a *long* sound, it will have a bar over it like this: $\overline{oo}$. You'll remember it if you think of the $\overline{oo}$ sound in the verb *to ooze*. So Anton picks her up, and on the way to the pool they talk:

ANTON   **Schönes Wetter heute, nicht wahr?**
Shŏněs vĕttěr hoitě, nĭcht vāhr?
Nice weather today, isn't it?

In *schönes* we have the *ö* which, because of the funny little dots on top of the *o*, is called an umlaut *(ōōmlout)*. Please practice this sound in front of a mirror. You cannot produce it correctly unless you look funny, with your lips rounded and pushed forward forcefully. Imagine that you are sucking a lemon. The *eu* in **heute** sounds like the *oy* in *boy*. The umlaut of *au* is *äu* as in **Sau, Säue** *(sow, sows,* the adult female swine), likewise pronounced like an *oy (soye)*. Now the **nicht wahr.** This expression is most practical. It takes the place of all those English phrases like isn't it, aren't they, don't you, doesn't she, etc.

SUSIE   **Absolút! Ich freu mich aufs Schwimmen.**
Ăbsŏlūt! Ĭch froi mĭch oufs shvĭměn.
Absolutely! I look forward to the swim.

Dann können wir ein Boot mieten.
Dăn kŏněn vīr ein bōt mēētěn.
Then we can a boat rent.

Absolút: There are no accents like the ′ on top of a vowel in German. However, most German words are stressed on the first syllable. If the first syllable is not to be stressed, the accent mark ′ will be shown on the stressed syllable for the purposes of this text.

The correct word is *freue.* But the *e* at the end is frequently dropped. The *a* in **dann** is not like the *a* in English *pat* but more like the *o* in *pot*. Every vowel if doubled becomes long. Please try a straight *o* without the off-glide into the *oa* (as in the English *boat*).

ANTON   **Was tust du später?**
Văs tōōst dōō shpāytěr?
What dost thou (are you doing) later? (Shakespeare again)

The *a* in **was** is short, as in *cop*. In **später** you pronounce the *sp* like *shp*. The same is true with other words that start with an *sp*. Words starting with an *st* are likewise sounded as if they began with *sht*, like **Stadt** (city): **shtăt.** The *ä* in **später** sounds exactly like an *e;* it always sounds like an ordinary *e*, pronounced *āy*, as in *gehen.*

SUSIE   **Ich muß meine Mutter besúchen.**
Ich mōōss meině mōōttěr běsōōchěn.
I must my mother visit.

As you can see again, the Germans use a different word order. Quite often the verb stands at the end of the sentence. We'll talk about this later. The *ei* in **meine**—be sure to pronounce the *e* at the end of the word—and any other *ei* (or *ai*) always sound like the *ei* in *kaleidoscope*. The *u* in **Mutter** is short because it is followed by a double consonant. That is true for every vowel *(a, e, i, o, u)* followed by a double consonant. **Besuchen** has the accent on the second syllable, which is true of every verb starting with be- or ge-. The *ch* in **besuchen** sounds ugly. It is like the noise you make when something gets stuck in your throat and you try to get it up.

ANTON   **Warúm mußt du sie besúchen?**
Vărōōm mōōst dōō zēē běsōōchěn?
Why must thou her visit?

In **warum** you accent the second syllable. The *e* in **sie** merely serves to lengthen the *i*. *Sie* rhymes with Robert E. *Lee.*

SUSIE **Sie ist krank.** (*Krank* rhymes with *honk*.)
Zēē ĭst krănk.
She is ill.

ANTON **Was fehlt ihr?** (*Ihr* rhymes with *here*.)
Văs fāylt ēēr?
What ails her? (What's wrong with her?)

SUSIE **Nicht viel. Aber sie fühlt sich nicht wohl.**
Nĭcht fēēl. Aabĕr zēē fūlt zĭch nĭcht vōl.
Not much. But she feels not well.

The *ch* in **nicht** sounds exactly like the one in **ich** that we had before. *Viel* is pronounced like *feel*. The Germans are very nasty in using two different letters for exactly the same sound. The German *v* (almost) always sounds like an *f*. In **Vogel** (bird) or in **Feder** (feather) you hear the same *f* sound. You will insult them by calling their favorite car a **Vokswagen**. It is a **Folksvagen**. The *l* in this word must be pronounced, and the *a* is a straight *a*, as in *Saab*, the Volkswagen's Swedish competitor. The *ü* in **fühlt** is, you guessed it, an umlaut. Kindly refer to what was said in the case of the *ö*. Round your lips and push them forward even more vigorously so that the sound comes out through a little round hole.

ANTON **Was sagt der Doktor?**
Văs sāāgt dĕr dŏctōr?
What says the doctor?

SUSIE **Sie soll im Bett bleiben und Medizín nehmen.**
Zēē sŏl ĭm bĕt bleibĕn ŏŏnd mĕdĭtsēēn nāymĕn.
She should in bed stay and medicine take.

Medizin has the accent on the last syllable.

ANTON **Braucht sie jémanden?**
Broucht zēē yáymăndĕn?
Needs she somebody?

The *j* in **jemanden** is always pronounced like the *y* in *yodel*, never like the *j* in *jackass*.

SUSIE **Nein, sie hat ja kein Fieber.**
Nine, zēē hăt yā kine fēēbĕr.
No, she has no fever.

The *ja* doesn't mean much. It's just a filler used to confirm Susie's conviction that her mother is not all that sick.

ANTON **Soll ich dich morgen vom Büró abholen?**
Sŏl ĭch dĭch mŏrgĕn fŏm bŭŕō ăbhōlĕn?
Shall I you tomorrow from the office pick up?

Ich komme gern.
Ĭch kŏme gĕrn.
I (will) come gladly.

The *g* in **morgen** and the *g* in **gern** both sound like the *g* in *go*. The *g* always sounds that way in German, never never like the *g* in *gin*. The accent in **Büro** is on the *o*. The *o* in **abholen** is long, as in *hole*.

SUSIE **Ja, natúrlich. Vielleícht können wir tanzen gehn.**
Yā, nătúrlĭch. Fīleícht kŏnĕn vīr tăntsĕn gāyn.
Yes, naturally (of course). Maybe can we dancing go.

Natürlich has the accent on the second syllable. Never pronounce the German *ei* like an *ee*. Leonard Bernstein won't forgive you if you pronounce his name *Bernsteen* instead of *Bernstine*. Remember *kaleidoscope?*

ANTON **In der Stadt oder am Strand?**
Ĭn dĕr shtăt ōdĕr ăm shtrănd?
In the city or at the beach?

SUSIE **In der Stadt.** (*Stadt* rhymes with *pot*.)
Ĭn dĕr shtăt.
In the city.

Vielléicht können Karl und Nora mitkommen.
Fīleícht kŏnĕn Kărl o͞ond Nōră mĭtkŏmĕn.
Maybe can Karl and Nora come along.

Er ist ein guter Tänzer, und
Air ĭst ein go͞otĕr tĕntsĕr o͞ond
He is a good dancer and

sie ist eine nette Frau.
ze͞e ĭst einĕ nĕtĕ frow. (***Frau*** rhymes with *now*.)
she is a nice woman.

Concerning the German *r:* it does sound a bit different from its English counterpart. The Germans like to roll it most of the time (as the Scotsmen do). The most difficult consonant to pronounce is probably the *l*. Try to do it with the tip of your tongue against the back surface of your upper front teeth. It should sound like the flat *l* in *William*. But don't worry. German folks have lived in this country for a long time and still can't get our American *l* straight. You will probably be told that you have a charming American accent. And you will now be able to read (and, I hope, pronounce correctly) every word in the complete dialog. If you find you have forgotten one word or another, you can look it up in the vocabulary at the end of the book.

ANTON **Schwimmen! Ich muß schwimmen gehn. Ich**
Shvĭmĕn! Ĭch mo͞oss shvĭmĕn gāyn. Ĭch

glaube, ich geh mit Susie.—Susie, willst du schwimmen gehn?—Gut, ich
gloube, ĭch gāy mĭt Sūsĭe.—Sūsĭe, vĭlst do͞o shvĭmĕn gāyn?—Go͞ot, ĭch

komme um zehn Uhr.—Schönes Wetter heute, nicht wahr?
kŏmĕ o͞om tsāyn o͞or.—Shŏnĕs vĕttĕr hoitĕ, nĭcht vāhr?

SUSIE **Absolút. Ich freu mich aufs Schwimmen.**
Ăbsŏlút. Ĭch froi mĭch oufs shvĭmĕn.

Dann können wir ein Boot mieten.
Dăn kŏnĕn vīr ein bōt me͞etĕn.

ANTON **Was tust du später?**
Văs to͞ost do͞o shpāyter?

SUSIE **Ich muß meine Mutter besúchen.**
Ĭch mo͞oss meinĕ mo͞ottĕr bĕso͞ochĕn.

ANTON **Warúm mußt du sie besúchen?**
Văro͞om mo͞ost do͞o ze͞e bĕso͞ochĕn?

SUSIE **Sie ist krank.**
Ze͞e ĭst krănk.

ANTON **Was fehlt ihr?**
Văs fāylt e͞er?

SUSIE **Nicht viel. Aber sie fühlt sich nicht wohl.**
Nĭcht fe͞el. Aabĕr ze͞e fūlt zĭch nĭcht vōl.

ANTON **Was sagt der Doktor?**
Văs sāagt dĕr dŏctōr?

SUSIE **Sie soll im Bett bleiben und Medizín nehmen.**
Ze͞e sŏl ĭm bĕt bleibĕn o͞ond mĕdĭtse͞en nāymĕn.

ANTON **Braucht sie jemanden?**
Broucht ze͞e yāymăndĕn?

SUSIE **Nein, sie hat ja kein Fieber.**
Nine, ze͞e hăt yā kein fe͞ebĕr.

ANTON **Soll ich dich morgen vom Büró abholen?**
Sŏl ĭch dĭch mŏrgĕn fŏm bŭró ăbhōlĕn?

Ich komme gern.
Ĭch kŏme gĕrn.

SUSIE **Ja, natűrlich. Vielléicht können wir tanzen gehn.**
Yā, nătűrlĭch. Fīléicht kŏnĕn vīr tăntsĕn gāyn.

ANTON **In der Stadt oder am Strand?**
Ĭn dĕr shtăt ōder ăm shtrănd?

SUSIE **In der Stadt. Vielléicht können Karl und**
Ĭn dĕr shtăt. Fīléicht kŏnĕn Kărl ōōnd

Nora mitkommen. Er ist ein guter Tänzer,
Nōră mĭtkŏmĕn. Air ĭst ein gōōter tĕntsĕr

und sie ist eine nette Frau.
ōōnd zēē ĭst eine nĕtĕ frow.

Please note: All nouns and words used as nouns are capitalized in German.

When is a German vowel long? When is it short?

später	**Boot**	**zehn**	**mieten**
shpāyter	bōt	tsāyn	mēēten
later	boat	ten	to rent

A vowel (or umlaut) is long if it is followed by a single consonant (*t* in **später**); if it is doubled (*oo* in **Boot**); if it is followed by a silent *h* (*h* in **zehn**); if it is followed by a silent *e* (*e* in **mieten**).

schwimmen	**Wetter**	**tanzen**
shvĭmĕn	vĕttĕr	tăntsĕn
to swim	weather	to dance

A vowel is short if it is followed by more than one consonant; it is also short if it is an *e* in the last syllable of a word that ends with an *-en* or *-er*, as shown.

Sometimes the German *e* sound was transcribed with an *ay*, as in *geh* (*gay*—go) or the German *o* sound with an *ō*. As mentioned before, there is no off-glide sound. The straight *e* as in *heir*, and the straight *o* as in *four* or *floor* are strictly maintained.

Also, there is no *y* sound in front of the German *u*. Examples: The German word **Uhr** (watch, clock) is pronounced *oor*, not *yoor*. The German verb **fuhr** (drove) sounds like *foor*, not *fyoor*.

The letter *ß* is called *ess-tsett* or *scharfes s*, and is pronounced like *s*, as in **weiß** (white) or in **Nuß** (nut).

The combination *chs* is pronounced *ks* in words like **sechs** (six) or **Luchs** (lynx).

In words with a *gn* or a *kn both* consonants are sounded, as in the German **Knie** (knee) or **Gnade** (mercy). Do not say **Keníe** or **Genáde**. There is no pause between the *K* and the *n,* or between the *G* and the *n. Do not* insert a vowel (like a short *e*) between the consonants.

The *ck* sounds exactly like a *k,* as in **Sack** (sack).

Das deutsche Alphabét
Dăs doitche ălfăbáyt
The German alphabet

German letter	pronounced like
a	ah (as in *father*)
b	bay
c	tsay (today used mostly in words with a *ch* or *sch*)
d	day
e	eh (no off-glide sound)

German letter	pronounced like
f	ef
g	gay
h	haa (rhymes with *baa*)
i	ee (rhymes with *sea*)
j	yot
k	kaa (rhymes with *blah*)
l	el
m	em
n	en
o	oh (no off-glide sound; pronounced as in *four*)
p	pay
q	koo
r	err (roll it most of the time)
s	ess
t	tay
u	oo (rhymes with *boo*)
v	fou (as in *foul*; rhymes with *sow*)
w	vay
x	iks (rhymes with *six*)
y	üpsilon (accent on the first syllable)
z	tsett

Y is a rare letter in German. It should always be pronounced like an *ü* as in *Zylinder* (tsŭlínder, top hat) or **Ägypten** (*āygǘpten*, Egypt). It also occurs as the end vowel in first names like *Anny, Fanny, Pauly,* etc. It is then pronounced like a short *i*.

There is a Pronunciation Guide at the end of the book.

The following tongue twister provides good practice for the student struggling with the *v*'s and *w*'s. Remember, the German *w* sounds like the English *v*.

Wir Wiener Waschweiber würden weiße Wäsche
Vēēr vēēnĕr vãshveibĕr vŭrdĕn veissĕ vĕshĕ
We Viennese washerwomen would white laundry

waschen, wenn wir wüßten, wo warmes, weiches
vãshĕn, vĕn vēēr vŭsstĕn, vō vãrmĕs, veichĕs
wash, if we knew where warm, soft

Wasser wäre.
vãsser vāyrĕ.
water was.

A young housewife who did not have much money to spend asked a German butcher the price of some hamburger steak. ''Vitch von?'' he wanted to know. ''Zis von or zat von?'' She pointed it out to him.

''A dollar a pound,'' he said.

''But,'' she replied, ''at the store across the street they charge only fifty cents.''

''Vel,'' asked Franz, ''vy don't you buy it from zem?''

''They are out of it,'' she explained.

''Aha,'' answered the butcher. ''Ven I am out of it, I sell it for twenty-five cents.''

EXERCISES: Try to do them on your own. If you get desperate, look up the answers in the key at the end of the book.
  1. The *ch* in **ich** sounds like the first letter of
     a. kind   b. huge   c. chop
  2. The *w* in **schwimmen** is pronounced like the first letter of
     a. wisdom   b. whether   c. vain

3. The *au* in **glaube** sounds like the vowel sound in
   a. mouse   b. taught   c. food
4. The *z* in **zehn** reminds you of
   a. zip   b. tsar   c. silk
5. The *u* in **Uhr** is like the sound in
   a. lure   b. unit   c. unload
6. The *eu* in **heute** reminds you of the sound in
   a. road   b. boy   c. Hugh
7. The *ch* in **besuchen** is the sound that you hear in
   a. loch   b. Hugo   c. macho
8. The *ei* in **meine** reminds you of
   a. keen   b. mean   c. fine
9. The *a* in **krank** rhymes with
   a. crank   b. honk   c. song
10. The *eh* in **fehlt** rhymes with
    a. mailed   b. field   c. held
11. The *v* in **viel** is the same as the first letter of
    a. veal   b. foal   c. will
12. The *j* in **jemanden** sounds like the first letter of
    a. John   b. gypsy   c. yonder
13. The *g* in **gern** is pronounced like the g in
    a. goose   b. gentle   c. ginger
14. The *st* in **Stadt** sounds like
    a. *sht*   b. *st*   c. *ts*
15. The *ö* in **können** reminds you of the sound in
    a. gone   b. pen   c. curse
16. The name of the German letter *x* is:
    a. *iks*   b. *eggs*   c. *aks*
17. The *chs* in **Büchse** (box) sounds like
    a. *sh*   b. *gs*   c. *ks*
18. The German *y* in **Zypern** (Cyprus) is pronounced like
    a. *ü*   b. *i*   c. *u*
19. You pronounce the word **Knödel** (dumpling) like
    a. **Nödel**   b. **Knödel**   c. **Kenödel**
20. You pronounce the word **Gnom** (gnome, a dwarf) like
    a. noun   b. genóum   c. gnohm

CHAPTER 2

Anton und seine nette Nachbarin, Frau Müller
Anton and His Nice Neighbor, Mrs. Müller

The Article (*the* book, *a* book)

1. The Definite Article—*der, die, das,* etc. (the)

Abbreviations:

Genders

m	masculine (man)
f	feminine (woman)
n	neuter (thing)

Numbers

sing.	singular (one man)
pl.	plural (two or more men)

Cases

nom.	nominative	subject or predicate nominative: *The man* (subject) is tall. He is *a tall man*. (predicate nominative)
gen.	genitive	(in English, also called possessive): the face *of the man* (possessive: belonging to the man)
dat.	dative	(better known in English as the indirect object): He gives it *to the man*. (To whom does he give it?)
acc.	accusative	(better known in English as the direct object): He sees *the man*. (Whom does he see?)

At this point we should also mention the fact that the prepositions (such as *in, at, on, for;* in German: *in, an, auf, für* etc.) control the case forms of their objects. However, no noun or pronoun that is the object of a preposition ever occurs in the nominative case.

In German all nouns (words that are the names of something) are either masculine, feminine, or neuter. Male persons are naturally masculine; female persons, feminine (there are a few exceptions that can, for the time being, safely be ignored); things can be either masculine, feminine, or neuter. Please try to memorize the article along with the noun: *der Mann,* the man; *die Frau,* the woman; *das Ding,* the thing; *der Strand, die Stadt.* The last two are things, yet one is masculine, the other feminine.

Die Wohnung   (The Apartment) I

Der Eisschrank (m) (ice shronk)
  in der Küche (f) *des* Mannes ist
  immer voll.
In *dem* großen Kasten (m) im
  Wohnzimmer (n) sind
  viele Bücher (n).
Den kleineren Raum (m)
  benutzt er als
  Schlafzimmer (n).

The refrigerator
  in the kitchen of the
  man is always full.
In the big cabinet in the
  living room there are
  many books.
The smaller room
  he uses as
  a bedroom.

    Please note: Eisschrank is a compound noun: *Eis* (n) and *Schrank* (m). The last noun, *Schrank,* determines the gender of the whole word. Wherever the natural gender is obvious, the notation *m, f,* or *n* has often been omitted.

    These are the four cases of the masculine singular (m. sing.):

nom.: *der* Eisschrank	the refrigerator (subject)
gen.: *des* Mannes	of the man
dat.: *dem* Kasten	(in) the cabinet
acc.: *den* Raum	the room (direct object)

Die Wohnung   (The Apartment) II

Die Küche ist klein,
  aber nett.
Das Bild *der* Mutter
  hängt an *der* Wand (f).
Von ihr bekam er *die*
  Geschírrspülmaschine (f)
  (geshírrshpülmasheene).
Seine Mutter ist leider
  tot.

The kitchen is small
  but nice.
The picture of the mother
  hangs on the wall.
From her he received the
  dishwasher.
His mother unfortunately
  is dead.

These are the four cases of the feminine singular (f. sing.):

nom.: *die* Küche	the kitchen (subject)
gen.: *der* Mutter	of the mother
dat.: *der* Wand	(on) the wall
acc.: *die* Geschírrspülmaschine	the dishwasher (direct object)

die Wohnung   (The Apartment) III

Das Fenster in der Küche
  ist immer offen, auch das
  des Badezimmers (n). *Dem*
  Putzmädchen (n) öffnet er
  die Hauseingangstür (f)
  (houseingongstür) **von**
  oben. Man betritt *das*
  Wohnzimmer vom
  Flur (m).

The window in the kitchen
  is always open, also that
  of the bathroom. For the
  cleaning girl he opens
  the house entrance door
  from above. One enters the
  living room from the
  corridor.

These are the four cases of the neuter singular (n. sing.):

nom.: *das* Fenster	the window (subject)
gen.: *des* Badezimmers	of the bathroom
dat.: *dem* Putzmädchen	for the cleaning girl
acc.: *das* Wohnzimmer	the living room (direct object)

Die Wohnung   (The Apartment) IV

Die **Preise (m)** *der*
  Wohnungen (f) sind hier
  ziemlich hoch. Anton
  zahlt *den* **Besitzern (m)**
  die Miete (f) am Anfang (m)
  des Monats (m). Dann
  bezahlt er auch *die*
  Rechnungen (f) für
  Strom (m), Gas (n) und
  Telephon (n).

The prices of the
  apartments are here
  rather high. Anton
  pays to the owners
  the rent at the beginning
  of the month. Then
  he pays also the
  bills for
  electricity, gas, and
  telephone.

These are the four cases of the plural. Please note that the same four forms are used for all three genders.

nom.:	*die* **Preise**	the prices (subject)
gen.:	*der* **Wohnungen**	of the apartments
dat.:	*den* **Besitzern**	(to) the owners
acc.:	*die* **Rechnungen**	the bills (direct object)

Anton und Frau Müller, I

2. The Indefinite Article—*ein, eine, ein*, etc. (a, an)

In English we have only one form for the indefinite article, *a* or *an*, which is used for somebody or something that is not specified. Examples: *A* man was here. He gave him *an* answer.

Anton ist *ein* **netter**
  Mensch und er macht auch
  den Eindruck (m) *eines*
  netten Kerls. *Einem* **Mann**
  wie ihm ist man immér
  gewógen; er hat
  einen **guten Sinn (m) für**
  Humór.

Anton is a nice
  man and he gives also
  the impression of a
  nice guy. To a man
  like him one is always
  kindly disposed; he has
  a good sense of humor.

Masculine

nom.:	*ein* **Mensch**	a man (predicate nom.)
gen.:	*eines* **Kerls**	of a guy
dat.:	*einem* **Mann**	(to) a man
acc.:	*einen* **Sinn**	a sense (direct object)

Anton und Frau Müller, II

Frau Müller ist *eine* **sehr**
  hilfsbereite Nachbarin.
  Sie hat das Benéhmen (n)
  einer **liebenswürdigen Dame.**
  Sie klopft an und betritt
  Antons Wohnung mit
  einer **herzlichen Miene (f)**
  und bringt ihm *eine*
  Zeitung (f). Sie behándelt
  ihn wie einen Sohn.

Mrs. Müller is a very
  cooperative neighbor.
  She has the manners
  of a kind lady.
  She knocks and enters
  Anton's apartment with
  an affectionate look
  and brings him a
  newspaper. She treats
  him like a son.

Feminine

nom.: *eine* Nachbarin	a neighbor (predicate nom.)
gen.: *einer* Dame	of a lady
dat.: *einer* Miene	(with) a look
acc.: *eine* Zeitung	a newspaper (direct object)

Anton und Frau Müller, III

Ein Buch liegt auf dem	A book lies on the
Frühstückstisch (m), auch	breakfast table, also
das Bild *eines* Mädchens.	the picture of a girl.
Mit *einem* höflichen Nicken (n)	With a polite nod
steht er auf und bietet	he gets up and offers
ihr *ein* Glas (n) Tee (m) an.	her a glass of tea.

Neuter

nom.: *ein* Buch	a book (subject)
gen.: *eines* Mädchens	of a girl
dat.: *einem* Nicken	(with) a nod
acc.: *ein* Glas	a glass (direct object)

Please note: **Antons Wohnung** (Anton's apartment) = **die Wohnung des Anton.** There is *no* apostrophe (') in the German version.

Additional Vocabulary

was ist, was sind?	what is, what are?
wie ist, wie sind?	how is, how are?
wo ist, wo sind?	where is, where are?
wer hat?	who has?
wer ist, wer sind?	who is, who are?
wie heißt?	what is the name of?
wann waren Sie?	when were you?

EXERCISE 1 Fill in the missing articles.

1. _____ kleineren Raum benutzt er als Schlafzimmer.
   the
2. **Das Bild** _____ **Mutter hängt an der Wand.**
   of the
3. _____ **Fenster ist offen.**
   the, sing.
4. **In** _____ **großen Kasten sind Bücher.**
   the
5. **Von ihr bekam er** _____ **Geschírrspülmaschine.**
   the
6. **In der Küche** _____ **Mannes**
   of the
7. **Das Bild an** _____ **Wand**
   the
8. **Die Preise** _____ **Wohnungen**
   of the
9. **Anton zahlt** _____ **Besítzern** _____ **Miete.**
   to the   the
10. **Man betrítt** _____ **Wohnzimmer.**
    the
11. **Anton hat** _____ **guten Sinn für Humór.**
    a
12. **Mit** _____ **höflichen Nicken**
    a

13. **Er macht den Eindruck** _____ **netten Kerls.**

          of a

14. **Das Benehmen** _____ **liebenswürdigen Dame**

       of a

15. **Anton bietet ihr** _____ **Glas Tee an.**

     a

EXERCISE 2 Fill in the correct _definite_ article (nom. sing.).

1. _____ **Mann**   7. _____ **Wohnzimmer**
2. _____ **Mutter**   8. _____ **Mädchen**
3. _____ **Kasten**   9. _____ **Dame**
4. _____ **Wand**   10. _____ **Kerl**
5. _____ **Fenster**   11. _____ **Glas**
6. _____ **Raum**   12. _____ **Eisschrank**

EXERCISE 3 Fill in the correct _indefinite_ article (nom. sing.)

1. _____ **Geschírrspülmaschine**
2. _____ **Küche**
3. _____ **Badezimmer**   6. _____ **Mutter**
4. _____ **Dame**   7. _____ **Kasten**
5. _____ **Eisschrank**   8. _____ **Putzmädchen**

EXERCISE 4 Answer in German.

1. **Wo ist der Eisschrank?**
2. **Wo sind viele Bücher?**
3. **Was ist immer offen?**
4. **Was zahlt er den Besítzern?**
5. **Wie heißt die Nachbarin?**
6. **Wer hat einen Sinn für Humór?**

EXERCISE 5 Write the following sentences in German.

1. There are many books in the cabinet.
2. He received the dishwasher from the mother.
3. The refrigerator is in the kitchen.
4. Anton pays the rent.
5. The prices are high.
6. Mrs. Müller is a cooperative neighbor.
7. He opens the house entrance door.
8. The window is always open.
9. He enters the livingroom.
10. He offers her a glass of tea.

EXERCISE 6 Finish the following sentences with the missing word.

1. **Im Kasten sind viele** _____ .
2. **Die Küche ist klein, aber** _____ .
3. **Er betrítt das Zimmer vom** _____ .
4. **Er bezáhlt die** _____ .
5. **Er öffnet die** _____ .
6. **Die Preise der Wohnungen sind** _____ .
7. **Von ihr bekám er die** _____ .
8. **Den kleineren Raum benútzt er als** _____ .
9. **Das Fenster ist immer** _____ .
10. **Der Eisschrank ist immer** _____ .

EXERCISE 7 Choose the correct word.

1. **Frau Müller bringt ihm**
   a. **eine Zeitung**   b. **ein Glas Tee**   c. **Bücher**
2. **Auf dem Frühstückstisch liegt**
   a. **ein Putzmädchen**   b. **ein Bild**   c. **eine Rechnung**
3. **Von Mutter bekam er**
   a. **Bücher**   b. **einen Kasten**   c. **die Geschírrspülmaschine**

4. **An der Wand hängt ein Bild**
   a. **des Wohnzimmers**   b. **der Mutter**   c. **der Hauseingangstür**
5. **Sie betritt die Wohnung vom**
   a. **Flur**   b. **Badezimmer**   c. **Schlafzimmer**
6. **In der Küche**
   a. **sind viele Bücher**   b. **ist der Eisschrank**
   c. **ist ein großer Kasten**

EXERCISE 8 True or false?   T / F

1. **In dem großen Kasten sind viele Bilder.**   _____
2. **Der Eisschrank ist in der Küche.**   _____
3. **Das Bild der Mutter hängt an der Geschírrspülmaschine.**   _____
4. **Er bezahlt die Rechnung für die Bücher.**   _____
5. **Er hat einen guten Sinn für Humór.**   _____
6. **Frau Müller bringt ihm Medizín.**   _____
7. **Das Fenster im Badezimmer ist immer offen.**   _____
8. **Er bezáhlt den Besitzern die Miete.**   _____
9. **Den kleineren Raum benützt er als Küche.**   _____
10. **Sie klopft an und betrítt das Badezimmer.**   _____

Ein Dialog (A Dialog)

FRAU MÜLLER Guten Morgen (m), Herr Anton. Haben Sie gut geschlafen? — Good morning, Mr. Anton. Did you sleep well?

ANTON Danke, sehr gut. Und Sie? — Thank you, very well. And you?

FRAU MÜLLER Ausgezeichnet. Aber ich schlafe immer gut. — Fine. But I always sleep well.

ANTON Ich auch; besonders heute. — Me too; especially today.

FRAU MÜLLER Sie meinen, weil es Sámstag (m) ist? Kein Büro? — You mean because it is Saturday? No office?

ANTON Genáu. — Exactly.

FRAU MÜLLER Das Wetter ist sehr schön. Die Sonne scheint und keine Wolke (f) am Himmel (m). — The weather is very beautiful. The sun is shining, and there's not a cloud in the sky.

ANTON Wunderbar. — Wonderful.

FRAU MÜLLER Ich bin sehr froh. Die letzten paar Tage (m) hat es zuviel geregnet. — I am very glad. The last few days it has rained too much.

ANTON Stimmt. — That's true.

FRAU MÜLLER Trinken Sie, bitte, den Tee; der wird sonst kalt. — Please drink the tea; it'll get cold otherwise.

ANTON Richtig. Vielen Dank (m) für die Zeitung. — Right. Many thanks for the paper.

FRAU MÜLLER Keine Ursache (f). — Don't mention it.

ANTON Etwas Neues (n) drin? — Any news in it?

FRAU MÜLLER Nicht der Rede (f) wert. — Nothing worth talking about.

Please note: another word for **Samstag** is **Sonnabend**.

Ein and *kein*

kein Büro (n)	no office	kein Besitzer (m)	no owner
keine Wolke (f)	no cloud	keine Zeitung (f)	no paper

The endings are the same as in *ein/eine/ein*. There is also a plural: *keine,*
keiner, keinen. Keine Büros, Wolken, etc.

Additional Vocabulary

Ich schlafe schlecht.	I sleep badly.
Ich bin sehr traurig.	I am very sad.
Ich trinke Kaffée (m) oder Milch.	I drink coffee or milk.
Ich schlafe kaum.	I hardly sleep.
Ich bin guter Laune (f).	I am in a good mood.

EXERCISE 9 Fill in the missing words.
1. **Guten** _____, **Herr Anton.**
      morning
2. **Das** _____ **ist sehr schön.**
      weather
3. **Die** _____ **Tage hat es geregnet.**
      last few
4. **Ich bin** _____.
      very glad
5. **Sie meinen, weil es** _____ **ist?**
      Saturday
6. **Keine Wolke am** _____
      sky
7. _____ **für die Zeitung**
   Many thanks
8. **Ich bin sehr** _____.
      sad

EXERCISE 10 Complete each sentence or phrase with one of the words listed here: **ist, Sonne,
Tage, keine, Rede, zuviel, sehr, bitte.**
1. **Das Wetter** _____ **sehr schön.**
2. _____ **Wolke am Himmel**
3. **Die letzten** _____
4. **Trinken Sie** _____ **den Tee.**
5. **Nicht der** _____ **wert**
6. **Es hat** _____ **geregnet.**
7. **Danke,** _____ **gut**
8. **Die** _____ **scheint.**

EXERCISE 11 Write the following in German:
1. I always sleep well.
2. The sun is shining.
3. Many thanks for the paper.
4. Don't mention it.
5. Please, drink the tea.
6. No office?
7. Nothing worth talking about
8. Because it is Saturday?
9. Exactly
10. I am very glad.

EXERCISE 12 Translate the following into English.
1. **Ausgezeichnet**
2. **Besonders heute**
3. **Trinken Sie, bitte, den Tee.**
4. **Etwas Neues drin?**

    5. **Keine Wolke am Himmel**
    6. **Danke, sehr gut**
    7. **Wunderbar**
    8. **Guten Morgen, Herr Anton**

EXERCISE 13 Fill in the missing letters.
    1. **AUSGE__EIC__NET**
    2. **K__INE __OLKE**
    3. **SAM__TAG**
    4. **KE__N B__RO?**
    5. **W__NDERB__R**
    6. **DAS WET__ER IST SC__ÖN**
    7. **DIE LET__TEN TA__E**
    8. **DIE SON__E SCH__INT**
    9. **ET__AS N__UES?**
   10. **NI__HT DER RE__E WE__T**

EXERCISE 14 Choose the correct article.
    1. _____**Sonne scheint.**
    2. _____**Tee wird kalt.**
    3. _____**Wetter ist schön.**
    4. _____**Büró ist nett.**
    5. _____**Zeitung ist hier.**
    6. _____**letzten Tage hat es geregnet.**

EXERCISE 15 Answer in complete German sentences.
    1. **Wie ist das Wetter?**
    2. **Wo ist keine Wolke?**
    3. **Was trinkt Anton?**
    4. **Wie heißt die Nachbarin?**
    5. **Was scheint am Himmel?**
    6. **Wer bringt die Zeitung?**

EXERCISE 16 Construct sentences using the cue words.
    1. **Haben / geschlafen?**
    2. **Sonne / Wolke / Himmel**
    3. **Danke / Zeitung**
    4. **Tage / geregnet**
    5. **Ich / froh**
    6. **weil / Samstag**

EXERCISE 17 Choose the correct word according to the text.
    1. **Heute ist**
      a. **kein Samstag**   b. **kein Büró**   c. **keine Zeitung**
    2. **Vielen Dank für**
      a. **die Wolke**   b. **das Wetter**   c. **die Zeitung**
    3. **Frau Müller ist sehr**
      a. **schön**   b. **froh**   c. **genáu**
    4. **Anton trinkt**
      a. **Kaffée**   b. **Tee**   c. **Milch**

EXERCISE 18 True or false?   T / F
    1. **Frau Müller schläft immer schlecht.**   _____
    2. **Sie ist immer traurig.**   _____
    3. **Am Samstag geht er ins Büró.**   _____
    4. **Heute trinkt Anton Tee.**   _____
    5. **Die letzten Tage hat es nicht geregnet.**   _____
    6. **Das Wetter ist heute sehr schlecht.**   _____
    7. **Keine Wolke am Himmel**   _____
    8. **Anton hat kaum geschlafen.**   _____
    9. **Die Sonne scheint.**   _____

Ein Witz (A Joke)

ANTON	**Soll ich Ihnen etwas von dem Buchhalter in unserem Büro erzählen?**	Shall I tell you something about the bookkeeper in our office?
FRAU MÜLLER	**Ja, bitte.**	Yes, please.
ANTON	**Also gestern tritt er plötzlich auf unsere hübsche Stenotypístin zu, packt sie und küßt sie. In dem Augenblick kommt der Chef herein und sagt: "Dafür zahle ich Ihnen?" Was glauben Sie, Frau Müller, antwortet ihm der Buchhalter?**	Well, yesterday suddenly he steps up to our pretty typist, grabs her, and kisses her. At this moment the boss enters and says: "For this I'm paying you?" What do you think, Mrs. Müller, does the bookkeeper tell him?
FRAU MÜLLER	**Ich bin gespannt.**	I am anxious to know.
ANTON	**"Nein, das tue ich umsónst."**	"No, this I do for free."

Author to reader: I admit that the information you've just gotten about Anton and his landlady is not exactly the stuff headlines are made of. And the dialog is less than brilliant. But look at it this way: We have to start somewhere. You can't expect these characters to be witty or sophisticated if you yourself know only a hundred words of German, can you?

CHAPTER 3

Die Kusíne aus Denver
The Cousin from Denver

The Noun

Nouns: words that are the names of things

Kristy, Susie's American cousin, is her guest tonight along with Mother, Anton, and the Bauers (Nora and Karl).

Die Gäste kommen
The guests are coming

Kristy ist Susie Brauns Kusíne aus Denver. Sie ist in Deutschland auf Besúch und wohnt bei Susie und ihrer Tante. Für heute Abend hat man Nora und Karl Bauer eingeladen und natürlich auch Susies Freund, Anton Gruber. Susies *Mutter* stellt die *Teller* (m) auf den Tisch (m). „Wo sind die Messer (n) und die Löffel (m)?" fragt Kristy. Da erinnert sie sich an einen Witz (m). „Frau Braun, womit rühren Sie Ihren Kaffee (m) um?" „Mit meiner rechten Hand." "Das ist komisch," erwidert Kristy. „Ich benutze einen Löffel." Die *Mädchen* (n) helfen den Tisch decken. Das *Wetter* ist schön, die *Fenster* (n) sind weit offen. Man hört einen *Wagen* (m) vorfahren.

Kristy is Susie Braun's cousin from Denver. She is in Germany on a visit and lives at Susie's and her aunt's. For this evening they have invited Nora and Karl Bauer and, naturally, also Susie's boyfriend, Anton Gruber. Susie's mother puts the plates on the table. "Where are the knives and the spoons?" asks Kristy. Then she remembers a joke. "Mrs. Braun, with what do you stir your coffee?" "With my right hand." "That is funny," replies Kristy. "I use a spoon." The girls help to set the table. The weather is beautiful, the windows are wide open. One hears a car drive up.

All English nouns (with a few exceptions) add -s or -es to the singular to form the plurals: *book, books, grass, grasses*. In terms of forming plurals, German nouns belong to one of five groups. The nouns printed in italics in the foregoing text belong to Group 1.

Masculine Nouns

	SINGULAR	PLURAL
nom.:	der Teller	die Teller
gen.:	des Tellers	der Teller
dat.:	dem Teller	den Tellern
acc.:	den Teller	die Teller

17

Feminine Nouns

	SINGULAR	PLURAL
nom.:	die Mutter	die Mütter
gen.:	der Mutter	der Mütter
dat.:	der Mutter	den Müttern
acc.:	die Mutter	die Mütter

Neuter Nouns

	SINGULAR	PLURAL
nom.:	das Mädchen	die Mädchen
gen.:	des Mädchens	der Mädchen
dat.:	dem Mädchen	den Mädchen
acc.:	das Mädchen	die Mädchen

Most of these nouns end with *-chen, -lein, -er, -el* or *-en;* they do not change in the plural, except for adding *-n* in the dative (unless they end with it to begin with: *den Mädchen*). Some nouns take an umlaut in the plural: *Mutter/Mütter; Tochter/Töchter* (daughter); *Bruder/Brüder* (brother); *Vater/Väter* (father); *Mantel/Mäntel* (overcoat) (m).
Note: das Fräulein/die Fräulein (Miss).

EXERCISE 1 Fill in the missing German words.
1. **Wo sind** _____?
       the knives and the spoons
2. _____ **sind weit offen.**
    The windows
3. **Sie stellt** _____ **auf den Tisch.**
       the plates
4. **Susie hat** _____.
       a car
5. **Sie ist Frau** _____.
       Braun's daughter
6. _____ **helfen.**
    The girls
7. _____ **Kristy hat blaue Augen.**
    Miss

EXERCISE 2 Correct or incorrect?   C/I
1. **das Bruder** _____
2. **die Väter** _____
3. **das Mädchen** _____
4. **des Fenster** _____
5. **den Tellern** _____
6. **den Tochtern** _____
7. **den Mänteln** _____

EXERCISE 3 Write the following sentences in German.
1. Kristy spends a month in Germany.
2. Where are the plates and the spoons?
3. Susie has a boyfriend.
4. She is Mrs. Braun's daughter.
5. Kristy has two brothers.
6. That is funny.
7. The weather is very beautiful.
8. One hears a car.
9. Mrs. Braun is the mother of a girl.

EXERCISE 4 Answer in complete German sentences.
1. **Wo verbringt Kristy ihre Ferien?**
2. **Wer ist Frau Brauns Tochter?**
3. **Wie heißt Susies Freund?**
4. **Was stellt Susies Mutter auf den Tisch?**
5. **Was hört man vorfahren?**
6. **Wer hilft Frau Braun?**
7. **Wer erzählt einen Witz?**

EXERCISE 5 Choose the correct word or words.

1. **Kristy ist die Kusíne von**
   a. **Susie**   b. **Anton**   c. **Frau Braun**
2. **Die Teller liegen auf dem**
   a. **Wagen**   b. **Eisschrank**   c. **Tisch**
3. **Für kaltes Wetter benutzt man**
   a. **einen Mantel**   b. **einen Löffel**   c. **ein Messer**
4. **Wer ist Frau Brauns Tochter?**
   a. **Kristy**   b. **Susie**   c. **Nora**
5. **Kristy ist auf Ferien in**
   a. **England**   b. **Schweden**   c. **Deutschland**

Vor der Mahlzeit

Before the Meal

	Nora und Karl sind Susies Freunde. Sie und Anton sind gerade angekommen.	Nora and Karl are Susie's friends. She and Anton have just arrived.
NORA	**(to Kristy) Sehr nett, Sie wiederzusehen. Wann waren Sie zuletzt in Deutschland?**	Very nice to see you again. When were you in Germany last?
KRISTY	**Vor dreizehn *Jahren* (n).**	Thirteen years ago.
KARL	**Sie sprechen sehr gut Deutsch.**	You speak German very well.
KRISTY	**Finden Sie? Aber ich habe doch einen amerikánischen *Akzént* (m).**	Do you think so? But I have an American accent.
ANTON	**Behált ihn! Er klingt sehr nett.**	Keep it! It sounds very nice.
SUSIE	**Darf ich Euch etwas Wein (m) anbieten? Oder ein *Stück* Obst (n)?**	May I offer you some wine? Or a piece of fruit?
KRISTY	**(to Nora and Karl) Haben Sie noch die zwei *Hunde* (m)?**	Do you still have the two dogs?
NORA	**Sie meinen Pipsi und Putzi, die weißen Pudel (m)?**	You mean Pipsi and Putzi, the white poodles?
KRISTY	**Die waren so herzig.**	They were so cute.
NORA	**Ja, die sind tot.**	Yes, they are dead.
KRISTY	**Schade, ich hab' sie so gern auf den *Armen* (m) gehalten.**	That's a pity. I liked to hold them in my arms.

The italicized nouns belong to Group 2. They add *-e* to the singular to form the plural. Some of them use the umlaut (like *Frucht, Früchte* (f), fruit). Many consist of only one syllable.

Additional Vocabulary

die Hand, Hände   hand
der Sohn, Söhne   son
der Zug, Züge   train

Here are three examples representative of nouns that belong to Group 2:

Masculine Nouns

	SINGULAR	PLURAL
nom.:	**der Freund**	**die Freunde**
gen.:	**des Freundes**	**der Freunde**
dat.:	**dem Freund**	**den Freunden**
acc.:	**den Freund**	**die Freunde**

Feminine Nouns

	SINGULAR	PLURAL
nom.:	**die Hand**	**die Hände**
gen.:	**der Hand**	**der Hände**
dat.:	**der Hand**	**den Händen**
acc.:	**die Hand**	**die Hände**

Neuter Nouns

	SINGULAR	PLURAL
nom.:	**das Jahr**	**die Jahre**
gen.:	**des Jahres**	**der Jahre**
dat.:	**dem Jahr**	**den Jahren**
acc.:	**das Jahr**	**die Jahre**

EXERCISE 6 Answer with complete sentences in German.
1. **Wer sind Susies Freunde?**
2. **Wo sind Noras Pudel?**
3. **Wie hießen sie?**
4. **Wann war sie zuletzt in Deutschland?**
5. **Wie waren die Hunde?**

EXERCISE 7 Complete the following sentences.
1. **Nora, Karl und Anton sind gerade** _____.
2. **Susies Mutter stellt die Teller auf den** _____.
3. **Darf ich Ihnen etwas Wein** _____?
4. **Die Hunde sind leider** _____.
5. **Sie hat einen amerikanischen** _____.
6. **Behalt ihn! Er klingt sehr** _____.
7. **Sehr nett, Sie** _____.

EXERCISE 8 Fill in the correct endings.
1. **Vor vielen Jahr**_____
2. **Er hat zwei Hund**_____.
3. **Er tut es mit den Händ**_____.
4. **Die Söhn**_____ **sind hier.**
5. **Sie kommen mit den Züg**_____.
6. **Sie hat zwei Stück**_____ **in der Hand.**

EXERCISE 9 Fill in the missing letters in the German words.
1. **VOR DRE__ZE__N JA__REN**
2. **EIN STÜ__K OBS__**

3. **SIE SP__ECHEN GUT D__UTSCH**
4. **GER__DE ANGE__OMMEN**
5. **SUSIES FRE__NDE**
6. **SIE WI__DERZUSE__EN**
7. **MIT KEINEM A__ZENT**

EXERCISE 10 Write the following in German.
1. Thirteen years ago
2. Do you think so?
3. They were so cute.
4. Nice to see you again.
5. That's a pity.
6. Keep it.
7. Anton has just arrived.

Nach dem Essen

After the Meal

Nach dem Essen (n) gehen Susie und ihre Gäste (m) ins Wohnzimmer (n) und machen es sich bequém. Mutter Braun wäscht indéssen das Geschírr (n) und die *Gläser* (n) in der Küche. Die *Männer* rauchen, Anton eine Zigarétte (f), Karl eine Pfeife (f). Die Damen rauchen nicht, außer Kristy.

After dinner Susie and her guests go to the living room and make themselves comfortable. Mother Braun meanwhile washes the dishes and glasses in the kitchen. The men smoke, Anton a cigarette, Karl a pipe. The ladies do not smoke, except Kristy.

KARL (to Susie, pointing at the wall) **Sind das neue *Bilder?***

Are these new pictures?

SUSIE Ja, ich habe sie vorige Woche (f) gekauft. Auch diese *Bücher* (n). Einen Román (m) über japánische *Kinder* (n) und einen über mexikánische *Götter* (m), beide sehr interessánt.

Yes, I bought them last week. Also these books. A novel about Japanese children and one about Mexican gods, both very interesting.

ANTON (to Kristy) **Wie lange bleibst du hier?**

How long will you stay here?

KRISTY Ich weiß noch nicht. Wahrscheinlich bis Dezémber (m).

I don't know yet. Probably until December.

ANTON Hier ist es kälter als in Amérika. Hast du genug Winterkleider (n) mitgebracht?

Here it is colder than in America. Have you enough winter clothing taken along?

KRISTY Ich glaube schon. Vielléicht kaufe ich mir hier noch einen Pullover (m).

I think so. Maybe I buy myself here another pullover.

SUSIE *Kinder,* wollt ihr etwas spielen oder wollen wir ein paar *Lieder* (n) singen?

Children, do you want to play something, or shall we sing a few songs?

The italicized nouns in the foregoing text belong to Group 3. They add *-er* to the singular to form the plural. They all take the umlaut in the plural.

Masculine Nouns

	SINGULAR	PLURAL
nom.:	der Mann	die Männer
gen.:	des Mann*es*	der Männer
dat.:	dem Mann	den Männer*n*
acc.:	den Mann	die Männer

Neuter Nouns

	SINGULAR	PLURAL
nom.:	das Bild	die Bilder
gen.:	des Bild*es*	der Bilder
dat.:	dem Bild	den Bilder*n*
acc.:	das Bild	die Bilder

Note: There are no feminine nouns in this group.

Additional Vocabulary

Haus, Häus*er* (n)   house
Volk, Völk*er* (n)   people
Land, Länd*er* (n)   country, land

EXERCISE 11 Choose the correct answer.
1. **Nach dem Essen gehen die Gäste**
   a. **in die Küche**   b. **ins Schlafzimmer**   c. **ins Wohnzimmer**
2. **Karl raucht**
   a. **nicht**   b. **eine Pfeife**   c. **eine Zigarétte**
3. **Frau Braun wäscht**
   a. **Susies Bücher**   b. **ihre Hände**   c. **das Geschírr**
4. **Susie hat einen Román über**
   a. **japánische Kinder**   b. **amerikánische Kinder**   c. **deutsche Kinder**
5. **Kristy kauft sich hier vielleícht**
   a. **ein Winterkleid**   ˊb. **einen Pullover**
   c. **eine Geschírrspülmaschine**

EXERCISE 12 Match the following sentences:
1. **Karl raucht eine Pfeife.**   _____ Are those new pictures?
2. **Sind das neue Bilder?**   _____ Kristy has enough
3. **Die Románe sind**   winter clothing.
   interessant.   _____ Karl smokes a pipe.
4. **Kristy hat genug**   _____ She probably stays
   Winterkleider.   till December.
5. **Sie bleibt wahrscheinlich**   _____ The novels are
   bis Dezémber.   interesting.

EXERCISE 13 Fill in the missing letter.
1. **Die GL__SER**
2. **Die B__CHER**
3. **Die KLE__DER**
4. **Die MÄN__ER**
5. **VIELLEI__HT**

EXERCISE 14 Write the following in German.
1. The guests make themselves comfortable.
2. I bought two books last week.
3. The men smoke.
4. I think so.
5. I don't know yet.

EXERCISE 15 True or false?   T / F
    1. **Susie raucht.**   ——
    2. **Frau Braun wäscht indessen das Geschírr.** ——
    3. **Karl raucht eine Pfeife.** ——
    4. **Nach dem Essen geht man in den Flur.** ——
    5. **Anton raucht nicht.** ——

Anders in Amerika

Different in America

Nach dem Kartenspiel (n) sprechen sie über verschíedene Themen (n).

After the card game they speak about various topics.

KARL Kristy, vergléich doch bitte die amerikanischen Männer mit den deutschen.

Kristy, please compare the American men with the German ones.

KRISTY In Deutschland sind die älteren Herren höflicher als in Amerika. Sie bringen den *Damen* oft *Blumen* (f) und Bonbóns (n), verbéugen sich und küssen ihnen die Hand (f). Die jungen *Menschen* (m), besonders die *Studénten* und *Studéntinnen* auf den *Universitäten* (f), sind so wie in Amerika.

In Germany the older gentlemen are more polite than in America. They often bring the ladies flowers and candy, bow, and kiss their hands. The young people, especially the students (of both sexes) at the universities, are the same as in America.

The italicized nouns of the above text belong to Group 4. They add *-n* or *-en* to the singular to form the plural.

Masculine Nouns

	SINGULAR	PLURAL
nom.:	**der Mensch**	**die Mensch*en***
gen.:	**des Mensch*en***	**der Mensch*en***
dat.:	**dem Mensch*en***	**den Mensch*en***
acc.:	**den Mensch*en***	**die Mensch*en***

Feminine Nouns

	SINGULAR	PLURAL
nom.:	**die Blume**	**die Blume*n***
gen.:	**der Blume**	**der Blume*n***
dat.:	**der Blume**	**den Blume*n***
acc.:	**die Blume**	**die Blume*n***

Neuter Nouns (irregular)

	SINGULAR	PLURAL
nom.:	**das Herz (heart)**	**die Herz*en***
gen.:	**des Herz*ens***	**der Herz*en***
dat.:	**dem Herz*en***	**den Herz*en***
acc.:	**das Herz**	**die Herz*en***

Additional Vocabulary

Antwort (f)	answer	**Schwester (f)**	sister
Katze (f)	cat	**Straße (f)**	street
Präsident (m)	president	**Stunde (f)**	hour
Präsidentin (f)	president	**Tante (f)**	aunt
Schule (f)	school	**Tür (f)**	door

Note that some masculine nouns denoting persons form corresponding feminine nouns that end in -*in* (plural -*innen*). **Präsident,** shown above, is one of these nouns. Others are:

der Lehrer	**die Lehrerin, -innen**	teacher
der Freund	**die Freundin, -innen**	friend
der Student	**die Studentin, -innen**	student
der Photograph	**die Photographin, -innen**	photographer

EXERCISE 16 Fill in the missing German word endings.
1. **Wie sind die amerikanischen Zeitung_____?**
2. **Student_____ sind auf den Universität_____.**
3. **Die älteren Herr_____ sind höflicher.**
4. **Wir haben einen Präsident_____.**
5. **Die Tür_____ sind offen.**

EXERCISE 17 True or false?   T / F
1. **Frau Braun und Susie singen nach dem Kartenspiel.**   _____
2. **Die älteren Herren bringen den Damen oft Bonbóns.**   _____
3. **Die Amerikaner küssen den Damen immer die Hand.**   _____
4. **Die Damen bringen den Herren Blumen.**   _____
5. **Viele ältere deutsche Männer verbeugen sich.**   _____

EXERCISE 18 Finish the sentences with the missing words.
1. **Die jungen Menschen in Deutschland sind so wie in _____.**
2. **Die älteren Herren in Deutschland sind _____.**
3. **Vergleichen Sie die deutschen Frauen mit den _____.**
4. **Studenten sind auf den _____.**
5. **Meine Damen und _____!**

EXERCISE 19 Translate the following into English.
1. **Nach dem Kartenspiel**
2. **Bitte vergleichen Sie.**
3. **Die Studenten auf den Universitäten**
4. **Die Schulen in Deutschland**
5. **Sie sprechen über verschiedene Themen.**

EXERCISE 20 Write the following in German.
1. They bow.
2. We have sisters.
3. She has two cats.
4. They often bring flowers.
5. The schools in America

Leben in Amerika   Life in America

KARL (to Kristy) **Du bist Lehrerin, nicht wahr?**

You are a teacher, aren't you?

KRISTY **Ja, schon seit sechs Jahren.**

Yes, for six years already.

KARL **Sind** *Jobs* **(m) jetzt in Amerika schwer zu finden?**

Are jobs hard to find in America now?

KRISTY	Ziemlich schwer.	Pretty hard.
	Besonders für	Especially for
	Lehrerinnen.	(female) teachers.
	Ich habe Glück (n).	I am lucky.
	Meine Stellung (f)	My position is
	ist relativ sicher.	relatively secure.
ANTON	Wohnst du allein?	Do you live by yourself?
KRISTY	Mit einer Freundin.	With a girl friend.
	Wir teilen die Kosten.	We share the costs.
	Die Wohnung ist sehr	The apartment is very
	bequém, mit *Sofas* (n),	comfortable, with
	Radios (n) und	sofas, radios and
	Fernsehern (m) in,	TV sets in,
	praktisch gesprochen,	practically speaking,
	jedem Zimmer, und	every room, and
	einer herrlichen	a marvelous
	Aussicht (f) auf zwei	view of two parks
	Parks (m) und die Berge.	and the mountains.
KARL	Das klingt wunderbar.	That sounds wonderful.
KRISTY	Ja, ich bin sehr	Yes, I am very
	zufríeden.	satisfied.
ANTON	Hast du *Fotos* (n)?	Do you have photos?
KRISTY	Jawóhl; einen Momént	Yes, indeed; just a moment.
	(m). Hier.	Here.
KARL	Großartig!	Excellent!
KRISTY	Danke. Ich	Thank you. I like
	photographíere sehr	taking pictures
	gern. Habe drei	very much. Have
	Kameras (f).	three cameras.
FRAU MÜLLER	Habt Ihr auch eine	Do you have a
	Garáge (f)?	garage, too?
KRISTY	Klar. Für zwei Autos.	Sure. For two cars.

Fotos can also be spelled **photos.**

The italicized nouns belong to Group 5. They are of foreign origin and add *-s* to the singular to form the plural.

Masculine Nouns

	SINGULAR	PLURAL
nom.:	**der Job**	**die Jobs**
gen.:	**des Jobs**	**der Jobs**
dat.:	**dem Job**	**den Jobs**
acc.:	**den Job**	**die Jobs**

Feminine Nouns

	SINGULAR	PLURAL
nom.:	**die Kamera**	**die Kameras**
gen.:	**der Kamera**	**der Kameras**
dat.:	**der Kamera**	**den Kameras**
acc.:	**die Kamera**	**die Kameras**

Neuter Nouns

	SINGULAR	PLURAL
nom.:	**das Radio**	**die Radios**
gen.:	**des Radios**	**der Radios**
dat.:	**dem Radio**	**den Radios**
acc.:	**das Radio**	**die Radios**

Additional vocabulary

Bar (f.)   bar
Hotél (n).   hotel

Some nouns take an ending of *-en* in the plural:

Thema (n), Themen   topics, themes
Firma (f), Firmen   firms
Drama (n), Dramen   dramas

Watch out for: **Name (m), des Namens, die Namen** (names)

EXERCISE 21   Correct or incorrect?   C / I
1. **Ich habe zwei Auto.**   ____
2. **Ich wohne in einem Hotels.**   ____
3. **Die Parks sind herrlich.**   ____
4. **Die Fotos sind gut.**   ____
5. **Man spricht über verschiedene Themas.**   ____

EXERCISE 22   Answer with whole sentences in German.
1. **Wer wohnt mit einer Freundin?**
2. **Wo sind Sofas, Radios und Fernseher?**
3. **Was ist Kristys Job?**
4. **Was ist in der Garage?**
5. **Was teilen die Freundinnen?**

EXERCISE 23   Write the following in German.
1. The names are Kristy and Susie.
2. A wonderful view
3. A garage for two cars
4. I am lucky.
5. I am very satisfied.

EXERCISE 24   Fill in the missing German words.
1. **Die Wohnung ist sehr** _____.
                                         comfortable
2. **Das** _____ **herrlich.**
        sounds
3. **Besonders interessante** _____
                                         topics
4. **Zwei große** _____
                   firms
5. **Sie hat zwei** _____.
                 names

EXERCISE 25   Fill in the missing letters.
1. **KRISTY IST EI__E LE__RERIN.**
2. **FERNS__HER UND RA__IOS**
3. **ICH HABE Z__EI K__M__RAS.**
4. **BON__ONS UND BL__MEN**
5. **SEIT S__CHS JA__REN**

Fliegende Unter-tassen

Flying Saucers

Nora und Karl sind glücklich verheiratet. Aber sie haben einen Freund, der schon seit drei Jahren geschieden ist.

Nora and Karl are happily married. But they have a friend who has been divorced for three years.

Unlängst waren sie mit ihm beisámmen. Karl fragte ihn: "Sag mal, glaubst du wirklich an fliegende Untertassen (f)?"	Recently they met. Karl asked him: "Say, do you really believe in flying saucers?"
"Absolut", antwortete er.	"Absolutely," he replied.
"Tatsächlich? Hast du schon je eine gesehen?"	"Really? Have you ever seen one?"
"Nicht seit meiner Scheidung (f)", erwiderte er.	"Not since my divorce," he retorted.

Author to Reader: Let me apologize for having bothered you with all that stuff about nouns in this or that group. I know grammar is the pits; in a popularity contest with math it probably runs a close second. But having those groups might come in handy. Take the one with the nouns of foreign origin (Group 5). The rule says: To form the plural, you simply add an -*s*. Now take a word like *der Computer*. What would the plural be? *Die Computers*. You've got it. The same with *der Countdown, der Coup, die Party,* and oodles of other words.

As for the characters in the story, I like to think of Cousin Kristy as a young and attractive American woman who firmly believes in the E.R.A. It is hard for her to understand why the word *Weib* (woman, female spouse) should be neuter: *das Weib.* She knows, of course, that it is used infrequently nowadays, although it still persists in a phrase like *Weib und Kind* or *ein tolles Weib* (which, incidentally, is meant as a compliment since it denotes "an interesting woman"). Being also a staunch proponent of children's rights, Kristy might not take too kindly to the grammatical fact that *Kind* is neuter, *das Kind.* Are *Weib* and *Kind* things? Anyway, I disclaim any responsibility for this state of affairs.

CHAPTER 4

Abends bei den Bauers: Sprachspiele und Fernsehen
An Evening with the Bauer Family: Word Games and TV

The Adjective; Comparisons; the Adverb

An adjective modifies a noun to denote a quality, to indicate a quantity, or to specify something, e.g., **der** *nette* **Mensch.**

Adverbs are explained later in this chapter.

Die Familie Bauer

Nora und Karl Bauer sind besónders *nette Menschen* **und überall sehr** *belíebt.* **Sie haben zwei** *junge Kinder.* **Gretchen hat** *blondes Haar* **und** *blaue Augen,* **Peter** *dunkles Haar* **und** *braune Augen.* **Die** *glänzende Erzíehungsmethode* **der Eltern resultiert in** *den guten Manieren der braven Kinder.*

The Bauer Family

Nora and Karl Bauer are especially nice people and very popular everywhere. They have two young children. Gretchen has blond hair and blue eyes, Peter dark hair and brown eyes. The splendid educational method of the parents results in the good manners of the well-behaved (good) children.

Adjective-noun combinations without preceding articles take "strong" endings:

	MASCULINE SINGULAR	FEMININE SINGULAR
nom.:	**jung*er* Sohn** young son	**glänzend*e* Erziehungsmethode** splendid educational method
gen.:	**jung*en* Sohn*es*** of the young son	**glänzend*er* Erziehungsmethode** of the splendid educational method
dat.:	**jung*em* Sohn** to the young son	**glänzend*er* Erziehungsmethode** to the splendid educational method
acc.:	**jung*en* Sohn** young son	**glänzend*e* Erziehungsmethode** splendid educational method

	NEUTER SINGULAR	PLURAL
nom.:	**blondes Haar**	**brave Kinder**
	blond hair	good children
gen.:	**blonden Haares**	**braver Kinder**
	of blond hair	of good children
dat.:	**blondem Haar**	**braven Kindern**
	to blond hair	to good children
acc.:	**blondes Haar**	**brave Kinder**
	blond hair	good children

Adjectives preceded by definite articles (**der**-words) take "weak" endings (**-en**):

	MASCULINE SINGULAR	FEMININE SINGULAR
nom.:	**der nette Mensch**	**die schöne Tochter**
	the nice man	the pretty daughter
gen.:	**des netten Menschen**	**der schönen Tochter**
	of the nice man	of the pretty daughter
dat.:	**dem netten Menschen**	**der schönen Tochter**
	to the nice man	to the pretty daughter
acc.:	**den netten Menschen**	**die schöne Tochter**
	the nice man	the pretty daughter

	NEUTER SINGULAR	PLURAL
nom.:	**das junge Kind**	**die blauen Augen**
	the young child	the blue eyes
gen.:	**des jungen Kindes**	**der blauen Augen**
	of the young child	of the blue eyes
dat.:	**dem jungen Kind**	**den blauen Augen**
	to the young child	to the blue eyes
acc.:	**das junge Kind**	**die blauen Augen**
	the young child	the blue eyes

Adjectives preceded by indefinite articles (**ein**-words):

	MASCULINE SINGULAR	FEMININE SINGULAR	NEUTER SINGULAR
nom.:	**ein alter Mann**	**eine kleine Frau**	**ein neues Bild**
	an old man	a little woman	a new picture
gen.:	**eines alten Mannes**	**einer kleinen Frau**	**eines neuen Bildes**
	of an old man	of a little woman	of a new picture
dat.:	**einem alten Mann**	**einer kleinen Frau**	**einem neuen Bild**
	to an old man	to a little woman	to a new picture
acc.:	**einen alten Mann**	**eine kleine Frau**	**ein neues Bild**
	an old man	a little woman	a new picture

Predicative adjectives are used after a verb, and never take an ending: **Die Bauers sind *beliebt*.**

Adjectives can also be used as nouns. A great German writer once said: **Es ist viel Gutes und Neues in diesem Buch. Aber das Gute ist nicht neu und das Neue ist nicht gut.**

EXERCISE 1 Fill in the endings.
1. **Ich treffe einen nett_____ Menschen.**
2. **Das ist ein jung_____ Kind.**
3. **Er hat eine brav_____ Tochter.**
4. **Sie hat schön_____ Augen.**

5. Die klein_____ Kinder sind gut.
6. Wo ist das blond_____Mädchen?
7. Ich spreche mit der alt_____ Frau.
8. Er ist ein gut_____ Mann.
9. Schön_____ Wetter ist heute.
10. Der nett_____Mensch ist Herr Bauer.
11. Die Farbe des groß_____ Tisches ist braun.
12. Mit blond_____ Haar ist man beliebt.

EXERCISE 2 Fill in the missing German adjectives.
1. **Das Buch** _____ **Sohnes**
                    of the young
2. **Ich wohne** _____ **Haus.**
                    in the new
3. **Die Nase** _____ **Frau ist groß.**
                    of the little
4. **Ich gebe** _____ **Mann zwei Mark.**
                    to the old
5. **Wo ist die Mutter** _____ **Mädchens?**
                    of the good
6. **Wer bringt** _____ **Kind?**
                    the little

EXERCISE 3 Correct or incorrect?   C / I
1. **Er hat guten Erziehungsmethoden.**   _____
2. **Amerikanische Bücher sind hier.**   _____
3. **Er ist der Vater guter Kinder.**   _____
4. **Sie ist die Mutter einen jungen Sohnes.**   _____
5. **Ein kleine Frau kommt.**   _____
6. **Er hat die blauen Augen des Vaters.**   _____

EXERCISE 4 Choose the correct answer according to the text.
1. **Das Haar des Mannes ist**
   a. **blonden** b. **dunkles** c. **braun**
2. **Die Ohren des Mädchens sind**
   a. **große** b. **klein** c. **schönes**
3. **Die Kinder haben**
   a. **kurzes Haare** b. **gute Manieren** c. **nette Klejdern**
4. **Nora und Karl haben jetzt**
   a. **zwei junge Kinder** b. **einen Hund** c. **keine Kinder**

EXERCISE 5 Write the following sentences in German.
1. They are nice people
2. The parents have good manners.
3. They are popular everywhere.
4. The children are well-behaved.
5. Who has a splendid educational method?

Das Haus

**Die Bauers haben ein
kleines, aber nettes Haus in
einem Vorort. Es besteht
aus Wohnzimmer, Eßzimmer,
Diele, zwei Schlafzimmern,
Küche, Badezimmer und
Toilétte. Das Haus hat einen
Balkon, eine Garage und**

The House

The Bauer family has a
small but nice house in
a suburb. It consists of a
living room, dining room,
den, two bedrooms,
kitchen, bathroom, and
toilet. The house has a
balcony, a garage, and

einen kleinen Garten. Kristy
findet es komisch, daß die
Toilétte separát vom
Badezimmer ist. Aber das ist
der Brauch in Deutschland.

a little garden. Kristy
finds it funny that the
toilet is separate from
the bathroom. But that
is the custom in Germany.

Peter

Wenn Peter als kleiner
Junge auf die Toilétte (f)
gehen mußte, sagte er: „Ich
muß auf die kleine Seite (f)",
oder manchmal „auf die
große Seite", (je nachdem).
Heute sagt er wahrscheinlich:
„Ich muß aufs Klo (n)."

Peter

When Peter as a little
boy had to go to the
toilet, he said: ''Got to
go number one''
or sometimes ''number two,''
depending.
Today he probably says:
''I've gotta go to the can.''

Gretchen am Telephon

GRETCHEN (am Telephon in der Diele):
Halló? Guten Abend (m),
Frau Körner. Ist Erika
dort? Kann ich mit ihr
sprechen? Erika? Ist *dein*
Telephon (n) kaputt? Oder
deine Leitung (f)? *Unser*
Telephon ist O.K. War in
eurer Gegend (f) ein
Gewitter (n)? Nein? Sag,
hast du gestern diesen
herrlichen Film (m) mit
Jürgen Kaiser gesehen?
Also, dieser Mann ist *mein*
ganz großes Ideal (n)!—
Aber *meine* teure Erika—
wie kannst du nur so
etwas sagen? Jürgen
Kaiser ist doch viel
schöner als Hans
Hinnemann.—Was sagst du?
—Also ich habe viele andere
Männer gesehen, aber ich kann
dir versichern, Jürgen ist der
schönste von allen! Ich muß
jetzt abhängen. Grüße (m) an
deinen Bruder Paul.
Wiederhören!

Gretchen on the Phone

Hello? Good evening,
Mrs. Körner. Is Erika
there? May I talk to
her? Erika? Is your
phone out of order? Or
your line? Our
phone is O.K. Was there
a thunderstorm in your
area? No? Say,
did you see
this marvelous movie with
Jürgen Kaiser yesterday?
Well, this man is my
great big idol!—
But my dear Erika—
how can you say
something like that?
Jürgen Kaiser is much
handsomer than Hans
Hinnemann. What is that?

—Well, I have seen many
other men, but I can
assure you, Jürgen is the
handsomest of all! I have
to hang up now. Regards
to your brother Paul.
See you. (Actually: ''Until
I hear from you again.'')

Please note: Other *der*-words are *dieser* (this), *jener* (that) and *welcher* (which). They take the same endings as the definite article.

Dieser kleine Junge, diese schöne Frau, dieses kleine Kind; jener nette Mann; jener gute Vater, jene gute Mutter, jenes neue Bild; welcher herrliche Film? welche deutsche Zeitung? welches neue Haus?

The following is a list of possessive adjectives which are "*ein*-words" and take the same endings as the indefinite article.

SINGULAR		PLURAL	
mein	my	**unser**	our
dein	your	**euer**	your
sein	his		
ihr	her	**ihr**	their
sein	its (n)	**Ihr**	your (polite form, always capitalized)

Possessive adjective, adjective and noun combinations

dein interessant*es* Buch	your interesting book
mein*e* teur*e* Erika	my dear Erika
mein groß*es* Ideal	my great idol
unser*e* nett*en* Gäste	our nice guests
eur*e* schön*en* Frau*en*	your beautiful women
ihr*e* brav*en* Kind*er*	her (or their) well-behaved children

Adjective-noun combinations preceded by *viele* (many), *wenige* (few), *andere* (other), *einige* (some), or *mehrere* (several) keep their strong endings: **viele andere Mädchen, wenige amerikanische Kinder, andere neue Häuser, einige alte Gläser, mehrere nette Frauen.**

EXERCISE 6 Answer in German.
1. **Wer hat ein kleines, nettes Haus?**
2. **Woraus besteht es?**
3. **Was ist der Brauch in Deutschland?**
4. **Wer spricht mit Gretchen am Telephon?**
5. **Wer ist schöner als Hans Hinnemann?**

EXERCISE 7 Construct sentences using these cue words.
1. **Haus / klein / Vorort**
2. **kann / Erika / sprechen**
3. **gesehen / Film / Kaiser**
4. **kaputt / Telephon**
5. **Gewitter / Gegend**
6. **Grüße / Bruder**

EXERCISE 8 Fill in the missing endings.
1. **Dies_____ klein_____ Junge geht schwimmen.**
2. **Dein_____ Leitung ist kaputt.**
3. **Ich habe dies_____ herrlich_____ Film gesehen.**
4. **Unser_____ Mädchen sind nett.**
5. **Ich besitze viel_____ schön_____ Häuser.**
6. **Ich treffe wenig_____groß_____Männer.**

EXERCISE 9 Translate the following into English.
1. **Das Haus hat auch eine Diele.**
2. **Erika spricht mit ihrer Freundin.**
3. **Das Telephon ist kaputt.**
4. **Das ist ein ausgezeichneter Film.**
5. **Das Gewitter war in meiner Gegend.**
6. **Ich muß jetzt abhängen.**

EXERCISE 10 Choose the correct answers according to the text.
1. **Die Toilette ist**
   a. **im Badezimmer**   b. **in der Garage**   c. **separat**
2. **Gretchens Telephon is**
   a. **O.K.**   b. **kaputt**   c. **nicht dort**

3. **Das ist der Brauch in**
   a. **England** b. **Deutschland** c. **Holland**
4. **Erika spricht am Telephon mit**
   a. **Gretchen** b. **Nora** c. **Peter**

EXERCISE 11 Write the following sentences in German.
1. My house is new.
2. His daughters are beautiful.
3. This nice woman is my mother.
4. Which girl has blond hair?
5. I saw many good films.
6. We had some great presidents.

Wer ist schöner?

Who Is More Handsome?

NORA (coming into the hall): **Du warst schon wieder am Telephon (n). Mit deiner Busenfreundin?**

You were on the phone again. With your bosom friend?

GRETCHEN **Ich hab' mich mit Erika zerstrítten.**

I had an argument with Erika.

NORA **Warum? O, ich weiß. Über den Jürgen Kaiser.**

Why? Oh, I know. About Jürgen Kaiser.

GRETCHEN **Natürlich. Sie hat gesagt, Hans Hinneman ist *schöner*.**

Of course. She said Hans Hinnemann is handsomer.

NORA **Also, das ist doch Geschmácksache (f).**

Well, that's a matter of taste.

GRETCHEN **Mutter!**

Mother!

NORA **Ich glaube auch, daß Jürgen *der schönste* ist.**

I also believe that Jürgen is the handsomest.

GRETCHEN **Mutti!** (embracing her) **Ich hab' dich lieb.**

Mommy! I love you.

Please note: **Betty ist so gut wie ich.**
                         Betty is as good as I.

Comparisons

The comparative form of the adjective adds *-er* or *-r* to its stem, and the superlative *-est* or *-st*.

> **Jürgen ist schön*er* als** (than) **Hans.**
> **Jürgen ist der schön*ste*** (oder *am schönsten*).

Most adjectives consisting of one syllable take an umlaut in the comparative and the superlative.

> **das kalte Wetter, das kältere Wetter, das kälteste Wetter**
> **die junge Frau, die jüngere, die jüngste**
> **der große Mensch, der größere, der größte**

Some of the forms are irregular: **gut, besser, best-; viel, mehr, meist-.**

Mehr über das Haus

Das Haus ist schön
eingerichtet, weil Nora
guten Geschmack (m) hat. Im
Wohnzimmer haben die Bauers
ein großes Sofa, zwei
Polstersessel (m), einen
Couchtisch (m), auch eine
Stereoanlage (f) und an den
Wänden (f) Regále (n) mit
vielen Büchern. Im Eßzimmer
steht ein Tisch mit sechs
Stühlen (m) und einer
Zimmerpflanze (f). Leider
hat das Haus bloß zwei
Schlafzimmer. Die Eltern
schlafen in dem einen und
Gretchen in dem anderen.
Peter schläft auf dem Sofa
im Wohnzimmer. Die Diele
ist sehr gemütlich
möbliert.

More About the House

The house is beautifully
decorated because Nora
has good taste. In the
living room the Bauers
have a large sofa, two
easy chairs, a
coffee table, also a
stereo set, and on the
walls bookshelves with
many books. In the
dining room is a table with
six chairs and a house
plant. Unfortunately,
the house has only two
bedrooms. The parents
sleep in the one, and
Gretchen in the other.
Peter sleeps on the sofa
in the living room. The
den is furnished very
cozily.

Wokurka

KARL (comes into the den, sits down)
Was geht da vor?
Krieg' ich nicht auch
ein Busserl (n)?

GRETCHEN **Aber sicher!**

KARL (taking the newspaper)
Wo ist Peter?

GRETCHEN **Spielt im Garten (m).**
Da kommt er.

PETER **Vati, weißt du einen**
Satz (m) mit WOKURKA?

KARL **WOKURKA? Das gibt's**
doch nicht.

PETER **Wiesbaden ist eine Stadt**
(f), WO KURKApellen
fleißig **spielen.**

KARL, NORA,
GRETCHEN **Schrecklich!**

GRETCHEN **Ich weiß ein Rätsel (n).**

NORA **Ja?**

GRETCHEN **Was ist das: es hängt**
am Baum (m), ist
grün und bellt
wütend?

NORA **Keine Idee (f).**

GRETCHEN **Weißt du's, Vati?**

Wherespa

What's going on here?
Don't I get
a little kiss, too?

You bet!

Where is Peter?

Playing in the yard.
There he comes.

Daddy, do you know a
sentence with WHERESPA in it?

WHERESPA? There is
no such word.

Wiesbaden is a city
WHERE SPA bands
play diligently.

Terrible!

I know a riddle.

Yes?

What is this: It
hangs on a tree, is
green, and barks
furiously?

No idea.

Do you know, Daddy?

KARL	Nein.		No.
GRETCHEN	Ein Hering.		A herring.
PETER	Ein Hering hängt doch nicht am Baum.		But a herring doesn't hang on a tree.
GRETCHEN	Ich hab' ihn dort hingehängt.		I've hung it there.
NORA	Ein Hering ist doch nicht grün.		But a herring is not green.
GRETCHEN	Ich hab' ihn grün angestrichen.		I painted it green.
KARL	Und er bellt *wütend?*		And he barks furiously?
GRETCHEN	Das hab' ich nur gesagt, damit du es nicht so *leicht* errätst.		This I only said so you wouldn't guess the answer so easily.
KARL	Was die Kinder mir heute antun! Aber ich werde mich da gut revanchieren. (to Gretchen) Willst du Quo vadis spielen?		What I have to put up with from the children today! But I will get back at them. Do you want to play Quo vadis?
GRETCHEN	Warum nicht?		Why not?
KARL	Quo vadis?		Quo vadis?
GRETCHEN	Was heißt das?		What does that mean?
KARL	Wohin gehst du?		Where are you going?
GRETCHEN	Ich weiß nicht.		I don't know.
NORA	(to Peter) Quo vadis?		Quo vadis?
PETER	Was heißt das?		What does that mean?
KARL	Wohin gehst du?		Where are you going?
PETER	Ich weiß nicht.		I don't know.
NORA	Quo vadis?		Quo vadis?

Der Fernseher

The TV

	Karl sieht sich das Fernsehprogramm (n) *gründlich* an und ist sehr unzufrieden.	Karl looks at the TV program carefully and is very dissatisfied.
KARL	Das ist doch *wirklich* arg.	That really is bad.
NORA	Was?	What?
KARL	Kein anständiges Prográmm (n)! Und dafür muß man noch zahlen! Die sollten *uns* bezahlen, daß wir uns ihren Mist ansehen! Da: *Die Straß*en (f) *von San Franzisko; Mord* (m) *auf dem Hausboot* (n); *Daisys Geburtstag* (m), Zeichentrickfilm (m) von Walt Disney;	No decent program. And for that you have to pay. They should pay *us* for watching their garbage! Just look! *The Streets of San Francisco; Murder on the Houseboat; Daisy's Birthday,* an animated film by Walt Disney;

	Immer Ärger (m) *mit* *Pop,* **Spaß** (m) **für** **Spaßvögel** (m) **mit** **Professor Paul Popwitz;** *Popeye, kleine Lulu und* *sechs Babys* (n).	*Always Trouble with* *Pop,* fun for jokesters with Professor Paul Popwitz; *Popeye, Little Lulu* *and Six Babies*.
NORA	Was ist um acht?	What is at eight?
KARL	*Die Abenteuer von* *Tom Sawyer und* *Huckleberry Finn.*	*The Adventures of* *Tom Sawyer and* *Huckleberry Finn.*
PETER	Vati—kann ich das sehen? Bitte ...	Daddy—can I see that? Please ...
KARL	Vielleicht sollten wir die Heublers einladen und Bridge spielen.	Maybe we should invite the Heublers and play bridge.
PETER	Der Lehrer hat gesagt ...	The teacher said ...
KARL	Aber um acht schläfst du doch schon *fest!*	But by eight you're going to be fast asleep!

Grammar Bits

In the sentence **Das Haus ist schön eingerichtet,** the word **schön** is an adverb; it modifies the verb **eingerichtet.** A German adverb looks the same as the adjective. (In English we add a -ly: nice, nicely.) Other adverbs in the foregoing text were in: **die Kurkapelle spielt** *fleißig;* **er bellt** *wütend;* **damit du es nicht so** *leicht* **errätst; sieht sich das Programm** *gründlich* **an; das ist doch** *wirklich* **arg; du schläfst schon** *fest*.

Here are some of the most frequently used adverbs that are not connected with an adjective and have not yet appeared in the text:

damals	at that time	**oben**	upstairs
draußen	outside	**unten**	downstairs
drinnen	inside	**nie**	never
hoffentlich	it is to be hoped	**nun**	now

EXERCISE 12 Fill in the proper German form.
1. **Anna ist** _____ **als ihr Bruder.** (groß)
2. **Fritz ist** _____ **von allen.** (stark)
3. **Bonbons sind** _____ **als Zigaretten.** (gut)
4. **Gretchen ist** _____ **von allen.** (gut)
5. **Hans ist** _____ **als Rudi.** (alt)

EXERCISE 13 Fill in the missing adverb.
1. **Das Haus ist** _____ **möbliert.**
                  beautifully
2. **Der Hering bellt** _____.
                        furiously
3. **Er kann das** _____ **lernen.**
                    easily
4. **Das ist** _____ **gut.**
                really
5. **Er kommt** _____.
                it is to be hoped

6. **Ich habe ihn** _____ **gesehen.**
   never
7. _____ **waren wir in Deutschland.**
   At that time
8. **Sie hat** _____ **Kleider als ich.**
   more

EXERCISE 14 Complete the sentences.
1. **Gretchen spricht am Telephon mit ihrer** _____.
2. **Sie hat sich mit ihr** _____.
3. **Im Wohnzimmer sind Regale mit vielen** _____.
4. **Leider haben die Bauers bloß zwei** _____.
5. **Karl ist mit dem Fernsehprogramm sehr** _____.
6. **Um acht schläft Peter schon** _____.

EXERCISE 15 True or false?   T / F
1. **Die Diele ist sehr gemütlich.**   _____
2. **Gretchen schläft im Wohnzimmer.**   _____
3. **In der Küche ist eine Stereoanlage.**   _____
4. **Die Zimmerpflanze ist im Eßzimmer.**   _____
5. **Gretchen weiß ein Rätsel.**   _____
6. **Karl kriegt ein Busserl.**   _____

EXERCISE 16 Translate the following sentences into English.
1. **Ich hab' dich lieb.**
2. **Das ist Geschmacksache.**
3. **Ich spreche mit meiner Busenfreundin.**
4. **Was geht da vor?**
5. **Aber sicher!**
6. **Da kommt er.**
7. **Das gibt's doch nicht.**
8. **Kein anständiges Programm!**

Zwei Zungenbrecher
Two Tongue Twisters

P.S.: Since there were fun and games on the agenda at the Bauers tonight, the children could also have suggested to their dad that he try a couple of tongue twisters. In German they are called *Zungenbrecher* because you can break your tongue (*Zunge,* f.) doing them. Here are a couple of them:

Der Potsdamer Postkutscher putzt den Potsdamer Postkutschkasten.
The Potsdam postman cleans Potsdam's postal coach.

Sieben zerquétschte Zwetschgen.
Seven squashed plums.

CHAPTER 5

Anton sieht sich nach einem anderen Job um
Anton Looks for Another Job

Pronouns

A pronoun is a word that is used as a substitute for a noun, e. g., Anton **kommt;** *er* **kommt.**

Personal Pronouns

1st Person

	SINGULAR		PLURAL	
nom.:	**ich**	I	**wir**	we
dat.:	**mir**	to me	**uns**	to us
acc.:	**mich**	me	**uns**	us

2nd person

	SINGULAR		PLURAL	
nom.:	**du**	you	**ihr**	you
dat.:	**dir**	to you	**euch**	to you
acc.:	**dich**	you	**euch**	you

3rd person

	SINGULAR		PLURAL	
nom.:	**er**	he	**sie**	they
	sie	she		
	es	it		
dat.:	**ihm**	to him	**ihnen**	to them
	ihr	to her		
	ihm	to it		
acc.:	**ihn**	him	**sie**	them
	sie	her		
	es	it		

A capitalized *Sie* is the polite form to be used instead of *du* (the ancient *thou*). To a stranger you say: **"*Bringen Sie* mir Tee,"** instead of **"*Bring* mir Tee,"** or **"*Du, bring* mir Tee."** Another polite form is the capitalized *Ihnen*. **"Ich bringe *Ihnen* Tee,"** instead of the familiar **"Ich bringe *dir* Tee."**

Anton in Deutschland

Anton and Susie meet at a **Café-Konditoréi,** one of those places where you can sit forever and no one will bother you.

Vocabulary

beéhren	to honor
beim Kommen	when coming
bewundern	to admire
Charme (m)	charm
damit	with it
Du wirst mich schon nicht ändern.	You won't change me.
er kam	he came
geboren	born
Geschlecht (n)	sex
"gnädige Frau"	"gracious lady", madam
hänseln	to tease
Höflichkeit (f)	politeness
Ich red', wie mir der Schnabel gewachsen ist.	I don't mince words; *here:* That's just the way I talk.
die meisten Mitglieder (n)	most members
neun	nine
noch immer	still
respektieren	to respect
Servus!	Hello!
Sie haben ihn gern.	They like him.
weiblich	female
Wien	Vienna
wienerisch	Viennese

Anton ist in Wien geboren. *Er kam* **vor neun Jahren nach Deutschland und spricht noch immer mit einem wienerischen Akzent. Zu seinen Freunden sagt** *er* **„Servus" beim Kommen oder Gehen. Die meisten Mitglieder des weiblichen Geschlechtes beehrt** *er* **mit „Küß die Hand, gnädige Frau" (oder „Fräulein"). Susie hat** *ihn* **oft damit gehänselt. „***Ich* **red', wie** *mir* **der Schnabel gewachsen ist", sagt** *er* **dann immer. „***Du* **wirst** *mich* **schon nicht ändern." Die Leute haben** *ihn* **gern. Sie respektieren seine Höflichkeit und bewundern seinen Charme.**

Author to Reader: When I studied English a long time ago, I was particularly fascinated by its idiomatic expressions. They give the language color and excitement. The same, of course, is true of German. Anton says: **„Ich red', wie mir der Schnabel gewachsen ist."** ("That's just the way I talk.") When translated literally ("I talk the way my beak has grown") this idiom does not, of course, make sense.

EXERCISE 1 Fill in the missing pronouns.

1. _____ **ist in Wien geboren.**
       He

2. **Susie hat** _____ **oft gehänselt.**
          him

3. **Du wirst** _____ **nicht ändern.**
        me

4. **Ich red', wie** _____ **der Schnabel gewachsen ist.**
         to me

5. **Ich bringe** _____ **den Tee.**
      to you (familiar)

EXERCISE 2 Answer in German.
1. **Wer ist in Wien geboren?**
2. **Wo wohnt er jetzt?**
3. **Was sagt er zu seinen Freunden?**
4. **Was bewundern die Leute in ihm?**
5. **Was sagt er zu manchen Damen?**

EXERCISE 3 Correct or incorrect?   C / I
1. **Du wirst mir nicht ändern.**   _____
2. **Die Leute haben ihm gern.**   _____
3. **Sie respektieren ihn.**   _____
4. **Er kam nach Deutschland.**   _____
5. **Bringen Sie mich Tee.**   _____

EXERCISE 4 Translate into English.
1. **Sie bewundern ihn.**
2. **Er kommt aus Wien.**
3. **Susie hat ihn damit gehänselt.**
4. **Er spricht mit einem wienerischen Akzent.**
5. **Bitte, bring mir Kaffee.**

EXERCISE 5 Fill in the missing letters.
1. **WEIBLI__HES GESC__LECHT**
2. **DIE L__UTE HAB__N IHN G__RN.**
3. **ER SAGT "SER__US."**
4. **ER IST JETZT IN DE__TSCHLA__D.**
5. **SIE HAT I__N GEH__NSELT.**

In der Café-Konditorei

Vocabulary

Café-Konditorei (f.)	a combination café and pastry shop
deliziős	delicious
geben	to give
hausgemacht	homemade
Kellner, -in	waiter, waitress
Kipfel (n.)	croissant
Mehlspeiskoch (m.)	pastry cook
mit Schlag	with whipped cream
nennen	to name, call
Österreicher (m.)	Austrian
Platz (m.)	*here:* seat
Tasse (f.)	cup

Heute finden wir *ihn* in der Café-Konditorei Walser.

„Habt *ihr* die *Münchener Neuesten*?" fragt *er* die Kellnerin.

„Leider nicht", antwortet *sie*. „Soll *ich Ihnen* vielleicht die *Süddeutsche Zeitung* bringen?"

„Gut. Geben *Sie sie mir,* bitte."

Hier kommt Susie.

„Servus", sagt *er*, steht auf und bietet *ihr* einen Platz an.

„Schön von *dir* zu kommen.—Herr Ober!" (*Er* nennt den Kellner noch so wie man *ihn* in Wien nennt.) „Bringen *Sie uns,* bitte, zwei Tassen Kaffee mit Schlag und einige von *euren* deliziösen Kipfeln." Und zu Susie sagt *er*: „Der Mehlspeiskoch hier ist Österreicher. Alles hausgemacht."

Ein kleiner Witz

"Guten Tag", sagt Fritz am Kiosk, "haben Sie noch die Zeitung von gestern?"

"Leider nicht; aber kommen Sie doch morgen und holen Sie sich (*get*) die Zeitung von heute."

EXERCISE 6 Choose the correct word.
1. **Wo finden wir Anton heute?**
   a. **in England**   b. **in der Café-Konditorei**   c. **in Wien**
2. **Dort trifft Susie**
   a. **ihn**   b. **ihm**   c. **ihr**
3. **Er steht auf und bietet**
   a. **ihm einen Platz an**   b. **ihr einen Platz an**
   c. **uns einen Platz an**
4. **Schön von dir zu**
   a. **kommen**   b. **gehen**   c. **finden**
5. **Sie bringt ihm**
   a. **eine amerikanische Zeitung**   b. **die *Münchener Neuesten***
   c. **die *Süddeutsche Zeitung***

EXERCISE 7 Insert the missing words.
1. **Er steht auf und bietet ihr einen_____.**
2. **Der Mehlspeiskoch ist ein_____.**
3. **Bringen Sie uns Kaffee mit_____.**
4. **"Habt ihr die Zeitung", fragt er die_____.**
5. **Heute finden wir ihn in einer_____.**

EXERCISE 8 True or false?   T / F
1. **"Habt ihr die Zeitung?" fragt er Kristy.**   _____
2. **Er nennt den Kellner "Herr Ober".**   _____
3. **Sie bringt deliziöse Kipfel.**   _____
4. **Heute ist er im Café Wunderlich.**   _____
5. **Sie haben die *Süddeutsche Zeitung*.**   _____

EXERCISE 9 Fill in the missing pronouns.
1. **Habt _____ Kaffee mit Schlag?**
                you
2. **Soll ich _____ die Zeitung geben?**
            to you (formal)
3. **Bringen Sie _____ Kipfel.**
                   to us
4. **Ich bringe _____ Blumen.**
              to you (familiar)
5. **"Leider nicht", antwortet _____.**
                                    she

EXERCISE 10 Write the following in German.
1. He asks the waitress.
2. Nice of you to come
3. Two cups of coffee with whipped cream
4. The pastry cook is excellent.
5. All homemade

Ein anderer Job?

Vocabulary

anderseits	on the other hand
Arbeitslosigkeit (f)	unemployment
aufgeben	to give up
Aussicht	*here:* opportunity, chance
derselben Ansicht	of the same opinion
du hast angedeutet	you have hinted
eine Menge	lots of
entschéiden	to decide
für dich selbst	for yourself
gewínnen	to win
heutzutage	nowadays
Inserát (n)	ad
meinen	to think
Nimm dich in Acht.	Watch out.
nichts	nothing
rät mir davon ab	advises me not to
recht haben	to be right
schau dir an	look at
verdíenen	to earn
wagen	*here:* to take a chance
wechseln	to change
Zukunft (f)	future

SUSIE   **Also *du* hast angedeutet, daß *du* deinen Job aufgeben willst.**

ANTON   **Ja, Susie. *Ich* verdiene dort nicht genug und *ich* habe auch keine Aussichten für die Zukunft. Aber *es* ist schwer, heutzutage etwas zu finden. Eine Menge Inseráte, aber nichts Besonderes für *mich*.—Ah, der Kaffee!**
Mein Vater rät *mir* davon ab, Jobs zu wechseln. „Nimm *dich* in acht", meint er. „Schau *dir* die Arbeitslosigkeit an."
Viele Leute sind derselben Ansicht und *sie* haben wahrscheinlich recht. Anderseits, wer nicht wagt, gewinnt nicht.

SUSIE   **Das mußt *du* für *dich* selbst entscheiden.**

EXERCISE 11   Fill in the missing pronouns.
1. _____ verdiene nicht genug.
           I
2. _____ ist schwer heutzutage.
          It
3. **Susie sagt,** _____ **haben recht.**
                      they
4. **Das mußt** _____ **für dich selbst entscheiden.**
          you
5. **Wenn** _____ **nicht wagt, gewinnt sie nicht.**
          she

EXERCISE 12   Write in German.
1. I don't earn enough there.
2. No opportunities for the future
3. Lots of delicious croissants
4. It is hard nowadays.
5. On the other hand, my job is good.

EXERCISE 13   Complete each sentence with a word or phrase listed here: **aufgeben, derselben Ansicht, wunderbar, davon ab, acht.**
1. **Die Kipfel sind** _____.
2. **Ich und Susie sind** _____.

3. **Er will den Job** _____.
4. **Er rät mir** _____.
5. **Nehmt euch in** _____.

EXERCISE 14 Fill in the missing German words.
1. **Ich verdiene dort nicht** _____.
   enough
2. **Sie haben** _____ **recht.**
   probably
3. **Schau dir die** _____ **an.**
   unemployment
4. **Wer nicht** _____, **gewinnt nicht.**
   gambles
5. **Das mußt du für dich selbst** _____.
   to decide

EXERCISE 15 Translate the following into German.
1. I have no opportunities.
2. Watch out.
3. We are of the same opinion.
4. You have hinted.
5. I like coffee with whipped cream.

EXERCISE 16 Rewrite the italicized nouns with the proper pronouns.
1. *Anton* **kam vor neun Jahren nach Deutschland.**_____
2. *Susie* **wird ihn nicht ändern.**_____
3. **Er bietet** *Susie* **einen Platz an.**_____
4. **Sie essen** *Kipfel.*_____
5. **Wir sehen das** *Kind.*_____

Inseráte (Ads)

Vocabulary

bankrótt	bankrupt
beréits	already
Bernhardíner (m)	St. Bernard dog
Erfáhrung (f)	experience
es wird sich zeigen	it'll show itself; we'll see
fressen	to eat (like an animal)
führender Werbefachmann (m)	advertising executive
Führungskraft (f)	executive
Gehalt (n)	salary
gesúcht	*here:* wanted
Heim (n)	home
liebevoll	affectionate
Postwurfsendung (f)	direct mail advertising
Schau!	Look here!
Schmeichelkätzchen (n)	"snuggle cat" (*schmeicheln*—to flatter; the ending -*chen* is a diminutive ending.)
steríl	sterile; *here:* neutered (of an animal)
suchen	to look for
süß	sweet
sich täuschen	to deceive oneself

Tierfreund (m)	animal lover
verschénken	to give away
verschmúst	cuddly
warten	to wait
zimmerrein	housebroken

ANTON Hast du nicht unlängst gesagt, du willst eine Katze? Hör dir das an: Schöne schwarze Katze, steríl, freundlich, verschmust, ein richtiges Schmeichel-kätzchen, nur an liebevollen Tierfreund zu verschenken.

SUSIE Schau, da ist ein Hund, der reden kann; er sagt: Suche neues Heim. Bin ein süßer, kleiner Bernhardíner, zwei Monate alt und zimmerrein. Ich koste nicht viel.

ANTON Wart nur, bis der ein Jahr alt ist. Der frißt dich bankrótt.—Aber schau hier: Das ist vielleicht ein Job für mich.
Führender Werbefachmann gesucht (Postwurfsendung). Sehr gutes Gehalt, glänzende Aussichten. Minimum: sechs Jahre Erfahrung. AWC 52-34-81.
Was glaubst du, Susie?

SUSIE Klingt gut.

ANTON Wenn *ich mich nicht täusche*, ist das die größte Werbefirma hier.

SUSIE Ich glaube, *du siehst dich* bereits als Führungskraft.

ANTON *Das wird sich zeigen.*

Reflexive Pronouns

Reflexive pronouns are used if, in the same sentence, the subject is identical with the object; example: *ich* **täusche** *mich* (I deceive myself).

More Examples

Du siehst dich.	You see yourself.
Er zeigt sich.	He shows himself.
Sie zeigt sich.	She shows herself.
Es zeigt sich.	It shows itself.
Wir waschen uns.	We wash ourselves.
Ihr rasíert euch.	You shave yourselves.
Sie verlétzen sich.	They hurt themselves.

EXERCISE 17 Complete each sentence with a word listed here: **Katze, reden, Erfahrung, gut, Tierfreund.**
1. **Der Job ist für einen Mann mit sechs Jahren** _____.
2. **Der Hund in dem Inserat kann** _____.
3. **Man verschenkt sie an einen liebevollen** _____.
4. **Susie will eine schwarze** _____.
5. **Das Gehalt ist sehr** _____.

EXERCISE 18 Answer in complete German sentences.
1. **Was will der Hund?**
2. **Wie alt ist er?**
3. **Wer wird für Postwurfsendungen gesucht?**
4. **Was tut der Bernhardiner, wenn er ein Jahr alt ist?**
5. **Was sehen sich die beiden in der Zeitung an?**

EXERCISE 19 True or false?   T / F
1. **Der Hund kostet sehr viel.**   _____
2. **Ein Werbefachmann wird gesucht.**   _____
3. **Die Katze ist unfreundlich.**   _____
4. **Der Bernhardiner ist zwei Jahre alt.**   _____
5. **Susie will ein Krokodil.**   _____

EXERCISE 20 Translate into German.
1. He deceives himself.
2. It will show itself.
3. We shave ourselves.
4. They wash themselves.
5. She sees herself.

EXERCISE 21 Fill in the missing reflexive pronouns.
1. **Es zeigt _____ in seinem Benehmen.**
2. **Er verletzt _____ beim Schwimmen.**
3. **Ich täusche _____ nie.**
4. **Du siehst _____ nicht so.**
5. **Ihr wascht _____ am Morgen.**

Antons Bekánnter

Vocabulary

arbeiten	to work
(ein) Bekánnter (m)	an acquaintance
benéiden	to envy
brauchen	to need
Jacke (f)	jacket
jetzig	present
Karriére machen	to be quickly promoted
kennen	to know
lieh, *past tense of* **leihen**	to lend (to somebody)
Schule (f)	school
Schulkollege (m)	schoolmate
verdánken	to owe
Werbefachleute (pl.)	advertising executives
zurückgeben	to return

ANTON **Kennst du den Mann,** *der* **dort steht? Das ist ein Bekannter,** *dessen* **Frau bei uns arbeitet. Er ist auch der Mann,** *dem* **ich meine jetzige Stellung verdanke, den Job,** *den* **ich jetzt nicht mehr haben will.**

SUSIE **Ist das die Frau,** *die* **so schön ist und** *deren* **Tochter mit Gretchen in die Schule geht? Die Dame,** *welcher* **ich einmal eine Jacke lieh,** *die* **sie mir nie zurückgegeben hat?**

ANTON **Richtig. Die Tochter ist das Mädchen,** *welches* **Gretchens Schulkollegin ist,** *dessen* **grüne Augen sie beneidet, und mit** *dem* **sie gern Tennis spielt. Vicky ist ein Mädchen,** *das* **jeder liebt.**

SUSIE **Die Firmen,** *welche* **Werbefachleute brauchen, sind hauptsächlich in München, nicht wahr?**

ANTON **Du meinst die Firmen,** *deren* **Hauptsitze in München sind?**

SUSIE **Ja, die großen Firmen, bei** *denen* **man Karriére machen kann.**

ANTON **Leider ja. Mit den Organisatiónen,** *die* **ich kenne, stimmt das.**

Relative Pronouns

Relative pronouns introduce a clause that modifies, explains, elaborates on a noun (or pronoun); example:

Kennst du den *Mann* (ihn), *der* **dort steht?**
Do you know the man (him) who is standing there?

In German, we have two kinds of relative pronouns, *der* and *welcher*.

	MASCULINE SINGULAR	FEMININE SINGULAR
nom.:	**der (welcher)**	**die (welche)**
gen.:	**dessen**	**deren**
dat.:	**dem (welchem)**	**der (welcher)**
acc.:	**den (welchen)**	**die (welche)**
	NEUTER SINGULAR	PLURAL
nom.:	**das (welches)**	**die (welche)**
gen.:	**dessen**	**deren**
dat.:	**dem (welchem)**	**denen (welchen)**
acc.:	**das (welches)**	**die (welche)**

The word to which the pronoun relates determines its gender and number:

> *Die Frau, die* **so schön ist (f. sing.)**
> The woman who is so beautiful

> *Die Firmen, deren* **(f. pl.) Hauptsitze in München sind**
> The firms whose home offices are in Munich

Welcher is much less frequently used than *der*. The relative clause is always separated from the main clause by a comma. If the verb is conjugated, it always stands in the last place in a relative clause:

> **Die Frau, deren Tochter mit Gretchen in die Schule geht**

not:

> **Die Frau, deren Tochter geht in die Schule mit Gretchen**

Demonstrative Pronouns

Demonstrative pronouns point to a particular person (or thing); example: *Dieser* **Mensch ist nett** (This person is nice). Or: *Jenes* **Haus ist klein** (That house is small).

The forms of the *der*-words can also be used as *demonstrative pronouns*:

> *Der* **ist ein netter Mensch;** *das* **ist sehr schön;**
> **ich treffe** *den* (this one); *dem* (to this one) **gebe ich nichts.**

Interrogative Pronouns

Interrogative pronouns are used to inquire after a person, thing, place, idea, or action.

We are already familiar with many of the forms of the *interrogative pronoun: wer, wessen* (of whom), *wem, wen, welcher, warum,* etc.

Note also: *womít* (with what), *woráuf* (on what), *was für ein* (what kind of).

Drei Witze

HERR SCHMIDT **(am Telephon)**
Bezahlen Sie uns heute die Rechnung?

HERR KRAUSE **Noch nicht.**

HERR SCHMIDT **Wenn Sie sie nicht jetzt bezahlen, dann sage ich allen Ihren Gläubigern** (creditors), **daß Sie uns bezahlt haben.**

„Nein, ich brauche den Job nicht. Der hat keine Zukunft für mich. Die Tochter des Chefs (of the boss) **ist bereits verheiratet** (married).**"**

„Herr Schultz, meine Frau hat gesagt, ich soll Sie um eine Gehaltserhöhung (a raise in salary) **bitten."**
„Gut. Ich frage meine Frau, ob (whether) **ich Ihnen eine geben soll."**

EXERCISE 22 Fill in the proper relative pronouns:

1. **Er kennt den Mann, _____ dort steht.**
2. **Das ist die Frau, _____ Tochter ich kenne.**
3. **Vicky ist ein Mädchen, _____ sehr schön ist.**
4. **Karl Bauer hat einen Sohn, _____ Name Peter ist.**
5. **Peter ist der Junge, _____ ich das Buch gebe.**
6. **Anton ist der Mann, _____ euch lieb hat.**
7. **Das ist die Frau, _____ dort steht.**
8. **Die Firmen, _____ Werbefachleute brauchen, sind in München.**
9. **Das sind die Männer, mit _____ man arbeiten soll.**
10. **Ich spreche von den Frauen, _____ Söhne hier sind.**

EXERCISE 23 Answer in complete German sentences.

1. **Was lieh Susie der Frau des Bekannten?**
2. **Was spielt Gretchen mit ihrer Schulkollegin?**
3. **Wo sind die Hauptsitze der Werbefirmen?**
4. **Wem verdankt Anton seine jetzige Stellung?**
5. **Was für einen Job hat Kristy?**

EXERCISE 24 Insert the missing demonstrative pronouns, *der, die, das,* etc.

1. **Ich kaufe _____.**
   this one, (m.)
2. **Was geben wir _____?**
   to this one (f)
3. **_____ ist alles sehr schön.**
   That
4. **Hast du _____ gesehen?**
   these
5. **_____ ist sehr fleißig.**
   This one (m.)

EXERCISE 25 Translate into English.

1. **Die Firma, die ihren Hauptsitz in München hat, ist groß.**
2. **Der Mann, den ich kenne, ist klein.**
3. **Die grünen Augen, die sie hat, sind schön.**
4. **Die Frau, die so schön ist, ist meine Freundin.**
5. **Der Freund, dem ich meine Stellung verdanke, ist Konrad.**

EXERCISE 26 Complete the following sentences.

1. **Ich verdanke ihm die _____.**
2. **Gretchens Schulkollegin hat grüne _____.**
3. **Vicky ist ein Mädchen, das jeder _____.**
4. **Damals lieh ich der Dame eine _____.**
5. **Das ist eine große Firma, bei der man Karriere _____.**

CHAPTER 6

Heute gehen wir ins Gasthaus und nachher ins Kino
Tonight We Are Going to a Restaurant and Then to the Movies

Prepositions; Direct and Indirect Object

A preposition is a word that combines with a noun or pronoun to form a phrase, e.g., *on* the table, *for* me; *auf* dem Tisch, *für* mich.

Tonight Nora, Karl, and Gretchen will eat some traditional German dishes at a popular place near their home. Afterwards they will take in a movie. Kristy comes along too.

Einer von uns ist telepathisch.

Vocabulary

angenehm	agreeable
anrufen	to call (by telephone)
denken	to think
durch	through
Ecke (f)	corner
es wäre doch nett	it would be nice
gegen	*here:* (at) about
Kopf (m)	head
ohne	without
erst	only
Spazíergang (m)	walk, stroll
die Straße entláng	along or down the street (Notice the noun *preceding* the preposition.)
telepáthisch	telepathic
um	*here:* around
vor zehn Minúten	ten minutes ago

Note: 37.5° Centigrade equals 99.5° Fahrenheit

Prepositions Taking the Accusative

entláng, um, durch, gegen, ohne, für

It is Saturday afternoon at the Bauers. Karl, just coming home from a walk, enters the livingroom. Nora looks up from a book she has been reading.

NORA Schön draußen?

KARL Ein herrlicher Tag.

NORA Wie war der Spaziergang?

KARL Sehr angenehm. Wie ich da die Straße *entláng um* die Ecke gehe, denke ich, es wäre doch nett, Kristy einzuladen.

NORA Du meinst, ins Gasthaus?

KARL Genau. Und dann ins Kino.

NORA Weißt du was? Ich habe sie gerade angerufen.

KARL Und eingeladen?

NORA Ja.

KARL Aber mir ist das erst vor zehn Minúten *durch* den Kopf gegangen. Einer von uns muß telepáthisch sein.

NORA Sie ist *gegen* fünf Uhr hier. Aber leider müssen wir *ohne* den Jungen gehen.

KARL Hat er noch immer Fieber?

NORA Nicht viel. 37,5 (siebenunddreißig-fünf). Frau Schulze bleibt bei ihm *für* den Abend.

KARL Schade. Peter geht so gern essen.

NORA In welches Restauránt sollen wir gehn?

KARL Obermayer vielleicht? Oder etwas Besseres?

NORA Nein. Obermayer ist nett und gemütlich.

Grammar Again (but rather painless)

Please note: *gegen* also means *toward* or *against*.

Karl kommt gegen das Haus.   Karl comes toward the house.
Er ist gegen das Fernsehen.   He is against television.

Some prepositions contract with the article *das:* **ins Restaurant** instead of **in das Restaurant.** The same is true in the case of *fürs (für das)* and *ums (um das).*

EXERCISE 1 Insert the missing words in German.

1. **Es geht ihm** _____ **den Kopf.**
                       through
2. **Ich bin** _____ **den Krieg** (war).
                    against
3. **Sie sind im Restaurant** _____ **den Jungen.**
                                    without
4. **Sie gehen die Straße** _____.
                               along
5. **Es sind** _____ **vier Autos an der Ecke.**
                    about

EXERCISE 2 Answer in German.

1. **Warum kann Peter nicht mitkommen?**
2. **Wann ist Kristy hier?**
3. **Wie lange** (how long) **bleibt Frau Schulze bei Peter?**
4. **Wann ist ihm das durch den Kopf gegangen?**
5. **In welches Gasthaus gehen sie?**

EXERCISE 3 Complete each sentence.

1. **Ich habe Kristy gerade** _____.
2. **Einer von uns muß** _____.
3. **Peter geht so gern** _____.
4. **Ich gehe die Straße entlang um die** _____.
5. **Wir müssen leider ohne den Jungen** _____.

EXERCISE 4 Correct or incorrect?   C / I
1. **Sie bleibt bei Peter für den Abend.**   _____
2. **Er geht um die Ecke.**   _____
3. **Er ist gegen ihm.**   _____
4. **Er spielt ohne dem Freund.**   _____
5. **Er kommt durch die Stadt.**   _____

EXERCISE 5 Write the following sentences in German.
1. He goes down the street.
2. I just called her.
3. He must go without the boy.
4. It is about seven o'clock.
5. I buy it for him.
6. She comes around the corner.
7. I get it through him.

EXERCISE 6 Translate into English.
1. **Schön draußen?**
2. **Es wäre nett, sie einzuladen.**
3. **Vielleicht etwas Besseres?**
4. **Mir ist das durch den Kopf gegangen.**
5. **Ich gehe die Straße entlang.**

Das Gasthaus Obermayer

Vocabulary

außer	aside from
begrüßen	to greet
dauern	_here:_ to take (time)
entférnt	distant, away; _here:_ "twenty minutes _away_ from . . ."
entgégenkommen	_here:_ to come toward . . .
es gibt	there are (is)
Gasthaus (n)	restaurant
Gebáude (n)	building
gegenüber	opposite (Here, too, the noun often precedes the preposition.)
Händedruck (m)	handshake
Kino (n)	movie theater, cinema
Konzértsaal (m)	concert hall
läuft	runs, is running
man betrítt	one enters
Menú (n)	menu (in German pronounced _Menü_)
mitkommen	to come along
nach	after
Platz nehmen	to take a seat
seit	since, for
Speisekarte (f)	bill of fare, menu
Stammgast (m)	regular guest
Tafel (f)	blackboard
ungefähr	approximately
zu Fuß (m)	on foot

Prepositions Taking the Dative

von, zu, gegenüber, außer, nach, seit, aus, bei, mit

Das Gasthaus des Herrn Obermayer ist ungefähr zwanzig Minuten *vom* Haus Herrn Bauers entfernt. *Mit* dem Auto dauert das wahrscheinlich nur vier Minuten. Aber sie gehen *zu* Fuß. Es ist in einem alten Gebäude, dem Zentrálkino *gegenüber*. *Außer* diesem gibt es noch zehn andere Kinos in der Stadt, auch ein Stadttheater und einen Konzértsaal. *Nach* dem Essen wollen sie sich den letzten Jürgen Kaiser-Film ansehen, der *seit* fünf Tagen im Zentrálkino läuft. Kristy, die junge Dame *aus* Amerika, die *bei* ihrer Kusine Susie wohnt, ist mitgekommen. Man betritt das Gasthaus. Nora und Karl sind Stammgäste. Herr Obermayer kommt ihnen entgegen und begrüßt sie *mit* einem freundlichen Händedruck. Sie nehmen Platz und er zeigt ihnen die Speisekarte, eine große Tafel, auf der man das heutige Menu sehen kann.

Please note:

vom Haus	= *von dem* Haus
zum Haus	= *zu dem* Haus (with a masculine noun)
zur Universität	= *zu der* Universität (with a feminine noun)
beim Lehrer	= *bei dem* Lehrer

EXERCISE 7 Insert the missing words in German.

1. Außer _____ Zentralkino gibt es zehn andere.
         the
2. Gegenüber _____ Haus des Herrn Bauer ist ein Garten.
              the
3. Kristy kommt _____ anderen Land.
                from a
4. Herr Obermayer kommt _____ Speisekarte.
                        with the
5. Sie wohnt bei _____ Kusine.
                 the
6. Von _____ Haus _____ Kino geht man 20 Minuten.
       the   to the
7. Er weiß es seit _____ Jahr.
                   a
8. Nach _____ Essen gehen sie ins Kino.
        the

EXERCISE 8 Correct or incorrect?   C / I

1. Ich gehe zur Schule.   _____
2. Ich bin bei den Lehrer.   _____
3. Gegenüber das Gasthaus ist ein Kino.   _____
4. Er spricht Deutsch seit vielen Jahren.   _____
5. Sein Freund kommt aus ein anderem Land.   _____

EXERCISE 9 Translate into English.

1. Außer dem Zentralkino gibt es zehn andere.
2. Herr Obermayer kommt mit der Speisekarte.
3. Sie sind Stammgäste seit vielen Jahren.
4. Sie gehen zu Fuß ins Restaurant.
5. Dem Konzertsaal gegenüber ist das Theater.

EXERCISE 10 Choose the correct words.

1. Nach dem Essen gehen sie
   a. tanzen   b. schwimmen   c. ins Kino
2. Gegenüber dem Kino ist
   a. das Gasthaus   b. eine Garage   c. das Stadttheater

3. **Kristy kommt**
   a. **aus England**   b. **aus Berlin**   c. **aus Amerika**
4. **Vom Haus des Herrn Bauer geht man**
   a. **drei Minuten**   b. **zwanzig Minuten**   c. **eine Stunde**
5. **Herr Obermayer kommt mit**
   a. **der Speisekarte**   b. **der Rechnung**   c. **der Tochter**

EXERCISE 11 Write the following in German.
1. They go on foot.
2. Aside from Obermayer's restaurant
3. Today's menu is on a big blackboard.
4. With the car it takes four minutes.
5. They are regular guests.

Author to Reader. You don't necessarily have to learn the words on the menu. Some of them are quite forgettable. Nevertheless, let's talk about them, just for fun.

Fleischbrühe mit Nudeln is a beef broth with noodles. It probably has some parsley or chives swimming on its surface. Nothing sensational, but a good soup to start a meal with.

Ochsenschwanzsuppe never turned me on. If there is anything I find unappealing, it's the tail of an ox. Still, some people take a liking to this soup. Aside from the *Ochsenschwanz,* there is some ham in it, onions, celery, parsley, etc., also a shot of wine (the only redeeming feature).

Of the *Fleischgerichte* (meat dishes) I would pick *Gekochtes Rindfleisch* (boiled beef); with this kind of dish you are 100% safe, and Obermayer surely knows how to prepare it. The *Meerrettich* (horseradish)—in Austria called *Kren*—is a delicacy. It also brings out the true flavor of the meat; with *Salzkartoffeln* (boiled potatoes), possibly buttered, the meal turns into a feast.

Don't ask me about *Backwerk* (pastries). I would love to eat them; however, my bathroom scales say no. *Liebesknochen* (love bones), in spite of the horrible name, are my particular favorite. But you know all about eclairs.

Die schlimme° Katze   naughty

Vocabulary

an	at, to
auf	*here:* on
belästigen	to bother
Boden (m)	floor
Brot (n)	bread
das spielt doch keine Rolle	it doesn't matter
entschuldigen Sie	excuse me
frischgebacken	freshly baked
hängen	to hang
hinter	behind
in Ordnung	O.K.
Kirche (f)	church
Komm her!	Come here!
Korb (m)	basket
lachen	to laugh
mit gerunzelter Stirn	with a frown
mittelalterlich	medieval
neben	beside, next to
nicht weiter	not anymore
ruhig	quiet(ly)
plötzlich	suddenly

schlimm	*here:* naughty
schwarz	black
sitzen	to sit
springt auf (aufspringen)	jumps up
stellen	to put
Suppenterrine (f)	soup tureen
über	over
um	*here:* in order to
unter	under
Vollmond (m)	full moon
wieder zurück	back again
zwischen	between

Prepositions Taking the Dative or the Accusative:

auf, an, neben, unter, über, zwischen, in, vor, hinter

Die Kellnerin kommt mit einer großen Suppenterrine und stellt sie *auf den* Tisch, *an welchem* die Gäste sitzen. *Neben die* Terríne stellt sie einen großen Korb mit frischgebackenem Brot. Die schöne, schwarze Katze des Herrn Obermayer sitzt *unter dem* Tisch. Plötzlich springt sie *über den* Sessel, der *zwischen der* Amerikanerin und Gretchen steht, und dann wieder zurück *unter den* Tisch. Die Gäste lachen. Herr Obermayer kommt mit gerunzelter Stirn.

OBERMAYER	Bitte entschuldigen Sie. Komm her. Du bist sehr schlimm heute. (Er nimmt die Katze *auf den* Arm.) Weißt du nicht, daß du ruhig *unter dem* Tisch *auf dem* Boden liegen mußt?
KARL	Aber bitte, das spielt doch keine Rolle.
GRETCHEN	Sie ist so herzig.
OBERMAYER	Die belästigt Sie nicht weiter. Ist die Suppe in Ordnung?
ALLE	Ausgezeichnet.

Heute sind viele Tourísten *in der* Stadt. Sie sind *in die* Stadt gekommen, um die mittelalterliche Architektúr zu bewundern, und auch die Statuen *vor* und *hinter der* Kirche. *Über der* Stadt hängt ein wunderschöner Vollmond.

Grammar the Easy Way

Die Katze sitzt unter   *where / wo*?
dem Tisch

The cat's LOCATION is described: we use the DATIVE.

Die Katze springt   *where to / wohin*?
(jumps) über den
Sessel.

The cat's DESTINATION is described, the motion toward some goal: we use the ACCUSATIVE.

EXERCISE 12 Fill in the missing articles with the proper endings.
1. **Sie stellt einen Korb neben** _____ **Terrine.**
2. **Der Mond hängt über** _____ **Stadt.**
3. **Die Katze springt über** _____ **Tisch.**
4. **Die Touristen sind in** _____ **Kirche.**
5. **Sie sind in** _____ **Stadt gekommen.**
6. **Die Katze spielt auf** _____ **Boden.**

7. Der Sessel steht zwischen _____ Kellner und mir.
8. Der Hund liegt unter _____ Tisch.
9. Er läuft vor _____ Haus.
10. Sie geht in _____ Museum.

EXERCISE 13 Correct or incorrect?   C / I
1. Die Terrine steht auf dem Tisch.   _____
2. Die Katze spielt unter den Sessel.   _____
3. Der Mond hängt über die Stadt.   _____
4. Hinter der Kirche sind Statuen.   _____
5. Er nimmt den Hund auf dem Arm.   _____

EXERCISE 14 Write the following sentences in German.
1. Please excuse me.
2. It doesn't matter.
3. You are very naughty today.
4. We eat freshly baked bread.
5. The cat sits on the floor.

EXERCISE 15 Translate into English.
1. Die wird Sie nicht weiter belästigen.
2. Sie geht hinter die Kirche.
3. Die Kellnerin bringt einen großen Korb.
4. Die Suppe ist in Ordnung.
5. Wir bewundern die mittelalterliche Architektur.

EXERCISE 16 Answer in complete German sentences.
1. Wohin sind viele Touristen gekommen?
2. Wo sitzt die Katze?
3. Wo ist die Suppe?
4. Wohin stellt die Kellnerin den Korb?
5. Wo sind die Statuen?

Ein Witz (?)

GAST Kellner, diese Suppe ist kalt.

KELLNER Was wollen Sie von mir? Soll ich mir die Finger verbrennen (burn my fingers)?

Rindfleisch° und Liebesknochen° beef, eclairs

Vocabulary

(an)statt	instead of
aufessen	to eat up
begínnen	to begin
bestéllen	to order
denn	for
dick	fat
es schmeckt ihnen gut	it tastes good; they like it
Portión (f)	portion, helping
sich beéilen (be-éilen)	to hurry up
sie ißt	she eats
Spinát (m)	spinach
trotz	in spite of
während	during
wegen	because of
zum Dessert (n) (pronounce desér)	for dessert

Prepositions Taking the Genitive

statt, trotz, während, wegen

Die Gäste haben das gekochte Rindfleisch und zum Dessért Liebeskno-chen bestellt, und es schmeckt ihnen allen sehr gut. Nora ißt Spinát *statt der* Salzkartoffeln. Kartoffeln, sagt sie, machen sie zu dick. *Trotz der* großen Portiónen essen sie alles auf. *Während des* Dessérts sieht Karl auf die Uhr. *Wegen des* Kinos müssen sie sich beeilen, denn es beginnt in zehn Minuten.

Gretchen und Jürgen Kaiser

Vocabulary

Anisplätzchen (n)	anise cookies
Besúch (m)	visit
dafúr	for it
das tropft (tropfen)	that drips
der (die) Erwáchsene	the adult
geben	to give
Gefrórenes (n)	ice cream
gefüllte Datteln (f. pl.)	stuffed dates
Geld (n)	money
Gib! (geben)	give
gleich	right away
Hat Ihnen der Film gefallen?	Did you like the film?
Hör doch damit auf!	Stop this!
eine Hundertmárknote	a hundred-mark bill
Karte (f)	ticket
Kasse (f)	ticket window
kein Wunder	no wonder
Kontróllabschnitt (m)	stub
Naseputzen (n)	blowing of noses
Platzanweiser (m)	usher
Prográmm (n)	program
sammeln	to collect
Schlange (f)	*here*: line
Schmachtfetzen (m)	tearjerker
schnell	fast
Seufzen (n)	sighing
sei so gut	be so kind
die Süßigkeiten (f. pl.)	sweets
Taschentuch (n)	handkerchief
totál	*here*: totally
überlássen	to relinquish
unerhört!	*here*: terrific!
vergéssen	to forget
vierzehn	fourteen
wievíel?	how much?
zum Andenken (n)	for a souvenir
Zuschauerraum (m)	auditorium
zwanzig	twenty

Direct and Indirect Objects

In front of the ticket window at the movies:

NORA **Schau dir die Schlange an!**

KRISTY **Unerhört!**

NORA **Kein Wunder. Kaiser ist der populärste Filmstar in Deutschland.**

GRETCHEN **Er ist herrlich!**

KARL **Habt ihr euch genug Taschentücher mitgenommen?**

NORA **Geh, hör doch auf damit!**

KRISTY **Aber es geht ziemlich schnell. Wir sind gleich an der Kasse.**

KARL **Vier Karten, bitte; drei für Erwachsene, eine für ein Mädchen unter vierzehn. Wieviel ist das?**

KASSIERER **Zwanzig Mark, bitte.**
(They enter the theater.)

KRISTY (to Karl) **Wollen Sie *mir*, bitte, *die Karten* geben? Zum Andenken an unseren Kinobesuch?**

KARL (He does.) **Sie sammeln *die Kinokarten?* Gretchen sammelt *die Programme.* Besonders von Filmen mit Jürgen. Aber Sie müssen *dem Platzanweiser den Kontróllabschnitt* überlássen.**

NORA **Die Süßigkeiten!**

KARL **Totál vergessen! Nora, sei so gut und gib *dem Gretchen das Geld* dafür. Ich habe bloß eine Hundertmarknote bei mir.**

GRETCHEN **Was soll ich kaufen? Gefrorenes?**

NORA **Nein, das tropft. Vielleicht Anisplätzchen oder gefüllte Datteln.**

Eine halbe Stunde später hört man im Zuschauerraum viel Seufzen und Naseputzen. Nora gibt *dem Gretchen ein Taschentuch.*

KARL (to Kristy) **Hat Ihnen der Film gefallen?**

KRISTY **Soso. Und Ihnen?**

KARL **Ein Schmachtfetzen!** (to Gretchen) **Gretchen?**

GRETCHEN **Er ist herrlich!**

This is a good rule: If the direct object is a noun, it follows the indirect object; if the direct object is a pronoun, it precedes the indirect object.

Dative nouns usually precede accusative nouns.

	INDIRECT OBJECT DATIVE	DIRECT OBJECT ACCUSATIVE
Sie sammelt		**die Programme.**
Sie gibt	**mir** (to me)	**die Karten.**
Sie überläßt	**dem Platzanweiser** (to him)	**den Kontrollabschnitt.**
Gib	**dem Gretchen** (to her)	**das Geld.**
Sie gibt	**dem Gretchen** (to her)	**ein Taschentuch.**

Accusative pronoun objects precede dative pronoun objects.

	DIRECT OBJECT ACCUSATIVE	INDIRECT OBJECT DATIVE
er gibt	**es** (the handkerchief)	**ihr** (to Gretchen)
sie gibt	**ihn** (the stub)	**ihm** (to the usher)

Please note: In the colloquial German of central and southern Germany, as well as in Austria, the definite article is often used in front of a name: **Gib *dem Gretchen* ein Taschentuch.**

EXERCISE 17 Insert the missing prepositions and definite articles.
1. **Ich esse Brot _____ Spinats.**
    instead of the
2. **_____ Ferien bin ich in Deutschland.**
    During the
3. **_____ schlechten Wetters sind die Fenster offen.**
    In spite of the
4. **Er beeilt sich _____ Kinos.**
    because of the

EXERCISE 18 Choose the right words.
1. **Zum Dessert bestellen sie**
    a. **Brot**   b. **Anisplätzchen**   c. **Liebesknochen**
2. **Das Kino beginnt in**
    a. **zehn Minuten**   b. **zwei Minuten**   c. **einer Stunde**
3. **Was hat Karl vergessen?**
    a. **seine Uhr**   b. **die Süßigkeiten**   c. **die Kinokarten**
4. **Warum will Nora kein Gefrorenes?**
    a. **weil es tropft**   b. **weil es süß ist**
    c. **weil es gut schmeckt**
5. **Nora gibt ihrer Tochter**
    a. **fünf Mark**   b. **ein Taschentuch**   c. **einen Mantel**

EXERCISE 19 Complete each sentence with a word listed below:
Uhr, Kinobesuches, Rindfleisch, Schmachtfetzen, Platzanweiser.
1. **Sie essen das gekochte _____.**
2. **Karl sieht auf die _____.**
3. **Zum Andenken unseres _____.**
4. **Der Kontrollabschnitt ist für den _____.**
5. **Karl sagt, der Film ist ein _____.**

EXERCISE 20 Write the following in German.
1. Potatoes make Nora fat.
2. Did you take enough handkerchiefs along?
3. Karl says the film is a tearjerker.
4. Stop it!
5. Terrific!
6. No wonder
7. How much is that?

EXERCISE 21 True or false?   T / F
1. **Kaiser ist sehr populär.**   _____
2. **Karl kauft sechs Karten.**   _____
3. **Die Karten kosten fünfzehn Mark.**   _____
4. **Gretchen kauft Gefrorenes.**   _____
5. **Er gibt Kristy die Karten.**   _____

EXERCISE 22 Insert the correct German words.
1. **Er gibt _____ die Karten.**
    to the usher
2. **Gib dem Karl _____.**
    the program
3. **Er zeigt _____ die Stadt.**
    to the tourists
4. **Sie bringt _____ _____.**
    to the mother   the bread
5. **Gib _____ _____.**
    to the sister   the watch

EXERCISE 23 Replace the nouns of Exercise 22 with the correct German pronouns.

1. **Er gibt**_____ _____.
2. **Gib**_____ _____.
3. **Er zeigt**_____ _____.
4. **Sie bringt**_____ _____.
5. **Gib**_____ _____.

CHAPTER 7

Susie, Nora und Kristy gehen einkaufen
Susie, Nora, and Kristy Go Shopping
Off to Brandstätter's Department Store

Verbs—Present Tense

sein, haben, werden

A verb is a word with a descriptive meaning that expresses an act or occurrence, e. g. Karl *rises, eats* breakfast; *steht auf, ißt* **Frühstück,** etc.

Familienangelegenheiten

Nora, Susie, and Kristy enter the store talking. Nora has apparently had some trouble at home, but no details are given.

Vocabulary

Absicht (f)	intention
ausgehen	to go out
ausreichend	sufficient
Beisámmensein (n)	togetherness
Biber (m)	beaver
du solltest	you should
erklären	to explain
Famílienangelegenheiten (f.pl.)	family matters
gelángweilt (langweilen)	bored
Heute wird nicht gespart.	Today I'm not going to skimp.
hoffen	to hope
Ich bin schlechter Laune (f).	I am in a bad mood.
ich nehme an (annehmen)	I suppose (to suppose)
im Grunde genommen	actually
innerhalb (preposition, takes genitive)	within

Kaufhaus, Warenhaus (n)	department store
Kredít (m)	credit
Kredítkarte (f)	credit card
ledig	unmarried
Nerven (m. pl.)	nerves
Nerz (m)	mink
Nerzmäntel (m. pl.)	mink coats
Pelzmantel (m)	fur coat
Pelzwaren (f. pl.)	furs
Problém (n)	problem
Schlußverkauf (m)	final bargain sale
Silberfuchs (m)	silver fox
wäre nicht schlecht	would not be bad
Was ist passíert?	What happened?
Welt (f)	world

NORA   *Ich bin* schlechter Laune . . .

SUSIE   Was ist passiert?

NORA   *Du bist* noch ledig, Susie. Familienangelegenheiten . . . *er ist* ein netter Junge . . .

KRISTY   Du meinst Peter?

NORA   Ja. *Er ist* ein guter Junge, und Gretchen—also, *sie ist* ein braves Mädchen, nicht wahr? Wie soll ich das erklären? Karl und ich, *wir sind* sehr glücklich mit den Kindern—*ihr seid* nicht gelangweilt mit meinen Problémen? *Sie sind* im Grunde genommen . . .

SUSIE   . . . die besten Kinder in der Welt. Du solltest mehr ausgehen. Wie heute. Zu viel Beisammensein innerhalb der Familie ist schlecht für die Nerven.

Grammar Again

These are the present tense forms of the verb *sein* (to be):

PERSON	SINGULAR		PLURAL	
1st	**ich bin**	I am	**wir sind**	we are
2nd	**du bist**	you are	**ihr seid**	you are
3rd	**er, sie, es ist**	he, she, it is	**sie sind**	they are
			Sie sind	you are (formal)

Try to find the conjugated forms of *sein* in the dialog you just read.

The familiar *du* (sing.) and *ihr* (pl.) are used when talking to friends, relatives, children or pets. If Nora had addressed a stranger, she would have started out like this:

Sie sind noch ledig . . .

The pronoun *Sie,* when addressing someone formally, is always capitalized.

Ein neuer Pelzmantel?

SUSIE   *Ich habe* die Absicht—also heute wird nicht gespart.

NORA   Ich nehme an, *du hast* genug Geld bei dir oder auf deiner Kredítkarte.

KRISTY   *Sie hat* gestern ihr Gehalt bekommen.

NORA   Ein neuer Pelzmantel wäre nicht schlecht.

VERKÄUFERIN   (sales lady) *Wir haben* heute einen Schlußverkauf in Pelzwaren.

KRISTY   Ich hoffe, *ihr habt* hier ausreichenden Kredít zum Ankauf von Nerzmänteln. Führen die auch Nerz?

SUSIE   Nerz, Silberfuchs, Biber—*sie haben* alles.

Grammar You Cannot Do Without

These are the present tense forms of *haben* (to have):

PERSON	SINGULAR		PLURAL	
1st	**ich habe**	I have	**wir haben**	we have
2nd	**du hast**	you have	**ihr habt**	you have
3rd	**er, sie, es hat**	he, she, it has	**sie haben**	they have
			Sie haben	you have (formal)

Now try to spot the forms of *haben* in the dialog above.

The third indispensable verb in this group of verbs is *werden:*

Ich werde Arzt.	I become a doctor.
Du wirst böse.	You get angry.
Er wird blind.	He goes blind.
Sie werden (ein) Schriftsteller.	You turn out to be a writer.

Plural of werden

wir werden	we become
ihr werdet	you become
sie werden	they become

EXERCISE 1 Fill in the missing verbs (present tense).
1. **Er** _____ **ein guter Mann.** (to be)
2. **Wir** _____ **viel Geld.** (to have)
3. _____ **du zufrieden?** (to be)
4. **Frau Bauer, Sie** _____ **eine gute Mutter.** (to be)
5. **Er** _____ **ein neues Haus.** (to have)
6. **Nora und Susie, ihr** _____ **genug Geld.** (to have)
7. **Du** _____ **Ärztin in einem Jahr.** (to become)
8. **Leider** _____ **er leicht böse.** (to get)
9. **Ihr** _____ **große Männer.** (prove to be)

EXERCISE 2 Answer the questions in complete German sentences.
1. **Wie heißt das Warenhaus?**
2. **Was sollte Nora mehr tun?**
3. **Was ist schlecht für die Nerven?**
4. **Was hat Susie gestern bekommen?**
5. **Was für Pelze führt das Kaufhaus Brandstätter?**

EXERCISE 3 Write the following sentences in German.
1. I am not bored with your problems. (familiar)
2. This is hard for me to understand.
3. What happened?
4. A mink coat would not be bad.
5. I am in a bad mood.

EXERCISE 4 Correct or incorrect?   C / I
1. **Du bist eine gute Mutter.**   _____
2. **Er haben viel Geld.**   _____
3. **Sie werd eine Ärztin.**   _____
4. **Sie sind eine nette Frau.**   _____
5. **Es hat schönes Haar.**   _____

EXERCISE 5 Change both verbs and nouns (where possible) from singular to plural.
1. **Du hast ein neues Auto.**
2. **Er wird Arzt.**
3. **Sie ist schlechter Laune.**
4. **Ich werde böse.**
5. **Wirst du es kaufen?**

Grammar You'll Love to Hear About

Basic Forms and Stem Changes

It will please you to hear that in German we have only one form in which to express the present tense: *ich höre,* whereas in English you have three to contend with: I hear, I do hear, I am hearing.

There is a whole slew of perfectly regular verbs—you've had a number of them before—which conjugate in this manner:

PERSON	SINGULAR	PLURAL
1st	ich glaub*e*	wir glaub*en*
2nd	du glaub*st*	ihr glaub*t*
3rd	er, sie, es glaub*t*	sie glaub*en*
		Sie glaub*en* (polite form)

Please try to conjugate some verbs that you are familiar with, such as: **brauchen, fragen, kriegen, machen, rauchen, sagen, suchen, spielen.**

The endings, the letters you add to the stem, which in the case of *glauben* is *glaub-,* are: *-e, -st, -t, -en, -t, -en* and *-en* (formal).

Now we have some verbs whose stem ends in *-s, -ss, -ß, -tz* and *-z.* The only change here occurs in the second person singular: **ich tanze, du tanzt;** or **ich grüße, du grüßt.** Since the stem of these words ends with an *s*-sound anyway, to insert an additional *s* would be superfluous. Thus, the ending in the second person is simply *-t.*

Then there are verbs the stem of which ends in *-d* or *-t.* Take, for instance, an activity that very few people particularly enjoy: *arbeiten* (to work), and try to say: **du** *arbeitst.* Unless you are Viennese (in which case you can pronounce this with ease), there will be trouble. It is therefore necessary to insert an *e* between the *t* and the *st* in the second person singular and an *e* between the *t* and the *t* in the third person singular and the second person plural. Let me show you how:

PERSON	SINGULAR	PLURAL
1st	ich arbeit*e*	wir arbeit*en*
2nd	du arbeit*est*	ihr arbeit*et*
3rd	er arbeit*et*	sie arbeit*en*
		Sie arbeit*en* (polite)

Or, **ich bad***e* (bathe), **du bad***est,* **er bad***et.*

We have had verbs like this before: *antworten, mieten,* and *reden.* And there are other verbs that require insertion of an *e* to make easy pronunciation possible.

Susie und ihr Chef (pronounced ''sheff'')

This is not about Susie's favorite cook but about her obnoxious boss.

Vocabulary

beschäftigt	busy
billig	cheap
darúm	*here:* for it
Dort will ich auch hin.	I'd like to go there, too.
Es paßt mir.	It suits me.
Flasche (f)	bottle

Geschäft (n)	business
gesprächig	talkative
Handtasche (f)	pocketbook
Hast du (et)was dagégen?	Do you mind?
Kölnischwasser (n)	cologne
Kostüm (n)	*here:* tailored suit
Lederwarenabteilung (f)	leather goods department
mitbringen	to bring along
miteinander	together
noch immer	still
Parfümeríe (f)	cosmetics department
schreiben	to write
Unterbréchung (f.)	interruption
zuhören (with dative)	to listen

NORA Arbeit*est* du auch manchmal am Samstag, Susie?

SUSIE Nur wenn wir sehr beschäftigt sind und mein Chef mich darum bitt*et*. Leider ist er sehr gesprächig. Du red*est* zu ihm, aber er hört dir nicht zu; er red*et* und red*et* ohne Unterbrechung. Aber genug vom Geschäft.

NORA Tanz*t* du gern?

SUSIE Ja, sehr. Und Anton tanzt sehr gut, wie du weiß*t*.

NORA Vielleicht können wir wieder einmal miteinander ausgehen.

SUSIE Das wäre nett.—Wo ist Kristy?

NORA In der Lederwarenabteilung.

SUSIE Dort will ich auch hin. Also wir treffen uns später.

Important Vowel Changes

Some verbs change the stem-vowel from E to I:

ich spreche, du sprichst, er spricht
ich treffe, du triffst, er trifft
ich gebe, du gibst, er gibt

(Imperative singular: **sprich! gib!**)

from *a* to *ä* or from *au* to *äu*:

ich schlafe, du schläfst, er schläft
ich trage, du trägst, er trägt
ich laufe, du läufst, er läuft

These changes take place in the second and third person singular only.

Kristy und Susie kaufen ein

Susie trifft Kristy, die ihrer Mutter in Amerika etwas mitbringen will.

KRISTY Mutti *trägt* noch immer ihre alte Handtasche. Ich glaube, sie braucht eine neue.

SUSIE *Sprichst* du mit ihr am Telephon? Das ist jetzt viel billiger.

KRISTY Nein, aber ich schreibe ihr jede Woche.—*Läufst* du mit mir zur Parfümeríe? Ich brauche eine Flasche Kölnischwasser.

SUSIE Ich muß mir ein neues Kostüm kaufen. Glaubst du nicht auch, daß mir ein Kostüm besser paßt als ein Kleid?

KRISTY Genau. Hast du was dagegen, wenn ich mitkomme?

EXERCISE 6 Choose the correct words.
1. **Susies Chef ist sehr**
   a. **gesprächig**   b. **nett**   c. **schön**
2. **Er redet**
   a. **nie**   b. **manchmal**   c. **ohne Unterbrechung**
3. **Susie trifft Kristy**
   a. **in der Lederwarenabteilung**   b. **in der Parfümerie**
   c. **im Restaurant**
4. **Was sich Susie kaufen will, ist**
   a. **eine Handtasche**   b. **ein Kostüm**   c. **ein Buch**
5. **Kristy kauft etwas für**
   a. **ihren Bruder**   b. **ihren Vater**   c. **ihre Mutter**

EXERCISE 7 Insert the German verb in its correct form.
1. **Susie** _____ **gern.** (to dance)
2. **Er** _____ **oft.** (to bathe)
3. _____ **du am Samstag?** (to work)
4. _____ **mir bitte die Handtasche!** (to give)
5. **Sie** _____ **ein neues Kostüm.** (to wear)

EXERCISE 8 Change the subjects and verbs from plural to singular.
1. **Ihr trefft ihn später.**
2. **Ihr schlaft während des Tages.**
3. **Die Mädchen laufen schnell.**
4. **Die Jungen helfen** (to help) **mir.**
5. **Sprecht mit ihm!**

EXERCISE 9 Correct or incorrect?   C / I
1. **Anton redt mit ihr.**   ____
2. **Er arbeitet am Samstag.**   ____
3. **Ich sprich mit ihm.**   ____
4. **Läuf schnell in die Parfümerie!**   ____
5. **Sie trägt ein neues Kostüm.**   ____

EXERCISE 10 Write the following sentences in German.
1. We are very busy.
2. They go out together.
3. He talks without interruption.
4. He doesn't listen to me.
5. Do you mind?

"Teufelsbalg"

When conjugated, these verbs show a number of irregularities: **sammeln, tun, raten, halten, schelten, nehmen, wissen, lesen.**

Vocabulary

angeblich	supposedly
bei weitem	by far
Bierflasche (f)	beer bottle
blöd(e)	stupid
Briefmarke (f)	stamp
Bube (m)	boy
Flammenwerfer (m)	flame thrower
Freude beréiten (f)	to give joy, pleasure

Hältst du mich . . .?	Do you think I am. . .?
Hausaufgabe (f)	homework
Kapitálanlage (f)	investment
Konkurrénz (f)	competition
Krieg spielen	to play war
kurzen Prozéß (m) machen	to give short shrift
(mit jemandem)	(to someone)
Lederhosen	leather shorts
lesen	to read
Münze (f)	coin
(er) nimmt sich jemanden vor	he deals with someone
(sich vornehmen)	
raten	to advise
Saison (f) (pronounce	season
"sezón")	
sammeln	to collect
selten	rare(ly)
(er) schilt mich (schelten)	he scolds me
sein möglichstes	his utmost
Silbermünze (f)	silver coin
Spiel (n)	game
Teufelsbalg (m)	devil's brat
typisch	typical
Verkáufsschlager (m)	popular item; one that sells well
(er) verbrennt jemanden (verbrennen)	he burns someone up (literally!)
Welt (f)	world
wiesó?	why? how come?
wissen	to know
zuérst	first

Kristy and Nora pass the coin and stamp counter.

KRISTY **Sammelt Peter Briefmarken? Die meisten Buben tun das.**

NORA **Natürlich. Wir alle sammeln etwas. Karl sammelt alte Bierflaschen. Ich *sammle* Münzen. Besonders Silbermünzen. Das ist angeblich eine gute Kapitálanlage.**
(They walk over to men's wear.)

KRISTY **Was, *rätst* du mir, soll ich für meinen Freund in Amerika kaufen?**

NORA **Etwas typisch deutsches? Vielleicht Lederhosen?**

KRISTY **Gute Idee.**

NORA **Ich gehe indessen zur Computerwelt.** (She takes the escalator there and asks the sales lady)
Was is das Neueste in Software für Computerspiele?

VERKÄUFERIN **"Teufelsbalg" ist bei weitem der größte Verkaufsschlager der Saisón. Der hat mit der Konkurrénz kurzen Prozeß gemacht. "*Hältst* du mich für blöd, daß ich immer noch 'Pac-Man' spielen soll?" *schilt* mich mein Junge. "'Teufelsbalg,' der *nimmt* sich seine Feinde vor, einen nach dem anderen, und verbrennt sie mit Flammenwerfern. Wieso *weißt* du das nicht?"**

NORA **Ihr Sohn muß Ihnen große Freude bereiten.**

VERKÄUFERIN **Er *tut* sein möglichstes.**

NORA ***Liest* er auch manchmal etwas?**

VERKÄUFERIN **Sehr selten. Aber er *weiß*, daß er zuerst seine Hausaufgaben machen muß; dann kann er Krieg spielen.**

NORA **Geben Sie mir einen "Teufelsbalg."**

Grammar That Will help

sammeln: ich sammle Briefmarken, du sammelst, er sammelt

tun: ich tue, du tust, er tut, wir tun, ihr tut, sie tun

raten: Was rätst du mir? Er rät mir.

halten: Hältst du mich für blöd? Er hält mich für blöd.

schelten: ich schelte ihn, du schiltst mich, er schilt mich

nehmen: ich nehme mir ihn vor, du nimmst dir . . ., er nimmt sich . . .

wissen: ich weiß, du weißt, er weiß, wir wissen, ihr wißt

lesen: ich lese, du liest, er liest, wir lesen

EXERCISE 11 Put into the third person singular (**Er** _____ **Briefmarken**).
1. **Ich sammle Briefmarken.**
2. **Du schiltst Nora.**
3. **Wir wissen alles.**
4. **Was tun wir heute?**
5. **Wir nehmen das Buch.**
6. **Was haltet ihr in der Hand?**
7. **Was rätst du mir?**
8. **Wir lesen viel.**

EXERCISE 12 Correct or incorrect?   C / I
1. **Er weißt nicht viel.**   _____
2. **Sie haltet das Buch.**   _____
3. **Wir schelten Peter.**   _____
4. **Was tust du da?**   _____
5. **Er liest die Zeitung.**   _____
6. **Sie sammelt Münzen.**   _____
7. **Was nehmt sie?**   _____
8. **Was rätst du mir?**   _____

EXERCISE 13 Fill in the missing letter in the German words.
1. **ICH SAMM__E M´__NZEN.**
2. **PETER IST NIC__T BL__D.**
3. **EINE GUT__ KA__ITALAN__AGE**
4. **ET__AS T__PISCH D__UTSCHES**
5. **DANN KAN__ ER KRI__G SP__ELEN.**

EXERCISE 14 Write the following in German.
1. This is a good investment.
2. Leather shorts are typically German.
3. This is the biggest seller of the season.
4. The competition is very strong (**stark**).
5. He does his utmost.

EXERCISE 15 Choose the correct words.
1. **Karl sammelt**
   a. **Zeitungen** b. **Münzen** c. **alte Bierflaschen**
2. **Teufelsbalg**
   a. **verbrennt seine Feinde** b. **macht Hausaufgaben**
   c. **schläft immer**
3. **Was Kristy vielleicht kauft, sind**
   a. **Uhren** b. **Lederhosen** c. **Briefmarken**
4. The second person singular of *halten* is
   a. **hältst** b. **haltest** c. **haltst**
5. The third person singular of *nehmen* is
   a. **nehmt** b. **nehm** c. **nimmt**

Noras Pläne

Vocabulary

Amulétt (n)	amulet, charm
Ankündigung (f)	announcement
dabéi	in doing so
dreißig	30
dreizehn	thirteen
Einkauf (m)	purchase
fünfmal	five times
goldener, -e, -es	golden
gratulíeren	to congratulate
Gebúrtstag (m)	birthday
Hals (m)	neck
jetzig	present
Laß sehen!	Let me see!
leben	to live
Mir ist das Geld ausgegangen.	I ran short of money.
Möbel (pl.)	furniture
möglicherweise	possibly
Monográmm (n)	initials
noch nicht	not yet
so ziemlich	pretty much
übersíedeln	to move
undenkbar	unthinkable
wir sind umgezogen (umziehen)	we moved
Zauberpyramide (f)	magical pyramid
Zuwachs (m)	addition to the family

Nora, Susie and Kristy meet in the furniture department.

NORA **Habt ihr alle eure Einkäufe gemacht?**

KRISTY **So ziemlich.**

SUSIE **Mir ist das Geld dabei ausgegangen. Kein Nerz, aber ein Amulétt für Anton.**

NORA **Laß sehen!**

SUSIE **Ich hab's noch nicht. Wegen des Monográmms. Eine goldene Zauberpyramide, um den Hals zu tragen.**

KRISTY **Das klingt super.**

NORA **Der wird sich sehr freuen. Geburtstag?**

SUSIE **Ja.**—(to Nora) **Kaufst du neue Möbel?**

NORA **Möglicherweise.** *Ich habe meine jetzigen schon seit dreizehn Jahren.*

KRISTY *Wie lange wohnst du schon hier?*

NORA *Ich bin hier geboren.*

KRISTY **Meine Eltern** *leben seit dreißig Jahren in Amerika* **und sind fünfmal umgezogen.**

NORA **Das wäre in Deutschland undenkbar. Ich brauche neue Möbel, wenn wir übersiedeln. Das jetzige Haus ist zu klein. Peter** *schläft schon seit zwei Jahren im Wohnzimmer.* **Und wer weiß?**

SUSIE **Ist das eine Ankündigung?**

NORA **Vielleicht bekommen wir Zuwachs.**

SUSIE, KRISTY **Wir gratulieren!**

One can hear the singing of children from the children's day care center nearby.

Action Starting in the Past and Continuing into the Present

When it comes to some tenses, German is less particular than English:

**Ich habe meine jetzigen Möbel   I have had my present furniture
schon seit dreizehn Jahren.**   for thirteen years.
                                                          (I got it thirteen years ago,
                                                          and I still have it.)

Germans apparently are less logical here. They are perfectly happy to use the present tense in this kind of situation.

The same applies to:

Wie lange wohnst du schon hier?
How long have you been living here?

Notice also:

Ich bin hier geboren.
I was born here.

Again as before:

Peter schläft schon seit zwei Jahren im Wohnzimmer.
Peter has been sleeping in the livingroom for two years.

EXERCISE 16 Write the following sentences in German.
1. We have been living in Germany for twenty years.
2. He has been here for two hours.
3. She has been working for three months.
4. I was born in New York.
5. Who knows?

EXERCISE 17 Choose the correct words.
1. **Susie kauft Anton**
   a. **einen Nerzmantel**   b. **ein Amulett**   c. **ein Auto**
2. **Nora hat ihre Möbel schon seit**
   a. **dreizehn Jahren**   b. **einem Jahr**   c. **sechs Monaten**
3. **Ihr jetziges Haus ist**
   a. **zu groß**   b. **zu klein**   c. **zu schön**
4. **Sie bekommt vielleicht**
   a. **Zuwachs**   b. **eine Geschirrspülmaschine**   c. **ein Buch**
5. **Susie fragt Nora: „Kaufst du neue Möbel?" Nora antwortet:**
   a. **„Natürlich."**   b. **„Absolut nicht."**   c. **„Möglicherweise."**

EXERCISE 18 Translate into English.
1. **Ich lebe hier schon zehn Jahre.**
2. **Ist das eine Ankündigung?**
3. **Das ist undenkbar.**
4. **Möglicherweise**
5. **So ziemlich**

EXERCISE 19 True or false?   T / F
1. **Die Zauberpyramide ist für Karls Geburtstag.**   _____
2. **Noras Haus ist zu klein.**   _____
3. **Kristys Eltern sind nie umgezogen.**   _____
4. **Nora ist in Amerika geboren.**   _____
5. **Vielleicht bekommt Nora Zuwachs.**   _____

EXERCISE 20 Answer in complete German sentences.
1. **Wo ist Nora geboren?**
2. **Wo leben Kristys Eltern?**
3. **Wie lange wohnt Nora in ihrem Haus?**
4. **Wo schläft Peter seit zwei Jahren?**
5. **Was trägt Anton bald (soon) um den Hals?**

CHAPTER 8

Anton findet einen neuen Job
Anton Finds a New Job

Verbs—Past and Future Tenses

Das Interview
The Present Perfect of *sein, haben, werden,* and of Weak Verbs

Vocabulary

(w) = weak verb

anständig	decent
früher	previous
gleichzeitig	at the same time
Ich kann Besseres leisten.	I can do better.
Ich weiß das zu schätzen.	I appreciate that.
kündigen (w)	to give notice
Laß ihn kommen!	Let him come!
Lohnschreiber (m)	hack writer
marktschreierische Rekláme (f)	ballyhoo
Möglichkeit (f)	opportunity, possibility
schicken (w)	to send
schöpferisch	creative(ly)
Schreiben (n)	letter
Sie haben recht.	You are right.
Stellengesuch (n)	job application
tätig	active
Teilhaber (m)	partner
versíchern (w) *(here with dative)*	to assure
wertlos	worthless
Wie geht's?	How are you?

ANTON (in his new office, on the phone with Susie) **Susie, wie geht's? —*Bist du* gestern im Kino *gewesen?* —War's schön? —Hast du ein paar Minuten? Gut. Also, wie du weißt, den Job, über den *wir* im Café *geredet haben, habe ich* nicht *gekriegt. Ich bin* zu spät dort *gewesen.* Aber ich habe einen anderen. Das ist so passiert:**

(Flashback; Schelling's office in the advertising firm Schelling & Holz.)

SCHELLING **Bitte nehmen Sie Platz, Herr Gruber. *Sie haben* uns vor zehn Tagen ein Stellengesuch *geschickt. Ich habe* das Schreiben meinem Teilhaber *gezeigt,* und *er hat gesagt,* laß ihn kommen.**

ANTON **Ich weiß das zu schätzen, Herr Schelling.**

SCHELLING **Wie lange *haben Sie* für Ihre frühere Firma *gearbeitet?***

ANTON **Sieben Jahre; ich arbeite dort noch immer. Aber *ich habe gekündigt* und meinem Chef gleichzeitig *versichert,* daß ich bleibe, bis er jemand anders findet.**

SCHELLING Sehr anständig. Warum *haben Sie gekündigt?*
ANTON *Ich habe* dort keine Möglichkeit *gehabt,* schöpferisch tätig zu sein.
SCHELLING Was meinen Sie damit?
ANTON Sie kennen die Firma.
SCHELLING Marktschreierische Reklame für wertlose Produkte.
ANTON Diese Reklame *hab' ich gemacht.*
SCHELLING Ich glaube, Sie sind ein Idealíst.
ANTON *Ich bin* ein Lohnschreiber *geworden.* Aber ich kann Besseres leisten.
SCHELLING Ich glaube, Sie haben recht.

More Grammar

Bist du im Kino *gewesen?*

Have you been at the movies? (More idiomatically: Were you at the movies?) Add the word *gewesen* to the present tense of *sein* (**ich bin, du bist,** etc.) and you have the present perfect: *ich bin gewesen.* Note that idiomatic English requires the use of the simple past in all these examples.

Ich habe dort keine Möglichkeit *gehabt.*

I have had (English: had) no opportunity there.

Add the word *gehabt* to the present tense of *haben* (**ich habe, du hast,** etc.) and you have the present perfect: **ich habe gehabt.**

Ich bin ein Lohnschreiber *geworden.*

I have become (English: became) a hack writer.

Add the word *geworden* to the present tense of *sein* (**ich bin, du bist,** etc.) and you have the present perfect: **ich bin geworden.**

We speak of regular or weak verbs if there is no change in the stem vowel. In order to form the present perfect of most weak verbs—from now on marked (w)—we use the present tense of *haben* plus the past participle. This we get by adding the prefix *ge-* to the third person of the verb.

Ich kriege den Job.   I get the job.
Ich habe **den Job** *gekriegt.*   I got the job.

schicken   *Sie haben* ein Stellengesuch *geschickt.*
zeigen   *Ich habe* es meinem Teilhaber *gezeigt.*
sagen   . . . **und** *er hat gesagt . . .*

Please notice the word order.

Ich habe **den Job nicht** *gekriegt.*

The past participle (**gekriegt**) stands at the end of the sentence.

EXERCISE 1 Fill in the proper German words
1. **Bist du im Theater _____?**
                                     been
2. **Ich hab' den Job _____.**
                                got
3. **Er hat ihm ein Stellengesuch _____.**
                                              sent
4. **Hat er Reklame _____?**
                              made
5. **Er ist ein Lohnschreiber _____.**
                                        become
6. **Wie lange hat er für die Firma _____?**
                                                  worked
7. **Warum haben Sie _____?**
                         given notice

EXERCISE 2 Choose the correct words.
1. **Bist du gestern im Kino**
   a. **geworden?** b. **gewesen?** c. **gehabt?**
2. **Der Job, über den wir geredet**
   a. **haben** b. **sind** c. **gewesen**
3. **Sie haben uns ein Stellengesuch**
   a. **schickt** b. **geschickt** c. **schicken**
4. **Sind Sie heute im Büro**
   a. **gehabt?** b. **gearbeitet?** c. **gewesen?**
5. **Anton hat seiner früheren Firma**
   a. **gekündigt** b. **gearbeitet** c. **gehabt**

EXERCISE 3 Put the following sentences into the present perfect.
1. **Hast du ein paar Minuten?**
2. **Ich kriege einen Job.**
3. **Ich kündige ihm.**
4. **Er arbeitet sehr viel.**
5. **Er zeigt ihm das Schreiben.**

EXERCISE 4 Answer in complete German sentences.
1. **Wie lange hat Anton für seine frühere Firma gearbeitet?**
2. **Warum kündigt er?**
3. **Was nennt ihn Herr Schelling?**
4. **Wo ist Susie gestern gewesen?**
5. **Wann hat Anton das Schreiben geschickt?**

EXERCISE 5 Write the following in German.
1. Ballyhoo
2. Let him come!
3. What do you mean by that?
4. You are an idealist.
5. Susie, how are you?

Please note: In everyday conversations the Germans prefer using the present perfect. In English the past tense is preferred.

> **Sie haben uns ein Schreiben geschickt.**
> You sent us a letter.
> **Ich habe gekündigt.**
> I gave notice.

The German past tense is mostly used in narration.

Die wirksame Schlagzeile

Past Tense; Strong Verbs; Verbs Ending with *-ieren;* Verbs with Prefixes

Vocabulary

	Abitúr (n)	final high school exam
	Annónce (f)	ad
er	**aß (essen, ißt, aß, gegessen)**	he ate
man	**bat (bitten, bittet, bat, gebeten)**	he asked
	beichten (w) *	to confess
er	**beschloß (beschließen,** **beschloß, beschlossen)**	he decided
	bis Mitternacht	till midnight
er	**blieb (bleiben, bleibt, blieb,** **ist geblieben)**	he stayed

* refers to explanatory remarks that follow the story.

die	eigenen	his own
er	fand (finden, findet, fand, gefunden)	he found
	Gewícht (n)	weight
er	ging (gehen, ging, ist gegangen)	he went
das	half (helfen, hilft, half, geholfen)	that helped
er	hatte (haben, hat, hatte, gehabt)	he had
	Konkurrénz (f)	*here*: the competitors
	musikálisches Reimgeklingel (n)	jingles
	probieren (w) *	to try
	sang (singen, sang, gesungen)	he sang
	Schlagzeile (f)	headline; *here*: "catchy first line"
er	schlief (schlafen, schläft, schlief, geschlafen	he slept
er	schrieb (schreiben, schrieb, geschrieben)	he wrote
er	trank (trinken, trank, getrunken)	he drank
	Sonntagsausgabe (f)	Sunday edition
	studieren (w) *	to study
	verfassen (w) *	to compose, write
er	verließ (verlassen, verläßt, verließ, verlassen)	he left
er	verlor (verlieren, verlor, verloren)	he lost
	Volkswirtschaftslehre (f)	economics
er	war (sein, ist, war, gewesen)	he was
	Werbeagentúr (f)	advertising agency
	Werbespot (m)	commercial (for radio and TV)
	wirksam	effective
er	wußte (wissen, weiß, wußte, gewußt)	he knew

Als Anton Wien *verließ*, um sich in Deutschland eine Stellung zu suchen, war es gerade nach dem Abitúr. Er *ging* in München auf die Universität and *studierte* Volkswirtschaftslehre. Dann *beschloß* er, in eine kleinere Stadt zu übersiedeln. Dort *fand* er einen Job in einer Werbeagentúr. Er hatte immer schon ein Talént fürs Schreiben und das *half* ihm natürlich. Zuerst *bat* man ihn, Werbespots fürs Radio, musikalisches Reimgeklingel und Inserate zu verfassen. „Damals habe ich mehr Inserate geschrieben, mehr Annóncen verfaßt, als du in zehn Sonntagsausgaben findest," *beichtete* er Susie einmal. Er *wußte*, eine wirksame Schlagzeile ist alles. Er *blieb* oft bis Mitternacht im Büro, *aß*, *trank* und *schlief* im Büro, *verlor* Gewicht, *studierte* die Schlagzeilen und „Jingles" der Konkurrenz, dann *probierte* und *sang* er die eigenen.

Important Information on Verbs

*(w) means that these are "weak" verbs which add the following endings to their stems (the stem of a German verb is what remains after you shorten the infinitive by dropping the -en endings): the stem of *fragen* (to ask) is *frag-*.

	SINGULAR	PLURAL
1st person	ich frag -te	wir frag -ten
2nd person	du frag -test	ihr frag -tet
3rd person	er, sie, es frag -te	sie frag -ten

If the stem ends in **-d**, **-t**, **-dn**, **tm**, **-chn**, or **-gn** an additional **-e** must be inserted, between the stem and the endings shown above, to make pronunciation easier, e.g. *er arbeitete* (he worked) or *er öffnete* (he opened).

We mentioned before that the past participle of the weak verb is formed by adding the prefix **ge-** to the third person singular of the verb: *er hat gefragt* (he has asked). There is an exception to this: verbs that end with **-ieren** do not need the prefix **ge-** to form the past participle: *er hat studiert* (he has studied). Otherwise the prefix **ge-** applies to strong verbs as well: *er hat getrunken* (he has drunk).

Weak as well as strong verbs starting with the prefixes **be-, emp-, er-, ver-,** and **zer-** do not take an additional **ge-** prefix in the past participle. *Er hat verkauft* (w) (he has sold); *er hat beschlossen* (he has decided). Remember also that the accent in verbs with these prefixes is always on the second syllable.

Most German grammars categorize the strong verbs by changes in the stem vowel: from **ei** to **(i)e**, from **i** to **u**, etc. All this is very hard to remember and to sort out. My suggestion is: *Please* try to memorize the four basic forms of any strong or irregular German verb (the German learning English has a similar problem with *your* irregular verbs).

For quick reference you can find these obnoxious verb forms in the back of the book, where they are listed in alphabetical order.

Zeitungsschlagzeilen

EINBRECHER° ESSEN DANN RAUBEN° HAUSBESITZER	burglars, rob
HUND IM BETT° WILL SCHEIDUNG	bed
FIDELIO, EINZIGE° OPER,° DIE BEETHOVEN SCHRIEB	only, opera
MONTAG° ABENDS	Monday
	San Antonio Texas Express

EXERCISE 6 Put the following into the past tense.
1. **Anton findet einen neuen Job.**
2. **Damals hat er viele Briefe geschrieben.**
3. **Er ist bis Mitternacht im Büro geblieben.**
4. **Er arbeitet dort lange.**
5. **Dann hat er Wien verlassen.**
6. **Das Talent fürs Schreiben hilft ihm.**
7. **Er hat Susie darum gebeten.**
8. **Manchmal ißt er im Büro.**
9. **Er hat meistens Wasser getrunken.**
10. **Das Kind singt gern.**

EXERCISE 7 Correct or incorrect?   C / I
1. **Er verlaßte das Büro.**   _____
2. **Wir beschlossen, Susie zu besuchen.**   _____
3. **Sie findete ein Buch.**   _____
4. **Schrieben Sie ihm?**   _____
5. **Er wißte es nicht.**   _____
6. **Er blieb in der Stadt.**   _____
7. **Sie hatte einen Job.**   _____
8. **Wir schliefen zehn Stunden.**   _____
9. **Er sung im Büro.**   _____
10. **Sie verlierte viel Geld.**   _____

EXERCISE 8 Fill in the correct words.
1. **Er hat mir den Arzt** _____. (to recommend)
2. **Sie hat das Kleid** _____. (to tear)
3. **Wir haben das Spiel** _____. (to lose)
4. **Er hat die Schlagzeile** _____. (to compose)
5. **Das Kind hat die Bonbons** _____. (to try)

EXERCISE 9 Answer in complete German sentences.
1. **Welche Stadt verließ Anton?**
2. **Was suchte er in Deutschland?**
3. **Wo studierte er Volkswirtschaftslehre?**
4. **Was verfaßte er mehr als alles andere?**
5. **Was half ihm dabei?**

EXERCISE 10 Finish the following sentences:
1. **Er blieb oft bis Mitternacht im** _____.
2. **Er beschloß, in eine kleinere Stadt zu** _____.
3. **Er fand einen Job in einer** _____.
4. **Er hatte immer schon ein Talent fürs** _____.
5. **«Damals habe ich mehr Inserate** _____.**»**

Ich bin geflogen, *ich habe* gezählt.

Vocabulary

	am Ende (n)	in the end
	daß ich nicht schlafen konnte	that I couldn't fall asleep
	es fiel mir ein (fallen, fällt, fiel, ist gefallen)	it occurred to me
	es ist mir im Kopf herumgegangen	it went around in my head
	Futter (n)	*here*: lining
ist	geflogen (past participle of fliegen, flog)	has flown
ist	gekommen (komm̃en, kam)	has come
sind	gelaufen (laufen, läuft, lief)	have run
habe	geschoren (scheren, schor)	have shorn
sind	gewachsen (wachsen, wächst, wuchs)	have grown
	gräßlich	horrible
sind	herumgesprungen (-springen, sprang herum)	have jumped about
	hin und her	back and forth
	Schaf (n)	sheep
	Schlafproblem (n)	sleeping problem
	schließlich	finally
	sechs tausend (6 000)	six thousand
	versuchen (w)	to try
	(sich) vorstellen (w)	to imagine
	waren es	there were
	Wolle (f)	wool
	zählen (w)	to count
	züchten (w)	to raise

Vorige Woche *ist* Anton nach Bonn zu einem Freund *geflogen*, der ein Schlafproblem hat.

"Gestern *habe* ich wieder sehr schlecht *geschlafen*; ich weiß nicht, was ich tun soll."

"Warum zählst du nicht Schafe?" meint Anton.

"Auch das *habe* ich *versucht*. Ich *habe* mir *vorgestellt*, daß ich Schafe züchte. Am Ende waren es 6 000; die *sind* sehr schnell *gewachsen*, immer mehr von ihnen *sind gekommen*, *sind* hin und her *gelaufen* und *herumge-*

sprungen, und ich *habe* sie alle *gezählt.* Dann *habe* ich sie alle *geschoren.* Schließlich *habe* ich aus der Wolle 6 000 Mäntel *gemacht* und sie wieder *gezählt.* Aber dann hatte ich ein gräßliches Problém. Es fiel mir ein, daß ich doch Futter für die 6 000 Mäntel brauche. Das *ist* mir dann so im Kopf *herumgegangen,* daß ich nicht einschlafen konnte.''

The Grammar of *haben* and *sein*

In most cases you can form the present perfect tense with the auxiliary verb *haben*: **Ich habe sie gezählt; ich habe sie geschoren; ich habe Mäntel gemacht**.

However, there are some verbs that take the auxiliary *sein*. How do we know when to use *haben* and when to use *sein*? Luckily, there is a rule that can be relied on:

Sein is to be used when two conditions are met:

1. The verb in question must express motion or change of condition.
2. The verb must be intransitive (which means that it cannot take a direct object).

Er hat Mäntel gemacht.

Machen is transitive.

Sie sind gekommen.

Kommen is intransitive; it also expresses motion.

Er ist gestorben (he has died). *Sterben* (to die) is intransitive; though there obviously is no motion, there certainly is a most radical change of condition.

Of course, there always are exceptions to the rule, as is the case with:

bleiben (to stay): **Er *ist* geblieben**
geschehen (to happen): **Es *ist* geschehen.**

EXERCISE 11 Correct or incorrect?   C / I
    1. **Ich habe es versucht.**   _____
    2. **Sie haben herumgesprungen.**   _____
    3. **Er hat sie geschoren.**   _____
    4. **Es ist mir im Kopf herumgegangen.**   _____
    5. **Sein Freund hat gestern gestorben.**   _____

EXERCISE 12 Fill in the correct auxiliary verbs.
    1. **Wir** __________ **die Studenten gezählt.**
    2. **Er** _________ **ins Kino gelaufen.**
    3. **Wir** __________ **in der Stadt geblieben.**
    4. **Ihr** _________ **gut geschlafen.**
    5. **Die Kinder** __________ **herumgesprungen.**

EXERCISE 13 Answer in complete German sentences.
    1. **Wann ist Anton nach Bonn geflogen?**
    2. **Wieviele Schafe hat er gezählt?**
    3. **Was hat er aus der Wolle gemacht?**
    4. **Was war das Problem?**

EXERCISE 14 Match the following.
    1. **Auch das habe ich versucht.**   ____ I imagined . . .
    2. **Ich habe wieder schlecht**   ____ More and more of
        geschlafen.   them came.
    3. **Sie sind hin und her gelaufen.**   ____ It went around in
    4. **Ich habe mir vorgestellt . . .**   my head.
    5. **Immer mehr sind gekommen.**   ____ This, too, I tried.
    6. **Es ist mir im Kopf**   ____ They ran back and
        herumgegangen.   forth.
                                        ____ I slept badly again

EXERCISE 15 Translate into German.
1. The sheep grew very fast.
2. It occurred to me.
3. They ran back and forth.
4. I made 6,000 coats.
5. I had a horrible problem.

Big Shot Anton

Future Tense

Vocabulary

Abendkleid (n)	evening gown
anziehen	to put on
behandeln (w)	to treat
Es sieht gut aus.	It looks good.
Geháltsaufbesserung (f)	raise in salary
im Ernst	seriously
Kliént (m)	client
Respékt (m)	respect
Teilhaberschaft (f)	partnership
zeitig	early
zu Hause	at home

Anton continues his telephone conversation with Susie.

ANTON **Ob ich mit meinem jetzigen Job zufrieden bin? Sehr. *Ich werde* wahrschein-lich einige Jahre hier *bleiben*. Schelling *wird* mir in sechs Monaten eine Gehaltsaufbesserung *geben*. In ein oder zwei Jahren bekomme ich vielleicht eine Teilhaberschaft. Was sagst du? Ein Big Shot? Klar. *Wirst du* mich dann mit mehr Respékt *behandeln*? Im Ernst, es sieht gut aus.—Was machst du heute?—Ich hole dich ab. Essen und tanzen. *Wirst du* dir dein rotes Abend-kleid *anziehen*?—Du mußt morgen zeitig aufstehen?—Wir sind vor zwölf zu Hause.** (The phone rings.) **Das *wird* der neue Kliént *sein*. Servus.**

More Interesting Information

The future tense is formed by the present tense of the auxiliary verb ***werden*** plus an infinitive.

> **Ich werde hier bleiben.**
> **Er wird mir eine Gehaltsaufbesserung geben.**
> **Wirst du dir dein rotes Abendkleid anziehen?**

When using the future tense in a simple sentence, put the infinitive at the end of the sentence.

By using a word like *wahrscheinlich* or *vielleicht* together with the present tense, you can imply futurity:

In ein oder zwei Jahren *bekomme*   *werde ich vielleicht*
   ***ich vielleicht* eine Teilhaberschaft**   **eine Teilhaberschaft *bekommen*.**

The future can be used to suggest a probability in the present:

> **Das wird der neue Kliént sein.**
> That's probably the new client.

EXERCISE 16 True or false?   T / F
        1. **Anton ist mit seinem jetzigen Job unzufrieden.**   ———
        2. **Er wird eine Gehaltsaufbesserung kriegen.**   ———
        3. **Eine Teilhaberschaft bekommt er nie.**   ———
        4. **Sie werden heute abend Bridge spielen.**   ———.
        5. **Susie wird morgen zeitig aufstehen.**   ———

EXERCISE 17 Choose the correct words.
        1. **Wie lange wird Anton bei Schelling bleiben?**
          a. **ein Jahr**   b. **zehn Jahre**   c. **einige Jahre**
        2. **Wenn das Telephon läutet, glaubt Anton, es ist**
          a. **Karl**   b. **der neue Kliént**   c. **Kristy**
        3. **Er bekommt die Gehaltsaufbesserung wahrscheinlich**
          a. **in sechs Monaten**   b. **in zwei Jahren**   c. **nie**
        4. **Am Ende der Konversatión sagt er zu Susie**
          a. **Auf Wiederhören**   b. **Guten Tag**   c. **Servus**

EXERCISE 18 Construct sentences using the cue words.
        1. **Schelling / geben / Gehaltsaufbesserung**
        2. **Bald / vielleicht / Teilhaberschaft**
        3. **Susie / anziehen / Abendkleid**
        4. **Abends / essen / tanzen**
        5. **Anton / zufrieden / Job**

EXERCISE 19 Write the following sentences in German.
        1. Anton is satisfied with his present job.
        2. She will treat him with more respect.
        3. He will get a raise in salary.
        4. Seriously, it looks good.
        5. That is probably the new client.

EXERCISE 20 Answer in complete German sentences.
        1. **Wie lange wird Anton wahrscheinlich bei Schelling & Holz bleiben?**
        2. **Was wird sich Susie abends anziehen?**
        3. **Was bekommt Anton vielleicht in zwei Jahren?**
        4. **Was bekommt er in sechs Monaten?**
        5. **Wann werden sie wieder zu Hause sein?**

CHAPTER 9

Morgens im Hause Bauer
Eine Reifenpanne auf dem Weg nach Hause
Starting the Day at the Bauers
A Flat Tire on the Way Home

Reflexive and Modal Verbs; Double Infinitives; Imperatives

Nora und die Waage

Reflexive Verbs Taking the Accusative

Reflexive verbs are forms whose subject reflects on or refers to itself; example: **Karl wäscht sich** (Karl washes himself).

Vocabulary

abnehmen (nimmt ab, nahm ab, abgenommen)	to lose weight
angezogen	dressed
bereiten (w)	to prepare
Brot (n)	bread
sich erinnern (w)	to remember
sich erkälten (w)	to catch cold
sich gehen lassen	to lose control of oneself
gesúnd	healthy
Honig (m)	honey
ich müßte sein	I would have to be
Kaloríen (f. pl.)	calories
Liebling (m)	darling
nach der Tabélle (f)	according to the table or chart
noch nicht einmal	not yet
Pfund (n)	pound
Selbstdisziplin (f)	self-discipline
sich setzen (w)	to sit down
sofórt	right away
sorgen (w)	to worry

streichen (strich, gestrichen)	to spread
Waage (f)	scales
sich wundern (w)	to be surprised
zunehmen (nimmt zu, nahm zu, zugenommen)	to gain weight

Karls Tag beginnt sehr zeitig. Er steht auf, *wäscht sich, rasiert sich* und ist angezogen, und es ist noch nicht einmal sieben Uhr. Dann *setzt* er *sich* zum Frühstückstisch. Nora hat das Frühstück bereitet und *setzt sich* zu ihm.

NORA   *Ich wundere mich,* daß du so wenig Schlaf brauchst.

KARL   Manche Menschen haben mit sechs Stunden genug.

NORA   Aber du ißt so wenig. Streich dir doch etwas von dem Honig aufs Brot.

KARL   Nein danke. Zu viele Kaloríen.

NORA   Voriges Jahr, *ich erinnere mich, hast du dich* um diese Zeit *erkältet.* Nimmst du deine Vitamine?

KARL   *Sorg dich* nicht, Liebling. Ich fühle mich stark und gesund. Aber wenn *ich mich gehen lasse,* nehme ich sofórt zu.

NORA   Ich bewundere deine Selbstdisziplin. Ich bin gerade auf die Waage gestiegen . . .

KARL   Und hast ein paar Pfund zu viel?

NORA   Nein; mein Gewicht ist normál. Nach der Tabelle müßte ich bloß um zehn Zentimeter größer sein.

Something to Reflect on

One of the so-called genuine reflexive verbs is *sich wundern:* ich wundere mich, du wunderst dich, er, sie, es wundert sich, wir wundern uns, ihr wundert euch, sie (Sie) wundern sich.

Other verbs may relate back to the subject, but they can also relate to somebody (something) else: *er wäscht sich,* but also: *er wäscht Peter, er wäscht den Tisch.*

Other Reflexive Verbs

sich amüsieren	to amuse oncsclf
sich entschuldigen	to apologize
sich aufregen	to get excited

EXERCISE 1   Insert the correct German verbs and pronouns.

1. **Karl** _____ _____ **daran.**
            remembers

2. **Sie** _____ _____ **sehr oft.**
         catches cold

3. _____ _____ _____ **stark genug?**
      Do you feel (familiar)

4. _____ _____ **bei deiner Mutter!**
    Apologize (familiar)

5. **Wir** _____ _____ **sehr gut.**
        amuse ourselves

EXERCISE 2   Answer in complete German sentences.

1. **Wer bereitet das Frühstück?**
2. **Worüber** (about what) **wundert sich Nora?**
3. **Warum streicht sich Karl keinen Honig aufs Brot?**
4. **Was bewundert Nora?**
5. **Was fragt Karl seine Frau?**

EXERCISE 3   True or false?   T / F

                1. **Karls Tag beginnt spät.**   ——

                2. **Er ißt immer allein.**   ——

                3. **Karl fühlt sich stark und gesund.**   ——

                4. **Nora hat zugenommen.**   ——

                5. **Karl erkältet sich nie.**   ——

EXERCISE 4   Translate into English.

                1. **Es ist noch nicht einmal sieben.**

                2. **Nora setzt sich zu ihm.**

                3. **Um diese Zeit erkältest du dich.**

                4. **Ich bin gerade auf die Waage gestiegen.**

                5. **Nach der Tabelle ist mein Gewicht normal.**

EXERCISE 5   Complete each sentence with a word listed here:

                ihm, Frühstück, gestiegen, Vitamine, normal, Schlaf

                1. **Karl braucht wenig** ——————.

                2. **Nimmst du deine** ——————?

                3. **Nora setzt sich zu** ——————.

                4. **Sie bereitet das** ——————.

                5. **Ich bin gerade auf die Waage** ——————.

                6. **Mein Gewicht ist** ——————.

Peter und der Zahnarzt

Reflexive Verbs Taking the Dative

Vocabulary

Aspirínbüchse (f)	box of aspirin
sich **beklagen (w)**	to complain
bürsten (w)	to brush
dasselbe	the same
ein bißchen	a little
es tut mir weh	it hurts me
Gejámmer (n)	wailing, complaining
holen (w)	to get, fetch
immer noch	still
Notíz (f)	note, memo
Protést (m)	protest
putzen (w)	*here:* to brush
sich **vorstellen (w)**	to imagine
wach	awake
Zahn (m)	tooth
Zahnarzt (m)	dentist
Zahnweh (n)	toothache

    Die Kinder sind nun wach und wollen ihr Frühstück. Nora fragt sie jeden Morgen dasselbe:

(to Peter): *«Hast du dir die Zähne geputzt?»*

(to Gretchen): *«Hast du dir das Haar gebürstet?»*

    Gestern hat sich Peter über Zahnweh beklagt.

«Tut dir der Zahn **immer noch** *weh,* **Peter?»**

«Ja, ein bißchen.»

«Aber nicht genug, um zu Hause zu bleiben?»

«Leider nicht.»

    «Karl», **sagt Nora,** **«bitte** *hol mir* **die Aspirínbüchse. Ich** *mache mir* **eine Notíz, daß ich den Zahnarzt anrufe. Kein Protést, Peter? Stell** *dir* **vor, Karl; Peter wird ohne Gejammer zum Zahnarzt gehen.»**

Please practice the following:

Ich habe mir die Zähne geputzt.	I brushed my teeth.
Putz dir die Zähne!	Brush your teeth!
Ich habe mir das Haar gebürstet.	I brushed my hair.
Bürste* dir das Haar!	Brush your hair!
Der Zahn tut mir weh.	The tooth hurts me.
Hol mir das!	Get that for me.
Ich mache mir eine Notiz.	I make a note for myself.

*Since the stem of the verb ends with a -t, the -e in the imperative is retained for easier pronounceability.

EXERCISE 6 Choose the correct words.
1. **Die Kinder wollen**
   a. **nichts** b. **ihr Frühstück** c. **ihr Abendessen**
2. **Nora fragt Peter, «Hast du dir die Zähne**
   a. **geputzt?''** b. **gewaschen?''** c. **gemacht?''**
3. **Weil Peter Zahnweh hat, bekommt er**
   a. **ein Bonbon** b. **einen Hering** c. **Aspirin**
4. **Der Zahn tut Peter weh**
   a. **ein bißchen** b. **sehr** c. **manchmal**
5. **Nora wird den Zahnarzt**
   a. **treffen** b. **anrufen** c. **einladen**

EXERCISE 7 Which is the better German?
Check the correct sentence.
1. a. **Ich habe meine Füße gewaschen.** _____
   b. **Ich habe mir die Füße gewaschen.** _____
2. a. **Sie hat ihr Haar getrocknet.** _____
   b. **Sie hat sich das Haar getrocknet.** _____
3. a. **Er hat sich den Arm verletzt** (hurt). _____
   b. **Er hat seinen Arm verletzt.** _____
4. a. **Sie hat ihren Kopf gewaschen.** _____
   b. **Sie hat sich den Kopf gewaschen.** _____
5. a. **Er hat seinen Mantel genommen.** _____
   b. **Er hat sich den Mantel genommen.** _____

   Please note that in German we use the dative reflexive pronouns (**er hat** *sich*, etc.) in referring to parts of the body or clothing.

EXERCISE 8 Write the following sentences in German.
1. Nora asks each child the same (thing).
2. Did you brush your hair?
3. Do you have a toothache?
4. Peter won't stay at home.
5. Go, wash your hands.

EXERCISE 9 Complete each sentence with the German equivalent of the words listed here: toothache, box of aspirin, awake, memo, stay
1. **Die Kinder sind nun _____.**
2. **Karl, bitte hol mir die _____.**
3. **Nicht genug, um zu Hause zu _____.**
4. **Peter beklagt sich über _____.**
5. **Ich mache mir eine _____.**

EXERCISE 10 Answer in complete German sentences.
1. **Was fragt Nora Gretchen?**
2. **Was holt Karl für Nora?**
3. **Worüber hat sich Peter beklagt?**
4. **Tut ihm der Zahn sehr weh?**
5. **Was macht sich Nora, damit sie nicht vergißt?**

Die Reifenpanne

Modal Verbs

wollen, müssen, können, dürfen, sollen, mögen
Modal verbs describe the facts of a situation, also indicate an attitude; example: **Wir** *müssen* **den Reifen wechseln** (We have to change the tire), or: **Sie** *können* **Platz nehmen** (You can take a seat).

Vocabulary

anbieten (bietet an, bot an, angeboten)	to offer
ansonsten	otherwise
Áuspuffrohr (n)	exhaust pipe
Batteríe (f)	battery
bis auf . . .	except for . . .
da gibt's	there is, there are
dürfen	to permit
fahren (fährt, fuhr, gefahren)	to drive
festmachen (w)	to fasten
Hebebühne (f)	hydraulic platform, lift
heutzutage	nowadays
ich soll nicht . . . (sollen, soll, sollte, gesollt)	I am not supposed to . . .
inspizieren (w)	to inspect
kein Wunder (n)	no wonder
Keks (m or n)	cookies
klagen (w)	to complain
können (kann, konnte, gekonnt)	to be able to
Kühler (m)	radiator
Magengeschwür (n)	stomach ulcer
mögen Sie nicht . . . (mag, mochte, gemocht)	don't you like . . .
Öl (n)	oil
Panne (f)	*here*: flat tire
Platz nehmen	to take a seat
sieht ganz so aus	looks that way
Stoßdämpfer (m)	shock absorber
Tankstelle (f)	service station
Tankwart (m)	service station attendant
überprüfen (w)	to check
Vorderreifen (m)	front tire
wackeln (w)	to wobble
wollen (will, wollte, gewollt)	to want to
Zigarre (f)	cigar

KARL (fährt zur Tankstelle auf dem Weg nach Hause) *Wollen* Sie sich bitte den rechten Vorderreifen ansehen. Ich glaube, ich habe eine Panne.

TANKWART Sieht ganz so aus. Wir *müssen* ihn wechseln. Sie *können* indessen drinnen Platz nehmen. Da gibt's Kaffee und Keks.

KARL (drinnen)

MANAGER Wie geht's, Herr Bauer?

KARL Bis auf die Panne, nicht schlecht. Und Ihnen?

MANAGER Kann nicht klagen. Darf ich Ihnen eine Zigarre anbieten?

KARL Nein, danke. Ich *soll* nicht rauchen. Magengeschwüre.

MANAGER Kein Wunder, heutzutage. Ist Ihr Wagen ansonsten in Ordnung? *Sollen* wir ihn inspizieren? Stoßdämpfer? Er hat ihn jetzt auf der Hebebühne.

KARL   **Bitte.**

MANAGER   **(inspiziert sie) Stoßdämpfer sind in Ordnung. Aber das Auspuffrohr** *müssen* **wir festmachen, das wackelt.** *Mögen* **Sie nicht mehr Kaffee?**

KARL   **Ich** *soll* **auch keinen Kaffee trinken. Wenn Ihr Mann fertig ist,** *kann* **er die Batterie überprüfen, auch das Öl und das Wasser im Kühler.**

MANAGER   **Sehr gut.**

How to Use Modal Verbs

Wollen **Sie sich den rechten Vorderreifen ansehen? Ich will mir ihn ansehen (du willst, er will, ich wollte).**

Wir *müssen* **ihn wechseln. Ich muß ihn wechseln (du mußt, er muß, ich mußte).**

Sie *können* **drinnen Platz nehmen. Ich kann Platz nehmen (du kannst, er kann, ich konnte).**

Darf ich Ihnen eine Zigarre anbieten? (du darfst, er darf, wir *dürfen***, wir durften)**

Ich soll nicht rauchen (du sollst, er soll). Wir *sollen* **nicht rauchen (wir sollten).**

Mögen **Sie nicht mehr Kaffee? (Ich mag keinen, du magst, er mag, ich mochte keinen Kaffee.)** Please note: **mögen,** meaning *to like*, is only used in the negative nowadays.

Sometimes the modal verbs stand by themselves without the infinitives. Instead of saying: **Ich muß zur Schule gehen,** you may shorten it to: **Ich muß zur Schule.** Also: **Er kann English; sie will ins Theater.**

EXERCISE 11   Fill in the correct German forms.
1. **Er _____ den Reifen wechseln. (können)**
2. **_____ du schon rauchen? (dürfen)**
3. **Ich _____ keinen Tee. (mögen)**
4. **_____ er ins Kino gehen? (wollen)**
5. **_____ sie zu Hause bleiben? (sollen)**
6. **_____ ihr heute arbeiten? (müssen)**

EXERCISE 12   Complete each sentence with a word listed here. **Panne, Stoßdämpfer, Auspuffrohr, Hebebühne, Kühler**
1. **Der Manager sagt, die _____ sind in Ordnung.**
2. **Der Tankwart inspiziert den _____.**
3. **Er hat das Auto auf der _____.**
4. **Karls Wagen hat eine _____.**
5. **Man muß das _____ festmachen.**

EXERCISE 13   Answer in complete German sentences.
1. **Warum will Karl keine Zigarre?**
2. **Welcher Reifen hat die Panne?**
3. **Was soll der Tankwart noch überprüfen?**
4. **Wo ist das Wasser in einem Auto?**
5. **Wo inspiziert er die Stoßdämpfer?**

EXERCISE 14   Translate into English.
1. **Karl hat eine Reifenpanne.**
2. **Er muß das Auspuffrohr festmachen.**
3. **Darf ich Ihnen eine Zigarette anbieten?**
4. **Überprüfen Sie bitte das Wasser im Kühler.**
5. **Soll er sich nicht die Stoßdämpfer ansehen?**
6. **Kann nicht klagen.**
7. **Bis auf die Magengeschwüre, nicht schlecht.**
8. **Sieht ganz so aus.**

EXERCISE 15 True or false?   T / F
        1. **Der Manager bietet ihm Tee an.**   ——
        2. **Karl raucht eine Zigarre in der Tankstelle.**   ——
        3. **Der Tankwart trinkt indessen Kaffee.**   ——
        4. **Man hat den Wagen auf der Hebebühne.**   ——
        5. **Er muß den Reifen wechseln.**   ——

Rauchen und Krebs

MANAGER **Sie sagten mir, Herr Bauer, daß**
        Sie nicht rauchen sollen. Haben
        Sie schon von der Frau gehört,
        die so bestürzt° war, als sie   distressed
        von der Verbindung° zwischen   connection
        Rauchen und Krebs° las, daß sie   cancer
        beschloß, das Lesen aufzugeben?°   to give up

Double Infinitives

Infinitive: the form of the verb as it is found in dictionaries.

When forming a perfect or past perfect, the infinitives of **dürfen**, **können**, **mögen**, **müssen**, **sollen**, and **wollen** replace the past participles; examples: **Haben Sie die Auspuffklappe ersetzen *müssen*** (not **gemußt**)?—Did you have to replace the exhaust valve? Or: **Haben Sie den Wagen schmieren *wollen*** (not **gewollt**)?—Did you want to lubricate the car?

Alles in Ordnung

Vocabulary

anfüllen (w)	to fill up
Aufsatz (m)	essay, composition
kalter Aufschnitt (m)	cold cuts
Auspuffklappe (f)	exhaust valve
Benzín (n)	gasoline
Butter (f)	butter
ersetzen (w)	to replace
das Ganze	the whole thing
Ich habe ihn anfüllen lassen.	I caused it to be filled up.
Käse (m)	cheese
Kunden	customer
niemand	nobody
notwendig	necessary
Ölwechsel (m)	oil change
schmieren (w)	to lubricate
Schmierung (f)	lubrication
selbstverständlich	of course, by all means
Soll ich den Wagen hierlassen?	Shall I leave the car here?
Sonst noch etwas?	Anything else?
Tank (m)	tank
vorgestern	day before yesterday
Windschutzscheibe (f)	windshield
wünschen (w)	to wish

TANKWART   Alles in Ordnung, Herr Bauer. Sonst noch etwas?

KARL   Haben Sie die Auspuffklappe *ersetzen müssen*?

TANKWART   Nein, das war nicht notwendig.

KARL   Haben Sie den Wagen *schmieren wollen*?

TANKWART   Heute habe ich nicht daran *arbeiten können*. Aber ich empfehle Schmierung und Ölwechsel für nächste Woche. Ich wasche noch die Windschutzscheibe. Brauchen Sie Benzin?

KARL   Ich habe mir den Tank erst vorgestern *anfüllen lassen*. Soll ich den Wagen für Ölwechsel nächste Woche hierlassen?

TANKWART   Wie Sie wünschen, Herr Bauer. Das Ganze dauert eine halbe Stunde, wenn niemand vor Ihnen da ist.—Ich sehe einen Kunden kommen. Entschuldigen Sie, bitte.

KARL   (inside, to manager) Darf ich Ihr Telephon benutzen?

MANAGER   Selbstverständlich.

KARL   (dials) Nora? Wie fühlst du dich? Ich hatte eine Reifenpanne.—Ich höre Gretchen singen; ja, mit dem Radio. Hilfst du Peter den englischen Aufsatz schreiben? Brauchst du etwas? Kalten Aufschnitt, Butter und Käse? Dann werde ich nicht vor sechs nach Hause *kommen können*. Auf Wiederhören. (He pays his bill and leaves.)

Notice the two infinitives at the end of the sentences:

> Der Tankwart hat einen Kunden *kommen sehen*.
> Karl hat Gretchen *singen hören*.
> Nora hat ihrem Sohn *schreiben helfen*.

EXERCISE 16   Rewrite the following in the past tense.
Example: **Ich habe nicht schreiben können.**
Ich konnte nicht schreiben.

1. **Haben Sie das Auspuffrohr ersetzen müssen?**

_____

2. **Hat er den Wagen schmieren wollen?**

_____

3. **Hast du den Tank anfüllen lassen?**

_____

4. **Hat sie Gretchen sprechen hören?**

_____

5. **Hat er nach Hause kommen können?**

_____

EXERCISE 17   Correct or incorrect?   C / I
     1. **Karl hat den Tank anfüllen geläßt.**   _____
     2. **Er sieht einen Kunden gekommen.**   _____
     3. **Er hat das Auspuffrohr ersetzen gemußt.**   _____
     4. **Wir haben das Auto schmieren wollen.**   _____
     5. **Er hat das Auto dort lassen müssen.**   _____

EXERCISE 18   Choose the correct words.
     1. **Nächste Woche läßt Karl den Wagen**
         a. **schmieren**   b. **versichern**   c. **verkaufen**
     2. **Auf dem Weg nach Hause kauft Karl**
         a. **ein Kostüm**   b. **ein Bild**   c. **Aufschnitt**
     3. **Gretchen singt zu Hause mit**
         a. **dem Fernseher**   b. **dem Radio**   c. **Peter**
     4. **Der Tankwart empfiehlt**
         a. **einen Ölwechsel**   b. **eine neue Auspuffklappe**   c. **nichts**
     5. **Schmierung und Ölwechsel dauern vielleicht nur**
         a. **zwei Stunden**   b. **eine Stunde**   c. **eine halbe Stunde**

EXERCISE 19 Match the following:

1. **Wollten Sie einen Ölwechsel?**
2. **Brauchen Sie Benzin?**
3. **Darf ich das Telephon benutzen?**
4. **Nein, das war nicht notwendig.**
5. **Er wäscht die Windschutzscheibe.**
6. **Sonst noch etwas?**

_____ He washes the windshield.
_____ Anything else?
_____ No, that was not necessary.
_____ Did you want an oil change?
_____ Do you need gas?
_____ May I use the phone?

EXERCISE 20 Answer in complete German sentences.

1. **Wann wird der Tankwart den Wagen schmieren?**
2. **Warum hat Karl den Tank anfüllen lassen?**
3. **Warum entschuldigt sich der Tankwart?**
4. **Was für einen Aufsatz muß Peter schreiben?**
5. **Was braucht Nora fürs Abendessen?**

Eine Überraschung?

Familiar Imperatives

Imperative: a grammatical mood that expresses the will to influence the behavior of another.

Vocabulary

Abendblatt (n)	evening paper
an die zehn Jahre	about ten years
besorgen (w)	to attend to
eigentlich	_here:_ actually
er kann es sich leisten	he can afford it
gebraucht	_here:_ second hand
herkommen (kam her, ist hergekommen)	to come here
hurrá!	hooray!
Karósse (f)	coach
kindisch	childish
letzthin	lately
Mittelgebirge (n)	the highlands
momentán	at the present time
nichts Besonderes	nothing special
noch einmal	once more
rattern (w)	to rattle
rufen (rief, gerufen)	to call
Sonntag (m)	Sunday
starten (w)	to start
taugen (w)	to be of use
Überráschung (f)	surprise
Vorbereitung (f)	preparation
wart einmal (w)	wait a minute

Karl hat seine Einkäufe besorgt und ist wieder zu Hause. Nora ist in der Küche und mit der Vorbereitung des Abendessens beschäftigt. Karl hat es sich bequem gemacht und will das Abendblatt lesen.

KARL   Peter, wo ist die Zeitung?

PETER   Ich glaube, die liegt noch draußen.

KARL   *Geh* und *hol* sie, bitte. Wo ist Gretchen?

PETER   In ihrem Zimmer.

KARL   *Sag* ihr herzukommen!

PETER   Gleich.—Gretchen! *Komm* her.—Sie hört mich nicht.

KARL   *Ruf* sie noch einmal! Oder *schau,* was sie macht. *Sag* ihr, ich will mit ihr sprechen.

PETER   (goes into Gretchen's room; they both come out)

KARL   *Kommt* her, Kinder! Ich muß euch etwas fragen.

GRETCHEN   Eine Überráschung?

KARL   Vielleicht. *Holt* eure Mutter und *bittet* sie, herzukommen.

GRETCHEN   Mutti! Eine Überráschung! *Komm* schnell!

NORA: Was ist passiert?

KARL   *Setzt* euch alle! Wie ihr wißt, komme ich gerade von der Tankstelle. Eine Reifenpanne, nichts Besonderes. Aber letzthin ist immer etwas anderes los mit dem Wagen. Er ist schon ziemlich alt. *Sag,* Nora, sollen wir uns nicht schon einen neuen kaufen?

NORA   *Wart* einmal! Wie lange haben wir ihn eigentlich?

KARL   An die zehn Jahre.

NORA   Und er ist im Grunde genommen noch immer in Ordnung?

KARL   Ja—er rattert ein bißchen . . .

NORA   Ist das alles?

KARL   Und manchmal startet er auch nicht gleich . . .

PETER   Hurra! Ein neuer Wagen!

NORA   Peter, *sei* nicht kindisch! (to both) *Geht* und *wascht* euch die Hände. Das Essen ist gleich fertig. Und *öffnet* die Fenster, es ist sehr warm hier. (to Karl) *Fahren wir* einmal ins Mittelgebirge am Sonntag und *sehen wir,* ob die alte Karósse noch etwas taugt. Was kostet denn ein neuer?

KARL   Mehr als wir uns momentán leisten können. *Gib* mir mal die Zeitung. *Schauen wir* uns die Inserate an. Aha! Also einen gebrauchten . . .

NORA   Nein, bitte nicht. Lieber länger *sparen* und dann einen neuen *kaufen!*

KARL   Du hast recht.

Want to influence somebody else's behavior?
Use the imperative.

In conversational German it is perfectly all right to say: *geh, hol* (plural: *geht, holt*) instead of *gehe, hole.* There are some instances where the *-e* must still be used, as in the case of *öffne* or *rette* (save), the reason being that certain combination of letters are hard to pronounce if the *-e* is dropped.

Notice that the *bitte* is often employed to mitigate the harshness of the command, although in dealing with his children Karl does not have to use it.

Komm schnell! Kommt her! These are the familiar forms of the imperative. If you want to use *sein* in the imperative (be so good), you have to say *sei so gut,* or in the plural *seid so gut.* Notice also that the Germans are much more generous in using the exclamation point *(Ausrufungszeichen)!* Whether that means anything in particular I leave for the psychologists or sociologists to decide.

Nora suggests: *Fahren wir* einmal ins Mittelgebirge am Sonntag und *sehen wir,* ob . . . etc. This is the equivalent of the English *let's drive* and *let's see.*

She is against buying a used car and recommends instead: *sparen* und dann einen neuen *kaufen.* Here we have samples of the infinitive being used to express a command. More about this in the following section.

EXERCISE 21 Fill in the missing German words.

1. **Geh und _____ die Zeitung!**
                          get
2. **Gretchen, _____, herzukommen!**
                    ask her
3. **Peter, _____ das Fenster!**
                      open
4. **_____, Nora!**
        Tell me
5. **Peter, _____ so kindisch!**
                      don't be

EXERCISE 22 Write the following sentences in German.

1. Give me the paper, please!
2. Wash your hands!
3. Wait a minute!
4. Tell her to come here!
5. Gretchen, open the door!

EXERCISE 23 Answer in complete German sentences.

1. What does Karl want to read after coming home?
2. Where is Gretchen?
3. What does Karl want to buy?
4. What is wrong with the old car?
5. What does Nora call the old car?

EXERCISE 24 Choose the correct words.

1. **Karl kommt nach Hause and fragt nach**
   a. **dem Buch**   b. **der Zeitung**   c. **dem Essen**
2. **Karl kommt gerade von**
   a. **der Tankstelle**   b. **dem Kino**   c. **Anton**
3. **Nora will am Sonntag**
   a. **zu Hause bleiben**   b. **ins Mittelgebirge**   c. **Susie besuchen**
4. **Karl wird**
   a. **einen neuen Wagen kaufen**   b. **sparen und warten**
   c. **nichts tun**
5. **Karl sagt, der Wagen**
   a. **startet nicht gleich**   b. **startet nie**   c. **startet sofort**

EXERCISE 25 True or false?   T / F

1. **Nora will heute ausgehen.**   ____
2. **Karl will das Morgenblatt lesen.**   ____
3. **Gretchen glaubt, es ist eine Überraschung.**   ____
4. **Nora will nur einen gebrauchten Wagen.**   ____
5. **Der Wagen rattert ein bißchen.**   ____

Die Führerscheinprüfung

Formal Imperatives: Infinitives

Vocabulary

anfangen (fängt an, fing an, angefangen)	to begin
Angelegenheit (f)	matter
(sich) anschnallen (w)	to fasten the seat belt, to buckle up
aufgeregt	excited

aussteigen (stieg aus, ist ausgestiegen)	to get off
belästigen (w)	to bother
bestehen (bestand, bestanden)	*here:* to pass
Bremse (f)	brakes
erleben (w)	to experience
erzählen (w)	to tell, report
Führerscheinprüfung (f)	driver's test
(das) Herúmkommandieren (n)	the ordering about
links	left
parken (w)	to park
Prüfer (m)	examiner
Prüfung (f)	test, exam
rasch	fast
rechts	right
Rückspiegel (m)	rearview mirror
schleifen Sie nicht die Kupplung!	Don't let the clutch slip.
stehenbleiben (blieb stehen, ist stehengeblieben)	to stop
Straßenbahn (f)	streetcar
treten (tritt, trat, ist getreten)	*here:* to step
umdrehen (w)	to turn around
vermindern (w)	to reduce
Vorrecht (n)	*here:* right of way
wovon?	of what?
zum Schluß (m)	in the end

German infinitives can be used as nouns and are always neuter:

das Schwimmen	the swimming
das Lesen	the reading
das Rauchen	the smoking

A neighbor comes to the door, enters.

NEIGHBOR Ich bin noch ganz aufgeregt. Habe soeben meine Prüfung bestanden.

KARL Ich gratuliere. Bitte, *nehmen Sie* Platz.

NEIGHBOR Wissen Sie, soviel Herúmkommandieren habe ich schon lange nicht erlebt.

KARL Wovon sprechen Sie?

NEIGHBOR Von meiner Führerscheinprüfung. *Entschuldigen Sie,* bitte, ich wollte Sie mit meinen Angelegenheiten nicht belästigen.

KARL Nein, *erzählen Sie* mir!

NEIGHBOR Also. Es fängt an mit bitte *anschnallen! Fahren Sie* links, *fahren Sie* rechts! *Schauen Sie* in den Rückspiegel! *Warten Sie* auf die Straßenbahn, die hat immer das Vorrecht! *Drehen Sie* hier um! Nicht so rasch! *Treten Sie* auf die Bremse! *Schleifen Sie* nicht die Kupplung! Zum Schluß wurde er ganz kurz: das Tempo *vermindern. Stehenbleiben. Parken. Aussteigen.*

More of the Same

„Erzählen Sie mir!" If you want to be polite, you add the *bitte,* as in „Entschuldigen Sie, bitte!" As you can see, the examiner starts out with a polite „Bitte anschnallen" and ends up with a gruff „Aussteigen." Whether the driving skills of Karl's neighbor had anything to do with this I cannot say.

The so-called "impersonal" imperative is quite often used in the case of general instructions, such as: **nicht aufstehen; sitzenbleiben; nicht zum Fenster hinausschauen,** etc. The harshness of the command makes an exclamation point unnecessary.

EXERCISE 26 Answer in complete German sentences.
1. Who comes to the door?
2. What has the neighbor just passed?
3. How does the ordering about start?
4. Which vehicle always has the right of way?
5. What was the examiner's last command?

EXERCISE 27 Translate into English.
1. **Ich habe die Prüfung gerade bestanden.**
2. **Das habe ich schon lange nicht erlebt.**
3. **Ich will Sie mit meinen Angelegenheiten nicht belästigen.**
4. **Schauen Sie in den Rückspiegel!**
5. **Schleifen Sie nicht die Kupplung!**

EXERCISE 28 True or false?   T / F
1. **Der Nachbar war nicht aufgeregt.**   _____
2. **Die Straßenbahn hat immer das Vorrecht.**   _____
3. **Zum Schluß war der Prüfer sehr höflich.**   _____
4. **Der Nachbar mußte sich anschnallen.**   _____
5. **Karl wollte nichts davon hören.**   _____

EXERCISE 29 Match the following sentences.
1. **Er schleifte die Kupplung.**   _____ He looks into the
2. **Zum Schluß wurde er ganz**   rearview mirror.
   kurz.   _____ He buckles up.
3. **Er schaut in den**   _____ Stop.
   Rückspiegel.   _____ He let the clutch slip.
4. **Er schnallt sich an.**   _____ The streetcar has the
5. **Stehenbleiben.**   right of way.
6. **Die Straßenbahn hat das**   _____ In the end he became
   Vorrecht.   quite curt.

EXERCISE 30 Insert the missing words.
1. **Der Nachbar sagt: Ich bin noch ganz _____.**
2. **Soviel Herumkommandieren habe ich schon lange nicht**
   _____.
3. **Ich wollte Sie nicht damit _____.**
4. **Schleifen Sie nicht die _____.**
5. **Treten Sie auf die _____.**

CHAPTER 10

Die Familie Bauer will auf Urlaub fahren
The Bauer Family Wants to Take a Vacation

Prefixes

Prefixes are words or syllables attached to the beginning of a word.

Separable Prefixes

These may be attached to a word but can also stand alone.

ab	an	auf	aus
bei	ein	fort	heim
her	herúnter	hin	los
mit	nach	nieder	vor
weg	zu	zurück	zusámmen

Unfortunately, there are a few others. But don't despair; they are not all that hard to handle.

Der sonnige Süden

Vocabulary

Anfang August	at the beginning of August
anfangen (fängt an, fing an, angefangen)	to start
abwaschen (wäscht ab, wusch ab, abgewaschen)	to wash off
Aufenthalt (m)	stay, sojourn
ausgehen (ging aus, ist ausgegangen)	to go out
Begleitumstände (m. pl.)	accompanying circumstances; side effects
beschreiben (beschrieb, beschrieben)	to describe
bevor	before
bisher	until now
Bündel (n)	bundle, bunch
davon abraten (rät ab, riet ab, abgeraten)	to advise against it
diesmal	this time
Ferienpläne (m. pl.)	vacation plans
Folge (f)	consequence

geschäftshalber	for business reasons
grell	bright, glaring
heimkehren (w)	to come home
Herbst (m)	fall, autumn
herúnterkommen (kam herunter, ist heruntergekommen)	*here:* to come off
katastrophál	catastrophic
Kreta	Crete
kümmern sich nicht darum (w)	to pay (no) attention to
Licht (n)	light
Nase (f)	nose
Norden (m)	the north
Nordsee (f)	North Sea
Osten (m)	the East
regnerisch	rainy
Reisebroschüre (f)	travel folder
Skandinávien	Scandinavia
Sonnenbrand (m)	sunburn
Sonnenbrille (f)	sunglasses
sonnig	sunny
Spanien	Spain
(die) strahlende Sonne	the shining sun
Süden (m)	the south
Südeuropa	southern Europe
szenisch	scenic
trüb	cloudy, gloomy
unvermeidlich	unavoidable
unwiderstehlich	irresistible
vor allem deshalb, weil	mainly because
warnen (w)	to warn
Wasserleitung (f), Hahn (m)	water pipe, faucet
wegfahren (fährt weg, fuhr weg, ist weggefahren)	to go away, to leave
weil sie wegzufahren hatten	because they had to leave
Westen (m)	the west
Wunder (n)	wonder
zurückdenken (dachte zurück, zurückgedacht)	to think back

Bisher hat die Familie Bauer ihre Ferien meistens an der Nordsee oder in Skandinávien verbracht, vor allem deshalb, weil sie Anfang August wegzufahren hatte, also zu einer Zeit, wenn es im Süden Europas sehr heiß ist. Diesmal mußte Karl geschäftshalber während des Sommers in der Stadt bleiben und man hat Ferienpläne für den Herbst.

Heute *geht* Nora *aus* und *kehrt* mit einem Bündel Reisebroschüren *heim*, die die szenischen Wunder Südeuropas beschreiben. Das Wetter zu Hause ist trüb, regnerisch und kalt, und die Bilder mit der strahlenden Sonne und dem blauen Himmel der Riviera sind unwiderstehlich.

Denkt sie auch manchmal *zurück* an die unvermeidlichen Begleitumstände eines Aufenthaltes im sonnigen Süden? Sie *geht* im Zimmer *hin und her* und erinnert sich an den Sonnenbrand in Kreta und an das Wasser in Spanien. „Ich *rate* dir *ab*, von der Wasserleitung zu trinken", hat eine Freundin sie gewarnt. „Und *wasch* das Obst gut *ab*, bevor du es ißt." Aber die Kinder haben sich nicht darum gekümmert und die Folgen waren katastrophál. „*Nehmt* euch Sonnenbrillen *mit*, das Licht ist sehr grell." Die Sonnenbrillen *kamen* von ihren Nasen nie *herunter*, dafür sorgte sie.

Please remember:

> **Heute** *geht* **Nora** *aus*. **Sie ist** *ausgegangen*.
> **Sie** *kehrt heim*. **Sie ist** *heimgekehrt*.
> *Denkt* **sie** *zurück?* **Manchmal wird sie** *zurückdenken*.
> **Sie** *geht hin und her*. **Sie ist** *hin- und hergegangen*.
> **Ich** *rate* **es dir** *ab*. **Ich habe es dir** *abgeraten*.
> *Nehmt* **euch Sonnenbrillen** *mit*. **Sie haben sie** *mitgenommen*.

I think you get the idea. I hate to give you rules on this. Just try to remember the prefixes that can be separated. Each of those prefixes has its own meaning and can stand by itself.

EXERCISE 1 Put the following sentences into the present tense.
1. **Er ist zurückgekommen.**
2. **Sie ist weggegangen.**
3. **Wir sind auf und ab gegangen.**
4. **Er hat es aufgegessen.**
5. **Sie hat viel Geld ausgegeben.**

EXERCISE 2 Write the following sentences in German.
1. Are you coming along?
2. When is he going to pick us up?
3. When does it start?
4. Are you going back?
5. Do you advise her against it?

EXERCISE 3 Answer in complete German sentences.
1. **Wo hat die Familie Bauer bisher ihre Ferien verbracht?**
2. **Warum ging sie nicht nach Südeuropa?**
3. **Warum mußte Karl während des Sommers in der Stadt bleiben?**
4. **Was bringt Nora heute mit?**
5. **Wie ist das Herbstwetter in Deutschland meistens?**
6. **Wer hat sie vor dem Wasser gewarnt?**
7. **Wie waren die Folgen für die Kinder?**
8. **Warum soll man Sonnenbrillen mitnehmen?**

EXERCISE 4 Choose the correct words.
1. **Die Familie Bauer verbrachte ihre Ferien meistens**
   a. **an der Nordsee** b. **in Spanien** c. **in Amerika**
2. **Heute kam Nora zurück mit**
   a. **kaltem Aufschnitt** b. **Käse und Brot**
   c. **Reisebroschüren**
3. **Wenn sie an Kreta zurückdenkt, erinnert sie sich an**
   a. **den Sonnenbrand** b. **ihre Küche** c. **ihren Fernseher**
4. **Was soll man mit dem Obst machen?**
   a. **es gleich essen?** b. **es abwaschen?**
   c. **sich nicht darum kümmern?**
5. **Das Wetter zu Hause ist im Herbst meistens**
   a. **trüb** b. **schön** c. **heiß**

EXERCISE 5 True or false?   T / F
1. **Manchmal war die Familie Bauer in Skandinavien.**   _____
2. **In Spanien soll man das Wasser immer vom Hahn trinken.**   _____
3. **Obst soll man dort zuerst abwaschen.**   _____
4. **Die Bilder von der Riviera sind sehr schön.**   _____
5. **Während des Sommers ist der Süden Europas zu kalt.**   _____

Hotel mit Wanzen

Separable Prefixes (continued)

Vocabulary

abbezahlen (w)	to pay off
abhalten (hält ab, hielt ab, abgehalten)	*here:* to hold (a conference)
anders	different
abzapfen (w)	to draw off
aufwachen (w)	to wake up
ausbezahlen (w)	to pay in full; *here:* to finish paying for
Blut (n)	blood
erstklassig	first-class
es ist lange her	it is long past
es sieht wunderbar aus	it looks wonderful
Famílienkonferenz (f)	family conference
fortfliegen (flog fort, ist fortgeflogen)	to fly away
gierig	greedy
Griechenland	Greece
griechisch	Greek
heuer	this year
märchenhaft	"fairy tale-like," fabulous
miserábel	miserable
rein	clean
so etwas	something like that
Sonnenaufgang (m)	sunrise
Sonnenuntergang (m)	sunset
vorhaben	to have in mind
vorkommen (kam vor, ist vorgekommen)	to happen, occur
Wanze (f)	bedbug

   Nora erinnert sich an die herrliche griechische Insel mit dem märchenhaften Sonnenuntergang und den gierigen Wanzen, die ihr einen Liter Blut *abzapften*. Sie *kommt an*, alles *sieht* wunderbar *aus*, sie sagt: «Karl, da ist es herrlich, da *fahre* ich erst nach einem Monat wieder *weg*." Dann *schläft* sie *ein*, *wacht auf* and alles ist anders.

   Hat sie das bereits vergessen? Was *hat* sie *vor*?

   Anderseits ist das schon sehr lange her, heute verdient Karl viel mehr, sie können sich ein erstklassiges Hotel leisten, dort *kommt* so etwas nicht *vor*. Sie haben zwei Autos in der Garage, eines davon *bezahlt* Karl heuer *aus*, das andere wird er innerhalb eines Jahres *abbezahlen*. Vielleicht *fliegen* sie im November *fort*, wenn das Wetter miserábel ist. Vielleicht *hält* man heute eine Familienkonferenz darüber *ab*.

   Please note these verbs and their separable prefixes, too:
   Die Wanzen *zapften* ihr Blut *ab*. Sie haben ihr Blut *abgezapft*.
   Sie *kommt an*. Sie ist *angekommen*.
   Alles *sieht* wunderbar *aus*. Es hat wunderbar *ausgesehen*.
   Da *fahre* ich erst in einem Monat *weg*. Bin erst in einem Monat *weggefahren*.
   Sie *schläft ein*. Sie ist *eingeschlafen*.
   Sie *wacht auf*. Sie ist *aufgewacht*.
   Was *hat* sie *vor*? Was hat sie *vorgehabt*?

Da *kommt* so etwas nicht *vor*. So etwas ist nicht *vorgekommen*.
Eines davon *bezahlt* er *aus*. Er hat es *ausbezahlt*.
Sie *fliegen* im November *fort;* sind *fortgeflogen*.
Man *hält* eine Familienkonferenz *ab;* hat eine *abgehalten*.

EXERCISE 6 Write the following sentences in German.
1. Nora remembers the beautiful sunset.
2. The bedbugs draw off her blood.
3. She happily falls asleep.
4. Maybe they will fly away in November.
5. Karl will finish paying for the other car within a year.
6. In a first-class hotel this does not happen.
7. What does she have in mind?

EXERCISE 7 Translate into English.
1. **Sie können sich ein erstklassiges Hotel leisten.**
2. **Die gierigen Wanzen zapfen ihr das Blut ab.**
3. **Sie wacht auf und alles ist anders.**
4. **Ich fahre erst in einem Monat weg.**
5. **Heute halten wir eine Familienkonferenz ab.**

EXERCISE 8 True or false?   T / F
1. **Das Hotel auf der griechischen Insel war sehr rein.**   _____
2. **Sie haben zwei Autos in der Garage.**   _____
3. **Der Sonnenuntergang war märchenhaft.**   _____
4. **Heute verdient Karl viel mehr.**   _____
5. **Nora erinnert sich an die deutsche Insel.**   _____

EXERCISE 9 Choose the correct words.
1. **Die Wanzen im Hotel waren sehr**
   a. **freundlich** b. **nett**   c. **gierig**
2. **Heute verdient Karl**
   a. **mehr** b. **nichts** c. **weniger**
3. **Karl will den anderen Wagen innerhalb eines Jahres**
   a. **verkaufen** b. **abbezahlen** c. **verbrennen**
4. **Der Sonnenuntergang auf der griechischen Insel ist**
   a. **märchenhaft** b. **miserabel** c. **soso**
5. **Die Ferien der Familie Bauer sind heuer wahrscheinlich im**
   a. **September** b. **November** c. **April**

EXERCISE 10 Complete each sentence with a word listed here: **Insel, anders, heuer, Wanzen, ausbezahlen**
1. _____ **fliegen wir nach Kreta.**
2. **Damals waren wir auf einer griechischen** _____.
3. **Heute ist das alles** _____.
4. **Er will das Auto** _____.
5. **Das Hotel hatte leider** _____.

Jugoslawien?

Some Inseparable Prefixes

Vocabulary

annulieren (w)	to cancel
ausrauben (w)	to ransack
Da leg ich mich lieber nieder	I prefer to lie down.
dreimal	three times
Einfach traumhaft!	A dream!

es reizt mich	it tempts me
Flugkarte (f)	airplane ticket
förmlich	practically
gestehen (gestand, gestanden)	to confess
glühend	burning
herúmklettern (w)	to climb around
Heuschrecke (f)	grasshopper
Itálien	Italy
Jugoslawien	Yugoslavia
Karst (m)	karst; a limestone region
kühl	cool
Leute (pl.)	people
Meer (n)	ocean, sea
ohne weiteres	readily
Persón (f)	person
Reise (f)	trip
Reisebüro (n)	travel agency
reisen (w)	to travel
Rucksack (m)	backpack
Stechmücke (f)	mosquito
sich etwas anders überlegen (w)	to change one's mind
übersétzen (w)	to translate
(sich) unterhálten (unterhíelt, unterhálten)	to converse, talk
ursprünglich	originally
verrúckt	crazy
zusámmenkommen (kam zusámmen, ist zusámmengekommen)	to get together

(A few hours later)

KARL Also du hast das Reisebüro besucht und es förmlich ausgeraubt. Alle diese Broschüren!

NORA Schau dir mal die Bilder von Mallorca an. Einfach traumhaft!

GRETCHEN Und das, Mutti: ‹‹Komm zurück nach Sorrént!''

KARL Dorthin will ich nicht zurückkommen. Stechmücken so groß wie Heuschrecken.

GRETCHEN Aber es ist doch so romantisch.

PETER Schau, Vati, da ist ein Bild von einer Stewardeß, die sagt, ‹‹Komm mit nach Du-brov-nik.'' Wo ist das, Vati?

KARL Jugoslawien. Dort waren wir noch nie.

NORA Ich habe totál *vergessen*, dir zu *erzählen*, Karl, den Ribars *gefällt* Jugoslawien sehr gut. Die waren schon dreimal dort.

KARL Ich *gestehe*, es reizt mich mehr als Italien oder Griechenland.

NORA Warum *bestellst* du nicht die Flugkarten? Wir können sie ohne weiteres annulieren, wenn wir es uns anders *überlégen*. Oder wir *verkaufen* sie an jemand anders.

KARL Vielleicht reisen wir mit den Ribars.

NORA Sie ist eine sehr nette Persón.

KARL Und er ein komischer Kerl; mit dem *unterhálte* ich mich immer sehr gut. Warum kommen wir nicht mit ihnen zusammen?

NORA Gute Idee.

KARL Seine Familie ist ursprünglich aus Jugoslawien. Wenn wir etwas nicht *verstehen*, *übersétzt* er es für uns.

NORA Ausgezeichnet.

KARL   Gut, dann telephoniere ich ihn morgen an.

GRETCHEN   Schau dir die schönen Bilder an, Vati. Das Meer und die Berge.

KARL   Ja, und die verrückten Leute, die mit ihren Rucksäcken in der glühenden Sonne am Karst herumklettern. Da leg ich mich lieber nieder und geh am Abend aus, wenn's kühl ist.

Grammar Is Inseparable from Language

Ich vergesse, habe vergessen; ich erzähle, habe erzählt; es gefällt mir, hat mir gefallen; ich gestehe, habe gestanden; ich bestelle, habe bestellt; wir verkaufen, haben verkauft.

Here we have verbs with the inseparable prefixes *ver-*, *er-*, *ge-* and *be-*.

There are other inseparable prefixes, such as *ent-* (*entziehen,* to take away) and *zer-* (*zerbrechen,* to crack).

When do we know whether a certain compound verb has a separable or an inseparable prefix? The answer is quite simple: Standing by themselves, *ver-*, *er-*, *ge-*, *be-*, *ent-* and *zer-* are meaningless (I mentioned that before). But look at the separable prefixes like *ab*, *an*, *auf*, *zu*, and the rest. Each one of these is a word in its own right.

You will also have noticed three interesting verbs, each one with an accent on the next to the last syllable: *überlégen, unterhálten, übersétzen.* (The accent, as you know by now, has been put there for your convenience only. German does not use accents.) These verbs—in the meaning within the context of the story— have inseparable prefixes; *ich überlége es mir, habe es mir überlégt; ich unterhálte mich, habe mich unterhálten; ich übersétze es, habe es übersétzt.*

EXERCISE 11   Write the following sentences in German.
1. I ransack the travel agency.
2. Look at these beautiful pictures! (formal)
3. I confess, it does not tempt me.
4. Why don't you order the airplane tickets? (formal)
5. He can translate it for us.
6. I prefer to lie down now.
7. I converse with him often.
8. He has changed his mind.
9. Have you forgotten his birthday? (familiar)
10. I am translating it for him.

EXERCISE 12   Answer in complete German sentences.
1. **Wo waren die Stechmücken so groß wie Heuschrecken?**
2. **Wie oft waren die Ribars in Jugoslawien?**
3. **Wer sagt, „Komm mit nach Dubrovnik''?**
4. **Was können sie ohne weiteres annulieren?**
5. **Wer klettert in der glühenden Sonne am Karst herum?**

EXERCISE 13   Insert the missing words.
1. **Ribars Familie kommt ursprünglich aus _____.**
2. **In Sorrent sind die Stechmücken so groß wie _____.**
3. **Die Flugkarten kann man ohne weiteres _____.**
4. **Nora findet die Bilder von Mallorca _____.**
5. **Peter zeigt seinem Vater das Bild von einer _____.**

EXERCISE 14   Choose the correct words.
1. **Was Nora vom Reisebüro mitnahm, waren**
    a. **Briefmarken**   b. **Münzen**   c. **Broschüren**
2. **Das Land, nach dem sie wahrscheinlich fliegen werden, ist**
    a. **England**   b. **Jugoslawien**   c. **Italien**

3. **Auf dem Bild, das Gretchen Nora zeigt, heißt es: Komm zurück nach**
   a. **Dubrovnik**   b. **Mallorca**   c. **Sorrent**
4. **Wen wird Karl morgen anrufen?**
   a. **Herrn Ribar?**   b. **Frau Müller?**   c. **Frau Braun?**
5. **Nora war heute morgen**
   a. **im Reisebüro**   b. **im Museum**   c. **im Kino**

EXERCISE 15 Translate into English.
1. **Ich gestehe, das reizt mich.**
2. **Warum bestellst du sie nicht?**
3. **Ich habe vergessen, es dir zu erzählen.**
4. **Hast du es dir anders überlegt?**
5. **Er klettert dort wie verrückt herum.**

CHAPTER 11

Peter hat einen Zögling
Peter Has a Pupil

Numerals; Time of Day; Time Expressions

Einführung: Der kleine Tim

Vocabulary

akzéntfrei	without an accent
auskommen (kam aus, ist ausgekommen)	to get by, make do
bestätigen (w)	to confirm
benachbart	neighboring
Betrág (m)	amount
durcheinander	pell-mell
Einführung (f)	introduction
etwas schwach	somewhat weak
Fehler (m)	*here*: shortcoming
fließend	fluent(ly)
gelegentlich	at your convenience
gutmütig	good-natured
Hauslehrer (m)	tutor
Kandiszucker	sugar candy
Kerl	guy
klebrig	sticky
Leidenschaft (f)	passion
militärisch	military
nachhelfen (hilft nach, half nach, nachgeholfen)	to assist, tutor
Offizíer (m)	officer
(das) Rechnen	arithmetic
rechnen	to do figures
Standort (m)	base
Tasche (f)	pocket
Taschengeld (n)	pocket money
von klein auf	from an early age
Vorrat (m)	supply
wenn auch	if (even though)
wohnhaft sein	to reside
Zögling (m)	pupil

Gretchen und Peter haben schon von klein auf Taschengeld von ihren Eltern bekommen—Beträge, mit denen sie bis zum Ende jeder Woche aus-kommen sollen. Auch haben sie zeitig damit angefangen, selbst etwas Geld zu verdienen. Gretchen arbeitet als Babysitter und hilft ihrem Vater gelegentlich im Geschäft. Peter arbeitet als Hauslehrer für die Kinder von amerikanischen Offizieren, die in dem benachbarten militärischen Standort wohnhaft sind.

Tim, neun Jahre alt, ist eines von den Kindern, denen Peter nachhilft. Der kleine Junge ist jetzt schon zwei Jahre in Deutschland und ist im allgemeinen ein guter Schüler, wenn auch etwas schwach im Rechnen. Sein Deutsch ist fließend und er spricht beinahe akzentfrei.

Sein Vater bringt ihn zweimal in der Woche zu Peters Haus und die Kinder sind Freunde geworden. Jeder hat Tim gern, er ist ein sehr netter kleiner Kerl.

Er ist sehr gutmütig und brav. Leider hat er einen großen Fehler: er ißt zuviel und alles durcheinander und wahnsinnig schnell. Schokoláde ist seine große Leidenschaft; auch Kandiszucker, von dem er immer einen Vorrat in der Tasche trägt, die davon ganz klebrig wird.

EXERCISE 1 Complete each sentence with a word listed here: **Babysitter, Offiziere, Taschengeld, Kandiszucker, Zögling**
1. **Tim macht seine Tasche mit _____ klebrig.**
2. **Sie bekommen _____ von ihren Eltern.**
3. **Gretchen verdient etwas Geld als _____ .**
4. **Der amerikanische Junge ist ein _____ von Peter.**
5. **Amerikanische _____ wohnen dort.**

EXERCISE 2 True or false?   T / F
1. **Gretchen und Peter bekommen kein Taschengeld.**   _____
2. **Tim ist etwas schwach im Rechnen.**   _____
3. **Er kommt zu Peters Haus zweimal in der Woche.**   _____
4. **Peter verdient Geld als Hauslehrer.**   _____
5. **Tim spricht Englisch sehr schlecht.**   _____

EXERCISE 3 Write the following sentences in German.
1. Peter tutors Tim twice a week.
2. Tim is somewhat weak in arithmetic.
3. Tim's father is stationed at the neighboring military base.
4. Tim is a nice little guy.
5. He carries a supply of sugar candy in his pocket.

EXERCISE 4 Choose the correct words.
1. **Was bekommen Gretchen und Peter wöchentlich von ihren Eltern?**
   a. **Bücher**   b. **Taschengeld**   c. **Bilder**
2. **Wie alt is Tim?**
   a. **zehn Jahre**   b. **fünf Jahre**   c. **neun Jahre**
3. **Vom Kandiszucker wird Tims Tasche**
   a. **klebrig**   b. **voll**   c. **rein**
4. **Die Kinder Karls und Noras kriegen ihr Taschengeld**
   a. **jeden Monat**   b. **jede Woche**   c. **einmal im Jahr**
5. **Tim ißt**
   a. **zu viel**   b. **nichts**   c. **zu wenig**

EXERCISE 5 Answer in complete German sentences.
1. **Womit verdient Peter Geld?**
2. **Wem hilft er nach?**
3. **Wer spricht Deutsch beinahe akzentfrei?**
4. **Was ist Tims große Leidenschaft?**
5. **Wo trägt er den Kandiszucker?**

Tim rechnet auf deutsch

Cardinal numbers

Vocabulary

Ankunft (f)	arrival
Bahnzeit (f)	railroad time
bereits	already
eher	rather
Eisenbahn (f)	railroad
fremd	strange
gewisse Ziffern (f. pl.)	certain numbers
gewöhnlich	usually
gleichen (glich, geglichen)	to equal
halb	half
Kardinálzahl	cardinal number
Lehrbuch (n)	textbook
mehr und mehr	more and more
Minúte (f)	minute
oder was immer	or whatever
Schwierigkeit (f)	difficulty
Sekúnde (f)	second
Spaß	fun
Sprache (f)	language
Systém (n)	system
um 9:25	at 9:25
(ein) Viertel (n)	one quarter
Zahl (f)	number
Zug (m)	train
zum Beispiel (n)	for instance

Die sogenannten Kardinalzahlen haben Tim nie Schwierigkeiten gemacht. Die wußte er bereits zwei Wochen nach seiner Ankunft in Deutschland sehr gut:

0	**null**	10	**zehn**	20	**zwanzig**
1	**eins**	11	**elf**	21	**einundzwanzig**
2	**zwei**	12	**zwölf**	22	**zweiundzwanzig**
3	**drei**	13	**dreizehn**	30	**dreißig**
4	**vier**	14	**vierzehn**	40	**vierzig**
5	**fünf**	15	**fünfzehn**	50	**fünfzig**
6	**sechs**	16	**sechzehn**	60	**sechzig**
7	**sieben**	17	**siebzehn**	70	**siebzig**
8	**acht**	18	**achtzehn**	80	**achtzig**
9	**neun**	19	**neunzehn**	90	**neunzig**

100	**hundert**	200	**zweihundert**
101	**hunderteins**	700	**siebenhundert**
102	**hundertzwei**	891	**achthunderteinundneunzig**
110	**hundertzehn**	1000	**tausend**
136	**hundertsechsunddreißig**	1001	**tausendeins**

Sogar eine Zahl wie 987 654 wird, weiß er, in *einem* Wort geschrieben: **neunhundertsiebenundachtzigtausendsechshundertvierundfünfzig.** Daran hat er viel Spaß gehabt.

Warum man nicht so wie im Englischen die Zahl 53 fünfzig drei liest, sondern dreiundfünfzig, hat er nie ganz verstanden. Auch die Art, wie man gewisse Ziffern schreibt, also 1 , nicht I , und 7 , nicht 7 , war ihm fremd.

Dann gibt es natürlich noch die ganz großen Zahlen, wie

1 000 000	eine Millión
1 000 000 000	eine Milliárde
1 000 000 000 000	eine Billión.

Die amerikanische Billión ist dasselbe wie die deutsche Milliárde; die amerikanische Trillión gleicht der deutschen Billión. Warum ist das eigentlich in einer Sprache anders als in der anderen?

What time is it?

Wenn Tim keine Uhr bei sich hat, wird er vielleicht jemanden fragen:

Wie spät ist es?

oder

Wieviel Uhr ist es?

Die Antwort ist dann gewöhnlich: es ist acht Uhr, oder elf Uhr, oder ein Uhr, oder was immer. Man kann aber das Wort *Uhr* auch weglassen: es ist acht, oder elf, oder eins.

In seinem deutschen Lehrbuch in Amerika hat Tim gelernt, daß 9:15 viertel (oder ein Viertel) nach neun heißt und 9:45 viertel vor zehn. Aber er wohnt jetzt in Süddeutschland, und dort sagt man eher viertel zehn und dreiviertel zehn. Um 9:30 ist es allerdings immer halb zehn. Man kann natürlich auch neun Uhr fünfzehn sagen, oder neun Uhr fünfundvierzig, oder auch: Es ist fünfzehn (Minuten) nach neun, oder fünfzehn (Minuten) vor zehn. Wenn es 9:37 ist, heißt das auch sieben Minuten nach halb zehn, und um 9:25 ist es fünf Minuten vor halb zehn.

Er weiß, daß man jetzt mehr und mehr das 24 Stunden-Systém benutzt (Bahnzeit), zum Beispiel:

Das Flugzeug kommt um 21:50 an, also um neun Uhr fünfzig abends (P.M.).

Der Zug fährt um 5:10 ab, also um fünf Uhr zehn morgens (A.M.)

EXERCISE 6 Write out the German words (railroad time) of:
1. eight-thirty A.M.
2. twenty to eight P.M.
3. ten past two P.M.
4. a quarter past seven P.M.
5. half past nine A.M.
6. five past three P.M.
7. twelve minutes to six P.M.
8. a quarter past ten A.M.
9. eleven P.M.

EXERCISE 7 Write the following numbers in German words.
1. 387
2. 925
3. 1,011
4. 1,248
5. 17,439

EXERCISE 8 True or false?   T / F
1. Jede deutsche Zahl wird in *einem* Wort geschrieben.   _____
2. 66 liest man im Deutschen sechzigsechs.   _____
3. Eine deutsche Milliarde ist dasselbe wie eine amerikanische Billion.   _____
4. Viertel zehn ist dasselbe wie fünfzehn nach neun.   _____
5. Halb elf ist dasselbe wie elf Uhr dreißig.   _____

Mehr über Tim

Ordinal Numbers; Fractions

Vocabulary

aufwecken (w)	to wake
Bezírk (m)	district
ebenso wie	just as
entdecken (w)	to discover
pünktlich	punctual, on time
Stunde (f)	*here*: lesson
tagelang	for days
tagsüber	during the day
übermorgen	day after tomorrow
vorgestern	day before yesterday
weitergehen (ging weiter, ist weitergegangen)	to continue

Tim knows a lot already. He has learned that to form ordinal numbers is actually simpler in German than it is in English. All you do is put a period after the number:

1. means *der erste*; *2.*, *der zweite*; *3.*, *der dritte*; etc. *8.* is *der achte. 1. Mai* is *der erste Mai*. From *20.* on it is *der zwanzigste*. Notice that instead of *-te*, *-ste* has been added to the cardinal number.

Ordinal numbers in German take the same endings as adjectives.

Ich habe eine Wohnung im 9. Bezírk (district). Das ist ihr 2. Mann. (im neunten Bezirk; ihr zweiter Mann)

½	**die *Hälfte*; aber eine *halbe Stunde*** (a half hour)	
⅓	**ein drittel**	—used as a noun: **ein Drittel**
⅕	**ein fünftel**	—used as a noun: **ein Fünftel**
⅞	**sieben achtel**—used as a noun: **sieben Achtel**	

Days of the Week

Sonntag	Sunday
Montag	Monday
Dienstag	Tuesday
Mittwoch	Wednesday
Donnerstag	Thursday
Freitag	Friday
Samstag (Sonnabend)	Saturday

They all take the masculine gender.

Months of the Year

Januar (sometimes called **Jänner**)	January
Februar (sometimes called **Feber**)	February
März	March
Apríl	April
Mai	May
Juni	June
Juli	July
Augúst	August
September	September
Oktober	October
November	November
Dezember	December

The Seasons

Frühling	spring
Sommer	summer
Herbst	fall
Winter	winter

All the above are masculine gender as well.

Once Tim, wanting to meet his friend the following morning (tomorrow morning), said: "**Ich treffe** (meet) **dich morgen morgen.**" The correct form, of course, is *morgen früh*. He also has difficulty in expressing certain historical dates correctly. Once he wrote: "**Amerika wurde in 1492 entdeckt**" (was discovered in 1492), instead of:

Amerika wurde 1492 entdeckt.

or

Amerika wurde im Jahre 1492 entdeckt.

Das Glück° der Katze   good luck

„Vater", sagte er, „komm schnell! Im Speisezimmer ist eine große schwarze Katze."

„Sorg dich nicht," (don't worry) erwiderte sein Vater. „Eine schwarze Katze ist Glück."

„Die hat es, Vati," antwortete Tim. „Sie hat gerade deine Mahlzeit aufgegessen."

Tim hat Peter sehr gern.

Important Time Expressions

If you want to know what date it is, you ask: **Der wievielte ist heute?** The answer could be: **Heute ist der achtundzwanzigste Februar.** Or it could be: **Heute haben wir den achtundzwanzigsten Februar.**

Am Mittwoch kommt Tim um drei Uhr nachmittags zu Peter und am Sonntag um neun Uhr früh. Letztes Mal ist er um zehn gekommen, seine Mutter hat vergessen, ihn aufzuwecken. Ansonsten ist er sehr pünktlich. Peter arbeitet samstags nicht gern. Vormittags ist er, ebenso wie sein Zögling, in der Schule, und nachmittags macht er seine Aufgaben. Eines Mittwochs kam Tim von der Schule nach Hause und hörte, daß Peter krank ist. „Heute nachmittag hast du keine Stunde", sagte ihm seine Mutter. „Vielleicht übermorgen wieder. Peter hat sich schon vorgestern nicht wohl gefühlt. Tagsüber ist er in Ordnung, aber abends hat er etwas Fieber. Das kann so tagelang weitergehen." Tim war sehr traurig darüber, denn er hat Peter sehr gern.

Please memorize:

vormittags, nachmittags, mittags	in the morning, in the afternoon, at noon
morgens	in the morning
am Morgen	
abends	in the evening
am Abend	
nachts	nights
samstags	Saturdays
mittwochs	Wednesdays
eines Tages	one day

eines Morgens	one morning
eines Mittwochs	one Wednesday
er ist zweimal gekommen; das erste Mal; zum letzten Mal	he has come twice; the first time; for the last time
tagsüber	during the day
tagelang	for days
wochenlang	for weeks

EXERCISE 9   Answer in complete German sentences.
1. **Samstag hat noch einen anderen Namen. Was ist er?**
2. **Wann wurde Amerika entdeckt?**
3. **Um welche Zeit kommt Tim gewöhnlich zu Peter am Samstag?**
4. **Warum ist er letztes Mal erst um zehn gekommen?**
5. **Wann machen Peter und Tim ihre Aufgaben?**
6. **Warum hat sich Peter vorgestern nicht wohl gefühlt?**
7. **Wie lange kann das Fieber so weitergehen?**
8. **Warum ist Tim traurig darüber?**

EXERCISE 10   True or false?   T / F
1. **Tim kommt jeden Tag zu Peter.**   _____
2. **Peter arbeitet gern am Sonnabend.**   _____
3. **Tims Mutter hat vergessen, ihn aufzuwecken.**   _____
4. **Beide Jungen machen vormittags ihre Aufgaben.**   _____
5. **Während des Tages ist Peter in Ordnung.**   _____

EXERCISE 11   Translate into German.
1. last Sunday
2. tomorrow evening
3. yesterday afternoon
4. every day
5. this morning

EXERCISE 12   Choose the correct words.
1. **Heute ist der**
   a. **5th März**   b. **5. März**   c. **5. des März**
2. **Am Mittwoch kommt Tim immer um**
   a. **5 Uhr**   b. **1 Uhr**   c. **3 Uhr**
3. **Tagsüber ist Peter**
   a. **in Ordnung**   b. **krank**   c. **im Bett**
4. **Vormittags sind Peter und Tim**
   a. **im Schwimmbad**   b. **in der Schule**   c. **zu Hause**

EXERCISE 13   Complete the following sentences.
1. **Letztes Mal ist Tim erst um zehn Uhr _____.**
2. **Abends hat Peter etwas _____.**
3. **Seine Mutter sagt, das kann so tagelang _____.**
4. **Er hat sich schon vorgestern nicht wohl _____.**
5. **Peter arbeitet samstags nicht _____.**

Fünf Paar Hörner

    Der Lehrer fragt seine Schüler:
,,Sechs Kühe° gehen auf einem schmalen   cows
Feldweg,° eine hinter der anderen.   narrow country lane
Welche kann sich umdrehen und sagen:
,Ich sehe fünf Paar Hörner?' ''°   five pairs of horns
    Tim antwortet: ,,Die erste Kuh.''
    Der Lehrer: ,,Falsch, Tim. Kühe können nicht
reden.''

Witze und Wortspiele°

play on words, puns

Vocabulary

aussprechen (spricht aus, sprach aus, ausgesprochen)	to pronounce
Blatt (n)	*here:* sheet
Buchstabe (m)	letter
ganz am Anfang	right in the beginning
Gedícht (n)	poem
kochen (w)	to cook
Kugelschreiber (m)	ball-point pen
leer	empty
lehren (w)	to teach
Lineál (n)	ruler
Lösung (f)	solution
lustig	amusing
Rübe (f)	turnip
schneiden (schneidet, schnitt, geschnitten)	to cut
Speck (m)	bacon
was ich tun würde	what I would do
wenn ich . . . wäre	if I were . . .
Was würde ich tun?	What would I do?
wenn ich . . . hätte	if I had . . .
Zettel (m)	slip of paper

Manchmal versucht Peter, die Stunde mit Tim etwas lustiger zu machen. Dann erzählt er ihm Witze, zum Beispiel diesen:

-1-

Der Lehrer in der Schule: „Was ist weiter entfernt von uns, Deutschland oder der Mond?"

Ein Schüler antwortet: „Deutschland."

„Wieso?" fragt der Lehrer.

Der Schüler: „Weil wir den Mond sehen können, aber nicht Deutschland."

(Fortunately, children are less blasé than grownups when it comes to reacting to silly jokes; this one might even have gotten a laugh.)

Oder diesen:

-2-

Die Lehrerin sagte ihren Schülern: „Schreibt einen Aufsatz: Was würde ich tun, wenn ich zehn Millionen Mark hätte."

Jeder Schüler begann sofort zu schreiben, nur Michael nicht. Er spielte die ganze Zeit mit dem Kugelschreiber und seinem Lineál. Nach einer halben Stunde sammelte die Lehrerin die Aufsätze ein. Michael gab ihr ein leeres Blatt.

„Was ist das, Michael?" fragte ihn die Lehrerin. „Ist das dein Aufsatz? Jeder andere Schüler hat zwei Seiten oder mehr geschrieben."

„Frau Lehrerin", antwortete Michael. „Das ist es, was ich tun würde, wenn ich ein Millionár wäre."

-3-

Tim weiß natürlich, wie man die Buchstaben des deutschen Alphabets ausspricht. Deshalb kann ihn Peter das Folgende fragen:

„Tim, wie schreibst du *Kuhhaare* mit nur vier Buchstaben, *Katze* mit zwei und *Zettel* mit zwei?"

Tim weiß das natürlich nicht. Also gibt ihm Peter die Lösung:

        Kuhhaare ist QHRE
        Katze   ist KC
        Zettel   ist ZL

-4-

Ganz am Anfang hat Peter seinen Zögling ein komisches kleines Gedicht gelehrt.

Eins, zwei, drei, vier, fünf, sechs, sieben,
eine alte Frau kocht Rüben;
eine alte Frau kocht Speck,
schneidet sich den Finger weg.

EXERCISE 14 Answer in complete German sentences.

1. **Womit spielte Michael die ganze Zeit?**
2. **Wie verteidigt** (defends) **der Schüler seine Antwort?**
3. **Was hat jeder andere Schüler geschrieben?**
5. **Was kocht die alte Frau in dem Gedicht?**

EXERCISE 15 True or false?   T / F

1. **Michael schrieb einen langen Aufsatz.**   _____
2. **Er gab der Lehrerin ein leeres Blatt.**   _____
3. **Er spielte mit Kugelschreiber und Lineál.**   _____
4. **Jeder andere Schüler schrieb eine Seite.**   _____
5. **Tim weiß, wie man die Buchstaben ausspricht.**   _____

EXERCISE 16 Complete the following sentences using these words: **Mond, Schule, Aufsatz, Lineál, Gedicht, Seiten**

1. **Michael spielte mit Kugelschreiber und _____ .**
2. **Jeder andere Schüler hatte zwei _____ oder mehr geschrieben.**
3. **„Was ist weiter entfernt von uns, Deutschland oder der _____ ?"**
4. **Der Lehrer in der _____ fragt seine Schüler.**
5. **Die Schüler schreiben einen _____ .**
6. **Peter hat ihn ein komisches kleines _____ gelehrt.**

EXERCISE 17 Construct sentences using the cue words.

1. **Was / entfernt / Deutschland / Mond ?**
2. **Was / tun / hätte / zehn Millionen ?**
3. **Lehrerin / Aufsätze / einsammeln**
4. **Tim / wissen / Buchstaben / aussprechen**
5. **Frau / Rüben / kochen**

EXERCISE 18 Fill in the missing letters in the German words.

1. **S__HR__BT E__NEN A__FSA__Z**
2. **K__GELS__R__BER UND LIN__L**
3. **SI__ SA__ELTE DI__ AUFS__TZE EIN**
4. **ER GAB I__R EIN LE__RES BLAT__**
5. **WEN__ ICH EIN MIL__ION__R W__RE**

CHAPTER 12

Die Zukunft der Kinder
The Future of the Children

Conjunctions

A conjunction is a word that joins together sentences, phrases, or words; e. g., **Anton** *und* **Nora; er weiß,** *daß* **sie da ist.**

Was Peter wirklich sein möchte.

Coordinating Conjunctions Not Affecting Word Order:

und, denn, oder, aber, sondern

Vocabulary

begábt	talented, gifted
begreifen (begriff, begriffen)	to comprehend
Berufsaussichten (f. pl.)	professional prospects
berufsmäßig	professional
Cellíst (m)	cellist
Cello (n)	cello
denn	for
Dirigént (m)	conductor
es bedeutet ihm nichts	it doesn't mean anything to him
Flöte (f)	flute
Geschwister (pl.)	siblings
Komplimént (n)	compliment
Konzért (n)	concert
Músiker (m)	musician
nämlich	namely, that is
Óboe (f)	oboe
Orchéster (n)	orchestra
(das) Schönste auf der Welt	the most beautiful thing in the world
seinerseits	on his part
sonderbar	weird, strange
sondern	but, rather, on the contrary
stattdessen	instead
ungern	reluctantly
verraten (verrät, verriet, verraten)	*here*: to disclose, reveal
verstehen (verstand, verstanden)	to understand
zusammenhalten (hält zusammen, hielt zusammen, zusammengehalten)	to stick together

Gestern sprachen Nora *und* Karl über die Zukunft ihrer Kinder. Das ganze hatte damit angefangen, daß Peter ihnen von seinem Zögling Tim erzählte, der so ungern Violíne spielt. Peter kann das nicht verstehen, *denn* die Musík ist für ihn das Schönste auf der Welt. Aber jemand, dem sie nichts bedeutet, wird das seinerseits nicht begreifen.

KARL Wie lange nimmst du jetzt schon Cellostunden?

PETER Seit sieben Jahren.

KARL Das ist eine lange Zeit.

NORA Ich habe unlängst mit seinem Lehrer gesprochen *und* er hat gesagt, daß Peter ungewöhnlich begábt ist.

KARL *Aber* ist er gut genug, um ein berufsmäßiger Músiker zu werden?

PETER Ich bin der erste Cellíst in unserem Schulorchéster.

NORA Ich glaube, er ist gut, Karl. Am Samstag ist er nicht mit seinen Freunden ins Kino gegangen, *sondern* hat stattdessen beinahe den ganzen Tag Cello geübt.

PETER Wir haben ein Konzért in einer Woche *und* es ist ein sehr schweres Stück. Aber es macht mir wirklich Spaß, es zu üben. Meine Freunde hänseln mich damit und sagen, ich bin sonderbar.

NORA Laß sie reden! Du mach, was *du* willst!

GRETCHEN Peter spielt sehr schön. Er kratzt fast überhaupt nicht.

PETER Danke, Gretchen. von dir ist das ein großes Komplimént.

GRETCHEN Geschwister müssen zusammenhalten.

KARL Das ist alles schön *und* gut. *Aber* weißt du, Peter, wie die Berúfsaussichten für Músiker sind?

PETER Ich möchte noch ein anderes Instrument lernen. Vielleicht die Flöte *oder* die Oboe. *Aber* was ich wirklich sein möchte, hab' ich noch niemandem verraten.

KARL Nämlich?

PETER Ein Dirigént.

Grammar Can Be Easy

Peter kann das nicht verstehen, *denn* dic Musik ist für ihn das Schönste auf der Welt.

Aber ist er gut genug?

Er ist nicht ins Kino gegangen, *sondern* hat Cello geübt.

Sondern instead of *aber* has to be used following a negative clause. (*Er ist nicht ins Kino gegangen.* Instead, he practiced.)

With the conjunctions *und* and *aber* there should be no problems.

EXERCISE 1 Answer in complete German sentences.

1. **Worüber sprach man gestern?**
2. **Was erzählte Peter von Tim?**
3. **Was ist die Musik für Peter?**
4. **Wie lange nimmt er schon Cellolektionen?**
5. **Was hat sein Lehrer Nora gesagt?**

EXERCISE 2 True or false?   T / F

1. **Sie haben ein Konzért in einem Monat.** _____
2. **Peter möchte Dirigént werden.** _____
3. **Seine Freunde sagen, er ist sonderbar.** _____
4. **Er möchte auch singen lernen.** _____
5. **Peter übte beinahe den ganzen Tag.** _____

EXERCISE 3 Match the following.

1. **Sie sprachen über die Zukunft der Kinder.**
2. **Peter erzählte von Tim.**
3. **Er ist ungewöhnlich begabt.**
4. **Er kratzt fast überhaupt nicht.**
5. **Seine Freunde hänseln ihn damit.**
6. **Geschwister müssen zusammenhalten.**

_____ Peter talked about Tim.
_____ His friends tease him about it.
_____ Siblings have to stick together.
_____ They talked about the future of the children.
_____ He is unusually gifted.
_____ He hardly scratches at all.

EXERCISE 4 Translate into English.

1. **Er spielt ungern Violíne.**
2. **Das Schönste auf der Welt**
3. **Peter hat fast den ganzen Tag geübt.**
4. **Ich habe ein Konzért in einer Woche.**
5. **Er geht nicht aus, sondern bleibt zu Hause.**

EXERCISE 5 Complete each sentence with a word listed here: **seinerseits, Violíne, Zukunft, kratzt, Berúfsaussichten, Instrumént**

1. **Sie sprachen über die _____ der Kinder.**
2. **Er kann das _____ nicht begreifen.**
3. **Tim spielt ungern _____ .**
4. **Er möchte ein anderes _____ lernen.**
5. **Er _____ fast überhaupt nicht.**
6. **Die _____ sind schlecht.**

Ein Generál im Frack

Conjunctive Adverbs That _Can_ Affect the Word Order

einerseits—ander(er)seits, überdies, außerdem, allerdings, nichtsdesto-weniger, auch, zwar, dennoch

Vocabulary

daráus	(out) of it
dennoch	however
dirigíeren	to conduct
einerseits— ander(er)seits	on the one hand— on the other hand
eingehend	thoroughly
Frack (m)	"tails"; full dress coat
Geheimnis (n)	secret
Generál (m)	general
Großonkel	great uncle
Hauptsache (f)	the main thing
Ich werde dir nicht im Wege stehen.	I won't stand in your way.
imstande sein	to be able
Kapéllmeister (m)	conductor
kommt darauf an	it depends
(eine) Menge Geld	a lot of money
nichtsdestowéniger	nevertheless

pensioniert	retired
Podium (n)	podium
Taktstock (m)	baton
überdies, außerdem	besides
Uniform (f)	uniform
unterrichten (w)	to teach
unterstützen (w)	to support
(ein) Vermögen (n)	*here*: a fortune
weder—noch	neither—nor
zerbrechen (zerbricht, zerbrach, zerbrochen)	to break apart
zornig	angry
zwar	it is true, I admit

KARL Ein Dirigént, sagst du? Das ist wirklich eine Überraschung.

GRETCHEN Wunderbar, Peter. Und sehr romantisch. Ein Dirigént erinnert mich an einen Generál, aber ohne Uniform.

NORA Ein Generál im Frack.

PETER Das möchte ich gern sein.

KARL Weißt du, wie lange du da studieren mußt?

PETER Das macht mir nichts aus.

KARL *Einerseits* kostet das zwar eine Menge Geld, *anderseits* ist es vielleicht eine gute Kapitalanlage. Manche von ihnen verdienen ein Vermögen. *Überdies* kann man ja auch unterrichten.

NORA Hauptsache, unser Sohn ist glücklich. *Außerdem* leben Dirigenten angeblich sehr lang.

GRETCHEN Kannst du dir vorstellen, Vati, Peter auf dem Podium. . . . Wirst du mit oder ohne Taktstock dirigieren, Peter?

PETER Kommt darauf an. Zuerst mit, glaube ich. . . . *Allerdíngs* muß es schöner sein mit den Händen allein.

GRETCHEN Aber dann kannst du den Taktstock nicht zerbrechen, wenn du zornig wirst.

KARL *Nichtsdestoweniger* werde ich mich zuerst mit deinem Lehrer eingehend darüber unterhalten. Mit ihm und *auch* mit deinem Großonkel in Grünau, der, wie du weißt, ein pensionierter Kapéllmeister ist. Auch wird es notwendig sein, mit deinem Klassenlehrer darüber zu sprechen.

PETER Der wird mich unterstützen.

KARL Warum hast du so lange ein Geheimnis daraus gemacht? Keiner von uns wußte etwas davon. Natürlich wollen wir das Beste für dich. *Zwar* habe ich mir gedacht, du wirst später imstande sein, mir im Geschäft zu helfen; *dennoch* will ich gern . . .

GRETCHEN Vati, *ich* werde dir im Geschäft helfen; du weißt, ich freue mich schon darauf.

KARL Also gut, Peter; wenn es so weit kommt, werde ich dir nicht im Wege stehen.

Alternatives

On the one hand—on the other

einerseits kostet das. . . , *anderseits* ist es. . . ; *überdies* kann man. . . ; *außerdem* leben. . . ; *allerdings* muß es. . . ; *nichtsdestoweniger* werde ich. . . ; *auch* wird es notwendig sein. . . ; *zwar* habe ich gedacht. . . ; *dennoch* will ich gern. . .

Every one of these examples shows inverted word order after these conjunctive adverbs; that is, *conjunctive adverb + verb + subject*. In a normal, simple sentence the subject stands first, followed by the verb. In the above sentences it is possible to use that word order if you rearrange the words: „**Man kann überdies** (or: **außerdem**) **auch unterrichten''** is grammatically perfectly respectable.

EXERCISE 6 True or false?   T / F
    1. **Ein Dirigént erinnert Gretchen an einen General.** _____
    2. **Dirigenten verdienen sehr wenig.** _____
    3. **Auch leben sie angeblich lang.** _____
    4. **Peters Großonkel ist ein pensionierter Kapéllmeister.** _____
    5. **Karl wird seinem Sohn im Wege stehen.** _____

EXERCISE 7 Translate into English.
    1. **Du wirst imstande sein, mir im Geschäft zu helfen.**
    2. **Er hat ein Geheimnis daraus gemacht.**
    3. **Wir wollen das Beste für dich.**
    4. **Manche von ihnen verdienen sehr viel.**
    5. **Kommt darauf an.**

EXERCISE 8 Choose the correct words.
    1. **Ein Dirigént erinnert sie an einen**
       a. **Generál** b. **Lehrer** c. **Freund**
    2. **Peter hat einen Großonkel in**
       a. **Wien** b. **München** c. **Grünau**
    3. **Peter dirigiert lieber mit**
       a. **den Händen** b. **den Füßen** c. **dem Taktstock**
    4. **Das Studium eines Dirigenten dauert**
       a. **eine kurze Zeit** b. **nicht sehr lang** c. **sehr lang**

EXERCISE 9 Complete the following sentences.
    1. **Der Großonkel in Grünau ist ein pensionierter _____.**
    2. **Gretchen wird Karl später im Geschäft _____.**
    3. **Warum hat Peter ein Geheimnis daraus _____?**
    4. **Karl wird mit dem Klassenlehrer darüber _____.**
    5. **Kannst du dir Peter auf dem Podium _____?**

EXERCISE 10 Fill in the missing words.
    1. _____ **kostet es Geld,** _____
       On the one hand   on the other hand
       ist es eine Kapitalanlage.

    2. _____ **ist es eine sehr gute Idee.**
         Besides
    3. _____ **werde ich mit Noras Onkel sprechen.**
        Nevertheless
    4. _____ **wird es viel Geld kosten.**
        However
    5. _____ **muß er jeden Tag viel üben.**
        Also

Der Soprán

**Vater nahm den kleinen Jungen zu
seinem ersten Orchésterkonzert mit einem
berühmten Soprán° mit. Der Dirigént
faszinierte° Johnny ganz besonders.
„Vater, warum droht° der Mann der netten
Dame mit seinem kleinen Stock°?''**
    „Sei still.° Er droht ihr nicht.''
    „Aber warum schreit° sie dann?''

soprano
fascinated
threatens
stick
be quiet
screams

Sein musikalisches Talent

More Coordinating Conjunctions and Conjunctive Adverbs

entweder—oder, dazu, sowohl—als auch, daher, hingegen, weder—noch, trotzdem

Vocabulary

angesehen	respected
Anzahl (f)	number
ausübend	practicing
Chor (m) (pronounce kōr)	choir
dahér	therefore
entweder—oder	either—or
Ehrgeiz (m)	ambition
Geiger (m)	violinist
hingégen	on the other hand
Kirche (f)	church
Klavíerlehrerin	piano teacher
Mädchenname (m)	maiden name
Mezzosopran (m)	mezzo soprano
musikliebend	music-loving
Opernkarriere (f)	operatic career
regelmäßig	regularly
schwierig	difficult
sowohl—als (wie) auch	as well as
stolz	proud
Streichquartett (n)	string quartet
Talént (n)	talent
träumen (w)	to dream
trotzdem	in spite of it
übermäßig	overmuch
verbergen (verbirgt, verbarg, verborgen)	to hide
verdanken	to thank
vortrefflich	superior
weder—noch	neither—nor

Peter wird man wahrscheinlich nie sagen müssen: *„Entweder* du übst *oder* wir verkaufen das Cello."* Dazu* hat er es zu gern.

Das musikalische Talént verdankt er wahrscheinlich seiner Mutter. Nora kommt aus einer musikliebenden Familie. *Sowohl* ihr Vater *als auch* ihre Mutter sind ausübende Músiker. Herr Bachmann (Noras Mädchenname) ist ein vortrefflicher Geiger, der regelmäßig jede Woche in einem Streichquartett spielt; und Noras Mutter ist eine sehr populäre Klavierlehrerin, die eine große Anzahl Schüler hat.

Onkel Leopold—der jetzt in Grünau wohnt—war ein angesehener Kapellmeister, der dreißig Jahre lang das Orchester des Stadttheaters dirigierte. *Daher* ist es kein Wunder, daß Nora den Ehrgeiz ihres Sohnes versteht. Sie selbst hat eine sehr schöne Stimme gehabt (Mezzosoprán), hat vor vielen Jahren von einer Opernkarriere geträumt, und singt jetzt gelegentlich im Chor ihrer Kirche.

Hingegen sind Karls Eltern, *weder* sein Vater *noch* seine Mutter, an Musik übermäßig interessiert. Karl selbst hat Musik gern, wenn sie nicht zu schwierig ist. *Trotzdem* ist er stolz auf das Talént seines Sohnes, auch wenn er diesen Stolz meistens verbirgt.

Practice Makes Perfect

Entweder du übst *oder* wir verkaufen das Cello: Here we have the ever-recurring threat of the either—or.

Dazu hat er es zu gern (for that to happen . . .).

Sowohl ihr Vater *als auch* ihre Mutter: You could also say: . . . *wie auch* ihre Mutter.

Daher ist es kein Wunder . . . You could substitute **daher** by *darum* or *deshalb*.

Hingegen sind Karls Eltern . . . : *Dagegen* oder *indessen* sind Karls Eltern . . .

Weder sein Vater *noch* seine Mutter sind interessiert.

Trotzdem ist er stolz auf das Talent seines Sohnes.

Please note: **Noras Mutter hat** *eine große Anzahl Schüler.* Translated this would be "a large number *of* pupils." In German we do without the "of."

Eine ganz kurze Kritik° erschien | criticism; *here*: music review
in der Zeitung: „Ein Amatéurstreichquartett |
spielte Beethoven gestern abend. Beethoven |
verlór."° | lost

EXERCISE 11 Choose the correct words.
1. **Peter verdankt das musikalische Talent**
   a. **seinem Onkel** b. **seiner Mutter** c. **seinem Vater**
2. **Noras Mädchenname ist**
   a. **Bachmann** b. **Gruber** c. **Brown**
3. **Herr Bachmann spielt**
   a. **die Geige** b. **die Flöte** c. **das Cello**
4. **Was Nora sein wollte, war eine**
   a. **Hausfrau** b. **Lehrerin** c. **Opernsängerin**
5. **Karls Eltern interessieren sich für Musik**
   a. **nicht übermäßig** b. **gar nicht** c. **ein bißchen**

EXERCISE 12 True or false?   T / F
1. **Man wird Peters Cello verkaufen.**   _____
2. **Noras Mutter ist eine populäre Klavierlehrerin.**   _____
3. **Nora versteht den Ehrgeiz ihres Sohnes.**   _____
4. **Karl hat Musik nur gern, wenn sie schwierig ist.**   _____
5. **Karl verbirgt meistens seinen Stolz auf Peter.**   _____

EXERCISE 13 Translate the following into German.
1. They are practicing musicians.
2. Uncle Leopold conducted an orchestra.
3. Nora dreamed of an operatic career.
4. He hides his pride.
5. On the other hand, he is not too much interested.

EXERCISE 14 Answer in complete German sentences.
1. **Wo singt Nora noch gelegentlich?**
2. **Wo wohnt Onkel Leopold jetzt?**
3. **Wem verdankt Peter sein musikalisches Talent?**
4. **Was für ein Instrument spielt Herr Bachmann?**
5. **Warum versteht Nora den Ehrgeiz ihres Sohnes?**

EXERCISE 15 Fill in the missing German words.
1. _____ du übst, _____ wir verkaufen es. (either—or)
2. _____ werde ich ihn besuchen. (in spite of it)
3. **Ich werde** _____ **ihn,** _____ **seine Tante sehen.** (neither—nor)

4. _____ komme ich heute um fünf Uhr. (therefore)
5. _____ er _____ seine Mutter sind begábt. (as well as)

„Haben Sie Musik gern?"°	Do you like music?
fragte eine Dame den berühmten Mann.	
„Nein," antwortete er. „Aber	
von allen Geräuschen° stört° mich	noise / bothers
die Musik noch am wenigsten."	

Gretchen und die Welt des Geschäfts

Subordinating Conjunctions

während, obzwar, daß, soóft, obwohl, solánge, seitdem

Vocabulary

anscheinend	apparently, obviously
Auffassungsvermögen (n)	perception, ability to comprehend, grasp things
Aushilfe (f)	temporary or extra help
aushilfsweise	as extra help
bereit sein	to be ready
beweisen (bewies, bewiesen)	to prove
Buchhandel (m)	book trade
definitív	definite(ly)
dringend	urgent(ly)
enttäuscht	disappointed
erstaunlich	amazing(ly)
ersuchen (w)	to call upon, to request
fortführen (w)	to continue, to carry on
Geschäftsleben (n)	business life
intelligént	intelligent
künstlerisch	artistic
Laden (m)	store
mithelfen (hilft mit, half mit, mitgeholfen)	to help
Neigung (f)	inclination
obzwár, obwóhl, obgléich, obschón	although
seitdém, seit	since
solánge	as long as
soóft (pronounce _both_ o's)	as often as
stolz	proud
tätig	active
Traditión (f)	tradition
ungleich	unlike
vorhérgehend	preceding
vor kurzem	a short while ago
vorziehen (zog vor, vorgezogen)	to prefer
(sich) wohlfühlen (w)	_here:_ to be at home

Während sich Peter wenig für das Geschäft seines Vaters interessiert, ist Gretchen trotz ihrer romantischen Neigungen eine erstaunlich praktische kleine Person.

Obzwar sie bis vor kurzem nur als Babysitter gearbeitet hat, war sie an den zwei vorhergehenden Wochenenden im Geschäft aushilfsweise tätig und hat ihrem Vater bewiesen, _daß_ sie eine gute Verkäuferin ist.

Soóft Karl sie braucht, sagt sie, wird sie bereit sein, im Laden mitzuhelf-en. Es macht ihr anscheinend großen Spaß und es tut ihr leid, *daß* sie nicht mehr Zeit dazu hat. *Obwohl* sie, ungleich ihrem Bruder, kein künstlerisches Talent besitzt, ist sie ein intelligentes Mädchen mit einem schnellen Auffas-sungsvermögen. Man kann sehen, daß sie sich in der Welt des Geschäfts sehr wohlfühlt.

Karl weiß jetzt, *daß* Peter die Musik dem Geschäftsleben definitiv vor-zieht. Vielleicht ist er ein bißchen enttäuscht darüber, aber *solange* er Gretchen hat (und *seitdem* er ihren Enthusiásmus für das Geschäft entdeckt hat), weiß er, *daß* eines seiner Kinder die stolze Traditión des Buchhandels in der Familie Bauer fortführen wird. Wenn er diesmal auf der Höhe der Weihnachtssaison dringend Aushilfe braucht, wird er seine Tochter darum ersuchen.

Watch Your Conjunctions

Please note that subordinating conjunctions *do* affect word order; they all introduce dependent clauses, which are separated from the main clause by a comma.

Während as a subordinating conjunction means "while"; it is, as we know, also used as a preposition: *während des Sommers*.

Obzwar can be replaced by *obwohl, obgleich,* or *obschon* (although, even though).

Daß should present no difficulty since it is used in exactly the same way as in English. But watch the **"scharfes *s* (ß)."**

Soóft means "as often as, every time that."

Solange means "as long as" referring to the length of time.

Seitdem or *seit* can be used in various ways:

Seitdem er ihren Enthusiasmus entdeckt hat,. . . (ever since)

Seitdem raucht sie nicht mehr. (An adverb meaning "since then")

Seit letztem Winter . . . (A preposition: "since last winter")

Seit **sie nicht mehr kommt, spielen wir mit Frau Braun.** (Here the conjunc-tion *seit* means "because" or "as long as.") The conjunction *da* (of which more in the following section) emphasizes the causality even more: *Da* **sie nicht mehr kommt, . . .**

EXERCISE 16 True or false?   T / F
1. **Gretchen hat romantische Neigungen.**   _____
2. **Sie ist eine schlechte Verkäuferin.**   _____
3. **Peter zieht die Musik dem Geschäftsleben vor.**   _____
4. **Gretchen fühlt Enthusiasmus fürs Geschäft.**   _____
5. **Für Weihnachten braucht Karl keine Aushilfe.**   _____

EXERCISE 17 Complete the following sentences.
1. **Gretchen arbeitete im Geschäft an zwei** _____.
2. **Sie ist bereit, im Geschäft** _____.
3. **Karl ist stolz auf die große Tradition des** _____.
4. **Peter besitzt ein künstlerisches** _____.
5. **Das Verkaufen macht Gretchen anscheinend großen** _____.

EXERCISE 18 Combine the two sentences, using the conjunction indicated.
1. (while) **Peter interessiert sich wenig dafür. Gretchen interessiert sich sehr.**
2. (although) **Sie hat nur als Babysitter gearbeitet. Sie beweist ihrem Vater, daß sie als** (as a) **Verkäuferin gut ist.**
3. (as often as) **Er geht weg. Er sagt: „Servus!"**

4. (since) **Voriges Wochenende arbeitete sie im Laden. Karl ist stolz auf sie.**
5. **Karl ist froh.** (that) **Sie interessiert sich fürs Geschäft.**

EXERCISE 19 Translate into German.
1. She is an amazingly practical little person.
2. She is ready as often as Karl needs her.
3. Obviously, she is sorry that she does not have more time.
4. At the height of the Christmas season he needs extra help.
5. As long as he has her, he is satisfied.

EXERCISE 20 Answer the following in complete German sentences.
1. **Wann hat Gretchen zuerst im Laden gearbeitet?**
2. **Was hat sie ihrem Vater bewiesen?**
3. **Wer zieht die Musik dem Geschäftsleben vor?**
4. **Wann braucht Karl dringend Aushilfe?**
5. **Als was hat Gretchen bis vor kurzem gearbeitet?**

In reference to exercise 18, please remember: A dependent clause always has dependent word order (verb at end of clause), no matter where in the sentence that clause occurs; and the word order in the main clause *is* affected by the location of the dependent clause.

Karl der Buchhändler

Subordinating Conjunctions (continued)

wenn, weil, da, indem, falls, sofern (insofern)

Vocabulary

abhalten (hält ab, hielt ab, abgehalten)	*here*: to hold
Abteilung (f)	department, section
Antiquariát (n)	used books department
Ausverkauf (m)	clearance sale
bedienen (w)	to serve
berechtigt	justified
Betriebskapital (n)	working capital
Branche (f)	line of business
Buchhändler (m)	bookseller
da	*here:* since, because
d.h. = das heißt	i.e., that is to say
etwa	at about
falls	in case of, if
gewissenhaft	conscientious(ly)
gut erhalten	well preserved
indem er abhält	by holding . . .
(auf) Kommissión (f)	on consignment
Ladenhüter (m)	white elephant
loswerden	to get rid of
nämlich	namely, that is to say
Prozént = % (n)	per cent
soférn	inasmuch as, provided
Umsatz (m)	volume of sales
unverkäuflich	unsalable
(eine) Unzahl (f)	a lot of
verlassen, sich darauf (verläßt, verließ, verlassen)	to depend on

Verleger (m)	publisher
veröffentlichen (w)	to publish
vollauf	perfectly
vorsichtig	cautious(ly)
zurückschicken (w)	to send back
zurückverkaufen (w)	to sell back

Wenn Karl von der stolzen Tradition des Buchhandels spricht, so ist er dazu vollauf berechtigt. Der Buchladen ist in seiner Familie seit beinahe 100 Jahren und immer noch unter demselben Namen.

Karls Umsatz ist nicht sehr groß, einfach *weil* er nicht genug Platz hat für die vielen neuen Bücher, die jedes Jahr veröffentlicht werden. *Da* sein Betriebskapital nicht sehr groß ist, muß er vorsichtig einkaufen. Sehr wenige Verleger verkaufen auf Kommissión, d.h. so, daß man die unverkäuflichen Bücher zurückschicken kann. *Indem* er gelegentlich einen Ausverkauf abhält, wird er viele von den Ladenhütern los. Es gibt eine Unzahl Buchhändler in der Stadt, die natürlich alle miteinander konkurrieren.

Wie die meisten in der Branche, so hat auch er ein Antiquariát, nämlich eine Abteilung für gebrauchte Bücher. *Falls* ein Buch gut erhalten ist, kann man es dem Buchhändler—*soférn* er darán interessiert ist—um etwa 20% bis 25% des ursprünglichen Preises zurückverkaufen. *Indem* Karl seine Kunden freundlich und gewissenhaft bedient, kann er sich darauf verlassen, daß sie nächstes Mal zu ihm zurückkommen werden.

Conjunctions, conjunctions . . .

Wenn is used here in the meaning of "when" or "whenever." But it is also used for the English "if."

. . ., *weil* (der Umsatz) nicht groß genug ist: "because, due to the fact that . . ."

Da sein Betriebskapital nicht sehr groß ist, . . . *Da* is sometimes used instead of *weil*, if the reason is not of a compelling nature. (Perhaps Karl would be cautious even with a lot of capital.) If the sentence read: *Weil* sein Betriebskapital . . . we could be sure the author has no doubts.

Indem er einen Ausverkauf abhält, . . . "By holding a clearance sale . . ." This is the only way to translate an *indem* clause into idiomatic English.

Falls ein Buch gut erhalten ist, . . . This is very close to the English: "in case the book is well preserved."

Soférn er daran interessiert ist, . . . "inasmuch as, provided that" would be the best English equivalents.

Eine Drohung°

a threat

Den dritten Mahnbrief,° den Karl einem Mann schickte, der ihm schon vier Monate lang DM 20 für ein Buch schuldete,° beantwortete der Kunde wie folgt:°	request for payment

owed
as follows |
| Ihr garstiger° Brief vom 23. September hat mir überhaupt nicht gefallen.° | nasty

I did not like one bit |
| Einmal im Monat werfe° ich alle unbezahlten Rechnungen° in einen alten Papierkorb.° Dann zieht meine Frau mit verbundenen° Augen eine von ihnen heraus.° Wenn Sie Glück haben,° wird das Ihre Rechnung | throw
unpaid bills
wastepaper basket
blindfolded
draws
if you are lucky |

sein. Aber wenn Sie nicht aufhören,°	stop
mir Ihre unverschämten° Mahnbriefe	impudent
zu schicken, werde ich Ihre Rechnung	
nächsten Monat nicht mehr in den	
Papierkorb werfen.	

EXERCISE 21 True or false?   T / F
1. **Karl hat sein Geschäft vor drei Jahren gekauft.** _____
2. **Sein Umsatz ist nicht sehr groß.** _____
3. **Er kauft die meisten Bücher auf Kommissión.** _____
4. **Im Antiquariát verkauft er nur neue Bücher.** _____
5. **Karl ist ein gewissenhafter Mensch.** _____

EXERCISE 22 Answer the following questions in complete German sentences.
1. **Wie lange ist der Buchladen in seiner Familie?**
2. **Warum ist sein Umsatz nicht größer?**
3. **Warum muß er vorsichtig einkaufen?**
4. **Wie wird er die Ladenhüter los?**
5. **Wie nennt man die Abteilung für gebrauchte Bücher?**

EXERCISE 23 Fill in the German conjunctions as indicated.
1. **Er ist dazu berechtigt,** _____ **er davon spricht.** (whenever)
2. **Sein Umsatz ist nicht sehr groß,** _____ **er keinen Platz hat.** (because)
3. _____ **ein Buch gut erhalten ist, bekommt man mehr dafür.** (in case)
4. **Gretchen arbeitet für ihn,** _____ **sie Zeit hat.** (inasmuch as)
5. _____ **Karl die Kunden gut bedient, kommen sie zurück.** (if)

EXERCISE 24 Choose the correct words.
1. **Ladenhüter**
   a. **behält man gern**   b. **benutzt man**
   c. **will man loswerden**
2. **Konkurrenten im Buchhandel?**
   a. **viele**   b. **wenige**   c. **keine**
3. **Ein Antiquariát ist**
   a. **ein Bildergeschäft**   b. **eine Schule**
   c. **eine Abteilung für gebrauchte Bücher**
4. **Karl hat nicht viel**
   a. **Geschmack**   b. **Betriebskapital**   c. **Zeit**
5. **Manchmal kann man Bücher an Karl zurückverkaufen.**
   a. **um 20%-25% des ursprünglichen Preises**
   b. **40%**   c. **50%**

Gretchens Ehrgeiz°   ambition

Subordinating Conjunctions (continued)

sobald, so daß, nachdem, als, ob, je—desto

Vocabulary

Ausgabe (f)	*here*: expense
ausgeben (gibt aus,	to spend
gab aus, ausgegeben)	
ausständige Rechnungen (f. pl.)	bills in arrears
Buchhaltung (f)	bookkeeping

Compúterprogrammierung (f)	computer programming
das ist keine Kunst	there is nothing to it
einnehmen (nimmt ein, nahm ein, eingenommen)	to take in
Fachhochschule (f)	specialized college
fehlerlos	without an error
garantieren (w)	to guarantee
Geschäftsbrief (m)	business letter
geschickt	skilled
Hauswirtschaft (f)	household
installieren (w)	to install
Inventúr (f)	inventory
je mehr—desto besser	the more—the better
Kurzschrift (f)	shorthand
Maschínenschreiben (n)	typing
Mathe (f)	"math," i.e., mathematics
Mittlere Reife (f)	a secondary school diploma
nachdém	after
ob	if, whether
Plan (m)	plan
privát	private
richtig	*here*: regular
schlagen (schlägt, schlug, geschlagen)	to beat
Schularbeit (f)	*here*: assignment
sobáld	as soon as
Sparkonto (n)	savings account
so daß	so that
tippen (w)	to type
Studium (n)	study
wegräumen (w)	to put away
wie ihre finanzielle Situation beschaffen ist	how her finances stand
wie Peter . . .	*here*: like Peter . . .
wird fortgesetzt	is being continued

Sobald Gretchen etwas Geld beisammen hat, trägt sie es auf die Bank. Sie hat dort bereits ein Sparkonto unter ihrem eigenen und dem Namen ihres Vaters. Das kleine Taschengeld von Karl ist anscheinend genug für ihre priváten Ausgaben.

Wenn sie etwas einnimmt oder ausgibt, trägt sie es in ein kleines Buch ein, *so daß* sie immer weiß, wie ihre finanziélle Situation beschaffen ist. Für die Hauswirtschaft zeigt sie wenig Interesse. Aber wie Peter, so hat auch sie ihre eigenen Pläne. Heute abend, *nachdem* man das Geschirr weggeräumt und gewaschen hat, wird die Familienkonferenz fortgesetzt.

KARL Also, Gretchen, wie stellst *du* dir die Zukunft vor?

GRETCHEN Ich möchte sehr gern geschäftlich tätig sein.

KARL Gut. Ich glaube, du hast ein natürliches Talent dafür.

GRETCHEN Wie du weißt, Vati, nehme ich jetzt Buchhaltung, Maschínenschreiben und Kurzschrift in der Schule. Wir schreiben schon richtige Geschäftsbriefe. *Als* ich die letzte Schularbeit ablieferte, machte mir die Lehrerin ein Komplimént.

KARL Ja?

GRETCHEN Ich hatte drei Mahnbriefe fehlerlos getippt.

KARL Vielleicht kannst du mir dann auch einige an meine Kunden tippen.

GRETCHEN Gern, Vati. Aber *ob* du dann wirklich das Geld kriegst, kann ich dir nicht garantieren.

NORA	Was willst du nach der Mittleren Reife machen?
GRETCHEN	Computerprogrammierung studieren.
PETER	Sie schlägt mich jedesmal beim „Teufelsbalg."
GRETCHEN	Das ist keine Kunst.
PETER	Aber sie ist wirklich sehr geschickt. Und in Mathe ist sie auch sehr gut. Vielleicht kann sie dann einen Computer in deinem Geschäft installieren, Vati.
KARL	Keine schlechte Idée. Besonders für Inventúr und die ausständigen Rechnungen.
NORA	Wie lange dauert dieses Studium?
GRETCHEN	Das kann man schon in zwei Jahren gut lernen.
KARL	Willst du nicht auf eine Fachhochschule gehen? *Je* mehr du lernst, *desto* besser ist es für dich.

. . . And More Conjunctions

Sobald Gretchen etwas Geld beisammen hat, . . . This refers to a specific time: *as soon as . . .*

Sie trägt es in ein Buch ein, *so daß* sie weiß, . . . (or: *damit* sie weiß . . .): *so that . . .*

Nachdem man das Geschirr weggeräumt hat, . . . *After* one has put away the dishes . . . (or, more idiomatically: *After* the dishes were put away . . .)

Als ich die letzte Schularbeit ablieferte, . . . *When* I handed in my last assignment . . .

Ob du dann das Geld kriegst, . . . *If* (or *whether*) you then get the money . . .

Je mehr du lernst, *desto besser* ist es für dich. *The more* you learn, *the better* it is for you.

EXERCISE 25   True or false?   T / F

1. **Gretchen hat ihr eigenes Sparkonto.** _____
2. **An der Hauswirtschaft ist sie sehr interessiert.** _____
3. **Sie hat ihre eigenen Pläne.** _____
4. **Sie will Medizin studieren.** _____
5. **In Mathe ist sie sehr schlecht.** _____

EXERCISE 26   Choose the correct words.

1. **Sobald Gretchen genug Geld beisammen hat,**
   a. **kauft sie Süßigkeiten**   b. **trägt sie es auf die Bank**
   c. **gibt sie es Peter**
2. **Das kleine Taschengeld von Karl**
   a. **ist genug für sie**   b. **spart sie**
   c. **gibt sie Mutter**
3. **Sie tippte drei Mahnbriefe**
   a. **mit zehn Fehlern**   b. **mit zwei Fehlern**
   c. **fehlerlos**
4. **Was sie studieren will, ist**
   a. **Computerprogrammierung**   b. **Mathe**   c. **English**
5. **Wofür sie wenig Interesse zeigt, ist**
   a. **Kurzschrift**   b. **Buchhaltung**   c. **Hauswirtschaft**

EXERCISE 27   Write the following in German.

1. She has her own savings account.
2. She wants to know how her finances stand.
3. After they put away the dishes, they talk.
4. When she handed in her paper, the teacher paid her a compliment.
5. "The more, the better," her father told her.

EXERCISE 28   Answer in complete German sentences.
1. **Was ist genug für ihre privaten Ausgaben?**
2. **Wann wird die Familienkonferenz fortgesetzt?**
3. **Was möchte Gretchen in der Zukunft gerne tun?**
4. **Welche Fächer nimmt sie jetzt in der Schule?**
5. **Wo, sagt Peter, soll sie einen Computer installieren?**

EXERCISE 29   Translate into English.
1. **Ihre finanzielle Situation ist sehr gut.**
2. **Sie lernt Kurzschrift, Buchhaltung und Maschinenschreiben.**
3. **Karl braucht einen Computer für Inventúr und ausständige Rechnungen.**
4. **Sie kann Geschäftsbriefe fehlerlos tippen.**
5. **Das ist keine Kunst.**

CHAPTER 13

Kristy besucht ihre Wiener Verwandten
Kristy Visits Her Viennese Relatives

Conjunctions (concluded)

Kristy in Wien
Ferdinand und Maria Sacher

More Subordinating Conjunctions

bevor, ehe, bis

Vocabulary

Also abgemacht!	OK, it's a deal.
andernfalls	otherwise
attraktív	attractive
behérbergen (w)	to accommodate
bevor, ehe	before
bis (conjunction)	*here*: until
bis auf (preposition)	except for
dankbar	grateful
Ehre (f)	honor
erfinden (erfindet, erfand, erfunden)	to invent
erkennen (erkannte, erkannt)	to recognize
erstens, zweitens, drittens etc.	in the first place, second place, third place etc.
faktisch	for all practical purposes
fesch	dashing
Flugplatz (m)	airport
Fürst (m)	prince
Geschichte (f)	history
Hausgehilfin (f)	maid, domestic
hináuswerfen (wirft hinaus, warf hinaus, hinausgeworfen)	to throw out
Hotelreservierung (f)	hotel reservation
hübsch	pretty
irgendeinmal	some time

Junggeselle (m)	bachelor
kein Anlaß	don't mention it
kosten	*here*: to taste
Kristy ist sicher	*here*: Kristy is certain
Kuß (m)	kiss
Leckerbissen (m)	delicacy
Nachkomme (m)	descendant
Österreich	Austria
Persönlichkeit (f)	personality
rückgängig machen	to cancel
Scherz beiseite	joking aside
(sich) Sorgen machen	to worry
Torte (f)	torte
Villa (f)	villa
vorher	before
widerstéhen (widerstand, widerstanden)	to resist
Zuckerbäcker, Kondítor (m)	pastry cook

Kristy hat beschlossen, ihre Verwandten in Wien zu besuchen, bevor sie nach Amerika zurückkehrt.

Ferdinand Sacher ist ein Vetter ihrer Mutter, dessen Familie in Wien schon seit 1700 ansässig ist. Er ist ein Nachkomme von Franz Sacher, der Zuckerbäcker (oder Kondítor) des Fürsten Metternich war—einer berühmten Persönlichkeit in der Geschichte Österreichs—und der im Jahre 1835 eine Torte erfand, die seinen Namen trägt. Es gibt wahrscheinlich keinen Besucher Wiens, der diesen Leckerbissen, die Sachertorte, nicht irgendeinmal gekostet hat.

Kristy ist sicher, daß sie während ihres Aufenthaltes in Wien keine Kalorien zählen wird. Leider nimmt sie sehr leicht zu, aber darüber wird sie sich später Sorgen machen. Ferdinand (oder Ferdl, wie ihn seine Freunde nennen) holt sie vom Flugplatz ab. Er hat sie nie vorher gesehen, aber sie haben miteinander korrespondiert, und er erkennt sie von einem Bild, das sie ihm geschickt hat.

FERDL Servus, Kristy. Gib mir einen Kuß. Du bist noch viel hübscher als auf dem Bild.

KRISTY Servus. Also du bist der fesche Ferdl, von dem mir mein Vater erzählt hat. Noch immer nicht verheiratet?

FERDL Nein, und ich werde wahrscheinlich ein Junggeselle bleiben. Es gibt zu viele schöne Frauen in Wien. Ich hoffe, du hast keine Hotelreservierung gemacht, Kristy. Andernfalls mußt du sie rückgängig machen. Meine Mutter hat eine Villa in Sievering, du kannst bei ihr wohnen, solange du willst.

KRISTY Du meinst, *bis* sie mich hinauswirft? Scherz beiseite, ich bin euch beiden sehr dankbar.

FERDL Kein Anlaß. Erstens ist die Villa bis auf meine Mutter und eine Hausgehilfin faktisch leer; zweitens sind Hotels in Wien sehr teuer; und drittens haben wir sehr selten die Ehre, einen attraktíven Gast aus Amerika zu beherbergen.

KRISTY Vetter Ferdl, es ist schwer, deinem Wiener Charme zu widerstehen.

FERDL Also abgemacht!

. . . And Some More Conjunctions

Bevor Kristy nach Amerika zurückkehrt. . .

Instead of *bevor* we can also say:

Ehe sie zurückkehrt

Before she returns. . .

Du meinst, *bis* sie mich hinauswirft?
You mean until she throws me out?

Shortly after this, Ferdl tells Kristy that the house is practically empty:

bis auf meine Mutter und eine Hausgehilfin
except for my mother and a maid

The first *bis* is a conjunction, the second *bis* a preposition.

EXERCISE 1 True or false?   T / F
1. **Ferdinand Sacher ist Kristys Vetter.**   _____
2. **Franz Sacher erfand die Sachertorte.**   _____
3. **Kristy wird in Wien nicht viel essen.**   _____
4. **Ferdl ist verheiratet.**   _____
5. **Kristy wird bei Ferdls Mutter wohnen.**   _____

EXERCISE 2 Answer the following in complete German sentences.
1. **Was war Franz Sacher?**
2. **Von wo holt Ferdl Kristy ab?**
3. **Warum muß Ferdl ein Junggeselle bleiben?**
4. **Was wird Kristy wahrscheinlich rückgängig machen?**
5. **Wie lange, sagt sie, wird sie bei Ferdls Mutter bleiben?**

EXERCISE 3 Complete each sentence with the German equivalent of the words listed here: delicacy, descendant, calories, empty, married
1. **Ferdl ist ein _____ von Franz Sacher.**
2. **Kristy wird in Wien keine _____ zählen.**
3. **Ferdl ist noch immer nicht _____.**
4. **Die Sachertorte ist ein _____.**
5. **Die Wohnung seiner Mutter ist faktisch _____.**

EXERCISE 4 Choose the correct words.
1. **Bevor Kristy nach Amerika zurückkehrt, will sie**
   a. **England sehen**   b. **nach Berlin fliegen**
   c. **Wien besuchen**
2. **Fürst Metternich war eine berühmte Persönlichkeit in der Geschichte**
   a. **Österreichs**   b. **Amerikas**   c. **Italiens**
3. **Ferdl nennt Kristy**
   a. **schön**   b. **attraktiv**   c. **nett**
4. **In Sievering hat Frau Sacher**
   a. **eine Wohnung**   b. **ein Haus**   c. **eine Villa**
5. **Sie wohnt dort mit ihrer**
   a. **Hausgehilfin**   b. **Tochter**   c. **Kusine**

EXERCISE 5 Translate into German.
1. Franz Sacher was a pastry cook.
2. In 1835 he invented a famous torte.
3. Kristy calls Ferdl ''dashing.''
4. ''Cancel your hotel reservation!'' he tells her.
5. Joking aside, she will stay with his mother.

Essen° und Kultúr   food

Vocabulary

aufrechterhalten (erhält aufrecht, erhielt aufrecht, aufrechterhalten)	to maintain
Beziehungen (f. pl.)	relations
circa = ca. (pronounce ''tsirka'')	circa, about
Diplomát (m)	diplomat

eindringlich	emphatic(ally)
endlich	finally
Figur (f)	figure
gebildet	educated, cultured
Gesandtschaftsattaché (m)	attaché at the embassy
Gesichtszüge (m. pl.)	features
jugendlich	youthful
na, ja. . .	well. . .
nahezu	almost
Sprache (f)	language
schlohweiß	snow-white
(eine) Unmenge Kultúr	loads of culture
willkommen	welcome
Witwe (f)	widow

FERDL Also das ist dein erster Besuch in Wien, nicht wahr?

KRISTY Ja; und du kannst dir nicht vorstellen, wie ich mich darauf gefreut habe. Wien, Wien, nur du allein. . .

FERDL Na ja, wir leben hier ganz schön. Gutes Essen und eine Unmenge Kultúr, das kann man schon sagen. Ich hoffe, daß es so bleibt. Siehst du, wir sind ein kleines Land und versuchen, mit dem Westen und dem Osten gute Beziehungen aufrechtzuerhalten. Also hier ist mein kleiner Volkswagen. Es dauert ca. 30 Minuten bis nach Hause, wenn der Verkehr nicht zu arg ist.

Endlich sind sie in Sievering angekommen. Frau Sacher ist die Witwe eines österreichischen Diplomaten, der Gesandtschaftsattaché in Rom, London und Madrid war. Nahezu sechzig Jahre alt ist sie noch immer eine schöne Frau, mit regelmäßigen Gesichtszügen, schlohweißem Haar und einer jugendlichen Figúr. Sie ist eine sehr gebildete Dame, die vier Sprachen fließend spricht.

FRAU SACHER Willkommen, Kristy. Als ich dich das letzte Mal sah, warst du ein süßes Baby, das kaum reden konnte. Heute bist du eine elegante junge Dame. Ich hoffe, Ferdl hat dir eindringlich genug gesagt, du kannst hier bleiben, solange du willst.

KRISTY Ich weiß nicht, wie ich dir danken soll. Darf ich dich Tante nennen?

FRAU SACHER Nein. Nenn mich Maria.

EXERCISE 6   True or false?   T / F
1. **Das ist Kristys erster Besuch in Wien.**   _____
2. **Österreich ist ein sehr großes Land.**   _____
3. **Frau Sacher spricht nur Deutsch.**   _____
4. **Sie ist dick und hat dunkles Haar.**   _____
5. **Kristy soll sie Maria nennen.**   _____

EXERCISE 7   Choose the correct words.
1. **Ferdl hat einen**
   a. **Ford**   b. **Volkswagen**   c. **Mercedes**
2. **Ferdls Vater war ein**
   a. **Diplomat**   b. **Buchhändler**   c. **Lehrer**
3. **Kristy soll**
   a. **im Hotel wohnen**   b. **gleich zurückkehren**
   c. **bei Maria wohnen**
4. **Als Frau Sacher Kristy zuletzt sah, war diese**
   a. **ein junges Mädchen**   b. **noch nicht geboren**
   c. **ein süßes Baby**
5. **Maria hat eine Villa in**
   a. **Sievering**   b. **Grinzing**   c. **Währing**

EXERCISE 8 Answer in complete German sentences.
1. **Was für ein Auto hat Ferdl?**
2. **Wie alt ist Maria?**
3. **Was spricht sie fließend?**
4. **Wie sind ihre Gesichtszüge?**
5. **Was war Kristy, als Maria sie zuletzt sah?**

EXERCISE 9 Match the following sentences:

1. **Maria hat eine jugendliche Figur.**
2. **Österreich hat gute Beziehungen.**
3. **Gutes Essen und eine Unmenge Kultur.**
4. **Sie spricht vier Sprachen fließend.**
5. **Sie hat eine Hausgehilfin.**
6. **Es dauerte ca. 30 Minuten.**

_____ It took about 30 minutes.
_____ She speaks four languages fluently.
_____ She has a maid.
_____ Austria has good relations.
_____ Maria has a youthful figure.
_____ Good food and loads of culture.

EXERCISE 10 Translate into English.
1. **Ich hoffe, daß es so bleibt.**
2. **Endlich sind sie zu Hause angekommen.**
3. **Heute ist Kristy eine elegante junge Dame.**
4. **Sie kann hier bleiben, solange sie will.**
5. **Man will gute Beziehungen aufrechterhalten.**

Der Heurige und das Café

Vocabulary

ausschenken (w)	to pour out, to dispense
(sich) befinden	to be located
beobachten (w)	to watch
Billard (n) (pronounce "bílyart")	billiards
erledigen (w)	to take care of
(im) Freien	in the open, outdoors
Freizeit (f)	leisure time
Gaststätte (f)	restaurant
genießen (genoß, genossen)	to enjoy
in der Gesellschaft von . . .	in the company of . . .
Heimatstadt(f)	home town
Holzbank, -bänke (f)	wooden bench
Institutión (f)	institution
kennenlernen (w)	to get to know
konsumieren (w)	to consume
Korrespondénz (f)	correspondence
Krug (m)	jug, pitcher
Mahlzeit (f)	meal
Passánt (m)	passer-by
plaudern (w)	to chat
Sänger (m)	singer
Schach (n)	chess
Schrammelquartett (n)	popular music (violin, guitars, and concertina)
stören (w)	to disturb, bother
Weise (f)	_here_: tune

Ungefähr zwei Kilometer von der Villa, in der Maria wohnt, findet man eine Anzahl von „Heurigen", kleine Gaststätten, wo der junge Wein ausgeschenkt wird. Man sitzt da auf Holzbänken im Freien mit einem Krug Wein auf dem Tisch vor sich in der Gesellschaft von Freunden. Ein Schrammelquartett spielt die alten, populären Weisen und manchmal ist auch ein Sänger dabei. Man sitzt, plaudert, genießt den Wein, und weiß am Ende nicht, wie viel man getrunken hat. Eines weiß man: man fühlt sich sehr wohl.

Eine andere Institution, die Wien berühmt gemacht hat, ist das Wiener Café. Wir haben in einem früheren Kapitel die Café-Konditorei in Karls Heimatstadt kennengelernt. In Wien ist es das Café oder Kaffeehaus, wo man einen Teil seiner Freizeit verbringen kann, seine Mahlzeiten einnimmt, Zeitungen und Zeitschriften aus der ganzen Welt liest, Schach, Karten oder Billard spielt, seine Korrespondénz erledigt, Geschäftskonferenzen abhält oder einfach sitzt und die Passanten auf der Straße beobachtet. Kein Kellner wird einen stören, auch wenn man während eines ganzen Nachmittags nur eine Tasse Kaffee konsumiert hat.

EXERCISE 11 True or false   T / F
1. **Man sitzt auf Holzbänken im Freien.**   _____
2. **Man fühlt sich überhaupt nicht wohl.**   _____
3. **Im Café spielt man Schach und Billard.**   _____
4. **Der Kellner stört einen alle 20 Minuten.**   _____
5. **Manchmal konsumiert man nur eine Tasse Kaffee.**   _____

EXERCISE 12 Construct sentences using the cue words.
1. **sitzt / Holzbänke / Freien**
2. **Teil / Freizeit / Café**
3. **Passanten / Straße / beobachten**
4. **Schach / Karten / Korrespondenz**
5. **Zeitungen / Zeitschriften / Welt**

EXERCISE 13 Choose the correct words.
1. **Nicht weit von Marias Villa befinden sich**
   a. **die „Heurigen"** b. **große Hotels** c. **zwei Kinos**
2. **Auf dem Tisch beim „Heurigen" steht**
   a. **eine Tasse Kaffee** b. **ein Glas Tee**
   c. **ein Krug Wein**
3. **In einem Wiener Café kann man**
   a. **keine Zeitungen lesen** b. **stundenlang sitzenbleiben**
   c. **nie Karten spielen**
4. **Ein Schrammelquartett spielt**
   a. **die alten, populären Weisen** b. **Beethoven** c. **Bach**
5. **Am Ende fühlt man sich dort**
   a. **ganz miserabel** b. **sehr wohl** c. **belästigt**

EXERCISE 14 Complete each sentence with a word listed here: **erster, Unmenge, versuchen, gebildete, Tante**
1. **Wir _____ , gute Beziehungen aufrechtzuerhalten.**
2. **Sie ist eine sehr _____ Dame.**
3. **Das ist ihr _____ Besuch in Wien.**
4. **Darf ich dich _____ nennen?**
5. **Gutes Essen und eine _____ Kultúr.**

EXERCISE 15 Answer each question with a complete German sentence.
1. **Was versucht Österreich als kleines Land?**
2. **Wo sind Ferdl und Kristy endlich angekommen?**
3. **Wie sind Marias Gesichtszüge?**
4. **Was, sagt Maria, ist Kristy jetzt?**
5. **Was für ein Auto hat Ferdl?**

Die Brücke° °bridge

    Ein Amerikaner kam nach Wien
und ersuchte einen Bekannten, ihm
einige der Sehenswürdigkeiten° zu   °sights
zeigen. Der Wiener zeigte ihm die
Staatsoper. „Die hat man in zwei Jahren
wieder aufgebaut.°"*   °to rebuild
    „In Amerika dauert das bloß
neun Monate."
    Dann führte ihn der Wiener zum
neuen Westbahnhof.° „Das war in einem   °West Railroad Sta-
Jahr fertig."   tion
    „In Amerika stellen wir so ein
Gebäude in drei Monaten hin.°"   °we put up
    Schließlich kamen sie zu der
neuen Brücke über der Donau.°   °Danube
    „Das ist eine sehr schöne
Brücke", sagte der Amerikaner. „Wie
lange hat das gedauert?"
    „Die Brücke, meinen Sie?"
erwiderte der Wiener. „*Als* ich heute
früh in die Stadt hineinfuhr,° war sie   °entered the city
noch gar nicht° da."   °was not there yet

---

*Actually, of course, it took much longer.

CHAPTER 14

Susie will umschulen
Susie Wants to Learn Something New

Encouraged by Anton's example, Susie, too, wants to change jobs. And who can blame her after her description of a day at the office?

The Passive Voice

In German, the passive voice consists of the auxiliary verb **werden** and the past participle. The auxiliary verb expresses the time, and the past participle describes the action that is performed; example: **Zur Mahlzeit** *wird* **von Susie Bier** *serviert.* (With the meal beer is being served by Susie).

Die rechte Hand ihres Chefs?

Vocabulary

Abendessen (n)	dinner
auftragen (trägt auf, trug auf, aufgetragen)	*here*: to dish up
aufwarten (w)	to serve
Bier (n)	beer
Brief (m)	letter
bunter Salát (m)	a salad consisting of potatoes, beets, celery, pickles, mayonnaise, etc.
Chef (m) (pronounce ''sheff'')	boss
den ihrigen	hers
erfolgreich	successful(ly)
(sich) ermutigt fühlen (w)	to feel encouraged
Fach(n)	line (of business)
glorreich	glorious
genügen	to be sufficient
es gibt nichts auszusetzen	there is nothing to criticize
Koch (m)	cook
langweilen (w)	to bore
Nachtisch (m)	dessert
Pause (f)	pause
Pause einschalten	to take a break
Pflicht (f)	duty
Pilz (m)	mushroom
Rotkraut (n)	red cabbage

130

Schweinebraten (m)	pork roast
Spezialität (f)	specialty
Verántwortung (f)	responsibility
vorzüglich	excellent

Seitdem Anton seinen Job erfolgreich gewechselt hat, fühlt sich seine Freundin Susie mehr und mehr ermutigt, den ihrigen aufzugeben. Aber Anton arbeitet, wie wir wissen, immer noch in demselben Fach. Mit Susie ist das anders. Sie ist eine Sekretärin, aber die Pflichten einer Sekretärin langweilen sie. Man hat ihr oft versichert, daß sie die rechte Hand ihres Chefs ist, aber das genügt ihr nicht. Sie will vor allem mehr wirkliche Verantwortung haben und weniger Briefe schreiben.

Susies Mutter, Frau Braun, hat Anton für heute zum Abendessen eingeladen. Frau Braun ist eine vorzügliche Köchin. An ihren Mahlzeiten ist nichts auszusetzen außer einem: was immer sie serviert, ist zu viel und zu schwer. Nach einer glorreichen Kartoffelsuppe mit Pilzen (die allein schon ein komplettes Mahl darstellt) *wird ein Schweinebraten* mit Knödeln und Rotkraut *aufgetragen*, dazu ein bunter Salat, der Frau Brauns Spezialität ist. *Zur Mahlzeit wird von Susie Bier serviert.* Bevor man mit dem Nachtisch aufwartet, fragt Anton sehr höflich: „Gnädige Frau, haben Sie was dagegen, wenn *jetzt eine kleine Pause eingeschaltet wird*?"

Here Is Your Grammar

Compare the active with the passive voice:

Zur Mahlzeit serviert Susie Bier.

or turn it around:

Susie serviert Bier zur Mahlzeit.
Susie serves beer . . .

Susie is the subject, *Bier* is the object. Now we change this sentence to the passive voice:

Bier wird von Susie zur Mahlzeit serviert,
Beer is being served by Susie . . .

or the way we read it in the text:

Zur Mahlzeit wird von Susie Bier serviert.

The direct object in the active-voice sentence (*Bier*) becomes the subject of the passive-voice sentence. The previous subject (*Susie*) now becomes the agent that performs the action; if it is a person (as in this particular case), it is preceded by *von* and is in the dative:

Bier wird von Susie serviert.
Beer is being served by Susie.

If the agent is a blind force, it is preceded by *durch* and is in the accusative:

Ein Blitz tötet den Mann.
Lightning kills the man.
Der Mann wird *durch* einen Blitz getötet.
The man is being killed by lightning.

There are exceptions to this general rule that will come up later and will be explained then.

EXERCISE 1 True or false?   T / F
1. **Susie will ihren Job wechseln.**   _____
2. **Die Pflichten einer Sekretärin faszinieren sie.**   _____
3. **Sie will mehr Verantwortung haben.**   _____
4. **Heute essen sie Krautsuppe.**   _____
5. **Frau Braun serviert nicht genug.**   _____

EXERCISE 2 Answer the following in complete German sentences.
    1. **Wer hat heute das Abendessen gekocht?**
    2. **Wen hat man dazu eingeladen?**
    3. **Wie ist die Kartoffelsuppe?**
    4. **Was ist Frau Brauns Spezialität?**
    5. **Was wird zur Mahlzeit getrunken?**

EXERCISE 3 Change from the active to the passive voice.
    Example: **Anton wechselt seinen Job.**
            Der Job wird von Anton gewechselt.
    1. **Susies Mutter lädt Anton ein.**
    2. **Frau Braun serviert einen Schweinebraten.**
    3. **Susie serviert Bier.**
    4. **Wir schalten eine kleine Pause ein.**
    5. **Susie gibt ihren Job auf.**

EXERCISE 4 Write the following sentences in German.
    1. Anton still works in the same line.
    2. She is her boss's right hand.
    3. Mrs. Braun is an excellent cook.
    4. They will have the dessert later.
    5. There is nothing to criticize.

EXERCISE 5 Choose the correct words.
    1. **Susie arbeitet als**
        a. **Tankwart** b. **Verkäuferin** c. **Sekretärin**
    2. **Leute sagen, sie ist die rechte Hand ihres**
        a. **Chefs** b. **Vaters** c. **Antons**
    3. **Frau Braun serviert**
        a. **zu wenig** b. **nicht genug** c. **zu viel**
    4. **Die Kartoffelsuppe ist**
        a. **glorreich** b. **süß** c. **kalt**
    5. **Anton nennt Susies Mutter**
        a. **Mutti** b. **gnädige Frau** c. **Paula**

Ein Wecker im Büró

Vocabulary

andrehen (w)	to turn on
Bissen (m)	bite
Büróvorstand (m)	office manager
fasten (w)	to fast
es geht mir auf die Nerven	it gets on my nerves
geizig	stingy
kontrollieren (w)	to check
(sich) langweilen (w)	to get bored
Mohnkuchen (m)	poppyseed cake
Oberbuchhalter (m)	head bookkeeper
platzen (w)	to burst
punkt acht	at eight sharp
schlau	shrewd
Stechuhr (f)	time clock
Tod (m)	death
Verdienst (m)	salary
wäre	would be
Wecker (m)	alarm clock

Mohnkuchen wird zum Nachtisch *serviert*. Dazu Kaffee; Anton trinkt ihn schwarz, Susie nimmt etwas Sahne; Frau Braun trinkt Tee.

FRAU BRAUN Wenn ich um diese Zeit Kaffee trinke, kann ich nicht schlafen.

ANTON Das war ein Mahl für Götter, Frau Braun.

FRAU BRAUN Sind Sie sicher, Herr Anton, daß ich Ihnen genug zu essen gegeben habe?

SUSIE *Wird jetzt wieder mit der Suppe angefangen?*

ANTON Noch einen Bissen und ich platze. *Morgen wird gefastet.*

SUSIE Mutter, warum setzt du dich nicht zu uns, ich helfe dir später mit dem Geschirr. (Mrs. Braun sits down.)

ANTON Also erzähl mir, Susie. Du bist mit deinem jetzigen Job unzufrieden, sagst du. Verdienst du nicht genug oder magst du die Arbeit nicht?

SUSIE Der Verdienst ist nicht schlecht, aber ich langweile mich zu Tode. Es ist die gleiche, alte Routine, die mir auf die Nerven geht.

ANTON Erklär mir das.

SUSIE Punkt acht *wird der Wecker angedreht.*

ANTON Ein Wecker? Im Büro?

SUSIE Die Idee unseres Oberbuchhalters, der zugleich der Bürovorstand ist. *Alle Türen sind geöffnet*; er weiß genau, wer zu spät kommt.

ANTON Eine Stechuhr wäre praktischer.

SUSIE Dazu ist er zu geizig. *Dann wird fünfmal am Tag jedes Büro von ihm kontrolliert.*

ANTON Immer um dieselbe Zeit?

SUSIE Nein; dazu ist er zu schlau.

More Important Grammar

Sometimes there is no apparent subject in a passive-voice sentence:

Wird jetzt wieder mit der Suppe angefangen?

To turn the question into a statement Susie would have to say:

Es **wird jetzt wieder mit der Suppe angefangen.**

Or look at Anton's reply:

Morgen wird gefastet.

To insert the *es* into this sentence would make it sound awkward.

What is called the false or the stative passive uses *sein*, not *werden*, and is illustrated by:

Alle Türen *sind geöffnet*.

Here a condition is described rather than an action. (The action, of course, would be: **Alle Türen werden geöffnet.**)

EXERCISE 6 True or false?   T / F
1. **Frau Braun trinkt Kaffee zum Abendessen.**   _____
2. **Susie wird ihr später mit dem Geschirr helfen.**   _____
3. **Sie langweilt sich in ihrem Büro.**   _____
4. **Um acht sind alle Bürotüren geöffnet.**   _____
5. **Sie werden von einer Stechuhr kontrolliert.**   _____

EXERCISE 7 Translate into German.
1. Did I give you enough to eat?
2. I am bored to death.
3. It gets on my nerves.
4. The office manager is very shrewd.
5. I cannot eat anymore; I'm bursting already.

EXERCISE 8 Complete each sentence with a word listed here: **Verdienst, Götter, Punkt, geöffnet, Stechuhr**

1. _____ acht wird der Wecker angedreht.
2. **Alle Türen sind** _____.
3. **Der** _____ **ist nicht schlecht.**
4. **Eine** _____ **wäre praktischer.**
5. **Das war ein Mahl für** _____.

EXERCISE 9 Choose the correct words.

1. **Susie trinkt ihren Kaffee**
   a. **mit Sahne**   b. **schwarz**   c. **nicht**
2. **Morgen, sagt Anton, wird**
   a. **studiert**   b. **gegessen**   c. **gefastet**
3. **Susies Mutter**
   a. **geht zurück in die Küche**   b. **liest**
   c. **setzt sich zu ihnen**
4. **Im Büro haben sie**
   a. **einen Wecker**   b. **eine Stechuhr**   c. **einen Fernseher**
5. **Der Bürovorstand ist**
   a. **sehr nett**   b. **freundlich**   c. **schlau**

Die Pflichten einer Sekretärin

Vocabulary

Allergíe (f)	allergy
aufgeben	*here:* to mail
Ausschlag (m)	rash
diktieren (w)	to dictate
einschreiben (schrieb ein, eingeschrieben)	to register
Erhált, (m)	receipt
Gerícht (n)	*here:* court
liefern (w)	to deliver
Pakét (n)	package
Post (f)	mail
Schokoláde (f)	chocolate
Symptóm (n)	symptom
überfáhren (überfährt, überfuhr, überfahren)	to run over
unterbréchen (unterbricht, unterbrach, unterbrochen)	to interrupt
untersúchen (w)	to examine
verántwortlich	responsible
Ware (f)	merchandise

SUSIE   **Um neun** *wird die Post geliefert.* **Sie** *wird geöffnet* **und auf den Schreibtisch des Chefs** *gelegt.* **Um 9:30** *werde ich* **telephonisch in sein Büro** *bestellt.* **Ich bin verantwortlich für die ausgehende Post. ,,Susie?** *Wurde das Pakét an Pfister & Sohn gestern nach Zürich aufgegeben? Wurde es eingeschrieben* **und** *versichert?* **Gut. Schreiben Sie an Ulrich Möller A.G. in Hamburg, daß** *die Ware,* **die er bestellt hat, morgen** *geliefert werden wird.* **Bestätigen Sie den Erhalt des Briefes von Kurt Krone. Drohen Sie ihm,** *es wurde lange genug gewartet.* **Entweder er zahlt oder wir gehen zu Gerícht. Dasselbe an M.A.T. in Köln und F.O.P.C. in Stuttgart.''**

Zehn weitere Briefe *werden von ihm diktiert,* **unterbrochen von der Ge schichte seiner Familie, seiner Allergien und den Problemen seiner Kinder. Vorgestern** *ist sein Sohn Günther* **wegen eines Ausschlags** *untersucht worden.*

Er darf keine Schokolade mehr essen. Gestern *ist seine Tochter* Ruth beinahe *überfahren worden*. Sie geht über die Straße, ohne zu schauen.

„Bis jetzt *bin ich von Dr. Schwarz* auf meine Allergien *behandelt worden*. Kennen Sie ihn, Susie? Glauben Sie, er ist gut? Wo war ich?" Dann erzählt er mir von seinen Symptomen. *Kein Brief wird zu Ende diktiert.*

Please compare the German with the English version and note the different *tenses* of the passive voice used in this text:

past

> **Das Paket *wurde eingeschrieben*.**
> The package was registered.

Past tense of *werden* plus past participle of main verb: ***wurde + eingeschrieben***

future

> **Die Ware *wird* morgen *geliefert werden*.**
> The merchandise will be delivered tomorrow.

Present tense of *werden* plus past participle of main verb plus infinitive of *werden*: ***wird + geliefert + werden***

present perfect

> **Sein Sohn *ist untersucht worden*.**
> His son was examined (literally: has been examined).

Present tense of *sein* plus past participle of main verb plus special past participle of *werden (worden)* used in combination with past participles of main verbs: ***ist + untersucht + worden***

EXERCISE 10 True or false?   T / F
1. **Susie wird um 8:30 ins Büro des Chefs bestellt.**   _____
2. **Das Paket an Pfister & Sohn wurde versichert.**   _____
3. **Kurt Krone hat seine Rechnung noch nicht bezahlt.**   _____
4. **Günther wurde wegen eines Ausschlags untersucht.**   _____
5. **Jeder Brief wird zu Ende diktiert.**   _____

EXERCISE 11 Change the passive from the past tense to the present perfect.
Example: **Der Brief wurde eingeschrieben.**
            Der Brief ist eingeschrieben worden.
1. **Sie wurden geöffnet und auf den Schreibtisch gelegt.**
2. **Seine Tochter wurde beinahe überfahren.**
3. **Der Erhalt des Briefes wurde bestätigt.**
4. **Der Chef wurde von Dr. Schwarz behandelt.**
5. **Kein Brief wurde zu Ende diktiert.**

EXERCISE 12 Answer in complete German sentences.
1. **Wohin wird die geöffnete Post gelegt?**
2. **Wann wird die Ware nach Hamburg geliefert werden?**
3. **Worauf wurde lange genug gewartet?**
4. **Wieso ist Ruth beinahe überfahren worden?**
5. **Warum darf Günther keine Schokolade mehr essen?**

EXERCISE 13 Choose the correct words.
1. **Wohin wird Susie jeden Tag um 9:30 bestellt?**
   a. **in sein Haus**   b. **in sein Büro**   c. **ins Kino**
2. **Das Paket an Pfister & Sohn wurde**
   a. **eingeschrieben**   b. **verloren**   c. **vergessen**
3. **Susie ist verantwortlich für**
   a. **das Geld der Firma**   b. **die ausgehende Post**   c. **nichts**

4. **Sein Sohn Günther hatte**
   a. **hohes Fieber**   b. **einen Ausschlag**   c. **Zahnweh**
5. **Wann wird die Post geliefert?**
   a. **um 9**   b. **um 11**   c. **um 2**

Rauchen verboten

Vocabulary

Apfel (m)	apple
Apfelsaft (m)	apple juice
aufmachen (w)	to open
Ausnahme (f)	exception
blasen (bläst, blies, geblasen)	to blow
brennend	burning, lit
Buttersemmel (f)	buttered roll
feuern (w)	to fire
Geschíchte (f)	story
Gesícht (n)	face
hinaússchmeißen (schmeißt hinaus, schmiß hinaus, hinausgeschmissen)	to throw out
irgendein, -e, -es	some, any
Kafféepause (f)	coffee break
Kraut, Unkraut, (n)	*here:* weed
mittelgroß	medium size
mittendrin	in the middle of it
Mund (m)	mouth
Papíertüte (f)	paper bag
pedántisch	pedantic
Rauch (m)	smoke
Scheibe (f)	*here:* slice
Schild (n)	sign
schmatzen (w)	to eat noisily
schreien (schrie, geschrien)	to shout
Stenotypístin (f)	stenographer-typist
Thermosflasche (f)	thermos bottle
(sich) unterstéhen (unterstand, unterstanden)	to dare, to have the impudence
verdammt	damned
vergiften (w)	to poison
verrückt	crazy
Vorhang (m)	curtain
ziehen (zog, gezogen)	to draw

SUSIE Mittendrin fragt er mich: „Kennen Sie Hauptmann? Ja, den Reisenden. Also der kommt gestern mit der brennenden Zigarre herein, erzählt mir irgendeine Geschichte und bläst mir dabei den dicken Rauch ins Gesicht. *‚Hier wird nicht geraucht'*, schrei ich. *‚Sind Sie* verrückt *geworden?* Sehen Sie nicht die Schilder überall? Wollen Sie mich mit Ihrem verdammten Kraut vergiften?' Er ist der beste Reisende, den wir haben, aber bei uns *wird keine Ausnahme gemacht. Die Vorhänge werden gezogen, die Fenster werden aufgemacht, der Kerl wird hinausgeschmissen,* ‚Wenn Sie sich noch einmal unterstehen, mit dem brennenden Unkraut hier zu erscheinen, *sind Sie gefeuert!'* "

ANTON Bei euch *darf* überhaupt nicht *geraucht werden?*

SUSIE Nein. Hauptmann hatte das wahrscheinlich vergessen.

ANTON In unserer Firma *kann* ohne weiteres *geraucht werden.*

Please note: Sie sind gefeuert! is another example of a so-called false passive (denoting a condition rather than an action).

Also, in the last couple of sentences the passive voice has been used with the modal auxiliaries *dürfen* and *können*:

Bei euch darf/kann geraucht werden.

A Simple Alternative

The passive construction is frequently replaced by the active voice and the pronoun *man*. Thus, instead of saying:

Hier wird nicht geraucht

one could say:

Hier raucht man nicht.

**Die Vorhänge werden gezogen;
man zieht die Vorhänge.**

**Die Fenster werden aufgemacht;
man macht die Fenster auf.**

**Der Kerl wird hinausgeschmissen;
man schmeißt den Kerl hinaus.**

**Der Kerl wurde hinausgeschmissen;
man schmiß den Kerl hinaus.**

**Der Kerl ist hinausgeschmissen worden;
man hat den Kerl hinausgeschmissen.**

Ein kleiner Witz

CHEF	**Sie sind wieder zehn Minuten zu spät gekommen. Wissen Sie denn nicht, wann wir hier zu arbeiten beginnen?**
NEUER ANGESTELLTER°	**Nein; die anderen arbeiten schon alle, wenn ich her-komme.** employee

Apfel mit Apfelsaft

SUSIE	**Punkt elf** *wird die erste Kaffeepause eingeschaltet.* **Um zwölf nimmt Marie Golz, die Buchhalterin in meinem Büro, eine Buttersemmel, belegt mit drei Scheiben Salámi und einem kleinen Stück Limburger, aus einer braunen Papiertüte und beginnt zu schmatzen.**
ANTON	**Schmatzen?**
SUSIE	**Mit offenem Mund. Das dauert zwanzig Minuten. Emma Schröder, die Stenotypistin, nimmt sich ihre Thermosflasche mit Apfelsaft aufs Klo und raucht.**
ANTON	**Die ganze Zeit?**
SUSIE	**Dort ist die einzige Gelegenheit. Dazu ißt sie einen mittelgroßen Apfel.**
ANTON	**Apfel mit Apfelsaft?**
SUSIE	**Warum nicht? Emma ist eine sehr pedantische Dame. Aber nicht so pedantisch wie Herr Ignaz Fliegenschläger.**
ANTON	**Wer ist das?**
SUSIE	**Der Oberbuchhalter.**

EXERCISE 14 True or false?   T / F
1. **Hauptmann kam ins Büro mit der brennenden Zigarre.** _____
2. **Der Chef schrie: „Hier wird geraucht!"** _____
3. **Die Fenster wurden nicht geöffnet.** _____
4. **Die erste Kaffeepause ist um 11 Uhr.** _____
5. **Ignaz ist pedantischer als Emma.** _____

EXERCISE 15 Change from the passive to the active voice, using the impersonal pronoun *man* (as in the examples).
1. **Im Büro wird gearbeitet.**
2. **Dort wurde nie geraucht.**
3. **Bei Anton ist immer geraucht worden.**
4. **Die Vorhänge wurden gezogen.**
5. **Die Fenster sind aufgemacht worden.**

EXERCISE 16 Translate into German.
1. He blows the smoke into my face.
2. Do you want to poison me?
3. Hauptmann is being thrown out.
4. Don't you dare!
5. She eats noisily and with her mouth open.

EXERCISE 17 Answer in complete German sentences.
1. **Wer bläst wem den Rauch ins Gesicht?**
2. **Warum mag der Chef keinen Rauch?**
3. **Was passiert dem Reisenden?**
4. **Was ißt Marie Golz?**
5. **Was trinkt Emma?**

EXERCISE 18 Complete the following sentences.
1. **Wollen Sie mich mit dem verdammten Kraut _____?**
2. **Er bläst ihm den Rauch ins _____.**
3. **Wenn er das noch einmal tut, ist er _____.**
4. **Mit dem Apfelsaft ißt Emma einen mittelgroßen _____.**
5. **Der Chef sagt: „Bei uns wird keine Ausnahme _____."**

Ein Brief

A letter that another boss dictated to another secretary who was very accurate in taking down every word:

Sehr geehrter° Herr Steiner!	dear
Was soll ich dem alten Trottel°	idiot
sagen? In Beantwortung° Ihres Briefes	in response
vom 12. dieses Monats tut es mir leid,°	I am sorry
daß Sie mit der Ware unzufrieden sind.	
Wir mußten sie schnell loswerden, damit	
wir nicht noch mehr dabei verlieren. Die	
Qualität° der Hemden ist ausgezeichnet	quality
und Sie sind der einzige Kunde, der sich	
beklagt hat. Das ist eine schöne Bluse,°	blouse
die Sie anhaben.° Deshalb können wir sie	have on
leider nicht zurücknehmen.° Wieso	to take back
bemerkte ich nicht vorher,° daß Sie ein	before
Grübchen° in der linken Wange° haben?	dimple, cheek
Mit besten Grüßen,°	greetings
Haben Sie heute abend Zeit?	

Modezeichnen

Vocabulary

anbrechen (bricht an, brach an, angebrochen)	*here:* to open
aushalten (hält aus, hielt aus, ausgehalten)	to stand
Brosche (f)	brooch
Charákter (m)	character
entwérfen (entwirft, entwarf, entworfen)	to design
Entwúrf (m)	design
Etikétt (n)	label
etwas Bestimmtes	something definite
Gold (n)	gold
heráusstellen (w)	*here:* to set off, to bring out
hingehen (ging hin, ist hingegangen)	to go there
Karikatúr (f)	cartoon
Kunstwerk (n)	work of art
Kurs (m)	course
Liebhaberéi (f)	hobby
Modezeichnen (n)	dress designing
nähen (w)	to sew
originéll	original, amusing, ingenious
Ring (m)	ring
schick	chic, stylish
Silber (n)	silver
Strich (m)	stroke
verschieden (adjective)	various, different
verstehen (verstand, verstanden)	to understand
wenn du sie kaufen müßtest...	if you had to buy them. . .
(eine) Zeitlang	for a time
zu dieser Gelegenheit	for this occasion

SUSIE Willst du mehr von meiner Firma hören?

ANTON Bitte nein.

FRAU BRAUN Wieso hast du mir nie davon erzählt? Ich verstehe nicht, wie du das aushalten kannst.

SUSIE Ist es ein Wunder, daß ich etwas anderes tun will?

ANTON Denkst du an etwas Bestimmtes? Du hast eine Anzahl verschiedener Talente. Eine Zeitlang hast du in Gold und Silber gearbeitet; der Ring, den du mir geschenkt hast, ist wirklich sehr schön, und so ein originéller Entwurf.

FRAU BRAUN Hier, sehen Sie sich die Brosche an, die sie für mich gemacht hat.

ANTON Ein kleines Kunstwerk.

SUSIE Eine nette Liebhaberéi. Ich hab eine Menge zu lernen.

ANTON Aber es gibt doch Kurse...und deine Kleider, zum Beispiel; ich weiß, du nähst dir die meisten selbst. Und sie sind so schick. Kosten wahrscheinlich ein kleines Vermögen, wenn du sie im Geschäft kaufen müßtest.

FRAU BRAUN Und ihre Karikatúren, Herr Anton. Wie da mit einigen Strichen der Charakter einer Figur herausgestellt wird. . .

SUSIE Was mich wirklich interessiert, ist Modezeichnen.

ANTON Wie lange dauert das, wenn du es mit deinen Kenntnissen gründlich lernen willst?

SUSIE   Ungefähr zwei Jahre, vielleicht anderthalb (one and a half). **Und ich kann abends hingehen.**

ANTON   **Großartig. Darf ich das Etikétt für die neuen *Susie Braun Originále* entwerfen?**

SUSIE   **Du bist der Werbefachmann.**

ANTON   **Frau Braun, haben Sie was dagegen, wenn wir zu dieser Gelegenheit die Flasche Rheinwein, die ich Ihnen heute gebracht habe, anbrechen?**

EXERCISE 19   True or false?   T / F
1. **Susie hat eine Zeitlang in Gold und Silber gearbeitet.**   _____
2. **Sie sagt, sie hat nichts mehr zu lernen.**   _____
3. **Sie kann auch Karikaturen zeichnen.**   _____
4. **Anton will ein Etikett für sie entwerfen.**   _____
5. **Sie werden eine Flasche Whisky anbrechen.**   _____

EXERCISE 20   Answer the following in complete German sentences.
1. **Was nennt Anton Susies originellen Entwurf?**
2. **Was hat Susie für ihre Mutter gemacht?**
3. **Was nennt Anton schick?**
4. **Was bewundert Frau Braun ganz besonders?**
5. **Was interessiert Susie am meisten?**

EXERCISE 21   Choose the correct words.
1. **Susie hat eine Anzahl verschiedener**
   a. **Talente**   b. **Bücher**   c. **Bilder**
2. **Wann kann sie den Kurs nehmen?**
   a. **tagsüber**   b. **Dienstag nachmittags**   c. **abends**
3. **Wie lange dauert er?**
   a. **zwei Jahre, vielleicht anderthalb**   b. **3½ Jahre**
   c. **ein Jahr**
4. **Was hat Susie Anton geschenkt?**
   a. **einen Ring**   b. **eine Krawatte**   c. **ein Hemd**
5. **Was Susie wirklich interessiert, ist**
   a. **ihre Arbeit als Sekretärin**   b. **Modezeichnen**
   c. **Kochen**

EXERCISE 22   Complete each sentence with a word listed here: **Liebhaberei, aushalten, Talente, näht, Etikett.**
1. **Ich verstehe nicht, wie du das _____ kannst.**
2. **Anton wird das _____ entwerfen.**
3. **Susie _____ sich die meisten ihrer Kleider selbst.**
4. **Sie nennt ihre Arbeit in Gold und Silber eine _____.**
5. **Sie hat eine Anzahl verschiedener _____.**

EXERCISE 23   Translate into English.
1. **Wie kannst du das aushalten?**
2. **Sie hat eine Anzahl verschiedener Talente.**
3. **Im Geschäft kostet das ein kleines Vermögen.**
4. **Eine Flasche Rheinwein wird angebrochen.**
5. **Frau Brauns Brosche wird von Anton bewundert.**

CHAPTER 15

Ringstrom und sein Orchester
Der jährliche Ball
Ringstrom and his Orchestra
The Annual Ball

Subjunctive; Conditional Sentences

Up to now we have been using verbs in the so-called indicative mood—verbs indicating facts or actions. We have been dealing with "real" situations.

Verbs in the subjunctive mood deal with "unreal" situations, with actions that have not taken place or may not take place. In a conditional sentence (If he were here, I would talk to him. *Wenn er hier wäre, würde ich mit ihm sprechen*), the subjunctive mood is used to make statements contrary to fact.

Das Orchéster

Vocabulary

angeblich	allegedly
Aufführung (f)	performance
bekanntlich	as is well known
Berícht (m)	report
Blick (m)	*here:* glance; look
eintreten (tritt ein, trat ein, ist eingetreten)	*here:* to advocate
erdólchen (w)	to stab (with a dagger)
erwähnen (w)	to mention
es gab (es gibt, es hat gegeben)	there was
glänzend	splendid(ly)
häßlich	ugly
hineinschmuggeln (w)	to smuggle in
Klassiker (m)	classic
Kultúrzentrum (n)	cultural center
kürzlich	a short time ago
Lärm (m)	noise
laut	loud
mitsummen (w)	to hum along
modérn	modern
mögen (mag, mochte, gemocht)	to like
nennen (nannte, genannt)	to call, name
Philharmoníe, (f)	the philharmonic society
präsentieren (w)	to present

Publikum (n)	audience
Repertoire (n) (pronounce "repertoahr")	repertory
sinnlos	senseless
städtisch	municipal
streng	strict
Theáterstück (n)	play
töten (w)	to kill
unerwartet	unexpected(ly)
währen (w)	to last
Werk (n)	work, piece, selection
zum Glück	fortunately
zum Leidwesen	to the regret
zweitrangig	second-rate

Please note: the name of the city **Ludwigsheim** is pronounced **"Lōōdvix-heim."**

Ludwigsheim—die Stadt, in der die Personen dieses Berichtes ansässig sind—hat immer schon den Ehrgeiz gehabt, ein Kulturzentrum zu sein. Die Saison des städtischen Theaters währt von September bis Juni, also zehn Monate jedes Jahr. Es werden hauptsächlich Theaterstücke präsentiert, wenig Modérnes, vor allem deutsche Klassiker und eine Menge Shakespeare. Die Deutschen bilden sich bekanntlich ein, *ihr* Shakespeare (vor über 150 Jahren glänzend übersetzt) ist besser als das Originál. Auch Opern kann man dort in zweitrangigen Aufführungen hören, meistens Verdi und Puccini, aber kürzlich gab es *Porgy and Bess*; die älteren Leute mochten das nicht sehr, aber der Kapellmeister ist ein großer Jazzfan. Das Orchester des Stadttheaters ist angeblich gut und nennt sich stolz die Ludwigsheimer Philharmonie. Jeden Sonntag um zwölf Uhr mittag (außer Juli und August) gibt es ein Konzert im Ameliensaal, hauptsächlich klassisches Repertoire, sehr zum Leidwesen des Dirigenten, des Herrn Klaus Ringstrom, der für moderne Musik eintritt. Da spielt er zum Beispiel ein schönes altes Werk. *Wenn er nicht so streng wäre, würde man gern mitsummen; wenn Blicke töten könnten, hätte er schon das halbe Publikum erdolcht.* Aber ganz unerwartet und immer öfter kommt dann ein miserables Stück sogenannter moderner Musik, auf dem Programm meistens gar nicht erwähnt, sinnloser Lärm, laut und häßlich. Ringstrom schmuggelt das einfach hinein. Zum Glück ist es meistens kurz.

The Subjunctive, the Mood of Wishful Thinking

**Wenn er nicht so streng wäre,
würde man gern mitsummen.**
If he were not so strict,
one would like to hum along.

Try to visualize a conductor who is less strict than the fellow we are talking about: **Er war gar nicht so streng, man summte gern mit.** This is a statement of fact, and we use the indicative mood.

But our **Klaus Ringstrom** is different. He is not Mr. Nice Guy; he can be very strict, *sehr streng.* Humming along while he conducts is strictly *verboten.* Therefore we use the other mood, the subjunctive, to express a situation contrary to fact: **wenn er nicht so streng wäre...** But there's the rub. We know that he *is* strict, but we wish that he were not. What we express by the subjunctive mood is wishful thinking.

> **Wenn Blicke töten könnten,**
> **hätte er schon das halbe Publikum erdolcht.**
> If glances could kill,
> he would have stabbed half the audience to death already.

This last quote makes the situation even clearer. Our unhappy artist feels misunderstood by a lowbrow audience. Can you blame him for wanting to kill the Philistines? Thank God for the subjunctive. It lets him think murder without actually committing it. If glances could kill. . . . Fortunately they can't. This statement is contrary to fact.

Please consider this just another of our Author-to-Reader chats. Confidentially speaking, I would like to spare you further explanation of the subjunctive and the conditional. However...

Let's try small doses: For the remainder of this chapter, I shall try to explain the more difficult passages, and you will have the opportunity to compare them with their English counterparts. Actually using the subjunctive will, I hope, prove easier (and more fun) for you than learning the rules.

EXERCISE 1 True or false?   T / F
    1. **Die Theatersaison währt sechs Monate.**   _____
    2. **Man spielt vor allem Tennessee Williams.**   _____
    3. **Die Opern sind meistens von Verdi und Puccini.**   _____
    4. **Der Kapellmeister ist ein Jazzfan.**   _____
    5. **Er ist streng mit dem Publikum.**   _____

EXERCISE 2 Choose the correct words.
    1. **Viele Theaterstücke in Ludwigsheim sind von**
        a. **Bernard Shaw** b. **Arthur Miller** c. **Shakespeare**
    2. **Das Orchester nennt sich**
        a. **die Ludwigsheimer Philharmonie** b. **das Städtische Symphonieorchester** c. **die Ludwigsheimer Musiker**
    3. **Die Saison ist von**
        a. **Juli bis Juni** b. **November bis Juni**
        c. **September bis Juni**
    4. **Man hört die Konzerte**
        a. **im Stadttheater** b. **im Ameliensaal** c. **im Kino**
    5. **Die modernen Werke, die Ringstrom spielt, sind meistens**
        a. **kurz** b. **schön** c. **lang**

EXERCISE 3 Fill in the correct German words.
    1. **Wenn Blicke töten** _____**,...**
                      could
    2. **Man** _____ **gern mitsummen...**
          would
    3. **Er** _____ **schon das halbe Publikum erdolcht.**
          would have
    4. **Wenn er nicht so streng** _____ **,...**
                     were

EXERCISE 4 Answer in complete German sentences.
    1. **Was würde man tun, wenn er nicht so streng wäre?**
    2. **Was würde passieren, wenn seine Blicke töten könnten?**
    3. **Was bilden sich die Deutschen bekanntlich ein?**
    4. **Wie nennt sich das Ludwigsheimer Orchester?**
    5. **Welche amerikanische Oper konnte man dort hören?**

EXERCISE 5 Translate into German.
1. They present a lot of Shakespeare.
2. To the regret of Mr. Ringstrom they play mainly Beethoven.
3. Modern pieces are not mentioned on the program.
4. He prefers the classical repertory.
5. Fortunately, it is short most of the time.

EXERCISE 6 Complete each sentence with a word listed here: **übersetzt, Kulturzentrum, Jazzfan, unerwartet, Repertoire**
1. **Klaus Ringstrom ist ein großer** _____.
2. **Manchmal kommt ein modernes Stück Musik ganz** _____.
3. **Shakespeare wurde vor mehr als 150 Jahren glänzend** _____.
4. **Sie spielen hauptsächlich klassisches** _____.
5. **Ludwigsheim hat den Ehrgeiz, ein** _____ **zu sein**

Mehr über Ringstrom

Vocabulary

Abonnemént (n)	subscription
bedauern (w)	to regret
eigensinnig	stubborn
eingeschüchtert	intimidated
erziehen (erzog, erzogen)	to educate
es ist nicht gefragt	there is no demand for it
Gruppe (f)	group
(er) hält nicht viel von ihm	he does not think much of him
im geheimen	secretly
Kontrákt (m)	contract
Mehrzahl (f)	majority
Nachfolger (m)	successor
pensioniert	retired
(ein) Risiko eingehen	to take a risk
übereinstimmen (w)	to agree
verbleiben (verblieb, ist verblieben)	to remain
wenn es nach ihr ginge (gehen, ging, ist gegangen)	if she had her way
Zuhörer (m)	listener

Ringstrom glaubt, er hat die Pflicht, das Publikum von Ludwigsheim musikalisch zu erziehen. Die meisten Zuhörer respektieren ihn, aber sind von ihm eingeschüchtert. *Wenn sie so tun könnten, wie sie wollten, würden sie ihn feuern.* Aber er hat einen Kontrákt für fünf Jahre und er ist sehr eigensinnig. Moderne Musik ist in Ludwigsheim nicht gefragt. Karl und Nora haben ein Abonnement für die Konzertsaison und nehmen die Kinder jedes Mal natürlich mit. Karl hält nicht viel von dem Dirigenten, er bedauert, daß Onkel Leopold pensioniert ist; Nora ist nicht sicher; aber Peter (wie Sie sich vorstellen können) ist begeistert von dem Mann. Onkel Leopold mag seinen Nachfolger auch nicht. Was gute Musik ist, weiß man erst in 100 Jahren, meint er, also warum ein Risiko eingehen?

Wenn Leopold noch einige Monate auf seinem Posten verblieben wäre, würde Ringstrom nach Regensburg gegangen sein. Schade, denkt Karl im geheimen. Er stimmt mit der Mehrzahl der Ludwigsheimer überéin. Gretchen ist das alles nicht so wichtig. Aber sie liebt Jazz und besonders Rock. *Wenn es nach ihr ginge, brauchte sie kein Orchester* in Ludwigsheim, bloß eine gute Rock-Gruppe.

Iffy Situations

Wenn Leopold. . .auf seinem Posten verblieben wäre, würde Ringstrom nach Regensburg gegangen sein. Instead of **würde gegangen sein,** we could say **wäre gegangen.**

**Wenn es nach Gretchen ginge,
brauchte sie kein Orchester.**

If Gretchen had her way,
she would not need an orchestra.

In English, as you see, we use what looks like the simple past tense after *if;* in German we use the subjunctive (subjunctive II):

ich ginge, du gingest, er ginge, ihr ginget

The subjunctive II differs from the past tense indicative only by the *-e* placed between the verb stem and its ending.

Instead of **"wenn es nach Gretchen ginge"**, we could say: **"wenn es nach Gretchen *gehen würde.***" Some grammarians still insist that this is bad German. **"Wenn ist würdelos"** (*wenn* should not be followed by *würde*), they holler, but the bad German of today quite often becomes the good German of tomorrow.

. . .*brauchte* sie kein Orchester. This *brauchte,* too, is a subjunctive, though it looks like an indicative. And it, too, could be replaced by *würde* plus the infinitive: *würde* sie kein Orchester *brauchen.*

EXERCISE 7 True or false? T / F
1. **Ringstrom will sein Publikum musikalisch erziehen.** _____
2. **Er ging nach Regensburg.** _____
3. **Moderne Musik ist in Ludwigsheim nicht gefragt.** _____
4. **Gretchen liebt klassische Musik.** _____
5. **Peter ist von Ringstrom begeistert.** _____

EXERCISE 8 Answer in complete German sentences.
1. **Mit wem stimmt Karl überein?**
2. **Was bedauert er?**
3. **Was würden die meisten Zuhörer tun, wenn sie es könnten?**
4. **Warum können sie Ringstrom nicht feuern?**
5. **Was für eine Musik liebt Gretchen?**

EXERCISE 9 Translate into English.
1. **Warum ein Risiko eingehen?**
2. **Wie Sie sich vorstellen können . . .**
3. **Sie sind von ihm eingeschüchtert.**
4. **Wenn sie so tun könnten, wie sie wollten . . .**
5. **Karl hält nicht viel von dem Dirigenten.**

Das Interview (1. Teil)

Vocabulary

Anfänger (m)	beginner
bekanntgeben (gibt bekannt, gab bekannt, bekanntgegeben)	to make known
bewilligen (w)	to grant
blutig	bloody
bruchstückweise abgedruckt	printed in excerpts

Cellíst (m)	cellist
drucken (w)	to print
Ersátz (m)	substitution, replacement
ersétzen (w)	to replace
Fußballstadion (n)	soccer stadium
Geiz (m)	stinginess
geizig	stingy
gewähren (w)	to grant
importieren (w)	to import
Klarinettíst (m)	clarinetist
Kräfte (f. pl.)	*here*: labor, employees
Leser (m)	reader
Mangel (m)	shortage
Mittel (n. pl.)	means; resources
persónlich	personal(ly)
Politík (f)	*here*: policy
Prioritát (f)	priority
Probe (f)	*here*: rehearsal
reduzieren (w)	to reduce
richten (w)	*here*: to direct
Skandál (m)	scandal
sterben (stirbt, starb, ist gestorben	to die
umstrítten	controversial
unbeschränkt	unlimited
vergrößern (w)	to enlarge
Violiníst (m)	violinist
Wirtschaftskrise (f)	economic crisis

Gestern hat Ringstrom dem Reporter des *Ludwigsheimer Planéten* ein Interview gewährt, das hier bruchstückweise abgedruckt ist:

PLANET   Herr Kapellmeister, *würden Sie bitte meinen Lesern Ihre Pläne* für die nächste Saison *bekanntgeben?*

RINGSTROM   *Wenn Ludwigsheim weniger geizig ist, werde ich das Orchester vergrößern.*

PLANET   Ist das Ihre erste Priorität?

RINGSTROM   Eine der ersten. Wir brauchen sechs Violinísten, drei Cellísten, zwei Klarinettísten. . . . Soll ich Sie mit den Zahlen langweilen?

PLANET   Wie erklären Sie diesen Mangel?

RINGSTROM   Geiz. Wenn ein Orchestermitglied stirbt, wird kein Geld für seinen Ersatz bewilligt.

PLANET   Ist das eine Politík, die gegen Sie persönlich gerichtet ist?

RINGSTROM   Möglicherweise. Wie Sie wissen, bin ich eine umstrittené Figur.

PLANET   Könnte es vielleicht die gegenwärtige Wirtschaftskrise sein?

RINGSTROM   Man hat genug Geld für das neue Fußballstadion. *Wenn ich ein Zehntel davon hätte, würde ich der Stadt zeigen,* was gute Musik ist.

PLANET   *Was würden Sie tun, wenn Sie unbeschränkte Mittel hätten?*

RINGSTROM   Müssen Sie das drucken? Also gut. *Ich würde 20% des Orchesters feuern* und mit besseren Kräften ersetzen; das Orchester um 15 vergrößern; mehr Proben abhalten; und unsere Opernaufführungen reduzieren. Was man auf unserer Opernbühne sieht, ist ein Skandál.

PLANET   Könnten wir amerikanische Sänger importieren?

RINGSTROM   Blutige Anfänger? Auch die kosten Geld. Alles kostet Geld.

Conditional, Indicative, Subjunctive

> *Würden* Sie bitte meinen Lesern Ihre Pläne *bekanntgeben?*
> *Would* you please *make* your plans *known* to my readers?

This is the conditional form (**würden Sie?**) used as a polite form of request.

> **Wenn Ludwigsheim weniger geizig *ist*,**
> *werde* ich das Orchester *vergrößern.*
>
> If Ludwigsheim *is* less stingy,
> I *shall enlarge* the orchestra.

Here we have two statements of fact (or assumed fact). One follows on the other; there is not much doubt or uncertainty involved; hence, the subjunctive is not required, and the indicative is used. But:

> **Was *würden* Sie tun,**
> **wenn Sie unbeschränkte Mittel *hätten?***
>
> What *would* you do
> *if* you *had* unlimited means?

EXERCISE 10 True or false?   T / F

1. **Ringstrom braucht keine Violinisten.**   _____
2. **Er hat unbeschränkte Mittel.**   _____
3. **Er würde 20% des Orchesters feuern.**   _____
4. **Er sagt, daß die Opernaufführungen sehr gut sind.**   _____
5. **Er ist eine umstrittene Figur.**   _____

EXERCISE 11 Write the following in German.

1. Would you please tell me all about your plans.
2. This is a policy which is directed against him.
3. I shall enlarge the orchestra if they give me the money.
4. What would you do with unlimited means?
5. I would hold more rehearsals.

EXERCISE 12 Answer in complete German sentences.

1. **Was ist die erste Frage des Reporters?**
2. **Warum ist ein Mangel an Musikern im Orchester?**
3. **Womit würde er 20% des Orchesters ersetzen?**
4. **Wie denkt er über die Opernaufführungen?**
5. **Wie nennt sich Ringstrom selbst?**

EXERCISE 13 Construct questions using the cue words.

1. **Leser / Pläne / bekanntgeben**
2. **Geld / Ersatz / bewilligt**
3. **Opernbühne / sieht / Skandal**
4. **Orchester / 15 / vergrößern**
5. **Interview / Pläne / bekanntgeben**

EXERCISE 14 Match the following.

1. **Ringstrom ist eine umstrittene Figur.**   _____ Even beginners cost money.
2. **Er gibt die Pläne für die nächste Saison bekannt.**   _____ He needs more rehearsals.
3. **20% des Orchesters wird gefeuert.**   _____ Opera performances are being reduced.
4. **Opernaufführungen werden reduziert.**   _____ He makes known the plans for the next season.
5. **Auch Anfänger kosten Geld.**   _____ 20% of the orchestra will be fired.
6. **Er braucht mehr Proben.**   _____ Ringstrom is a controversial figure.

Das Interview (2. Teil)

Vocabulary

Automát (m)	automaton
denken (dachte, gedacht)	to think
Erfolg (m)	success
fliegen (flog, ist geflogen)	to fly
Faust, Fäuste (f)	fist
Frage (f)	question
Fuß, Füße (m)	foot
Gespräch (n)	conversation, interview
Konzértmeister (m)	concertmaster
Krítiker (m)	critic
kritisieren (w)	to criticize
Mätzchen (n)	antics
Missión (f)	mission
Podium (n)	podium
Presse (f)	press
schließen (schloß, geschlossen)	to close
schütteln (w)	to shake
Solo (n)	solo
stampfen (w)	to stamp
Trommler (m)	drummer
verhauen (w)	*here*: to muff, to louse up
Viertelton (m)	quarter tone
Vorgänger (m)	predecessor
wissen (weiß, wußte, gewußt)	to know
zerreißen (zerriß, zerrissen)	to tear apart
zu früh einsetzen	to come in too soon

PLANET   Was denken Sie von Ihren Kritikern? Ihr Vorgänger auf dem Podium hat gesagt, *wenn Sie weniger Mätzchen machten, wären Sie ein besserer Dirigent.*

RINGSTROM   Mätzchen? Sie meinen, weil ich manchmal den Kopf schüttle, daß das Haar nach allen Seiten fliegt, wenn der Konzertmeister um einen Viertelton zu hoch spielt? Weil ich mit den Füßen stampfe, wenn der Cellist sein Solo verhaut? Weil ich dem Trommler mit meinen Fäusten drohe, wenn er zu früh einsetzt? Weil ich auf dem Podium ein wenig tanze, wenn ich gelangweilt bin? Oder die Augen schließe und träume, wenn einmal alles gut geht?

PLANET   Die Frage des Taktstocks, Maestro.

RINGSTROM   Ah—der Taktstock. *Wenn ich den Taktstock benutzte und wie ein Automát dirigierte, wäre ich dann ein besserer Dirigent?* Was ist das mit dem Taktstock? Sind diese Hände nicht gut genug? *Wenn ich den Taktstock in der Hand hielte, wäre ich damit ein besserer Musiker? Hätte ich mehr Erfolg*, eine bessere Presse? *Würden die Ludwigsheimer mir dann mehr Geld bewilligen?* Ich habe eine Missión hier, Herr, Herr . . .

PLANET   Bruck, Herr Kapellmeister, Robert Bruck.

RINGSTROM   *Wenn ich ein Jazzkonzert mit dem Orchester geben würde, Herr Bruck, würden die Ludwigsheimer mich zerreißen?*

PLANET   *Ich würde es nicht riskieren*, Maestro. Aber Sie haben nicht gesagt, was Sie nächste Saison spielen werden.

RINGSTROM   Wenn ich es weiß, rufe ich Sie an.

PLANET *Wenn Sie es wüßten, würden Sie es mir sagen?*
RINGSTROM **Wahrscheinlich nicht. *Sie würden es drucken und jeder würde das Programm im voraus kritisieren.***
PLANET **Herr Ringstrom, wir danken Ihnen für das Gespräch.**

Würde Or No *Würde?*

Again the question of the *würde* after *wenn:*

> **Wenn ich den Taktstock benutzte und**
> **wie ein Automát dirigierte,. . .**

In conversational German there would be nothing wrong with

> **Wenn ich den Taktstock benutzen und**
> **wie ein Automat dirigieren würde,. . .**

To *my* ears at least, it sounds less *geschraubt* (stilted).

> **Wenn ich den Taktstock in der Hand hielte,. . .**

But this subjunctive sounds better than *halten würde.*

However, where we get into trouble with using the subjunctive (subjunctive II, as it is called by the grammarians) is with some of the German verbs whose subjunctives take an umlaut, such as *hülfe, stünde, stürbe, würfe,* even *brächte, dächte, trüge, fände, zöge, sänge, schlüge, flöge, nähme,* etc. On the other hand, *hätte, wäre, müßte, wüßte* are perfectly all right. If you feel uncomfortable with any of the umlauted subjunctives, go ahead and use the *würde* form. You should, however, avoid the *würde* form for *sein, haben, wollen, müssen, können, dürfen, sollen* and *mögen.*

Here is the reply to a bill that a mail-order company mailed out to one of its customers:

Sehr geehrter Herr!
    Dieses verfluchte° Radio   cursed
habe ich nie bestellt.
Wenn ich es bestellt hätte,
hätten Sie es nie geschickt.
Wenn Sie es nie geschickt hätten,
hätte ich es nie bekommen.
Wenn ich es bekommen hätte,
hätte ich dafür bezahlt.°   paid
Wenn ich nicht dafür bezahlt habe,
werde ich nicht dafür bezahlen.
Hol' Sie der Teufel!°   Go to hell!
    Ihr sehr ergebener°   Yours very truly

EXERCISE 15 True or false?   T / F
1. **Ringstrom stampft manchmal mit den Füßen.** _____
2. **Der Name des Interviewers ist Robert Bruck.** _____
3. **Er will nicht wie ein Automát dirigieren.** _____
4. **Er hat eine Missión in Ludwigsheim.** _____
5. **Er macht überhaupt keine Mätzchen.** _____

EXERCISE 16 Write the following in German.
1. He threatens the drummer with his fists.
2. Is he a better conductor with the baton?
3. Would he have more success?
4. Sometimes he closes his eyes and dreams.
5. The reporter thanks him for the interview.

EXERCISE 17 Answer the following in complete German sentences.
1. **Warum stampft er mit den Füßen?**
2. **Warum schüttelt er den Kopf?**
3. **Warum droht er dem Trommler?**
4. **Warum mag er den Taktstock nicht?**
5. **Was wird er in der nächsten Saison spielen?**

EXERCISE 18 Fill in the missing letters in the German words.
1. **ER MA__HT ZU__IEL M__TZCHEN**
2. **SE__N VORG__N__ER AUF D__M P__DIUM**
3. **ER BENU__ZT K__NEN TAK__STO__K**
4. **SIE WÜ__DEN IH__ ZE__EISSEN**
5. **ER SP__LT N__CHSTE S__SON**

EXERCISE 19 Complete each sentence with a word listed here: **Fäusten, gut, Vorgänger, Musiker, Haar**
1. **Leopold war sein _____ auf dem Podium.**
2. **Er droht dem Trommler mit den _____ .**
3. **Wäre ich damit ein besserer _____ ?**
4. **Das _____ fliegt nach allen Seiten.**
5. **Sind diese Hände nicht _____ genug?**

Der Ball (1. Teil)

This is the night of the annual ball that is sponsored by Ludwigsheim's artists. Everyone will be there, including Maestro Ringstrom.

Vocabulary

Allgemeines Krankenhaus (n)	General Hospital
Assisténzarzt (m)	intern
abwechselnd	in turn
aufsuchen (w)	to go to see
Darauf können Sie sich verlassen!	You can depend on that.
Erfolg (m)	success
erwidern (w)	to reply
geläufig	fluent(ly)
(die) letztere	the latter
Meile (f)	mile
Reálgymnasium (n)	secondary school emphasizing scientific subjects
unglaublich	incredible
verlassen (verläßt, verließ, verlassen)	to leave
Zufall (m)	coincidence

Der Ball ist ein großer Erfolg. Alle unsere Freunde sind gekommen. Karl, Nora und Gretchen, Anton und Susie, auch Kristy; die letztere mit einem jungen Mann, Dr. Richard Glaser, den sie beim letzten Konzert kennengelernt hat. Dick, wie ihn seine Freunde nennen, ist ein Arzt, der zwei Jahre in den Vereinigten Staaten studiert hat und jetzt im Ludwigsheimer Allgemeinen Krankenhaus als Assisténzarzt arbeitet. Sie sprechen abwechselnd Deutsch und Englisch. *Kristy sagt ihm, er spräche Englisch sehr gut und geläufig.* Dick erwidert, *er hätte die Sprache schon vorher gelernt; er wäre in München aufs Reálgymnasium gegangen,* wo man neben Latéin auch Englisch lernen muß.

KRISTY In welcher amerikanischen Stadt haben Sie studiert?
DICK In Denver; an der Universität von Colorado.
KRISTY Also das ist doch ein unglaublicher Zufall.
DICK Was meinen Sie?
KRISTY In Denver bin ich doch zu Hause.
DICK Wirklich?
KRISTY Und Sie haben im Universitätsspital gearbeitet?
DICK Ja; zwei Jahre, als Student.
KRISTY Da hab ich bloß drei Meilen von Ihnen gewohnt. Kommen Sie je zurück nach Denver?
DICK Vielleicht. Ich hab dort sehr gute Freunde.
KRISTY Wenn Sie kommen, müssen Sie mich aufsuchen.
DICK Sure thing. Darauf können Sie sich verlassen!

Indirect Speech

Kristy sagt ihm,
er spräche Englisch sehr gut.

Dick erwidert,
er hätte die Sprache schon vorher gelernt;
er wäre in München aufs Realgymnasium gegangen.

Kristy tells him
he speaks English very well.
Dick replies
he learned the language before;
he attended a *Realgymnasium* in Munich.

Why do we use the subjunctive in German and the indicative in English when it comes to indirect speech? Perhaps the Germans are a little skeptical about information they report from other people's statements. Maybe Kristy was just flattering Dick when she said he speaks good German. At any rate, it is not an established, demonstrable fact that Dick speaks good English. So I report what Kristy says in the tentative, subjunctive mood: **Sie sagt ihm, er *spräche* . . .**

EXERCISE 20 True or false?   T / F
1. **Kristy hat Dick beim letzten Konzert kennengelernt.**   ____
2. **Dick arbeitet in Ludwigsheim als Tankwart.**   ____
3. **Er sagt, er hätte Deutsch schon vorher gelernt.**   ____
4. **Er studierte an der Universität von Kansas.**   ____
5. **Er hat gute Freunde in Amerika.**   ____

EXERCISE 21 Answer in complete German sentences.
1. **Mit wem kommt Kristy zum Ball?**
2. **Was tut Dick in Ludwigsheim?**
3. **Auf welche Schule ist er in München gegangen?**
4. **Welche Sprache hat er dort neben Englisch gelernt?**
5. **Wo hat er in Denver gearbeitet?**

EXERCISE 22 Translate into German.
1. They speak in turn English and German.
2. That is an incredible coincidence.
3. Dick studied in America for two years.
4. Kristy lived only three miles from him.
5. You can depend on that.

EXERCISE 23 Choose the correct words.
1. **Kristy kommt zum Ball mit**
   a. **Ferdl** b. **Tim** c. **Dick**
2. **Dick arbeitet in**
   a. **einer Tankstelle** b. **einem Spital** c. **einem Buchladen**
3. **An welcher amerikanischen Universität hat er studiert?**
   a. **Colorado** b. **New Mexico** c. **Kentucky**
4. **Kristy sagt, er spräche English**
   a. **schlecht** b. **geläufig** c. **nicht sehr gut**
5. **Wenn Dick wieder nach Denver kommt, wird er sie**
   a. **vielleicht anrufen** b. **bestimmt aufsuchen**
   c. **überhaupt nicht sehen**

EXERCISE 24 Complete each sentence with a word listed here: **Arzt, vorher, Konzert, Latein, Zufall**
1. **Neben _____ lernte er dort Englisch.**
2. **Das war ein unglaublicher _____ .**
3. **Dick Glaser ist ein junger _____ .**
4. **Er hat Englisch schon _____ gelernt.**
5. **Sie hat ihn beim letzten _____ kennengelernt.**

Der Ball (2. Teil)

Vocabulary

argentínisch	Argentinian
(sich) ausruhen	to rest, to take a rest
Bruderschaft trinken (trinkt, trank, getrunken)	to pledge close friendship
Cowboystiefel (m. pl.)	cowboy boots
Dekoratión (f)	decoration
es tut gut	it is good, feels good
gefällt's dir? (gefallen, gefiel, gefallen)	do you like it?
gerade	just
Gott sei Dank!	Thank God!
Irrenhaus (n)	insane asylum
kompliziert	complicated
latéinamerikanisch	Latin-American
Lieblingstanz (m)	favorite dance
mit Vergnügen!	with pleasure
mir ist heiß	I am warm
(sich) niedersetzen (w)	to sit down
Polka (f)	polka
probieren Sie mal! (w)	please try (it)
rhythmisch	rhythmic
Saal (m)	hall
Schritt (m)	step
sehen (sieht, sah, gesehen)	to see
siezen (w)	to use the polite form (sie)
Spätlese (f)	wine made from grapes gathered late in the fall
Sporthemd (n)	sport shirt
sperren = einsperren (w)	to lock up
Walzer (m)	waltz
weitertanzen (w)	to go on dancing
wo = irgendwo	here: somewhere

Anton tanzt mit Nora und Karl mit Susie. Im großen Saal spielen zehn Musiker der Ludwigsheimer Philharmonie einen Walzer nach dem anderen, auch Polkas und ab und zu Foxtrott und Swing; die letzteren dirigiert Maestro Ringstrom in Sporthemd, Jeans und Cowboystiefeln.

Im kleineren Saal spielt eine argentinische Gruppe, *Los Cinco Gauchos*, lateinamerikanische Musik. Anton tanzt gerade einen Samba mit Nora.

ANTON Der Cha-Cha ist mein Lieblingstanz. Der ist sehr rhythmisch und die Schritte sind nicht sehr kompliziert.

NORA Vielleicht kannst du mir ihn mal zeigen.

ANTON Gern. Du hast ein natürliches Talent. Hast du wo tanzen gelernt?

NORA Nein. Aber es hat mir schon immer Spaß gemacht.

ANTON Du bist sehr musikalisch.

NORA Ja, das ist in der Familie. O, hier ist Susie. Mir ist ein bißchen heiß; willst du mit ihr tanzen?

ANTON Mit Vergnügen. (He changes over to Susie)

SUSIE Gefällt's dir?

ANTON Sehr. Dir nicht? Die Kerle spielen wunderbar.

SUSIE Willst du weitertanzen oder dich niedersetzen? Schau, dort ist Kristy mit ihrem jungen Mann.
(At a small table)

KRISTY Es tut gut, sich ein wenig auszuruhen.

DICK Möchten Sie ein Glas Wein von der Bar? Bin gleich zurück.—Hier: Ludwigsheimer Spätlese. Nicht schlecht. Probieren Sie mal. Warten Sie. Ich glaub, wir haben uns schon lange genug gesiezt. Wir waren doch in Denver praktisch Nachbarn zwei Jahre lang. Also—Bruderschaft?
(They intertwine their arms, drink, and kiss)
Wie sagt unser Freund Anton?

KRISTY Servus.

DICK Servus.

EXERCISE 25 True or false?   T / F
1. Im kleineren Saal spielt die Philharmonie.   _____
2. Maestro Ringstrom trägt einen Smoking.   _____
3. Antons Lieblingstanz ist die Polka.   _____
4. Er tanzt auch mit Nora.   _____
5. Kristy und Dick trinken Bruderschaft.   _____

EXERCISE 26 Answer in complete German sentences.
1. Wer spielt im großen Saal?
2. Was für Musik dirigiert Ringstrom?
3. Was spielt die argentinische Gruppe?
4. Wo waren sie praktisch Nachbarn?
5. Was trinken Dick und Kristy?

EXERCISE 27 Choose the correct words.
1. **Wieviele Musiker spielen von der Philharmonie?**
   a. **zehn**   b. **sieben**   c. **zwölf**
2. **Die Dekorationen gefallen ihnen**
   a. **überhaupt nicht**   b. **ganz gut**   c. **sehr**
3. **Der Name der argentinischen Gruppe ist**
   a. *Los Cinco Tontos*   b. *Los Cinco Caballeros*
   c. *Los Cinco Gauchos*
4. **Die Schritte im Cha-Cha, sagt Anton, sind**
   a. **ganz verrückt**   b. **leicht**   c. **nicht sehr kompliziert**
5. **Kristy und Dick trinken etwas**
   a. **Wein**   b. **Bier**   c. **Wasser**

EXERCISE 28 Write the following sentences in German.
1. Did you learn to dance somewhere?
2. I am a little warm.
3. Do you like the decorations?
4. It's good to rest a little.
5. Do you want to go on dancing?

EXERCISE 29 Match the following.

1. **Sie spielen viele Walzer.**   _____ Please try.
2. **Mir ist ein bißchen heiß.**   _____ Do you want to go on
3. **Gott sei Dank, nicht!**   dancing?
4. **Gefällt's dir?**   _____ They play many waltzes.
5. **Willst du**   _____ I am a little warm.
     weitertanzen?   _____ Thank God, no.
6. **Probieren Sie mal!**   _____ Do you like it?

SIE	**Abgesehen von zwei Sachen°**	apart from two
	wärest du ein wunderbarer	things
	Tänzer.	
ER	**Ja? Was sind die zwei Sachen?**	
SIE	**Deine Füße.**	

CHAPTER 16

Nora im Supermarkt
Nora at the Supermarket

Word Order

Once a week Nora goes shopping for food.

Auf dem Weg zum Supermarkt

Normal and Inverted Word Order

Vocabulary

anbieten (bietet an, bot an, angeboten)	to offer
anziehen (zog an, angezogen)	*here*: to put on
Bauer (m)	peasant, farmer
bis jetzt	so far
brauchen (w)	to need
(schwarzes) Brett (n)	bulletin board
denken (dachte, gedacht)	to think
einkaufen = kaufen (w)	to buy
fahren (fährt, fuhr, ist gefahren)	to drive
fett	fat
Fremdwort (n)	foreign word
Gemüse (n)	vegetables
Genossenschaft (f)	co-op
Gott sei Dank	thank God
Hausfrau (f)	housewife
ihrer Ansicht nach	in her opinion
jederzeit	at any time, always
Knie (n)	knee
landwirtschaftlich	agricultural
Lebensmittel (n. pl.)	foodstuffs, groceries
Lebensmittelhändler (m)	grocer
Liste (f)	list
Milchprodukt (n)	dairy product
Minirock (m)	mini skirt
Nahrungsmittelbeilage (f)	food supplement
offerieren (w)	to offer
Ruf (m)	reputation
Slogan (m)	slogan
(großen) Staat machen	to make a grand display, look one's best
Supermarkt (m)	supermarket
treu	faithful

übrigens	besides
Umgébung (f)	environs
umtauschen (w)	to exchange
únmodern	out of fashion
unterbíeten (unterbietet, unterbot, unterboten)	to undersell
verläßlich	dependable
vermerken (w)	to note down, to enter
verwenden (w)	to use
von Tag zu Tag	from day to day
wachsen (wächst, wuchs, ist gewachsen)	to grow
zurückbringen (brachte zurück, zurückgebracht)	to bring back
zurückgeben (gibt zurück, gab zurück, zurückgegeben)	to give back, to return
zurückkommen (kam zurück, ist zurückgekommen)	to come back

Nora hat ein schwarzes Brett in der Küche, auf dem sie vermerkt, welche Lebensmittel sie braucht. *Die Liste wächst und wird von Tag zu Tag weiter wachsen.* Heute ist der Tag, an dem sie einkaufen fährt. *Am liebsten geht sie zu Polzers Supermarkt.* Polzer ist zwar nicht der größte Lebensmittelhändler Ludwigsheims, aber er ist, Noras Ansicht nach, der verläßlichste. Gemüse und Obst sind jederzeit frisch, auch Fleisch, und die Milchprodukte und Eier, die er teils von der führenden landwirtschaftlichen Genóssenschaft, teils von den Bauern der Umgebung direkt einkauft. Polzers Konkurrenz versucht, ihn zu unterbieten, *aber die meisten Kunden bleiben ihm treu.* Wenn jemand etwas zurückbringt, *hat er die Ware bis jetzt immer umgetauscht* oder das Geld zurückgegeben. Sein Ruf als "Freund der Hausfrau" ist ihm wichtiger als die paar Mark, die er vielleicht dabei verliert.

Übrigens ist das auch sein Slogan, der jeden Donnerstag in der Nahrungsmittelbeilage des *Ludwigsheimer Planéten* zu finden ist:

Polzer, der Freund der Hausfrau, offeriert.

Gretchen hat einen Lehrer in ihrer Deutschklasse, der sich immer wieder darüber aufregt, daß man jetzt in der deutschen Sprache so viele Fremdwörter verwendet. Warum "offeriert" Polzer, warum bietet er nicht an oder dar, fragt er. Aber das ist eben der Trend, denkt Nora, während sie sich ihre Jeans anzieht (Gott sei Dank, der Minirock ist schon lange unmodern; hoffentlich kommt er nie zurück. Mit ihren Knien kann sie keinen großen Staat machen, die sind ihr zu fett.).

Word Order Explained

SUBJECT	VERB	OBJECT	OTHER PARTS OF THE SENTENCE
Nora	**hat**	**ein schwarzes Brett**	**in der Küche.**
Nora	has	a bulletin board	in the kitchen.

COORDINATING CONJUNCTION	SUBJECT	VERB
Aber	**die meisten Kunden**	**bleiben ihm treu.**
But	most customers	remain faithful to him.

No problem here. The normal word order, as in English, is maintained: subject, conjugated verb, object, other parts of the sentence. The same normal word order applies in a sentence introduced by a coordinating conjunction, such as *aber, sondern, und, oder, denn.*

We called the German *hat* a conjugated verb form; it is, as we know, the third person singular of *haben* (to have). Other conjugated forms of *haben* are: **ich habe,** du *hast,* wir *haben,* etc.

Now let's look at a sentence in which the German word order differs from the English one:

Die Liste wächst und wird von Tag zu Tag wachsen.

The list grows and will grow from day to day.

Notice that the German infinitive *wachsen* is at the end of the sentence, whereas the English infinitive *grow* follows the *will.* Or in this sentence:

Polzer hat bis jetzt die Ware immer umgetauscht.

Polzer so far always has exchanged the merchandise.

Here the German past participle *umgetauscht* stands at the end of the sentence, whereas the English past participle *exchanged* follows the *has* in the middle of the sentence.

From this we can derive a rule: The infinitive and the past participle will ordinarily stand *at the end* of a German sentence.

Am liebsten geht sie zu Polzers Supermarkt.

She likes best going to Polzer's supermarket.

Übrigens ist das auch sein Slogan.

Besides, this is also his slogan.

In a main clause the position of the conjugated verb is item number 2, with the subject either in first or in third position; example:

SUBJECT, ITEM #1	VERB, ITEM #2	ITEM #3
Nora	**geht**	**zu Polzer. . .**

but:

ITEM #3	VERB, ITEM #2	SUBJECT, ITEM #1
Zu Polzer	**geht**	**Nora. . .**

EXERCISE 1 True or false?   T / F
1. **Nora hat ein schwarzes Brett im Schlafzimmer.** _____
2. **Polzers Gemüse ist immer frisch.** _____
3. **Er nennt sich *Freund der Hausfrau.*** _____
4. **Die meisten Kunden bleiben ihm treu.** _____
5. **Er hat keine Konkurrenz.** _____

EXERCISE 2 Answer the following in complete German sentences.
1. **Was wächst von Tag zu Tag?**
2. **Was ist Polzer wichtiger als ein paar Mark?**
3. **Was zieht sich Nora zum Einkaufen an?**
4. **Worüber regt sich Gretchens Lehrer auf?**
5. **Warum hat Nora ihre Kniee nicht gern?**

EXERCISE 3 Choose the correct words.
1. **Wo vermerkt Nora, was sie braucht?**
   a. **in einem Buch** b. **auf einem Tisch** c. **auf einem schwarzen Brett**
2. **Warum zieht sie Polzers Supermarkt vor?**
   a. **er ist billiger** b. **er bietet mehr an** c. **er ist verläßlicher**
3. **Wer regt sich über die vielen Fremdwörter auf?**
   a. **Gretchens Deutschlehrer** b. **Anton** c. **Herr Polzer**
4. **Wo erscheint Polzers Inserat jede Woche?**
   a. **in den *Süddeutschen Nachrichten*** b. **in der *Zeit***
   c. **im *Ludwigsheimer Planeten***
5. **Wenn man Polzer etwas zurückbringen will,**
   a. **muß man das erklären** b. **regt er sich auf**
   c. **tauscht er es immer um**

EXERCISE 4 Complete each sentence with a word listed here: **wachsen, Genossenschaft, Minirock, Umgebung, Konkurrenz.**
1. **Der _____ ist schon lange unmodern.**
2. **Polzer kauft auch von den Bauern der _____.**
3. **Seine _____ versucht, ihn zu unterbieten.**
4. **Die Liste wird von Tag zu Tag _____.**
5. **Polzer bezieht Milchprodukte von der führenden landwirtschaftlichen _____.**

EXERCISE 5 Which sentence is the correct one?
1. a. **Nora ein schwarzes Brett hat.**
   b. **Nora hat ein schwarzes Brett.**
2. a. **Polzer ist nicht der größte, aber der beste ist er.**
   b. **Polzer ist nicht der größte, aber er ist der beste.**
3. a. **Jederzeit seine Milchprodukte sind frisch.**
   b. **Jederzeit sind seine Milchprodukte frisch.**
4. a. **Nora wird essen spät heute.**
   b. **Nora wird heute spät essen.**
5. a. **Karl ist zeitig nach Hause gegangen.**
   b. **Karl ist gegangen nach Hause zeitig.**

Polzer, der Freund der Hausfrau

Inverted Word Order

Vocabulary

aufrechterhalten (erhält aufrecht, erhielt aufrecht, aufrechterhalten)	to maintain
beschränken (w)	to restrict
behilflich sein	to be of service
beinahe	almost
dadurch, daß . . .	due to the fact that . . .
einladen (lädt ein, lud ein, eingeladen)	to invite
einlangen (w)	to arrive
enger Kontákt (m)	close contact
entgehen (entging, entgangen)	to escape (a person's attention)
(etwas) ernstnehmen (nimmt ernst, nahm ernst, ernstgenommen)	to take (something) seriously
erwerben (erwirbt, erwarb, erworben)	to acquire, *here:* win
Festessen (n)	festive meal, feast
Fisch (m)	fish
führen (w)	*here:* to carry (as in a store)
Gegenwart (f)	*here:* presence
Grundlage (f)	basis
Grüß Gott!	a greeting: "Hello!" used mainly in Southern Germany
Kalbsbeuschel (n)	veal lung
Kaper (f)	caper
langjährig	of long duration
macht nichts	doesn't matter

mit schallender Stimme	at the top of his voice
Nierenbraten (m)	loin roast
Petersilie (f)	parsley
Pfefferkörner (n. pl.)	peppercorns
Rahm (m)	cream
Rede (f)	speech
(eine) Rede halten	to give a speech
Sardélle (f)	anchovy
schätzen (w)	to value
Schweinskotelett (n)	pork chop
(der) seinige	his
Speziálgeschäft (n)	specialty store
"Tante Emma"-Laden (m)	Mom-and-Pop store
Thymian (m)	thyme
Unternéhmen (n)	business, firm
Vertrauen (n)	confidence
verwechseln (w)	to mistake
wie eh und je	as always
Zwiebel (f)	onion

Dadurch, daß er engen Kontákt mit seinen Kunden aufrechterhält, von denen er die meisten persönlich kennt, hat Polzer sich das Vertrauen vieler Hausfrauen in Ludwigsheim erworben. Wie jeder andere Supermarkt ist auch der seinige auf einer Self-service Grundlage. Nora findet es praktischer, sich auf *ein* größeres Unternehmen zu beschränken, wo sie ihre Nahrungsmitteleinkäufe besorgt, als in drei oder vier verschiedene "Tante Emma"-Läden zu gehen. Allerdings führt Polzer keinen Fisch, den sie in einem Spezialgeschäft kaufen muß.

Dem Herrn Polzer ist ihre Gegenwart auch heute *nicht entgangen.* Er schätzt sie als eine seiner treuesten Kundinnen und begrüßt sie schon von weitem mit schallender Stimme:

POLZER   Grüß Gott, Frau Bauer! Jung und schön wie eh und je. Beinahe hätte ich Sie mit Ihrer Tochter verwechselt. Erst gestern hab ich meiner Frau gesagt, also Resi, ich weiß nicht, wie die Frau Bauer das macht, die wird nicht älter.

Herrn Polzers Komplimente sind natürlich nicht ernstzunehmen, Nora weiß das. *Die gleiche Rede* (mit Variationen) *hält er wahrscheinlich 75% seiner Kundinnen.* Macht nichts, Nora hört sie trotzdem gern.

POLZER   Darf ich Ihnen behilflich sein? Die Schweinskoteletts sind besonders schön heute. Oder wenn Sie einen Nierenbraten machen wollen . . .

NORA   Haben Sie Kalbsbeuschel?

POLZER   Kalbslunge? Soeben eingelangt.

NORA   Sie kennen doch Herrn Anton Gruber aus Wien? Den haben wir morgen zum Essen eingeladen, und was der sich gewünscht hat, ist Beuschel.

POLZER   *Mit Knödeln ist das ein Festessen.* Pfefferkörner, Zwiebel, Petersilie, Thymian, Sardellen, Kapern, Rahm . . .

NORA   Wieso wissen Sie das alles?

POLZER   Langjährige Erfahrung. Wenn ich zu Hause bin, bin ich der Koch.

Inverted Word Order (continued)

Dem Herrn Polzer ist ihre Gegenwart auch heute nicht entgangen.
Today, too, her presence has not escaped Mr. Polzer's attention.

Here we have a German sentence starting with an indirect object (**dem Herrn Polzer**) which causes inverted word order (the subject following the verb).

Die gleiche Rede hält er 75% seiner Kundinnen.
The same speech he gives 75% of his female customers.

Here is a sentence starting with a direct object (**die gleiche Rede**). Again the subject has to follow the verb.

Mit Knödeln ist das ein Festessen.
With dumplings this is a feast.

And here we have a sentence starting with a prepositional phrase (**mit Knödeln**) causing the inversion.

Ein Witz

HAUSFRAU Es ist hart,° zehn Mark für ein   tough
Kilo Fleisch zu zahlen.

METZGER° Aber wenn Sie nur fünf Mark   butcher
zahlen, ist es noch härter.

EXERCISE 6 True or false?   T / F
1. **Nora kauft Fisch in Polzers Supermarkt.**   ____
2. **Polzer sagt, daß sie alt aussieht.**   ____
3. **Er kennt die meisten seiner Kundinnen persönlich.**   ____
4. **Er begrüßt sie mit „Guten Tag, Frau Bauer".**   ____
5. **Nora will Kalbsbeuschel.**   ____

EXERCISE 7 Answer in complete German sentences.
1. **Wodurch hat sich Polzer das Vertrauen seiner Kundinnen erworben?**
2. **Was findet Nora praktischer?**
3. **Mit wem hat Polzer gestern über Nora gesprochen?**
4. **Was empfiehlt er Nora besonders?**
5. **Wen hat Nora für morgen zum Essen eingeladen?**

EXERCISE 8 Translate into English.
1. **Sie ist eine seiner treuesten Kundinnen.**
2. **Darf ich Ihnen behilflich sein?**
3. **Ihre Gegenwart ist ihm nicht entgangen.**
4. **Er begrüßt sie mit schallender Stimme.**
5. **Macht nichts!**

EXERCISE 9 Choose the correct words.
1. **Die meisten seiner Kundinnen kennt Herr Polzer**
   a. **persönlich** b. **von weitem** c. **nicht**
2. **Mit wem hätte Herr Polzer sie beinahe verwechselt?**
   a. **mit Susie** b. **mit Kristy** c. **mit Gretchen**
3. **Der Name von Polzers Frau ist**
   a. **Resi** b. **Anna** c. **Maria**
4. **Was ist ein Festessen?**
   a. **gekochtes Rindfleisch** b. **Beuschel mit Knödeln**
   c. **Kalbsbraten**
5. **Um Beuschel richtig zu machen, braucht man**
   a. **Vanille** b. **Schokolade** c. **Zwiebel**

EXERCISE 10 Complete the following sentences.
1. **Polzer hat sich das Vertrauen vieler Hausfrauen** _____.
2. **Fisch muß Nora allerdings in einem anderen Geschäft** _____.
3. **Was Anton sich gewünscht hat, ist** _____.
4. **Wenn Polzer zu Hause ist, ist er der** _____.
5. **Er hätte sie beinahe mit ihrer Tochter** _____.

Nora kauft ein.

Inverted Word Order (continued)

Vocabulary

Abendbrot (n)	supper
Birne (f)	pear
darúm, deshálb	therefore
Deckel (m)	cover
diätbewußt	diet-conscious
empfehlen (empfiehlt, empfahl, empfohlen)	to recommend
entsetzlich	awful(ly)
es vergeht kaum ein Tag...	a day hardly passes...
gelb	yellow
Genúß (m)	enjoyment
Gestánk (m)	stench
Glasgefäß (n)	glass jar
heimbringen (brachte heim, heimgebracht)	to bring home
hineinschneiden (schneidet hinein, schnitt hinein, hineingeschnitten)	to cut into
Jungfernkranz grün	an invented name for a cheese; literally translated: "virgin's wreath green"
Kakáo (m)	cocoa
knusprig	crisp
Kohl (m)	cabbage
Molkeréiprodukt (n)	dairy product
Rat (m)	advice
Revolutión (f)	revolution
Rezépt (n)	*here:* recipe
Schinken (m)	ham
schmackhaft	tasty
Soße (f)	sauce, dressing
Spargel (m)	asparagus
stecken (w)	*here:* to put
stinken (stank, gestunken)	to stink
Stopp (m)	stop
Tiefkühltruhe (f)	freezer
Tomáte (f)	tomato
(sie ist) überzeugt	(she is) convinced
verderben (verdirbt, verdarb, verdorben)	to spoil
verpesten (w)	to pollute
verstauen (w)	to tuck away
was übrig bleibt	what remains
weg	*here:* away
zubereiten (w)	to prepare
zuschrauben (w)	to screw tight

„*Also geben Sie mir das Beuschel* **und den Nierenbraten"**, *sagt sie* **zu Polzer.** „**Vielleicht auch einige von den Schweinskoteletts, da Sie sie so warm empfehlen. Die werde ich wahrscheinlich in die Tiefkühltruhe stecken, für nächste Woche."** **Und sie dankt ihm für seinen Rat.**

Sie braucht vor allem Milch, darúm geht sie zu den Molkereiprodukten.
Peter trinkt eine Menge davon, sie ist froh darüber. Gut für die Knochen.
Gretchen mag Milch überhaupt nicht; sie und Karl nehmen ein wenig für
den Morgenkaffee. Karl ist verrückt nach *Jungfernkranz grün,* ein komi-
scher Name für einen Käse. Stinkt entsetzlich, den ißt nur er und muß, was
übrig bleibt, sofort in ein Glasgefäß verstauen, den Deckel fest zuschrauben
und weg in den Kühlschrank, sonst verpestet das die ganze Wohnung und
jeder regt sich darüber auf. *Schön ist es nicht,* daß man Karl seinen harm-
losen Genúß verdirbt, aber der Gestank . . .

Der nächste Stopp ist die Obst- und Gemüseabteilung, wo sie Äpfel,
Birnen, Karotten, Tomaten, Spinat, Kohl, Spargel und Salat einkauft.
Gemüse ist für Nora sehr wichtig. Da sie sehr diätbewußt und auch davon
überzeugt ist, daß man so oft wie möglich etwas Gelbes und etwas Grünes
essen soll, vergeht kaum ein Tag, an dem nicht irgendein Gemüse oder ein
Salat auf dem Tisch steht. Mit Spinat hat sie leider nicht viel Glück, aber
ihre Salate sind sehr populär. Sie bereitet sie hauptsächlich mit Essig und Öl
zu (ihr eigenes Rezept) und sie schmecken ausgezeichnet, besonders wenn
Nora auch Eier und Schinken hineinschneidet. Mit heißen, knusprigen But-
tersemmeln, Tee oder Kaffee (für Peter Kakao) macht das ein sehr schmack-
haftes Abendbrot. *Als sie einmal eine Soße für den Salat vom Supermarkt
heimbrachte, gab es beinahe eine Revolutión.*

Inverted Word Order (continued)

"Also geben Sie mir das Beuschel", sagt sie.
"Well, I'll buy the lung," she says.
After a direct quotation, the word order is inverted (**sagt sie**).

Sie braucht vor allem Milch, darúm geht sie zu den Molkereiprodukten.
Above all, she needs milk; therefore, she goes to the dairy products.

Darúm (or *deshálb*) are what is called conjunctive adverbs like *therefore* or
thus; introducing a sentence, they cause inversion (**darúm geht sie**; *not* **darúm
sie geht**).

Schön ist es nicht...
It is not nice...

The normal word order would be: *Es ist nicht schön.* Since Nora starts her
sentence in a turned-around (inverted) fashion by using the predicate adjective
first, she has to put the subject (**es**) after the verb (**ist**).

And at the end of the previous section we have:

Als sie einmal eine Soße heimbrachte, gab es beinahe eine Revolutión.
Once, when she brought home a (salad) dressing, there almost was a revolu-
tion.

If the dependent clause (**Als sie einmal...**) is followed by the main clause (**gab es
beinahe...**), the word order is inverted. You can restore normal word order to the
main clause by turning the two clauses around:

**Es gab beinahe eine Revolution,
als sie einmal eine Soße heimbrachte.**

EXERCISE 11 True or false?   T / F
1. **Nora kauft nur Rindfleisch.**   _____
2. **Milch ist gut für die Knochen.**   _____
3. **Karls Käse verpestet die Wohnung.**   _____
4. **Jeder mag Spinat.**   _____
5. **Noras Salate sind sehr populär.**   _____

EXERCISE 12 Choose the correct words.
1. **Was kauft Nora nicht?**
   a. **Beuschel**   b. **Ochsenschwanz**   c. **Schweinskoteletts**

2. **Wann wird man wahrscheinlich die Schweinskoteletts essen?**
   a. **heute** b. **nächste Woche** c. **morgen**
3. **Wohin wird der Jungfernkranz grün verstaut?**
   a. **in die Geschirrspülmaschine** b. **in die Tiefkühltruhe** c. **in ein Glasgefäß**
4. **Gemüse ist für Nora**
   a. **sehr wichtig** b. **zu teuer** c. **nicht sehr gut**
5. **Was soll man so oft wie möglich essen?**
   a. **etwas Gelbes und Rotes** b. **Gelbes und Grünes** c. **Grünes und Blaues**

EXERCISE 13 Complete each sentence with a word listed here: **zuschrauben, Rat, Glück, Stopp, Soße.**
1. **Sie dankt ihm für seinen _____.**
2. **Mit Spinat hat sie leider nicht viel _____.**
3. **Man muß den Deckel fest _____.**
4. **Keiner mag die _____ aus dem Supermarkt.**
5. **Der nächste _____ ist die Gemüseabteilung.**

EXERCISE 14 Answer the following in complete German sentences.
1. **Wer trinkt Milch besonders gern?**
2. **Was stinkt entsetzlich?**
3. **Wie bereitet Nora ihren Salat zu?**
4. **Was schneidet sie in den Salat?**
5. **Was ißt man mit dem Salat?**

EXERCISE 15 Choose the correct German sentence (a. or b.):
1. a. **Es ist spät, deshalb geht er nach Hause.**
   b. **Es ist spät, deshalb er geht nach Hause.**
2. a. **Warm es ist heute nicht.**
   b. **Warm ist es heute nicht.**
3. a. **Wenn es kalt ist, sie trägt einen Pullover.**
   b. **Wenn es kalt ist, trägt sie einen Pullover.**
4. a. **„Das ist sehr schön", sagt er.**
   b. **„Das ist sehr schön", er sagt.**

Word Order in Dependent Clauses

A clause that is introduced by a subordinating conjunction, such as *als*, *bevor*, *bis*, *da*, *damit*, *daß*, *nachdem*, *ob*, *obwohl*, *seit*, *während*, *weil*, *wenn*, etc., by a relative or interrogative pronoun (*der*, *welcher*, *wer*), or by a preposition followed by a relative or interrogative pronoun (**Das ist der Tisch,** *an dem* **er sitzt.**—That is the table *at which* he sits. **Er fragte mich,** *von wem* **er es bekommen hat.**—He asked me *from whom* he has received it.) has the conjugated verb in the final position.

Most of this will be familiar to you from some of our previous chapters. In this chapter we will recapitulate and practice German word order again. *Please note:* In this section and in the following sections any subordinating element (conjunction, relative pronoun, etc.) that causes dependent word order will be italicized, as will the conjugated verb standing in last position.

Lillys vegetarische Küche

Vocabulary

ab und zu	now and then
achten (w)	to pay attention
ausgebackener Blumenkohl (m)	baked cauliflower

Berechtigung (f)	justification
besorgen (w)	to attend to
enttäuscht	disappointed
eröffnen (w)	to open
fanátisch	fanatical
Gerícht (n)	*here*: dish
Graupensuppe (f)	barley soup
Gurkensaft (m)	cucumber juice
Haferschleimsuppe (f)	oatmeal soup
Herz (n)	heart
hungrig	hungry
Imbiß (m)	snack
Kohlrabi (m)	a kind of cabbage; kohlrabi
Kräutertee (m)	herb tea
Lokál (n)	restaurant; eating place
Lust haben auf	to be in the mood for, want
Magen (m)	stomach
mißtrauisch	suspicious
müde	tired
Olivenöl (n)	olive oil
ohne Mühe (f)	without any difficulty
Pflaume (f)	plum
Pilzbratling (m)	fried mushroom
Rettichlimonade (f)	radish lemonade
Stock (m)	stick
treffen (trifft, traf, getroffen)	to meet
vegetárisch	vegetarian (adj.)
Vegetárier (m)	vegetarian (noun)
Wahl (f)	choice
Zitróne (f)	lemon

Inzwischen ist es 12 Uhr geworden. Nora ist hungrig und möchte etwas essen. Sie hat alle ihre Einkäufe in Polzers Supermarkt besorgt. Da sieht sie Frau Agnes List, eine kleine, alte Dame (dünn wie ein Stock), *die* sie beim Einkaufen ab und zu *trifft*. Frau List ist eine fanatische Vegetárierin.

FRAU LIST Nett, Sie wiederzusehen, Nora. *Wenn* Sie mit Ihren Einkäufen *fertig sind*, können wir essen gehen.

NORA Ich bin müde und hungrig.

FRAU LIST Ich habe das Richtige für Sie. Drei Minuten von hier ist ein kleines Restauránt, erst vor kurzem eröffnet, *welches* die schmackhaftesten Gerichte *serviert*.

NORA *Da* ich nur an einen kleinen Imbiß *gedacht habe*, weiß ich nicht, ob ich . . .

FRAU LIST *Da* Sie keine Lust auf ein großes Mahl *haben*, werden Sie bestimmt nicht enttäuscht sein. Kommen Sie mit mir.

NORA Ich muß auf meine Diát achten.

FRAU LIST Das können Sie dort ohne Mühe.—Da, wir haben Glück, ein Tisch für zwei. Das Lokál ist voll. *Als* ich zuerst von Lillys vegetarischer Küche *hörte*, war ich mißtrauisch. Ganz ohne Berechtigung. Wir müssen wahrscheinlich etwas warten. Also hier ist die Speisekarte. Ah, Haferschleimsuppe oder Graupensuppe mit Pflaumen. Ausgebackener Blumenkohl. Pilzbratlinge, in Olívenöl natürlich; gefüllte Kohlrabi, herrlich. Was wollen Sie bestellen?

NORA Die Kohlrabi vielleicht . . .

FRAU LIST Meine eigene Wahl. Mit etwas Reis?

NORA Gut.

FRAU LIST   Und zum Trinken? Gurkensaft mit Zitrone? Das ist sehr erfrischend. Oder Rettichlimonade?

NORA   Eine Tasse Kaffee.

FRAU LIST   Bekommen Sie hier nicht. Schlecht für Herz und Magen.

NORA   Dann ein Glas Wasser.

FRAU LIST   Kräutertee?

NORA   Wie Sie wollen.

FRAU LIST   Ich nehme das gleiche.

EXERCISE 16   True or false?   T / F

1. **Frau Agnes List ist so dick wie Herr Polzer.** _____
2. **Nora ist müde und hungrig.** _____
3. **Sie muß auf ihre Diät achten.** _____
4. **Frau List war zuerst mißtrauisch.** _____
5. **Sie bestellt Kräutertee für sich und Nora.** _____

EXERCISE 17   Answer the following in complete German sentences.

1. **Wen trifft Nora in Polzers Supermarkt?**
2. **Warum will Nora nicht sehr viel essen?**
3. **Wie sieht Frau List aus?**
4. **Welche Suppen sind auf der Speisekarte?**
5. **Wie weit ist Lillys vegetarische Küche vom Supermarkt?**

EXERCISE 18   Complete the following sentences.

1. **Agnes List ist eine fanatische _____.**
2. **Nora ist hungrig, aber sie hat keine Lust auf ein großes _____.**
3. **Sie muß auf ihre Diät _____.**
4. **Im Restaurant finden sie einen Tisch für _____.**
5. **Frau List sagt, Kaffee ist schlecht für Herz und _____.**

EXERCISE 19   Translate into English.

1. **Agnes ist dünn wie ein Stock.**
2. **Sie war mißtrauisch ohne Berechtigung.**
3. **Nora wird nicht enttäuscht sein.**
4. **Sie servieren die schmackhaftesten Gerichte.**
5. **Ich nehme das gleiche.**

EXERCISE 20   Choose the correct German sentence (a. or b.):

1. a. **Wenn Sie sind hungrig, wir gehen essen.**
   b. **Wenn Sie hungrig sind, gehen wir essen.**
2. a. **Da ich bin mißtrauisch, will ich es nicht.**
   b. **Da ich mißtrauisch bin, will ich es nicht.**
3. a. **Das ist ein Gasthaus, welches serviert guten Wein.**
   b. **Das ist ein Gasthaus, welches guten Wein serviert.**
4. a. **Als ich das letzte Mal dort war, war es gut.**
   b. **Als ich war dort das letzte Mal, es war gut.**
5. a. **Nachdem ich hatte gegessen, fuhr ich weg.**
   b. **Nachdem ich gegessen hatte, fuhr ich weg.**

CHAPTER 17

Das Fußballspiel
The Soccer Game

Grammatical Odds and Ends
Idiomatic Expressions

Today the decisive soccer game takes place between the **Ludwigsheimer Kickers** and the **Haselburger Elf.** If the home team beats the **Haselburgers,** the **Ludwigsheimers** win the German championship. At half-time the score is 1:0 in favor of the **Haselburgers.**

Das Spiel (I)

Some Useful Expressions

es gefällt mir, es gibt, ich habe es gern, ich habe es lieber, ich habe es am liebsten

Vocabulary

Angriff (m)	offense
applaudieren (w)	to applaud
aufstehen (stand auf, ist aufgestanden)	to stand up
drohend	threatening(ly)
Elfmeter (m)	a penalty kick, made 11 meters from the midpoint of the goal line and directly in front of the goal
es gefällt mir (gefiel mir, hat mir gefallen)	I like it
fast	almost
Feld (n)	field
folgen (w)	to follow
Foul (n)	foul
führend	leading
gefährlich	dangerous
ich habe es gern	I like it
ich habe es lieber	I prefer it
ich habe es am liebsten	I like it best
johlen (w)	to yell
Knirps (m)	midget, "shrimp"
jemandem die Levíten lesen	to give someone a dressing-down
Mittelfeldspieler (m)	half-back
Muskel (m)	muscle
naß	wet

pfeifen (pfiff, gepfiffen)	to whistle
Públikum (n)	*here:* spectators, crowd
Regel (f)	rule
Riese (m)	giant
sie sind wie ausgewechselt	they are like changed men
Spórtkritiker (m)	sports critic
Tor (n)	goal
Torhüter (m)	goalkeeper, goalie
sich verschlechtern (w)	to get worse
verstehen (verstand, verstanden)	to understand
Verteidiger (m)	full-back
Verteidigung (f)	defense

ANTON (to Tim) **Wie *gefällt dir* das Spiel?**

TIM **Sehr gut.**

ANTON **Verstehst du die Regeln?**

TIM **Peter hat sie mir erklärt. Aber *es gibt* so viele.**

ANTON **Was hast du *lieber*, amerikanischen Fußball oder Soccer?**

TIM **Hier rennen sie herum wie verrückt. Es ist schwer, dem Ball zu folgen. Aber bei uns ist es viel, viel . . .**

PETER **Gefährlichcr, meinst du?**

TIM **Ja. Das meiste, was man in Amerika tut, ist hier ein Foul. Es ist alles so verschieden. Ich hab beide Spiele *gern. Am liebsten* hab ich Baseball.**

ANTON **Den kennt man hier überhaupt nicht.**

PETER ***Mir gefällt* unser Fußball besser. Die Spieler in Amerika schauen so komisch aus. Und jeder muß ein Riese sein.**

TIM **Unseren Fußball werde ich nie spielen.**

PETER **Wieso weißt du das?**

TIM **Ich hab keine Muskeln. Und ich ess nicht genug Spinat. Vielleicht spiele ich Soccer. Da kann man ein Knirps sein.**

ANTON **Gott sei Dank, es hat aufgehört zu regnen.**

TIM **Hier regnet es immer. Ich bin ziemlich naß.**

ANTON **Seien wir froh, daß es nicht ärger war.**

Die Spieler sind wieder auf dem Feld. Der Trainer muß ihnen die Levíten gelesen haben, denn sie sind plötzlich wie ausgewechselt. Das Publikum folgt nun dem Spiel mit großem Interesse, applaudiert, pfeift und johlt. Der *führende* Sportkritiker des *Planeten* ist aufgestanden; er sicht, dic Kickers sind jetzt im Angriff. Das Wetter hat sich verschlechtert; *drohende* Wolken zeigen sich am Himmel.

Compare the German with the English version:

> **Wie *gefällt* dir das Spiel?**
> How do you like the game?
> (How does the game please you?)

> ***Es gibt* so viele.**
> There are so many.

In German, *es gibt* is used for both *there is* and *there are*.

> **Es gibt eine Regel; es gibt viele Regeln.**
> There is a rule; there are many rules.

> **Ich *habe* beide Spiele *gern*.**
> I like both games.

> **Ich *habe* Tennis *lieber* (als Fußball).**
> I prefer tennis (to football).

> **Ich *habe* Baseball *am liebsten*.**
> I like baseball best.

Present Subjunctive

> **Gott** *sei* **Dank;** *seien* **wir froh.**
> God be praised; let's be glad.

The *sei* and *seien* are forms of what is called the subjunctive I. You won't have to use this subjunctive much. Since we talked so much about the subjunctive II earlier, I thought you might be wondering what happened to the subjunctive I. Well, here it is; but unless you want to write speeches or essays or such, you don't have to bother with it.

Present Participle

> **der** *führende* **Sportkritiker**
> the leading sports critic
> *drohende* **Wolken**
> threatening clouds

We form what is called the present participle simply by adding a -d to the infinitive. You will be relieved to hear that this grammatical form with the fancy name behaves like any other adjective. The present participle is a form you won't use much.

EXERCISE 1 True or false?   T / F
1. **Peter hat Tim die Regeln erklärt.**   _____
2. **Tim hat Soccer am liebsten.**   _____
3. **Tim ißt nicht genug Spinat.**   _____
4. **Die Kickers sind wieder in der Verteidigung.**   _____
5. **Für amerikanischen Fußball muß man groß sein.**   _____

EXERCISE 2 Answer the following in complete German sentences.
1. **Warum wird Tim in Amerika nie Fußball spielen?**
2. **Was wird er vielleicht spielen?**
3. **Wem hat der Trainer die Leviten gelesen?**
4. **Wer ist aufgestanden?**
5. **Wer ist jetzt im Angriff?**

EXERCISE 3 Choose the correct words:
1. **Wem gefällt das Spiel sehr gut?**
   a. **mir** b. **mich** c. **sich**
2. **Was hat Tim am liebsten?**
   a. **Soccer** b. **Tennis** c. **Baseball**
3. **Die Spieler sind plötzlich**
   a. **ganz traurig** b. **wie ausgewechselt** c. **wie früher**
4. **Der führende Sportkritiker**
   a. **ist aufgestanden** b. **geht weg** c. **schläft**
5. **Wie ist jetzt das Wetter?**
   a. **die Sonne scheint** b. **es regnet stark** c. **es verschlechtert sich**

EXERCISE 4 Complete the following sentences.
1. **Peter hat ihm die Regeln** _____.
2. **Die Spieler rennen herum wie** _____.
3. **Die Kickers sind jetzt** _____.
4. **Das Publikum folgt dem Spiel mit großem** _____.
5. **Drohende Wolken zeigen sich am** _____.

EXERCISE 5 Translate the following.
1. **Ich habe Soccer am liebsten.**
2. **Er hat jedes Spiel gern.**
3. **In Amerika gibt es viele Fußballklubs.**
4. **Ich habe Tennis lieber als Soccer.**
5. **Gefällt dir das Spiel?**

Das Spiel (II)

Vocabulary

abwehren (w)	to beat back
Anhänger (m)	fan
(sich) auszureden versuchen	to try to talk oneself out of something
befördern (w)	*here:* to forward, pass (the ball)
das ist die Feuerprobe für ihn	that's his acid test
deutlich	clearly
(sich) entpuppen (w)	to turn out to be
er ist an die falsche Adresse gekommen	he has come to the wrong man
er hat ihm ein Bein gestellt	he tripped him
er läuft schnurstracks...	he makes a beeline...
er wird kein Glück haben	he won't have any luck
gerécht	just, fair
heißen (hieß, geheißen)	to be called
im siebten Himmel	in Seventh Heaven
Linksaußen (Außenstürmer) (m)	left forward
mächtig	powerful
nach hinten	to the rear
passen (w)	*here:* to pass (to a fellow-player)
Pfosten (m)	*here:* goalpost
Schiedsrichter (m)	referee
schießen (schoß, geschossen)	to shoot, score
sie gewinnen die Oberhand	they get the better (of the others)
sie setzen alles auf eine Karte	they are putting all their eggs in one basket
sie sind außer sich vor Freude	they are beside themselves with joy
soében	just now
Strafraum (m)	penalty area
über alles Erwarten	beyond all expectations
vergeblich	in vain
(sich) verlassen (verläßt, verließ, verlassen)	to depend (on someone)
verstärken (w)	to strengthen
vor drei Monaten	three months ago
wie es sich gehört	as it should be
zum Angriff übergehen (ging über, ist übergegangen)	to take the offensive

ANTON *Also* schaut euch das *mal* an! Ihr könnt deutlich sehen, daß die Kickers jetzt *die Oberhand gewinnen.*

PETER Und der Linksaußen, wie heißt der?

ANTON Fritz Pfaff. Der ist erst *vor drei Monaten* zu den Kickers gekommen. *Das ist die Feuerprobe für ihn. Er läuft schnurstracks* aufs Tor zu.

PETER Die Zuschauer sind *außer sich vor Freude.*

ANTON Da! Der Verteidiger hat ihm *ein Bein gestellt.* Ein Foul! Das hat doch jeder gesehen! Da kommt der Schiedsrichter. Das war im Strafraum.

PETER Der Kerl *versucht gar, sich auszureden.*

ANTON *Da ist er wohl an die falsche Adresse gekommen.*

PETER Kennst du den Schiedsrichter?

ANTON Bei dem *wird er kein Glück haben.* Herr Pichler ist streng und gerécht.

    TIM   Ein Elfmeter!

  ANTON *Wie es sich gehört.*

  PETER Wer wird den schießen? Dietz, hoffe ich.

    TIM   Da ist er schon.

  ANTON Tor! Ganz nah beim Pfosten. Auf den Dietz kann man sich verlassen!

    TIM   *Also* jetzt steht es 1:1.

  ANTON Das ist *aber* erst der Anfang.

      Anton hat recht. *Über alles Erwarten* haben sich die Kickers wieder als ein großes Team *entpuppt.* Hannes Birgel hat soeben einen Angriff der Haselburger abgewehrt und mit einem mächtigen Kick den Ball zu Hubert Klaar, dem rechten Außenstürmer, befördert. Der paßt ihn sofort zu Braunsteiner und der zu Hacker und das Spiel steht 2:1. Die Anhänger der Kickers sind *im siebten Himmel.* Die Elf *setzen jetzt alles auf eine Karte.* Die Mittelfeldspieler gehen nach hinten, um die Verteidigung zu verstärken. Ihre Stürmer warten vergeblich auf eine Chance, *zum Angriff überzugehen.*

Idiomatic Expressions

Accentuating (or Flavoring) Particles

also, mal, doch, gar, wohl, aber

    These are little words that add color and emphasis to your speech. Any attempt to find exact English equivalents to them is hopeless.

Put Your Best Foot Forward.
Zeigen Sie sich von Ihrer besten Seite!

    As was pointed out before, the knowledge of idiomatic expressions is crucial. They are used a lot in everyday conversation at all levels of style and on any topic. You will find them used as often in newspapers as they are in personal letters. They enrich the language and give it its special flavor. You are going to enjoy learning and using them. Most of them have one thing in common: They cannot be translated literally or word for word. Sometimes a German idiom will be almost identical with the English idiom; for example: *Sie sind außer sich vor Freude* (They are beside themselves with joy). But now take *Da ist er an die falsche Adresse gekommen.* You could, of course, translate this idiom literally: ''There he came to the wrong address''; but a translation of this kind leaves an English-speaking person totally mystified. You have to find an equivalent English expression, in this case: ''He went to the wrong man that time.''

Also schaut euch das mal an!

Here we have two of those accentuating particles, *also* and *mal.* Anton expresses both surprise and admiration about the comeback of the kickers.

Das hat doch jeder gesehen!

Anton could not be more emphatic about it.

Der Kerl versucht gar, sich auszureden.

The *gar* intensifies Tim's disgust.

Da ist er wohl an die falsche Adresse gekommen.

This is Anton's firm conviction hiding behind a pretense of uncertainty.

Das ist aber erst der Anfang.

This expresses admiration and joyful anticipation.

EXERCISE 6 True or false?   T / F
     1. **Fritz Pfaff spielt schon lange für die Kickers.** _____
     2. **Die Zuschauer sind außer sich vor Freude.** _____
     3. **Herr Pichler ist ein schlechter Schiedsrichter.** _____
     4. **Birgel spielt genau so schlecht wie früher.** _____
     5. **Die Haselburger können nicht zum Angriff übergehen.** _____

EXERCISE 7 Choose the correct answers.
     1. **Die Kickers gewinnen jetzt**
       a. **2 000 Mark**   b. **alles**   c. **die Oberhand**
     2. **Der Verteidiger der Elf hat ihm**
       a. **ein Bein gestellt**   b. **geholfen**   c. **gedankt**
     3. **Wohin ist er da gekommen?**
       a. **nach Wien**   b. **an den richtigen Ort**
       c. **an die falsche Adresse**
     4. **Nach dem zweiten Tor sind die Kickers**
       a. **im siebten Himmel**   b. **ganz zufrieden**
       c. **unglücklich**
     5. **Die Elf setzen jetzt alles auf**
       a. **ihr Glück**   b. **das Wetter**   c. **eine Karte**

EXERCISE 8 Complete each sentence with a word listed here: **übergehen, Glück, Erwarten, Monaten, entpuppt.**
     1. **Die Kickers haben sich als ein großes Team _____.**
     2. **Die Haselburger möchten gern zum Angriff _____.**
     3. **Beim Pichler wird er kein _____ haben.**
     4. **Pfaff ist erst seit drei _____ bei den Kickers.**
     5. **Über alles _____ spielen sie sehr gut.**

EXERCISE 9 Answer the following in complete German sentences.
     1. **Was hat Birgel soeben abgewehrt?**
     2. **Wohin hat er den Ball befördert?**
     3. **Wohin gehen die Mittelfeldspieler der Haselburger?**
     4. **Wer ist streng und gerecht?**
     5. **Für wen war das die Feuerprobe?**

EXERCISE 10 Translate into English.
     1. **Er läuft schnurstracks auf ihn zu.**
     2. **Sie versucht, sich auszureden.**
     3. **Über alles Erwarten spielt er sehr gut.**
     4. **Auf den Kerl kann man sich verlassen.**
     5. **Wie es sich gehört.**

Sieg!°
victory

Vocabulary

abnehmen (nimmt ab, nahm ab, abgenommen)	to take away
(sie) amüsieren sich königlich	they enjoy themselves immensely
auf der Hut sein	to be on one's guard
belagern (w)	to lay siege (to)
durchbrechen (bricht durch, brach durch, ist durchgebrochen)	to break through
erleben (w)	to witness
Enttäuschung (f)	disappointment
es geht uns schlecht	we are in a bad way
es paßt mir ausgezeichnet	it suits me to a T

Fiásko (n)	fiasco
(sich) freidribbeln	to dribble oneself free
Gegner (m)	opponent
(aus dem) Gleichgewicht bringen	to throw off balance
heiser	hoarse
in der Klemme sein	to be in a fix
in eine Sackgasse geraten	to be up against a brick wall
je nach der Situation	depending on the situation
(sie) kommen auf ihre Kosten	they are getting their money's worth
(sich) konzentrieren	to concentrate
köpfen (w)	to hit the ball with one's head; to head
mit halsbrecherischer Geschwindigkeit	with breakneck speed
Mütze (f)	cap
obendrein	on top of that, *here:* to boot
prompt	prompt(ly)
(die) Rechnung ohne den Wirt machen	to overlook one vital factor
Rückendeckung (f)	rear guard
Schluß machen (mit jemandem)	to knock off (someone)
schreien (schrie, geschrien)	to shout
Sieg (m)	victory
(einander) umarmen (w)	to embrace one another
unbeschreiblich	indescribable
vergessen (vergißt, vergaß, vergessen)	to forget
verzeihen (verzieh, verziehen)	to forgive
werfen (wirft, warf, geworfen)	to throw
wie ein geölter Blitz	like greased lightning
zu Ende	at an end; over
zurückbleiben (blieb zurück, ist zurückgeblieben)	to stay behind

ANTON Die Elf sind *in eine Sackgasse geraten*. Wenn sie sich zu sehr auf die Verteidigung konzentrieren, können sie das Spiel nie gewinnen.

PETER Den Kickers *paßt das ja ausgezeichnet.*

ANTON Ja, die Elf sind nun *in der Klemme*. Obendrein kommt jetzt noch Arnold Dietz, der Libero. . .

TIM Warum heißt er eigentlich Libero, Anton?

ANTON Das ist der Spieler, der je nach der Situation in der Verteidigung oder im Angriff spielen kann. Libero bedeutet „frei" auf italienisch, weißt du?

TIM Er kann also spielen, wo er will?

ANTON *Das ist es eben.* Ich glaube, er will mit den Haselburgern *Schluß machen*. Da! Was ist *denn* das? Ein hoher Ball von Schumacher und Dietz köpft ihn direkt ins Tor: 3:1.

Die Zuschauer *amüsieren sich königlich*. Die erste Halbzeit war eine Enttäuschung. Aber jetzt *kommen sie auf ihre Kosten*. Die Kickers haben die Elf *aus dem Gleichgewicht gebracht*. Die Verteidigung der Kickers ist jetzt im Mittelfeld und die Mittelfeldspieler belagern das Tor des Gegners zusammen mit den Stürmern. Der einzige, der zurückgeblieben ist, ist Birgel, der Vorstopper.

ANTON Wenn die Elf durchbrechen, *geht es uns schlecht*. Das kann gefährlich werden. Keine Rückendeckung. Die sollten *halt* mehr *auf der Hut sein*. Da, der Libero von den Elf hat sich freigedribbelt und kommt *mit halsbrecherischer Geschwindigkeit* auf unser Tor zu.

PETER   *Wie ein geölter Blitz!*
ANTON   Gott helf uns!
PETER   Hat er *etwa die Rechnung ohne den Wirt gemacht?*
ANTON   Du meinst Birgel?
PETER   Natürlich. Der nimmt ihm den Ball prompt ab und schießt ihn in der Rich-
tung von Hacker . . .
TIM   Und Hacker schießt den Ball ins Tor: 4:1.

Der Beifall des Publikums ist unbeschreiblich. Mützen werden in die
Luft geworfen, Leute umarmen einander, man schreit sich heiser. Das Fias-
ko der ersten Halbzeit ist vergessen . Ein solches Comeback hat man noch
nie erlebt. Das Spiel ist zu Ende.

More Idiomatic Expressions

More Accentuating Particles

ja, eigentlich, eben, denn, halt, etwa

Take another of those colorful idioms, and try to translate it literally: *die
Rechnung ohne den Wirt machen*. Just look at what you get: to add up the bill
without the innkeeper.

Den Kickers paßt das *ja* ausgezeichnet.

The particle gives added emphasis to Anton's conviction.

Warum heißt er *eigentlich* Libero?

There is genuine interest on the part of Tim.

Das ist es *eben*.

Anton expresses his agreement with Tim's interpretation.

Was ist *denn* das?

The ***denn*** is part of an idiomatic expression and impossible to translate. Compare
this with the English *why* in:

"Why, this is incredible."

Die sollten *halt* mehr auf der Hut sein.

This is fear mixed with resignation. There's an expression, allegedly typical for
Austrians:

Da kann man halt nix (nichts) machen.

There's nothing one can do about it.

Hat er *etwa* die Rechnung ohne den Wirt gemacht?

Tim speculating: a mixture of fear, caution and confidence.

EXERCISE 11   True or false?   T / F
1. **Die Elf sind in der Klemme.**   ____
2. **Die erste Halbzeit war eine Enttäuschung.**   ____
3. **Die Kickers haben immer Rückendeckung.**   ____
4. **Die Elf konzentrieren sich nur auf den Angriff.**   ____
5. **Dietz köpft den Ball ins Tor.**   ____

EXERCISE 12   Choose the correct words.
1. **Der Libero spielt *nicht***
   a. **im Angriff**   b. **im Tor**   c. **in der Verteidigung**
2. **Den Kickers paßt das ja**
   a. **ausgezeichnet**   b. **gar nicht**   c. **nicht sehr gut**

   3. **Gegen Ende des Spieles ist die Verteidigung der Kickers**
      a. **im Mittelfeld**   b. **bei den Stürmern**
      c. **wo sie früher war**
   4. **Der Beifall des Publikums ist**
      a. **nicht sehr laut**   b. **ziemlich laut**
      c. **unbeschreiblich**
   5. **Die Geschwindigkeit des Libero der Elf ist**
      a. **halsbrecherisch**   b. **sehr gut**   c. **nichts Besonderes**

EXERCISE 13 Answer the following in complete German sentences.
   1. **Was heißt „Libero" auf Deutsch?**
   2. **Womit will Arnold Dietz Schluß machen?**
   3. **Was geschieht, wenn die Elf durchbrechen?**
   4. **Was hat man in Ludwigsheim noch nie erlebt?**
   5. **Was wird am Ende des Spieles in die Luft geworfen?**

EXERCISE 14 Translate into English.
   1. **Er ist in eine Sackgasse geraten.**
   2. **Obendrein kommt jetzt noch Dietz.**
   3. **Ich hoffe, ich komme auf meine Kosten.**
   4. **Der Mann rennt wie ein geölter Blitz.**
   5. **Er hat die Rechnung ohne den Wirt gemacht.**

EXERCISE 15 Complete each sentence with a word listed here: **königlich, Gleichgewicht, Kosten, Klemme, Hut**.
   1. **Die Zuschauer kommen jetzt auf ihre** _____.
   2. **Die Elf sind jetzt in der** _____.
   3. **Die Leute amüsieren sich** _____.
   4. **Ohne Rückendeckung sollten die Kickers auf der** _____ **sein.**
   5. **Er hat ihn aus dem** _____ **gebracht.**

KAPITEL 18

Weihnachten
Christmas

Mainly Conversation with an Occasional Idiom Thrown In

Christmas at the Bauers'. Everybody is invited. There's carp and roast goose tonight.

"Stille Nacht, heilige Nacht."

Dicks Pläne

Vocabulary

ähnlich	similar
ausschicken (w)	to send out
brechen (bricht, brach, gebrochen)	to break
Chirúrg (m)	surgeon
Chirurgíe (f)	surgery
es wird mir schlecht	I get sick
es tut weh	it hurts
Gatte, Gattin	spouse
geschwollen	swollen
kommerzialisíert	commercialized
Majór (m)	major
mitnehmen (nimmt mit, nahm mit, mitgenommen)	to take along
(sich) niederlassen	to settle
Reiz (m)	charm
Schlinge (f)	sling
sehen (sieht, sah, gesehen)	to see
(sich) spezialisieren (w)	to specialize
sprechen (spricht, sprach, gesprochen)	to speak
verstauchen (w)	to sprain
vorziehen (zieht vor, zog vor, vorgezogen)	to prefer
Weihnachten (f. pl.)	Christmas
weit voraus	far ahead
wochenlang	for weeks

175

DICK (to Nora) **Das war eine originelle Karte, die Sie ausgeschickt haben.**

NORA **Gretchens Idee. Und Peter hat ihr dabei geholfen. Die Kinder freuen sich immer sehr auf Weihnachten und sprechen wochenlang von nichts anderem.**

DICK **Das kann ich mir vorstellen.**

KRISTY **Bei uns in Amerika ist es auch ein ganz großes Fest. Aber leider ist es jetzt schon sehr kommerzialisiert.**

NORA **Wir haben ein ähnliches Problem hier. Aber Weihnachten hat noch immer seinen eigenen Reiz.** (to Dick) **Ich bin froh, daß Sie kommen konnten.**

DICK **Ich hab Glück gehabt, daß ich heute abend nicht im Spitál bleiben mußte.**

NORA **Wie lange arbeiten Sie noch dort?**

DICK **Vielleicht noch zwei Jahre.**

NORA **Wollen Sie sich auf etwas spezialisieren?**

DICK **Ich möchte gern Chirúrg sein. Als Junge ist mir schlecht geworden, wenn ich Blut gesehen habe. Aber das hat sich geändert. Vielleicht kann ich wieder nach Amerika gehen. Dort sind sie jetzt in der Chirurgíe weit voraus.—O, hier ist Tim. Wie geht's, junger Mann?**

TIM **Danke, sehr gut. Das ist sehr nett von Ihnen, Frau Bauer, daß Sie mich eingeladen haben.**

NORA **Peters Freund ist mein Freund. Tims Eltern, Majór Kelley und seine Gattin, sind nach Berchtesgaden skilaufen gefahren. Aber sie haben Tim nicht mitnehmen können, weil er sich vor einer Woche den Arm verstaucht hat.**

DICK **Laß sehen!**

TIM **Man sieht fast nichts mehr.**

DICK **Er ist noch immer etwas geschwollen. Tut er noch weh?**

TIM **Nur ein bißchen. Bis gestern mußte ich ihn noch in einer Schlinge tragen.**

DICK **Sei froh, daß du dir ihn nicht gebrochen hast.**

NORA **Wollen Sie sich dann in Ludwigsheim niederlassen?**

DICK **Weiß ich noch nicht. Sie haben sehr viele Ärzte hier. Das Krankenhaus ist sehr gut, aber ich würde wahrscheinlich eine größere Stadt vorziehen.**

EXERCISE 1 True or false?   T / F

1. **Die Kinder mögen Weihnachten nicht.** _____

2. **Dick muß heute abend im Spital sein.** _____

3. **Er möchte sich gern spezialisieren.** _____

4. **Major Kelley und seine Frau sind skilaufen gefahren.** _____

5. **In Ludwigsheim gibt es sehr wenige Ärzte.** _____

EXERCISE 2 Answer the following in complete German sentences.

1. **Wann ist es Dick als Jungem schlecht geworden?**

2. **Wie lange wird er vielleicht noch in Ludwigsheim arbeiten?**

3. **Wo sind sie in der Chirurgie weit voraus?**

4. **Wo sind Tims Eltern heute?**

5. **Was ist los mit seinem Arm?**

EXERCISE 3 Complete each sentence with a word listed here: **Idee, Fest, Schlinge, mitnehmen, geschwollen.**

1. **Tim hat bis gestern den Arm in einer** _____ **getragen.**

2. **Deshalb konnten die Eltern Tim nicht** _____ **.**

3. **Sein Arm ist noch immer etwas** _____ **.**

4. **Die Karte war Gretchens** _____ **.**

5. **In Amerika ist Weihnachten auch ein großes** _____ **.**

EXERCISE 4 Translate into English.

1. **Er freut sich auf Weihnachten.**

2. **Es hat seinen eigenen Reiz.**

3. **Dort sind sie weit voraus.**
4. **Er hat sich den Arm verstaucht.**
5. **Er hat sich ihn nicht gebrochen.**

EXERCISE 5 Write the following in German.
1. I was lucky.
2. She talks of nothing else.
3. He would like to be a surgeon.
4. That happened a week ago.
5. He wants to settle in a larger city.

Der Fluch des Rauchens

Vocabulary

(sie) ablösen (w)	to take her place
anrühren (w)	to touch
anzünden (w)	to light
Brei (m)	pap, broth
Fluch (m)	curse
für eine Prüfung büffeln	to cram for an exam
Halsweh (n)	sore throat
Husten (m)	cough
ich bin dort überflüssig	they can do without me there
ich hab mir das Rauchen abgewöhnt	I gave up smoking
ich habe Pech	I have bad luck
keine Gefahr	no danger
Kettenraucher (m)	chainsmoker
Rate (f)	installment
Sargnagel (m)	"coffin nail," i.e., cigarette
sezieren (w)	to dissect (a corpse)
Vorsicht!	look out!
wacker (in an ironical sense)	brave(ly), stout(ly), like a trooper
willensstark	having willpower
(sich) zeigen (w)	to show oneself
zu viele Köche verderben den Brei	too many cooks spoil the broth

NORA Entschuldigen Sie bitte. Ich muß sehen, was in der Küche los ist. *Ich bin dort wahrscheinlich überflüssig,* mit Frau Braun und Gretchen . . .

DICK Vorsicht, Frau Nora: *Viele Köche verderben den Brei.*

NORA Keine Gefahr. Trotzdem glaube ich, ich sollte mich zeigen. Anton, wo ist Susie?

ANTON Arbeitet wacker in der Küche.

NORA Die auch? Ich glaube, ich werde sie ablösen.

ANTON Wie geht's, Dick? Nett, Sie wiederzusehen. Zigarette?

DICK Nein, danke. Ich bin froh, *ich hab' mir das Rauchen abgewöhnt.* Ich war ein Kettenraucher. Habe mir förmlich eine an der anderen angezündet. Besonders in meinen Studententagen, wenn ich *für eine Prüfung büffeln* mußte.

ANTON Wie haben Sie sich das abgewöhnt?

DICK Wann immer ich zu viel rauchte, bekam ich Halsweh. Aber ich hab' trotzdem weiter geraucht. Eines Tages war es so schlimm, ich konnte kaum reden. Und der fürchterliche Husten am Morgen! Da hab' ich mir gedacht, Schluß damit, und ich hab' die Sargnägel seither nicht angerührt.

KRISTY Ich glaube, du bist sehr willensstark.

DICK Ich habe beim Sezieren einige Lungen gesehen, ich sage euch . . .

KRISTY Bitte, nicht heute.
 DICK Man muß total damit aufhören. Auf Raten geht das nicht.
ANTON Sie haben recht. Ich habe schon fünfmal aufgehört. Aber *ich habe Pech*.
 DICK Was meinen Sie?
ANTON Ich kriege nie Halsweh.

EXERCISE 6 True or false?   T / F
1. Susie ist auch in der Küche.   _____
2. Dick raucht jetzt 30 Zigaretten täglich.   _____
3. Anton hat sich das Rauchen abgewöhnt.   _____
4. Dick hustete am Morgen.   _____
5. Anton bekommt nie Halsweh.   _____

EXERCISE 7 Answer the following in complete German sentences.
1. Wer verdirbt den Brei?
2. Was bietet Anton Dick an?
3. Wann hat Dick besonders viel geraucht?

EXERCISE 8 Choose the correct words.
1. Wie oft hat Anton zu rauchen aufgehört?
   a. nie b. zweimal c. fünfmal
2. Was bekam Dick, wenn er zu viel rauchte?
   a. Halsweh b. Zahnweh c. Kopfweh
3. Wann rauchte er am meisten?
   a. wenn er auf Ferien war b. beim Autofahren
   c. vor einer Prüfung
4. Wobei hat er die Lungen gesehen?
   a. bei einem Besuch im Museum b. beim Essen
   c. beim Sezieren
5. Kristy glaubt, Dick ist sehr
   a. willensstark b. stolz c. eigensinnig

EXERCISE 9 Translate into English.
1. Sie ist dort überflüssig.
2. Nora wird sie ablösen.
3. Er mußte für die Prüfung büffeln.
4. Auf Raten geht das nicht.
5. Er hat Pech.

EXERCISE 10 Complete the following sentences.
1. Susie arbeitet wacker in der _____.
2. Dick hat sich eine Zigarette an der anderen _____.
3. Es war so schlimm, er konnte kaum _____.
4. Er meint, man muß total damit _____.
5. Anton kriegt nie _____.

Wie war das Weihnachtsgeschäft?

Vocabulary

Álkohol (n)	alcohol
anno dázumal	way back
auf Kredít kaufen	to buy on credit
Chinése (m) (pronounce "Kináyse")	Chinese
das ist Geschmacksache	that's a matter of taste
das ist keine Kunst	that's easy
Einband (m)	binding (of a book)
gegen bar verkaufen	to sell for cash
Geschénk (n)	present, gift

(eine) gewinnende Art	a winning way
hineintun (tut hinein, tat hinein, hineingetan)	to put into
Kalkulatiónsaufschlag (m)	markup
Klassiker (m)	classic
(es) läuft wie am Schnürchen	it goes like clockwork, smoothly
mit Kunden umgehen	to deal with customers
pünktlich	*here:* promptly
Punsch (m)	punch, i.e., beverage
Schuld (f)	*here:* debt
Schund (m)	trash
überhándnehmen (nimmt überhand, nahm überhand, überhandgenommen)	to spread, *here:* to take over (the market)
üblich	usual
umtauschen (w)	to exchange
unter uns gesagt	between you and me
zahlen (w)	to pay

KARL Bitte nehmt euch doch etwas zu trinken. Der Punsch ist wirklich nicht schlecht. Ich habe sogar etwas Alkohol hineingetan.

DICK Vielen Dank. Und die Hors d'oeuvres sind ausgezeichnet.

ANTON Nora ist eine erstklassige Köchin.—Wie war das Weihnachtsgeschäft?

KARL Nicht schlecht.

ANTON Was verkaufst du am meisten?

KARL Die üblichen Bestsellers. *Unter uns gesagt,* die meisten sind Schund. Aber *das ist* natürlich *Geschmacksache.* Klassiker gehen noch immer ganz gut; besonders mit schönen Einbänden, als Weihnachtsgeschenke. Nach Weihnachten versuchen die Leute, sie dann umzutauschen, weil die Kinder drei Schiller oder zwei Goethe bekommen haben.

DICK Tauschen Sie sie um?

KARL Ja, das muß man wohl tun.

DICK Die meisten Bücher, die ich kaufe, sind Paperbacks. Die haben sehr überhandgenommen, nicht?

KARL Sehr. Leider sind sie auch nicht mehr so billig wie *anno dazumal.* Und man muß eine Menge davon verkaufen, denn der Kalkulatiónsaufschlag ist sehr klein.

ANTON Ich höre, daß Gretchen eine sehr gute Verkäuferin ist.

KARL Ich glaube, Gretchen könnte alles verkaufen. Sie hat eine sehr gewinnende Art, mit den Kunden umzugehen. Wenn sie im Laden ist, *läuft alles wie am Schnürchen.*

ANTON Verkaufst du *gegen bar?*

KARL Ich würde gern; aber heutzutage will jeder auf Kredít kaufen, und die Außenstände wachsen von Jahr zu Jahr.

ANTON Du solltest mehr Chinésen als Kunden haben.

KARL Wie meinst du das?

ANTON Die Chinésen zahlen alle ihre Schulden pünktlich am 1. Januar.

KARL *Das ist keine Kunst.* Die haben ja keine Weihnachten die Woche vorher.

EXERCISE 11 True or false? T / F
1. Das Weihnachtsgeschäft war nicht schlecht. _____
2. Nach Weihnachten werden viele Bücher umgetauscht. _____
3. Karl verkauft nur gegen bar. _____
4. Die meisten Bestsellers sind Schund. _____
5. Chinesen zahlen ihre Schulden nie. _____

EXERCISE 12 Complete each sentence with a word listed here: **Schnürchen, Einbänden, Paperbacks, schlecht, Schund**.
1. **Die meisten Bücher, die Karl verkauft, sind** _____.
2. **Klassiker gehen ganz gut, besonders die mit schönen** _____.
3. **Die meisten Bestsellers sind** _____.
4. **Mit Gretchen im Geschäft läuft alles wie am** _____.
5. **Der Punsch ist wirklich nicht** _____.

EXERCISE 13 Choose the correct words.
1. **Karl sagt, Nora ist eine ausgezeichnete**
   a. **Angestellte** b. **Köchin** c. **Lehrerin**
2. **Das Weihnachtsgeschäft war**
   a. **nicht schlecht** b. **miserabel** c. **wunderbar**
3. **Karl verkauft am meisten**
   a. **Schulbücher** b. **Witzbücher** c. **Bestsellers**
4. **Tauscht Karl Bücher um?**
   a. **immer** b. **manchmal** c. **nie**
5. **Karl nennt Gretchens Art, mit den Kunden umzugehen**
   a. **gewinnend** b. **freundlich** c. **nett**

EXERCISE 14 Translate into English:
1. **Unter uns gesagt**
2. **Alles läuft wie am Schnürchen.**
3. **Sie weiß, mit den Kunden umzugehen.**
4. **Das ist Geschmacksache.**
5. **Karl kann nicht nur gegen bar verkaufen.**

EXERCISE 15 Answer the following in complete German sentences.
1. **Was ißt man zum Punsch?**
2. **Was nennt Karl die meisten Bestsellers?**
3. **Warum muß Karl eine Menge Paperbacks verkaufen?**
4. **Wieso können die Chinesen ihre Schulden pünktlich am 1. Januar bezahlen?**
5. **Was wächst bei Karl von Jahr zu Jahr?**

Mehr über Ludwigsheim

Vocabulary

abzählen = zählen (w)	to count
alle Hebel in Bewegung setzen	to do all one can
Armut (f)	poverty
Bedeutung (f)	importance
bewahren (w)	to preserve
Bürger (m)	citizen
darstellen (w)	to represent
eingestellt	*here:* inclined
Einkommensquelle (f)	source of income
einsehen (sieht ein, sah ein, eingesehen)	to realize
entdecken (w)	to discover
fallen lassen	to drop
Finger (m)	finger
flankieren	to flank
Fremdenverkehr (m)	tourism
geschniegelt und gebügelt	spick and span
gotisch	gothic
Großstädter (m)	big-city dweller

gründen (w)	to found
Handels- und Industríezentrum (n)	commercial and industrial center
Kaiser (m)	emperor
kommerziéll	commercial
konservatív	conservative
kulturéll	cultural(ly)
langweilig	boring, dull
lieblich	*here:* smooth
Mauer (f)	wall
Mehrheit (f)	majority
mit einem lachenden und einem weinenden Auge	with mixed emotions
moralisch	moral
Nachtlokal (n)	nightclub
nichtsahnend	unsuspecting
öffentliche Anlagen (f. pl.)	public grounds
Rathaus (n)	city hall
Rotwein (m)	red wine
Seeweg (m)	maritime route
Siedlung (f)	settlement
solíd	solid
Stadtväter (m. pl.)	city fathers
sternhagelvoll	dead drunk
Stil (m)	style
süffig	tasty
Tor (n)	gate
Turm (m)	tower
uralt	ancient
verpflanzen (w)	to transplant
(es) wimmelt von Touristen	it is crawling with tourists
Wohlstand (m)	wealth
(sie) zeigen sich von ihrer besten Seite	they put their best foot forward
Zigaréttenstummel (m)	cigarette butt

Ludwigsheim ist eine der ältesten Städte Deutschlands. Sie wurde von Kaiser Ludwig II. im Jahre 831 gegründet und ist ein schönes Beispiel für eine mittelalterliche Siedlung, flankiert von uralten Mauern, Türmen and Toren.

Das interessanteste Gebäude ist das Rathaus, das seinen gotischen Stil am reinsten bewahrt hat. Zwischen den Jahren 1200 und 1500 wurde Ludwigsheim ein berühmtes Handels- und Industriezentrum Süddeutschlands, welches seine kommerzielle Bedeutung erst nach dem Jahre 1500 verlor, als der Seeweg nach Indien entdeckt wurde.

Heute ist Ludwigsheim eine Stadt solider Bürger von relativem Wohlstand, die Mehrheit konservatív eingestellt, kulturéll interessiert und stolz auf ihr Fußballteam. Von Armut ist wenig zu sehen, die Straßen und öffentlichen Anlagen sind *geschniegelt und gebügelt*. Wenn man einen Zigarettenstummel auf der Straße fallen läßt, kostet das 20 Mark. Die Nachtlokale in Ludwigsheim kann man an den Fingern einer Hand abzählen. Die moralischen Standards sind hier angeblich sehr hoch. Ein Großstädter, der nach Ludwigsheim verpflanzt ist, wird die Stadt wahrscheinlich langweilig finden.

Aber heute *wimmelt es* dort von Touristen. Die Stadtväter haben schon seit langem eingesehen, daß der Fremdenverkehr die einzige solide Einkommensquelle für Ludwigsheim darstellt, und haben *alle Hebel in Bewegung gesetzt*—wahrscheinlich *mit einem lachenden und einem weinenden Auge*—um *sich von ihrer besten Seite zu zeigen.*

> Der Ludwigsheimer Rotwein ist berühmt in ganz Deutschland, er ist süffig, lieblich und leicht, und wird daher von den nichtsahnenden Besuchern in großen Mengen konsumiert; aber man wird *sternhagelvoll* davon.

EXERCISE 16 True or false?   T / F
1. **Ludwigsheim ist über 1000 Jahre alt.** _____
2. **Das interessanteste Gebäude ist das Rathaus.** _____
3. **Heute ist Ludwigsheim ein großes kommerzielles Zentrum.** _____
4. **Von Touristen wimmelt es dort.** _____
5. **Der Wein in dieser Stadt ist miserabel.** _____

EXERCISE 17 Answer the following in complete German sentences.
1. **Wofür ist die Stadt ein schönes Beispiel?**
2. **Was geschieht, wenn man einen Zigarettenstummel fallen läßt?**
3. **Wovon ist wenig zu sehen?**
4. **Wovon wimmelt es heute?**
5. **Wie ist der Ludwigsheimer Rotwein?**

EXERCISE 18 Translate into English:
1. **Geschniegelt und gebügelt.**
2. **Er hat alle Hebel in Bewegung gesetzt.**
3. **Er ist sternhagelvoll.**
4. **Sie zeigt sich von ihrer besten Seite.**
5. **Die Stadtväter haben das schon lange eingesehen.**

EXERCISE 19 Choose the correct words:
1. **Die Straßen Ludwigsheims sind**
   a. **schmutzig** b. **sehr rein** c. **ziemlich rein**
2. **Der Wein von Ludwigsheim ist**
   a. **süffig** b. **bitter** c. **schlecht**
3. **Wie findet ein Großstädter Ludwigsheim?**
   a. **interessant** b. **traurig** c. **langweilig**
4. **Von wem wurde die Stadt gegründet?**
   a. **Napoleon** b. **Ludwig II.** c. **Rudolf I.**
5. **Die einzige solide Einkommensquelle für Ludwigsheim ist**
   a. **der Fremdenverkehr** b. **der Buchhandel**
   c. **das Fußballteam**

EXERCISE 20 Complete each sentence with a word listed here: **Siedlung, Bewegung, Wohlstand, süffig, Nachtlokale**
1. **Ludwigsheim ist eine Stadt von relativem _____.**
2. **Der Ludwigsheimer Rotwein ist _____.**
3. **Die Stadt ist ein schönes Beispiel für eine mittelalterliche _____.**
4. **Was man an den Fingern einer Hand abzählen kann, sind _____.**
5. **Sie haben alle Hebel in _____ gesetzt.**

Zurück zu den Bauers
In der Küche

Vocabulary

ach!	ah!
Angst (f)	fear, anguish
Äpfel im Schlafrock	apple dumplings
auswaschen (wäscht aus, wusch aus, ausgewaschen)	to wash out, cleanse

duften (w)	to smell pleasant
da fällt mir die Wahl schwer	this is a hard choice for me to make
emsig	busy
engagieren (w)	to hire
Haselnußtorte (f)	hazelnut torte
im Wege stehen (stand im Wege, ist im Wege gestanden)	to be in the way
Ingwergebäck (n)	ginger cookies
Karpfen (m)	carp
kosten (w)	*here*: to taste
kulinárisch	culinary
Kunst (f)	art
Lébkuchen (m)	gingerbread
Meisterwerk (n)	masterpiece
panieren (w)	to bread
Preiselbeeren (f. pl.)	cranberries
(eine) Riesengans (f)	a giant goose
Spargel (m)	asparagus
stadtbekannt	known city-wide
sülzen (w)	to put in aspic
Topf, Töpfe (m)	pot
verhungern (w)	to starve
Vorbereitungen treffen (trifft, traf, getroffen)	to make preparations
zweierlei	two kinds of

In Noras Küche war man während der letzten Woche sehr emsig. Jetzt werden die letzten Vorbereitungen für das große Weihnachtsessen getroffen, alles sieht wunderbar aus und duftet herrlich.

KRISTY Bitte verzeiht mir, daß ich euch nicht geholfen habe. Leider hab' ich nie richtig kochen gelernt.

NORA Ach, du wärest uns doch nur im Wege gestanden. Vier von uns sind mehr als genug.

KRISTY Vielleicht kann ich die Töpfe auswaschen.

NORA Gut. Ich engagiere dich für später.

KRISTY Ich sehe, du hast zweierlei Karpfen.

GRETCHEN Ja, ein Teil ist paniert und der andere gesülzt.

KRISTY *Da fällt mir die Wahl schwer.*

SUSIE Du mußt von beiden kosten. Sie sind Meisterwerke kulinárischer Kunst.

KRISTY Ich hab Karpfen sehr gern. Leider bekommt man den in Denver nicht oder nur sehr selten.

GRETCHEN Die wissen nicht, was gut ist.

FRAU BRAUN Da, kost ein Stück.

KRISTY Mmm! Herrlich!

FRAU BRAUN Und schau dir die Riesengans an! Und die Knödel! Mit Spargel und Preiselbeeren.

SUSIE Glaubst du, werden wir genug haben?

KRISTY Ich bin nicht sicher.

SUSIE Nora hat immer große Angst, daß die Gäste in ihrem Haus verhungern werden.

NORA O, hör auf damit!

SUSIE Ich muß dir den Nachtisch zeigen. Hier. Äpfel im Schlafrock, Haselnußtorte und, weil's Weihnachten ist, Ingwergebäck und Lebkuchen.

KRISTY Ist das alles?

SUSIE Hier ist die Suppe—Blumenkohlsuppe. Riech mal!

KRISTY Ich werde eine Woche lang nichts essen können . . .

SUSIE Wart! Und hier ist Noras stadtbekannte Spezialität: ihr berühmter bunter Salat!

EXERCISE 21 True or false?   T / F

   1. **In Noras Küche riecht es schlecht.** _____

   2. **Karpfen ist in Denver nicht sehr populär.** _____

   3. **Noras Gans ist leider zu klein.** _____

   4. **Aber sie wird zweierlei Karpfen servieren.** _____

   5. **Kristy hat Nora nicht geholfen.** _____

EXERCISE 22 Answer the following in complete German sentences.

   1. **Was wird Kristy vielleicht später tun?**

   2. **Was muß Kristy kosten?**

   3. **Wie nennt Susie Noras Karpfen?**

   4. **Was wird mit der Gans serviert?**

   5. **Was hat man noch, weil's Weihnachten ist?**

EXERCISE 23 Choose the correct words.

   1. **Kristy kann nicht richtig**
     a. skilaufen   b. schwimmen   c. kochen

   2. **Welche Art Nachtisch wird Nora nicht servieren?**
     a. Liebesknochen   b. Lebkuchen   c. Haselnußtorte

   3. **Was wird Kristy später auswaschen?**
     a. Teller   b. Tassen   c. Töpfe

   4. **Was bekommt man in Denver nur selten?**
     a. Forelle   b. Karpfen   c. Weißfisch

   5. **Die Gans, die Nora serviert, ist**
     a. sehr groß   b. nicht sehr groß   c. klein

EXERCISE 24 Match the following.

   1. **Vier von uns sind mehr als genug.** _____ I am not certain.

   2. **Ich engagiere dich für später.** _____ Do you think we have enough?

   3. **Sie hat zweierlei Karpfen.** _____ The salad is Nora's specialty.

   4. **Glaubst du, haben wir genug?** _____ She has two kinds of carp.

   5. **Der Salat ist Noras Spezialität.** _____ Four of us are more than enough.

   6. **Ich bin nicht sicher.** _____ I'll hire you for later.

EXERCISE 25 Translate into English.

   1. **Du wärest uns nur im Wege gestanden.**

   2. **Die wissen nicht, was gut ist.**

   3. **Kristy kostet ein Stück.**

   4. **Werden sie in Noras Haus verhungern?**

   5. **Alles duftet herrlich.**

Das Weihnachtsessen

Vocabulary

beleidigen (w)	to offend
beschwípst	tipsy
entkorken (w)	to uncork
erzählen (w)	to tell

essen (ißt, aß, gegessen)	to eat
füllen (w)	to fill
Gastgeberin (f)	hostess
Hunger (m)	hunger
Katzentisch (m)	small, separate table
Kost (f)	food
Leben (n)	life
Portión (f)	portion, helping
satt	full
schmecken (w)	to taste
sitzen (saß, gesessen)	to sit
Truthahn (m)	turkey
widerstéhen (widerstand, widerstanden)	to resist

Die Mahlzeit ist ein großer Erfolg. Jeder ißt viel mehr als er (oder sie) sollte. Da der Tisch im Speisezimmer nicht groß genug ist, sitzen die Kinder an einem „Katzentisch'' in der Ecke. Karl hat ein paar Flaschen Rheinwein entkorkt und füllt immer wieder die Gläser der Gäste. Kristy ist ein bißchen beschwípst.

DICK   Ein Toast auf unsere liebenswürdige Gastgeberin. Ich muß sagen, das war die beste Mahlzeit meines Lebens. (All applaud.)

KRISTY   (to him) Besonders nach der Kost im Krankenhaus.

NORA   Vielen Dank, Dick. Aber Sie essen so wenig. Nehmen Sie doch mehr Gans.

DICK   Frau Nora, manchmal esse ich mehr als gewöhnlich, aber niemals weniger. Danke. Wie kann ich widerstehen.

ANTON   Das ist schrecklich. Der schöne Hunger ist ganz weg.

SUSIE   Laßt euch noch etwas Raum für den Nachtisch. Oder ihr beleidigt meine Mutter. Die Haselnußtorte ist ihre Spezialität. (All applaud.)

NORA   Kinder, habt ihr genug?

TIM   Kann ich noch eine Portion Preiselbeeren haben, Frau Bauer? Sie sind sooo gut.

NORA   Gretchen hat sie gemacht. Hier.

TIM   Ich werde meiner Mutter davon erzählen, vielleicht kannst du ihr das Rezépt geben.

GRETCHEN   O, sie kennt das bestimmt. Habt ihr die nicht mit Truthahn in Amerika?

TIM   Ja, aber hier schmecken sie viel besser.

PETER   Ich glaube, ich bin satt.

GRETCHEN   Keine Torte?

PETER   Vielleicht später.

EXERCISE 26   True or false?   T / F
     1. Alle Gäste sitzen an *einem* Tisch.   _____
     2. Die Haselnußtorte ist Susies Spezialität.   _____
     3. Antons Hunger ist ganz weg.   _____
     4. Die Mahlzeit ist ein großer Erfolg.   _____
     5. Die Kost im Krankenhaus ist sehr gut.   _____

EXERCISE 27   Answer the following in complete German sentences.
     1. Wo sitzen die Kinder?
     2. Womit füllt Karl die Gläser der Gäste?
     3. Wer ist die „liebenswürdige Gastgeberin''?
     4. Wofür sollen sich die Gäste Raum lassen?
     5. Was essen sie mit Truthahn in Amerika?

EXERCISE 28 Complete each sentence with a word listed here: **genug, Krankenhaus, wenig, beschwipst, Rezept**
1. **Nora sagt, ,,Dick, Sie essen so** _____.**''**
2. **Kristy ist ein bißchen** _____.
3. **Der Tisch im Speisezimmer ist nicht groß** _____.
4. **Vielleicht sollst du ihr das** _____ **geben.**
5. **Die Mahlzeit ist ausgezeichnet, besonders nach der Kost im** _____.

EXERCISE 29 Translate into English.
1. **Die Kost im Krankenhaus ist miserabel.**
2. **Manchmal ißt Dick mehr als gewöhnlich.**
3. **Tim bekommt noch eine Portion Preiselbeeren.**
4. **In Amerika ist Truthahn sehr populär.**
5. **Wie kann er widerstehen?**

EXERCISE 30 Choose the correct words.
1. **Nora sagt zu Dick, ,,Nehmen Sie doch etwas mehr**
   a. **Fisch** b. **Gans** c. **Wein**
2. **Tim will noch eine Portion**
   a. **Preiselbeeren** b. **Spargel** c. **Knödel**
3. **Was hat Frau Braun gemacht?**
   a. **den Karpfen** b. **die Haselnußtorte**
   c. **den Lebkuchen**
4. **Was ist für Anton ganz weg?**
   a. **der Hunger** b. **die Torte** c. **das Ingwergebäck**
5. **Was sagt Peter am Ende des Mahles?**
   a. **Ich bin hungrig.** b. **Ich bin satt.**
   c. **Ich bin müde.**

O, Tannenbaum

Vocabulary

behangen	decked out
bewundern (w)	to admire
einziehen (zog ein, ist eingezogen)	to move (into)
Flügel (m)	*here:* grand piano
Gitárre (f)	guitar
glitzern (w)	to glitter
herúmfuchteln (w)	to saw the air
ich kann's nicht ausstehen	I cannot stand it
jetzt kommst *du* dran	now it's your turn
Likŏr (m)	liqueur
Klavíer (n)	piano
Kümmel (m)	caraway liqueur
mitbringen (brachte mit, mitgebracht)	to bring along
Nuß (f)	nut
Slívovitz (m)	plum liqueur
stören (w)	to disturb
Verdauung (f)	digestion
Weihnachtsbaum (m)	Christmas tree
Weihnachtslieder (n. pl.)	Christmas carols
wild	wild

Die Gäste machen es sich im Wohnzimmer bequem und bewundern den schönen Weihnachtsbaum, der mit glitzernden Dekorationen, aber auch mit Nüssen, Bonbons und Gebäck behangen ist. Die Kinder öffnen ihre Geschenke und sind im siebenten Himmel. Karl bietet den Gästen Likör an, Kümmel oder Slivovitz. Angeblich ist das gut für die Verdauung.

SUSIE   Jetzt sollten wir Weihnachtslieder singen.

NORA   Leider haben wir kein Klavier. Karl wollte mir eins kaufen, da habe ich ihm gesagt, wart, bis wir ins neue Haus einziehen. Dort haben wir mehr Platz für einen Flügel. Aber ich habe eine Überraschung für euch.

KRISTY   Was ist es, Nora?

NORA   Ihr wißt doch, daß Peter Musiker ist. Ein sehr guter Cellist. Im letzten Schulorchesterkonzert spielte er ein Solo. Ausgezeichnet. Aber er will Dirigent sein.

GRETCHEN   Manchmal steht er im Zimmer und dirigiert mit den Schallplatten. Fuchtelt ganz wild mit den Händen herum; aber dabei darf man ihn nicht stören. Onkel Leopold sagt, er macht das sehr gut.

NORA   *Mein* Onkel, der pensionierte Kapellmeister. Sag's ihnen, Peter.

PETER   Nach dem Cello wollte ich gern Flöte lernen. Aber mit meinen Zähnen ist etwas nicht in Ordnung. Und Klavier haben wir noch keins. Ein Kapellmeister soll mehrere Instrumente spielen. Da hat mir Vati vor zwei Monaten eine Gitarre gekauft.

DICK   Kannst du sie bereits spielen?

PETER   Das ist ziemlich leicht. Aber ich war nicht der einzige, der eine Gitarre bekommen hat. Tim, *jetzt kommst du dran.*

TIM   Ich spiel die Violine schon seit vier Jahren. Und *ich kann's nicht ausstehen.* Dann kriegt Peter seine Gitarre, ich hör ihm zu und es ist super. Da sag ich meinem Dad, „Dad, kannst du mir auch eine Gitarre kaufen?"

KRISTY   Und hast du sie bekommen?

TIM   Ja. Hier, ich hab sie mitgebracht.

EXERCISE 31   True or false?   T / F

1. **Die Gäste sitzen jetzt im Wohnzimmer.**   _____
2. **Karl bietet ihnen Wasser an.**   _____
3. **Nora hat kein Klavier in ihrem Haus.**   _____
4. **Peter spielt jetzt auch die Flöte.**   _____
5. **Tim hat auch eine Gitarre bekommen.**   _____

EXERCISE 32   Answer the following in complete German sentences.

1. **Was hängt am Weihnachtsbaum?**
2. **Wann wird Nora ein Klavier haben?**
3. **Wo dirigiert Peter?**
4. **Was hat ihm sein Vater geschenkt?**
5. **Was kann Tim nicht ausstehen?**

EXERCISE 33   Choose the correct words.

1. **Die Gäste sitzen im Wohnzimmer und bewundern**
   a. **die Geschenke**   b. **Kristys Kleid**
   c. **den Weihnachtsbaum**
2. **Was wird den Gästen *nicht* angeboten?**
   a. **Coca-Cola**   b. **Slivovitz**   c. **Kümmel**
3. **Noras Onkel ist ein pensionierter**
   a. **Kapellmeister**   b. **Offizier**   c. **Angestellter**
4. **Wieviele Instrumente soll ein Kapellmeister spielen?**
   a. **alle**   b. **mehrere**   c. **eines**
5. **Was hat Tim auch bekommen?**
   a. **eine Gitarre**   b. **ein Cello**   c. **eine Flöte**

EXERCISE 34 Translate into English.
     1. **Likör ist angeblich gut für die Verdauung.**
     2. **Nora zieht einen Flügel vor.**
     3. **Peter fuchtelt mit den Händen herum.**
     4. **Was, sagt er, ist ziemlich leicht?**
     5. **Jetzt kommst du dran.**

EXERCISE 35 Complete each sentence with a word listed here: **Flöte, Solo, Violine, Ordnung, Klavier**
     1. **Tim kann die _____ nicht ausstehen.**
     2. **Mit Peters Zähnen ist etwas nicht in _____.**
     3. **Nora wird im neuen Haus ein _____ haben.**
     4. **Nach dem Cello wollte Peter gern die _____ lernen.**
     5. **Im letzten Schulorchesterkonzert spielte er ein _____.**

"Stille Nacht, heilige Nacht"

Vocabulary

ánnagen (w)	to gnaw at
authéntisch	authentic
begleiten (w)	to accompany
Chor (m)	choir
Dorf (n)	village
Getriebe (n)	works, *here:* of an organ
heilig	holy
in der Nähe von	near
Interprét (m)	interpreter
klingen (klang, geklungen)	to sound
komponieren (w)	to compose
künstlerisch	artistic
lehren (w)	to teach
Maus, Mäuse (f)	mouse
Mitternachtsmesse (f)	midnight mass
Organíst (m)	organist
Orgel (f)	organ
präsentieren (w)	to present
singen (sang, gesungen)	to sing
(jemanden) spielen lehren (w)	to teach (someone) to play
Urgroßvater (m)	great-grandfather
ursprünglich	originally
Weihnachtsabend (m)	Christmas Eve
Wiedergabe (f)	rendition

KRISTY Was ist die Überraschung, Nora? Wir können kaum warten.

NORA Peter hat Tim die Gitarre spielen gelehrt. Und sie haben die letzten zwei Wochen Weihnachtslieder geübt. Aber das ist nicht alles.

ANTON Eigentlich sollte *ich* die Gitarre spielen.

DICK Wieso?

ANTON Ihr wißt doch, mein Name ist Gruber.

DICK Und?

ANTON Am 24. Dezember 1818 hat Franz Gruber *"Stille Nacht, heilige Nacht"* komponiert. Es wurde zum ersten Mal zur Mitternachtsmesse gesungen. Das war in einem Dorf in der Nähe von Salzburg.

DICK Sind Sie ein Nachkomme von Franz Gruber?

ANTON Sehr leicht möglich. Mein Urgroßvater ist von Salzburg nach Wien über-siedelt.

KRISTY Was hat das mit der Gitarre zu tun?

ANTON Franz Gruber war Schullehrer und Organíst in Oberndorf. Aber am Weih-nachtsabend, als er die Orgel spielen sollte, war sie kaputt. Mäuse hatten das Getriebe angenagt und kein Ton kam heraus. Also mußte er den Chor auf der Gitarre begleiten. Aber wir haben Glück. Wir haben nicht nur eine, sondern zwei Gitarren hier. Heute hört ihr die künstlerische Wiedergabe von „Stille Nacht, heilige Nacht,'' nicht auf der Orgel, sondern so, wie sie ursprünglich geklungen hat. Meine Damen und Herren, ich präsentiere hier zwei authentische Interpréten von Grubers Musik: Peter und Tim.

EXERCISE 36 True or false?   T / F
   1. Grubers Familie kommt aus Salzburg.   _____
   2. Nora und Peter werden „Stille Nacht'' präsentieren.   _____
   3. Eigentlich sollte Anton die Gitarre spielen.   _____
   4. Nora hat Tim die Gitarre spielen gelehrt.   _____
   5. Mäuse hatten das Getriebe angenagt.   _____

EXERCISE 37 Answer the following in complete German sentences.
   1. Was hat Peter Tim gelehrt?
   2. Wann wurde „Stille Nacht'' zuerst gesungen?
   3. Wer ist von Salzburg nach Wien übersiedelt?
   4. Was war am Weihnachtsabend kaputt?
   5. Wer sind heute die Interpréten von Grubers Musik?

EXERCISE 38 Complete each sentence with a word listed here: **Getriebe, Organíst, Weih-nachtslieder, Dorf, Wiedergabe**
   1. Die Jungen haben _____ geübt.
   2. Das war in einem _____ in der Nähe von Salzburg.
   3. Heute hören sie die künstlerische _____ von „Stille Nacht.''
   4. Franz Gruber war _____ und Schullehrer.
   5. Mäuse hatten das _____ angenagt.

EXERCISE 39 Translate into English.
   1. Er hat ihn die Gitarre spielen gelehrt.
   2. Ist Anton ein Nachkomme von Franz Gruber?
   3. Die Jungen sind authentische Interpreten von „Stille Nacht.''
   4. Die Orgel war kaputt.
   5. Kein Ton kam heraus.

EXERCISE 40 Choose the correct word.
   1. Tim lernte die Gitarre spielen von
      a. Anton b. Peter c. Nora
   2. Wer hatte das Getriebe der Orgel angenagt?
      a. Mäuse b. Katzen c. Hunde
   3. Wann wurde „Stille Nacht, heilige Nacht'' zuerst gespielt?
      a. am 1. Januar 1818 b. am 1. März 1819
      c. am 24. Dezember 1818
   4. Was war Franz Gruber *nicht?*
      a. Werbefachmann b. Organíst c. Schullehrer
   5. Wer ist *nicht* einer der authentischen Interpreten?
      a. Tim b. Dick c. Peter

ANSWER KEY

Chapter 1, p. 1, On the Way to the Pool
pp. 6-7, Exercises
1. **b**   2. **c**   3. **a**   4. **b**   5. **a**   6. **b**   7. **a**   8. **c**
9. **b**   10. **a**   11. **b**   12. **c**   13. **a**   14. **a**   15. **c**
16. **a**   17. **c**   18. **a**   19. **b**   20. **c**

Chapter 2, p. 8, Anton and His Nice Neighbor, Mrs. Müller
pp. 11-12, Exercise 1
1. **den**   2. **der**   3. **das**   4. **dem**   5. **die**   6. **des**
7. **der**   8. **der**   9. **den, die**   10. **das**   11. **einen**
12. **einem**   13. **eines**   14. **einer**   15. **ein**

p. 12, Exercise 2
1. **der**   2. **die**   3. **der**   4. **die**   5. **das**   6. **der**
7. **das**   8. **das**   9. **die**   10. **der**   11. **das**
12. **der**

p. 12, Exercise 3
1. **eine**   2. **eine**   3. **ein**   4. **eine**   5. **ein**   6. **eine**
7. **ein**   8. **ein**

p. 12, Exercise 4
1. **Der Eisschrank ist in der Küche.**
2. **In dem großen Kasten im Wohnzimmer sind viele Bücher.**
3. **Das Fenster in der Küche ist immer offen.**
4. **Er zahlt den Besitzern die Miete.**
5. **Die Nachbarin heißt Frau Müller.**
6. **Anton hat einen guten Sinn für Humor.**

p. 12, Exercise 5
1. **In dem Kasten sind viele Bücher.**
2. **Er bekam die Geschirrspülmaschine von der Mutter.**
3. **Der Eisschrank ist in der Küche.**
4. **Anton zahlt die Miete.**
5. **Die Preise sind hoch.**
6. **Frau Müller ist eine hilfsbereite Nachbarin.**
7. **Er öffnet die Hauseingangstür.**
8. **Das Fenster ist immer offen.**
9. **Er betritt das Wohnzimmer.**
10. **Er bietet ihr ein Glas Tee an.**

p.12, Exercise 6
1. **Bücher**
2. **nett**
3. **Flur**
4. **Rechnungen**
5. **Hauseingangstür**
6. **ziemlich hoch**
7. **Geschirrspülmaschine**
8. **Schlafzimmer**
9. **offen**
10. **voll**

pp. 12-13, Exercise 7
1. **a**   2. **b**   3. **c**   4. **b**   5. **a**   6. **b**

p. 13, Exercise 8
1. **f**   2. **t**   3. **f**   4. **f**   5. **t**   6. **f**   7. **t**   8. **t**
9. **f**   10. **f**

p. 14, Exercise 9
1. **Morgen**   2. **Wetter**   3. **letzten paar**   4. **sehr froh**   5. **Samstag (Sonnabend)**   6. **Himmel**
7. **vielen Dank**   8. **traurig**

p. 14, Exercise 10
1. **ist**   2. **keine**   3. **Tage**   4. **bitte**   5. **Rede**
6. **zuviel**   7. **sehr**   8. **Sonne**

p. 14, Exercise 11
1. **Ich schlafe immer gut.**
2. **Die Sonne scheint.**
3. **Vielen Dank für die Zeitung.**
4. **Keine Ursache**
5. **Trinken Sie bitte den Tee.**
6. **Kein Büro?**
7. **Nicht der Rede wert**
8. **Weil es Samstag ist?**
9. **Genau**
10. **Ich bin sehr froh.**

pp. 14-15, Exercise 12
1. excellent
2. especially today
3. Please, drink the tea.
4. Anything new in it?
5. No cloud in the sky
6. Very well, thank you
7. wonderful
8. Good morning, Herr Anton

p. 15, Exercise 13
1. **Z/H**   2. **E/W**   3. **S**   4. **I/Ü**   5. **U/A**   6. **T/H**
7. **Z/G**   8. **N/E**   9. **W/E**   10. **C/D/R**

p. 15, Exercise 14
1. **die**   2. **der**   3. **das**   4. **das**   5. **die**   6. **die**

p. 15, Exercise 15
1. **Das Wetter ist sehr schön.**
2. **Am Himmel ist keine Wolke.**
3. **Anton trinkt Tee.**
4. **Die Nachbarin heißt Frau Müller.**
5. **Die Sonne scheint am Himmel.**
6. **Frau Müller bringt die Zeitung.**

p. 15, Exercise 16
1. **Haben Sie gut geschlafen?**
2. **Die Sonne scheint und keine Wolke ist am Himmel.**
3. **Danke für die Zeitung.**
4. **Die letzten paar Tage hat es geregnet.**
5. **Ich bin froh.**
6. **Weil es Samstag ist.**

p. 15, Exercise 17
1. **b**   2. **c**   3. **b**   4. **b**

p. 15, Exercise 18
1. **f**   2. **f**   3. **f**   4. **t**   5. **f**   6. **f**   7. **t**   8. **f**   9. **t**

Chapter 3, p. 17, The Cousin from Denver

p. 18, Exercise 1
1. **die Messer und die Löffel**   2. **die Fenster**
3. **die Teller**   4. **einen Wagen**   5. **Brauns Tochter**
6. **die Mädchen**   7. **Fräulein**

p. 18, Exercise 2
1. **i**   2. **c**   3. **c**   4. **i**   5. **c**   6. **i**   7. **c**

p. 18, Exercise 3
1. **Kristy verbringt einen Monat in Deutschland.**
2. **Wo sind die Teller und die Löffel?**
3. **Susie hat einen Freund.**
4. **Sie ist Frau Brauns Tochter.**
5. **Kristy hat zwei Brüder.**
6. **Das ist komisch.**
7. **Das Wetter ist sehr schön.**
8. **Man hört einen Wagen.**
9. **Frau Braun ist die Mutter eines Mädchens.**

p. 19, Exercise 4
1. **Kristy verbringt ihre Ferien in Deutschland.**
2. **Susie ist Frau Brauns Tochter.**
3. **Susies Freund heißt Anton.**
4. **Susies Mutter stellt die Teller auf den Tisch.**
5. **Man hört einen Wagen vorfahren.**
6. **Die Mädchen helfen Frau Braun.**
7. **Kristy erzählt einen Witz.**

p. 19, Exercise 5
1. **a**   2. **c**   3. **a**   4. **b**   5. **c**

p. 20, Exercise 6
1. **Nora und Karl sind Susies Freunde.**
2. **Noras Pudel sind tot.**
3. **Sie hießen Pipsi und Putzi.**
4. **Sie war vor dreizehn Jahren zuletzt in Deutschland.**
5. **Die Hunde waren herzig.**

p. 20, Exercise 7
1. **angekommen**   2. **Tisch**   3. **anbieten**   4. **tot**
5. **Akzent**   6. **nett**   7. **wiederzusehen**

p. 20, Exercise 8
1. **-en**   2. **-e**   3. **-en**   4. **-e**   5. **-en**   6. **-e**

pp. 20-21, Exercise 9
1. **I/H/H**   2. **C/T**   3. **R/E**   4. **A/K**   5. **U**
6. **E/H**   7. **K**

p. 21, Exercise 10
1. **vor dreizehn Jahren**   2. **Glauben Sie?**   3. **Sie
waren so herzig.**   4. **Nett, Sie wiederzusehen.**
5. **Das ist schade.**   6. **Behalt ihn!**   7. **Anton ist
gerade angekommen.**

p. 22, Exercise 11
1. **c**   2. **b**   3. **c**   4. **a**   5. **b**

p. 22, Exercise 12
1. **3**   2. **1**   3. **5**   4. **2**   5. **4**

p. 22, Exercise 13
1. **Ä**   2. **Ü**   3. **I**   4. **N**   5. **C**

p. 22, Exercise 14
1. **Die Gäste machen es sich bequem.**
2. **Vorige Woche habe ich zwei Bücher gekauft.**
3. **Die Männer rauchen.**
4. **Ich glaube schon.**
5. **Ich weiß noch nicht.**

p. 23, Exercise 15
1. **f**   2. **t**   3. **t**   4. **f**   5. **f**

p. 24, Exercise 16
1. **-en**   2. **-en -en**   3. **-en**   4. **-en**   5. **-en**

p. 24, Exercise 17
1. **f**   2. **t**   3. **f**   4. **f**   5. **t**

p. 24, Exercise 18
1. **Amerika**   2. **höflicher**   3. **amerikanischen**
4. **Universitäten**   5. **Herren**

p. 24, Exercise 19
1. After the card game
2. Please compare.
3. The students (male) at the universities
4. The schools in Germany
5. They talk about various topics.

p. 24, Exercise 20
1. **Sie verbeugen sich.**
2. **Wir haben Schwestern.**
3. **Sie hat zwei Katzen.**
4. **Sie bringen oft Blumen.**
5. **Die Schulen in Amerika**

p. 26, Exercise 21
1. **i**   2. **i**   3. **c**   4. **c**   5. **i**

p. 26, Exercise 22
1. **Kristy wohnt mit einer Freundin.**
2. **Sofas, Radios und Fernseher sind in jedem
Zimmer.**
3. **Kristy ist eine Lehrerin.**
4. **In der Garage sind zwei Autos.**
5. **Die Freundinnen teilen die Kosten.**

p. 26, Exercise 23
1. **Die Namen sind Kristy und Susie.**
2. **Eine herrliche Aussicht**
3. **Eine Garage für zwei Autos**
4. **Ich habe Glück.**
5. **Ich bin sehr zufrieden.**

p. 26, Exercise 24
1. **bequem**   2. **klingt**   3. **Themen**   4. **Firmen**
5. **Namen**

p. 26, Exercise 25
1. **N/H**   2. **E/D**   3. **W/A/E**   4. **B/U**   5. **E/H**

Chapter 4, **p. 28**, An Evening with the Bauer Family:
  Word Games and TV

pp. 29-30, Exercise 1
1. *-en* 2. *-es* 3. *-e* 4. *-e* 5. *-en* 6. *-e*
7. *-en* 8. *-er* 9. *-es* 10. *-e* 11. *-en* 12. *-em*

p. 30, Exercise 2
1. **des jungen** 2. **in dem neuen** 3. **der kleinen**
4. **dem alten** 5. **des guten** 6. **das kleine**

p. 30, Exercise 3
1. **i** 2. **c** 3. **c** 4. **i** 5. **i** 6. **c**

p. 30, Exercise 4
1. **c** 2. **b** 3. **b** 4. **a**

p. 30, Exercise 5
1. **Sie sind nette Leute.**
2. **Die Eltern haben gute Manieren.**
3. **Sie sind überall beliebt.**
4. **Die Kinder sind brav.**
5. **Wer hat eine glänzende Erziehungsmethode?**

p. 32, Exercise 6
1. **Nora und Anton haben ein kleines, nettes Haus.**
2. **Es besteht aus Wohnzimmer, Eßzimmer, Diele, zwei Schlafzimmern, Küche, Badezimmer und Toilette.**
3. **Die Toilette ist separat vom Badezimmer.**
4. **Erika spricht mit Gretchen am Telephon.**
5. **Jürgen Kaiser ist schöner als Hans Hinnemann.**

p. 32, Exercise 7
1. **Die Bauers haben ein kleines Haus in einem Vorort.**
2. **Kann ich mit Erika sprechen?**
3. **Hast du den Film mit Kaiser gesehen?**
4. **Ist dein Telephon kaputt?**
5. **War in eurer Gegend ein Gewitter?**
6. **Grüße an deinen Bruder Paul**

p. 32, Exercise 8
1. *-er -e* 2. *-e* 3. *-en -en* 4. *-e* 5. *-e -e*
6. *-e -e*

p. 32, Exercise 9
1. The house also has a den.
2. Erika talks to her girlfriend.
3. The telephone is out of order.
4. That is an excellent film.
5. The thunderstorm was in my area.
6. I have to hang up now.

pp. 32-33, Exercise 10
1. **c** 2. **a** 3. **b** 4. **a**

p. 33, Exercise 11
1. **Mein Haus ist neu.**
2. **Seine Töchter sind schön.**
3. **Diese nette Frau ist meine Mutter.**
4. **Welches Mädchen hat blondes Haar?**
5. **Ich sah viele gute Filme.**
6. **Wir hatten einige große Präsidenten.**

p. 36, Exercise 12
1. **größer** 2. **der stärkste** 3. **besser** 4. **die beste** 5. **älter**

pp. 36-37, Exercise 13
1. **schön** 2. **wütend** 3. **leicht** 4. **wirklich**
5. **hoffentlich** 6. **nie** 7. **damals** 8. **mehr**

p. 37, Exercise 14
1. **Freundin** 2. **zerstritten** 3. **Büchern**
4. **Schlafzimmer** 5. **unzufrieden** 6. **fest**

p. 37, Exercise 15
1. **t** 2. **f** 3. **f** 4. **f** 5. **t** 6. **t**

p. 37, Exercise 16
1. I love you.
2. That's a matter of taste.
3. I am talking to my bosom friend.
4. What is going on here?
5. You bet.
6. There he comes.
7. There is no such thing.
8. No decent program

Chapter 5, **p. 38**, Anton Looks for Another Job

p. 39   Anton in Germany
   Anton was born in Vienna. He came to Germany
nine years ago and still speaks with a Viennese
accent. To his friends he says "Servus" when coming
or going. Most members of the female sex he honors
with "Kiss your hand, gracious lady (madam)." Susie
has often teased him about this. "That's just the way I
talk," he always says. "You won't change me."
People like him. They respect his courtesy and admire
his charm.

p. 39, Exercise 1
1. **Er** 2. **ihn** 3. **mich** 4. **mir** 5. **dir**

p. 40, Exercise 2
1. **Anton ist in Wien geboren.**
2. **Er wohnt jetzt in Deutschland.**
3. **Er sagt „Servus!" zu seinen Freunden.**
4. **Sie bewundern seinen Charme.**
5. **Er sagt „Küss die Hand, gnädige Frau (oder Fräulein)" zu manchen Damen.**

p. 40, Exercise 3
1. **i** 2. **i** 3. **c** 4. **c** 5. **i**

p. 40, Exercise 4
1. They admire him.
2. He comes from Vienna.
3. Susie has teased him about it.
4. He speaks with a Viennese accent.
5. Bring me coffee, please.

p. 40, Exercise 5
1. **C/H** 2. **E/E/E** 3. **V** 4. **U/N** 5. **H/Ä**

p. 40   In the Café-Pastry Shop

Today we find him in the café-pastry shop Walser.

"Do you have the *Münchener Neuesten?*" he asks the waitress.

"Unfortunately not (I'm sorry, we don't)," she answers. "Shall I bring you the *Süddeutsche Zeitung?*"

"Good. Give it to me, please."

Here comes Susie. "Servus," he says, gets up, and offers her a seat. "Nice of you to come. — Herr Ober!" (He calls the waiter the way one calls him in Vienna.) "Please bring us two cups of coffee with whipped cream and some of your delicious croissants." And to Susie he says: "The pastry cook here is Austrian. Everything is homemade."

p. 41   A Litle Joke

"How do you do," Fritz says at the newsstand. "Do you still have yesterday's newspaper?"

"I'm sorry, we don't, but do come tomorrow and get today's paper."

p. 41, Exercise 6
1. **b** 2. **a** 3. **b** 4. **a** 5. **c**

p. 41, Exercise 7
1. **Platz an** 2. **Österreicher** 3. **Schlag**
4. **Kellnerin** 5. **Café-Konditorei**

p. 41, Exercise 8
1. **f** 2. **t** 3. **t** 4. **f** 5. **t**

p. 41, Exercise 9
1. **ihr** 2. **Ihnen** 3. **uns** 4. **dir** 5. **sie**

p. 41, Exercise 10
1. **Er fragt die Kellnerin.**
2. **Schön von dir zu kommen**
3. **Zwei Tassen Kaffee mit Schlag**
4. **Der Mehlspeiskoch ist ausgezeichnet.**
5. **Alles hausgemacht**

p. 42   Another Job?

SUSIE Well, you have hinted that you want to give up your job.

ANTON Yes, Susie. I don't earn enough there, and I also do not have any chances for the future. But it is difficult to find something nowadays. Lots of ads but nothing in particular for me.—Ah, the coffee! My father advises me not to change jobs. "Watch out," he says. "Look at the unemployment." Many people are of the same opinion, and they are probably right. On the other hand, if you don't take a chance, you can't win.

SUSIE That you must decide for yourself.

p. 42, Exercise 11
1. **ich** 2. **es** 3. **sie** 4. **du** 5. **sie**

p. 42, Exercise 12
1. **Ich verdiene dort nicht genug.**
2. **Keine Aussichten für die Zukunft**

3. **Eine Menge von deliziösen Kipfeln**
4. **Es ist schwer heutzutage.**
5. **Anderseits ist mein Job gut.**

pp. 42-43, Exercise 13
1. **wunderbar** 2. **derselben Ansicht** 3. **aufgeben**
4. **davon ab** 5. **acht**

p. 43, Exercise 14
1. **genug** 2. **wahrscheinlich** 3. **Arbeitslosigkeit**
4. **wagt** 5. **entscheiden**

p. 43, Exercise 15
1. **Ich habe keine Aussichten.**
2. **Nimm dich in acht!**
3. **Wir sind derselben Ansicht.**
4. **Du hast angedeutet.**
5. **Ich habe Kaffee mit Schlag (Sahne) gern.**

p. 43, Exercise 16
1. **er** 2. **sie** 3. **ihr** 4. **sie** 5. **es**

p. 43   Ads
pp. 43-44

ANTON Did you not say recently that you want a cat? Listen to this: Beautiful black cat, a neutered, friendly, cuddly, snuggle cat, to give away only to an affectionate animal lover.

SUSIE Look, here is a dog that can talk. He says: Am looking for new home. Am a sweet little St. Bernard, two months old and housebroken. I don't cost much.

ANTON Just wait until he is one year old. He will eat you bankrupt.—But look here. Maybe that's a job for me:
Wanted: Advertising Executive (direct mail advertising). Very good salary, excellent opportunity. Minimum of six years experience. AWC 52-34-81.
What do you think, Susie?

SUSIE Sounds good.

ANTON If I don't deceive myself (unless I am mistaken), this is the biggest advertising firm here.

SUSIE I think you see yourself as an executive already.

ANTON We'll see.

p. 44, Exercise 17
1. **Erfahrung** 2. **reden** 3. **Tierfreund** 4. **Katze**
5. **gut**

p. 44, Exercise 18
1. **Der Hund will ein neues Heim.**
2. **Er ist zwei Monate alt.**
3. **Ein führender Werbefachmann wird für Postwurfsendungen gesucht.**
4. **Er frißt Anton bankrott.**
5. **Die beiden sehen sich Inserate in der Zeitung an.**

p. 44, Exercise 19
1. **f** 2. **t** 3. **f** 4. **f** 5. **f**

p. 45, Exercise 20
1. **Er täuscht sich.**
2. **Das wird sich zeigen.**
3. **Wir rasieren uns.**
4. **Sie waschen sich.**
5. **Sie sieht sich.**

p. 45, Exercise 21
1. **sich** 2. **sich** 3. **mich** 4. **dich** 5. **euch**

p. 45   Anton's Acquaintance

ANTON Do you know the man who is standing
there? That is an acquaintance whose wife works at
our place. He also is the man to whom I owe my
present job, the job I don't want anymore.

SUSIE Is that the woman who is so beautiful and
whose daughter goes to school with Gretchen, the
lady to whom I once lent a jacket that she never re-
turned to me?

ANTON Right. The daughter is the girl who is
Gretchen's schoolmate, whose green eyes she en-
vies, and with whom she likes to play tennis. Vicky
is a girl that everyone likes.

SUSIE The firms that need advertising executives are
mainly in Munich, aren't they?

ANTON You mean the firms whose home offices are
in Munich?

SUSIE Yes, the big firms in which one can be pro-
moted quickly.

ANTON Yes, unfortunately. This is true for the orga-
nizations that I know.

p. 46   Three Jokes
HERR SCHMIDT (on the phone) Are you going to
pay our bill today?

HERR KRAUSE Not yet.

HERR SCHMIDT If you do not pay it now, I'll tell
all your creditors that you have paid us.

p. 46
''No, I don't need the job. It has no future for me.
The boss's daughter is already married.''

p. 46
''Mr. Schulz, my wife told me to ask you for a raise
in salary.''
''Good. I'll ask my wife whether I should give you
one.''

p. 47, Exercise 22
1. **der** 2. **deren** 3. **das** 4. **dessen** 5. **dem**
6. **der** 7. **die** 8. **die** 9. **denen** 10. **deren**

p. 47, Exercise 23
1. **Sie lieh ihr eine Jacke.**
2. **Gretchen spielt Tennis mit ihrer Schulkollegin.**
3. **Die Hauptsitze der Werbefirmen sind in
   München.**
4. **Anton verdankt seine jetzige Stellung einem
   Bekannten.**
5. **Kristy ist eine Lehrerin.**

p. 47, Exercise 24
1. **diesen** 2. **dieser** 3. **das** 4. **diese** 5. **dieser**

p. 47, Exercise 25
1. The firm that has its home office in Munich is big.
2. The man whom I know is small.
3. The green eyes that she has are beautiful.
4. The woman who is so beautiful is my friend.
5. The friend to whom I owe my job is Konrad.

p. 47, Exercise 26
1. **Stellung** 2. **Augen** 3. **liebt** 4. **Jacke**
5. **machen kann**

Chapter 6, **p. 48,** Tonight We Are Going to a
Restaurant and Then to the Movies

p. 48   One of Us Is Telepathic
pp. 48-49
NORA Nice outside?

KARL A wonderful day.

NORA How was the walk?

KARL Very agreeable. As I walk (was walking)
along the street around the corner, I am (was) think-
ing it would be nice to invite Kristy.

NORA You mean to the restaurant?

KARL Exactly. And then to the movies.

NORA Do you know what? I just called her.

KARL And invited her?

NORA Yes.

KARL But it went through my head only ten minutes
ago. One of us must be telepathic.

NORA She is (will be) here at about five. But we
(will) have to go without the boy, unfortunately.

KARL Does he still have a fever?

NORA Not much. 37.5 (thirty-seven, five). Mrs.
Schulze stays (will stay) with him for the evening.

KARL Too bad. Peter likes to eat out.

NORA To which restaurant shall we go?

KARL Obermayer's, maybe? Or something better
(fancier)?

NORA No. Obermayer's is nice and cozy.

p. 49, Exercise 1
1. **durch** 2. **gegen** 3. **ohne** 4. **entlang** 5. **gegen**

p. 49, Exercise 2
1. **Er kann nicht mitkommen, weil er Fieber hat.**
2. **Sie ist gegen fünf Uhr hier.**
3. **Frau Schulze bleibt bei Peter für den Abend.**
4. **Das ist ihm erst vor zehn Minuten durch den
   Kopf gegangen.**
5. **Sie gehen zu Obermayers Gasthaus.**

p. 49, Exercise 3
1. **angerufen** 2. **telepathisch sein** 3. **essen**
4. **Ecke** 5. **gehen**

p. 50, Exercise 4
1. **c** 2. **c** 3. **i** 4. **i** 5. **c**

p. 50, Exercise 5
1. **Er geht die Straße entlang.**
2. **Ich habe sie gerade angerufen.**
3. **Er muß ohne den Jungen gehen.**
4. **Es ist gegen 7 Uhr.**
5. **Ich kaufe es für ihn.**
6. **Sie kommt um die Ecke.**
7. **Ich bekomme es durch ihn.**

p. 50, Exercise 6
1. Nice outside?
2. It would be nice to invite her.
3. Maybe something better (fancier)?
4. It went through my head.
5. I walk along the street.

p. 50   Obermayer's Restaurant
pp. 50-51
Mr. Obermayer's restaurant is about twenty minutes away from Mr. Bauer's house. By car this probably takes only four minutes. But they go on foot. It is in an old building opposite the Central Cinema. Aside from this one there are ten other movie theaters in town, also a municipal theater and a concert hall. After the meal they want to see the latest Jürgen Kaiser movie, which has been running at the Central Cinema for five days. Kristy, the young lady from America who lives with her cousin Susie, has come along. They enter the restaurant. Nora and Karl are regular guests. Herr Obermayer comes toward them and greets them with a friendly handshake. They sit down, and he shows them the menu, a large blackboard on which one can see today's menu.

p. 51, Exercise 7
1. dem 2. dem 3. **aus einem** 4. **mit der** 5. **der**
6. **dem zum** 7. **einem** 8. **dem**

p. 51, Exercise 8
1. c 2. i 3. i 4. c 5. i

p. 51, Exercise 9
1. Aside from the Central Cinema there are ten others.
2. Mr. Obermayer comes with the menu.
3. They have been regular guests for many years.
4. They go to the restaurant on foot.
5. Opposite the concert hall is the theater.

pp. 51-52, Exercise 10
1. c 2. c 3. c 4. b 5. a

p. 52, Exercise 11
1. **Sie gehen zu Fuß.**
2. **außer Herrn Obermayers Restaurant**
3. **Das heutige Menu ist auf einer großen Tafel.**
4. **Mit dem Wagen dauert es vier Minuten.**
5. **Sie sind Stammgäste.**

p. 52   The Naughty Cat
pp. 52-53
The waitress comes with a large soup tureen and puts it on the table at which the guests are sitting. Next to the tureen she puts a big basket with freshly baked

bread. The beautiful black cat of Mr. Obermayer is sitting under the table. Suddenly she jumps over the chair that stands between the American girl and Gretchen and back again under the table. The guests are laughing. Mr. Obermayer shows up with a frown.

OBERMAYER Excuse me, please. Come here. You are very naughty today. (He takes the cat on his arm.) Don't you know that you must lie quietly on the floor under the table?
KARL Please, it doesn't matter.
GRETCHEN She is so cute.
OBERMAYER She won't bother you anymore. Is the soup OK?
ALL Excellent.

Today many tourists are in town. They have come to the city to admire the medieval architecture and also the statues in front of and behind the church. Over the city hangs a wonderful full moon.

pp. 53-54, Exercise 12
1. **die** 2. **der** 3. **den** 4. **der** 5. **die** 6. **dem**
7. **dem** 8. **dem** 9. **das** 10. **das**

p. 54, Exercise 13
1. c 2. i 3. i 4. c 5. i

p. 54, Exercise 14
1. **Bitte entschuldigen Sie mich.**
2. **Das spielt (doch) keine Rolle.**
3. **Du bist heute sehr schlimm.**
4. **Wir essen frischgebackenes Brot.**
5. **Die Katze sitzt auf dem Boden.**

p. 54, Exercise 15
1. She will not bother you anymore.
2. She walks behind the church.
3. The waitress brings a big basket.
4. The soup is OK.
5. We admire the medieval architecture.

p. 54, Exercise 16
1. **Viele Touristen sind in die Stadt gekommen.**
2. **Die Katze sitzt unter dem Tisch.**
3. **Die Suppe ist auf dem Tisch.**
4. **Die Kellnerin stellt den Korb auf den Tisch.**
5. **Die Statuen sind vor und hinter der Kirche.**

p. 54   A Joke (?)
GUEST Waiter, this soup is cold.
WAITER What do you want me to do? Should I burn my fingers?

p. 54   Beef and Eclairs
pp. 54-55
The guests have ordered boiled beef and, for dessert, eclairs, and everything tastes very good to them all. Nora eats spinach instead of boiled potatoes. Potatoes, she says, make her too fat. In spite of the large portions they eat up everything. During the dessert Karl looks at his watch. Because of the movie they must hurry up, for it starts in ten minutes.

p. 55   Gretchen and Jürgen Kaiser
pp. 55-56
NORA Look at the line!

KRISTY Terrific!

NORA No wonder. Kaiser is the most popular film star in Germany.

GRETCHEN He is gorgeous!

KARL Did you take along enough handkerchiefs?

NORA Please, stop it!

KRISTY But it (the line) is moving pretty fast. We are (will be) at the ticket window right away.

KARL Four tickets, please; three adults, one for a girl under fourteen. How much is it?

CASHIER Twenty marks, please.
(They enter the theater.)

KRISTY (to Karl) Would you please give me the tickets? For (as) a souvenir of our movie visit?

KARL (He does.) You collect movie tickets? Gretchen collects programs. Especially of films with Jürgen. But you must relinquish the stubs to the usher.

NORA The sweets!

KARL Forgot (them) totally. Nora, be so kind and give Gretchen the money for them. I have only a 100 mark bill with me.

GRETCHEN What shall I buy? Ice cream?

NORA No, that drips. Maybe anise cookies and stuffed dates.
Half an hour later one hears much sighing and blowing of noses in the audience. Nora gives Gretchen a handkerchief.

KARL (to Kristy) Did you like the picture?

KRISTY So-so. And you?

KARL A tearjerker. (to Gretchen) Gretchen?

GRETCHEN He is wonderful!

p. 57, Exercise 17
1. **statt** 2. **Während der** 3. **Trotz des**
4. **wegen des**

p. 57, Exercise 18
1. **c** 2. **a** 3. **b** 4. **a** 5. **b**

p. 57 Exercise 19
1. **Rindfleisch** 2. **Uhr** 3. **Kinobesuches**
4. **Platzanweiser** 5. **Schmachtfetzen**

p. 57, Exercise 20
1. **Kartoffeln machen Nora dick.**
2. **Hast du genug Taschentücher mitgenommen?**
3. **Karl sagt, der Film ist ein Schmachtfetzen.**
4. **Hör auf damit!**
5. **Unerhört!**
6. **Kein Wunder.**
7. **Wieviel kostet das?**

p. 57, Exercise 21
1. **t** 2. **f** 3. **f** 4. **f** 5. **t**

p. 57, Exercise 22
1. **dem Platzanweiser** 2. **das Programm** 3. **den**

Touristen 4. **der Mutter das Brot** 5. **der Schwester die Uhr**

p. 58, Exercise 23
1. **sie ihm** 2. **es ihm** 3. **sie ihnen** 4. **es ihr**
5. **sie ihr**

Chapter 7, p. 59, Susie, Nora, and Kristy Go Shopping

p. 59   Family Matters
pp. 59-60
NORA I am in a bad mood . . .

SUSIE What happened?

NORA You are still unmarried, Susie. Family matters . . . he is a nice boy . . .

KRISTY You mean Peter?

NORA Yes. He is a good boy and Gretchen—well, she is a good girl, isn't she? How shall I explain that? Karl and I, we are very happy with the children. You are not bored with my problems? They are basically . . .

SUSIE The best children in the world. You should go out more. Like today. Too much togetherness within the family is bad for the nerves.

p. 60   A New Fur Coat?
SUSIE I have the intention—well, today I'm not going to skimp.

NORA I suppose you have enough money with you, or on your credit card.

KRISTY She received her salary yesterday.

NORA A new fur coat would not be bad.

SALESLADY Today we have a final bargain sale in furs.

KRISTY I hope you have sufficient credit here for the purchase of mink coats. Do they carry mink?

SUSIE Mink, silver fox, beaver—they have everything.

p. 61, Exercise 1
1. **ist** 2. **haben** 3. **Bist** 4. **sind** 5. **hat**
6. **habt** 7. **wirst** 8. **wird** 9. **werdet**

p. 61, Exercise 2
1. **Das Warenhaus heißt Brandstätter.**
2. **Nora sollte mehr ausgehen.**
3. **Zu viel Beisammensein ist schlecht für die Nerven.**
4. **Susie hat gestern ihr Gehalt bekommen.**
5. **Brandstätter führt alle Pelze.**

p. 61, Exercise 3
1. **Ich bin mit deinen Problemen nicht gelangweilt.**
2. **Für mich ist das schwer zu verstehen.**
3. **Was ist passiert?**
4. **Ein Nerzmantel wäre nicht schlecht.**
5. **Ich bin schlechter Laune.**

p. 61, Exercise 4
1. **c** 2. **i** 3. **i** 4. **c** 5. **c**

p. 61, Exercise 5
1. **Ihr habt neue Autos.**
2. **Sie werden Ärzte.**
3. **Sie sind schlechter Laune.**
4. **Wir werden böse.**
5. **Werdet ihr es kaufen?**

p. 62   Susie and Her Boss
p. 63

NORA Do you sometimes work on Saturdays, too, Susie?

SUSIE Only when we are very busy and my boss asks me for it (asks me to). Unfortunately he is very talkative. You speak to him, but he doesn't listen; he talks and talks without interruption. But enough of business.

NORA Do you like to dance?

SUSIE Yes, very (much). And Anton dances very well, as you know.

NORA Maybe we can go out together again.

SUSIE That would be nice.—Where is Kristy?

NORA In the leather goods department.

SUSIE I'd like to go there, too. So we'll meet later.

p. 63   Kristy and Susie Do Their Shopping.

Susie meets Kristy who wants to bring something back to her mother in America.

KRISTY Mom still carries her old pocketbook. I believe she needs a new one.

SUSIE Do you talk with her on the telephone? That is much cheaper now.

KRISTY No, but I write her every week.—Will you go with me to the cosmetics department? I need a bottle of cologne.

SUSIE I must buy myself a new (tailored) suit. Don't you think that a suit suits me better than a dress?

KRISTY Exactly. Do you mind if I come along?

p. 64, Exercise 6
1. **a.** 2. **c.** 3. **a.** 4. **b.** 5. **c.**

p. 64, Exercise 7
1. **tanzt** 2. **badet** 3. **Arbeitest** 4. **Gib**
5. **trägt**

p. 64, Exercise 8
1. **Du triffst ihn später.**
2. **Du schläfst während des Tages.**
3. **Das Mädchen läuft schnell.**
4. **Der Junge hilft mir.**
5. **Sprich mit ihm!**

p. 64, Exercise 9
1. **i** 2. **c.** 3. **i** 4. **i** 5. **c**

p. 64, Exercise 10
1. **Wir sind sehr beschäftigt.**
2. **Sie gehen zusammen aus.**
3. **Er spricht ohne Unterbrechung.**
4. **Er hört mir nicht zu.**
5. **Hast du (Haben Sie) was dagegen?**

p. 64   "Devil's Brat"
p. 65

KRISTY Does Peter collect stamps? Most boys do.

NORA Of course. We all collect something. Karl collects old beer bottles. I collect coins. Especially silver coins. That is supposedly a good investment.

KRISTY What do you advise me to buy for my friend in America?

NORA Something typically German? Maybe leather shorts?

KRISTY Good idea.

NORA Meantime I (I'll) go to Computer World. What is the latest in software for computer games?

SALESLADY "Devil's Brat" is by far the biggest seller of the season. It gave short shrift to the competition. "Do you think I am stupid enough to still be playing Pac-Man?" my boy scolds me. " 'Devil's Brat,' he deals with his enemies one after the other and burns them up with flame throwers. How come you don't know that?"

NORA Your son must be a great joy to you.

SALESLADY He does his utmost (best).

NORA Does he also read something sometimes?

SALESLADY Very rarely. But he knows that he has to do his homework first; then he can play war.

NORA Give me one "Devil's Brat."

p. 66, Exercise 11
1. **Er sammelt Briefmarken.**
2. **Er schilt Nora.**
3. **Er weiß alles.**
4. **Was tut er heute?**
5. **Er nimmt das Buch.**
6. **Was hält er in der Hand?**
7. **Was rät er mir?**
8. **Er liest viel.**

p. 66, Exercise 12
1. **i** 2. **i** 3. **c** 4. **c** 5. **c** 6. **c** 7. **i** 8. **c**

p. 66, Exercise 13
1. **L/Ü** 2. **H/Ö** 3. **E/P/L** 4. **W/Y/E** 5. **N/E/I**

p. 66, Exercise 14
1. **Das ist eine gute Kapitalanlage.**
2. **Lederhosen sind typisch deutsch.**
3. **Das ist der größte Verkaufsschlager der Saison.**
4. **Die Konkurrenz ist sehr stark.**
5. **Er tut sein möglichstes.**

p. 66, Exercise 15
1. **c** 2. **a** 3. **b** 4. **a** 5. **c**

p. 67   Nora's Plans

NORA Did you make all your purchases?

KRISTY Pretty much.

SUSIE I ran short of money in doing so. No mink, but a charm for Anton.

NORA Let me see.

SUSIE I don't have it yet. Because of the initials. A golden magical pyramid to wear around the neck.

KRISTY That sounds super.

NORA He'll be very glad (pleased). Birthday?

SUSIE Yes. Are you going to buy new furniture?

NORA Possibly. I have had mine for thirteen years.

KRISTY How long have you been living here?

NORA I was born here.

KRISTY My parents have been living in America for thirty years and have moved five times.

NORA That would be unthinkable in Germany. I need new furniture when we move. The present house is too small. Peter has been sleeping in the living room for two years already. And who knows?

SUSIE Is that an announcement?

NORA Maybe we'll get an addition to the family.

SUSIE, KRISTY We congratulate (you).

p. 68, Exercise 16
1. **Wir leben seit zwanzig Jahren in Deutschland.**
2. **Er ist seit zwei Stunden hier.**
3. **Sie arbeitet seit drei Monaten.**
4. **Ich bin in New York geboren.**
5. **Wer weiß?**

p. 68, Exercise 17
1. **b** 2. **a** 3. **b** 4. **a** 5. **c**

p. 68, Exercise 18
1. I have been living here for ten years.
2. Is that an announcement?
3. That is unthinkable.
4. Possibly.
5. Pretty much.

p. 68, Exercise 19
1. **f** 2. **t** 3. **f** 4. **f** 5. **t**

p. 68 Exercise 20
1. **Nora ist in Deutschland geboren.**
2. **Kristys Eltern leben in Amerika.**
3. **Nora wohnt in ihrem Haus seit dreizehn Jahren.**
4. **Peter schläft seit zwei Jahren im Wohnzimmer.**
5. **Anton trägt bald ein Amulett um den Hals.**

Chapter 8, **p. 69,** Anton Finds a New Job

p. 69   The Interview
pp. 69-70

ANTON Susie, how are you?—Were you at the movies yesterday? Was it nice?—Do you have a few minutes? Good. Well, as you know, I didn't get the job about which we talked in the café. I was (got) there too late. But I have another one. It happened like this . . .

SCHELLING Please take a seat, Mr. Gruber. You sent us an application ten days ago. I showed the letter to my partner, and he said, "Let him come."

ANTON I appreciate that, Mr. Schelling.

SCHELLING How long did you work for your previous firm?

ANTON Seven years. I still work there. But I gave notice and assured my boss at the same time that I (would) remain until he finds someone else.

SCHELLING Very decent. Why did you give notice?

ANTON I didn't have any opportunity there to be creatively active.

SCHELLING What do you mean by that?

ANTON You know the firm.

SCHELLING Ballyhoo for worthless products.

ANTON I did this ballyhoo.

SCHELLING I think you are an idealist.

ANTON I became a hack writer. But I can do better.

SCHELLING I think you are right.

p. 70, Exercise 1
1. **gewesen** 2. **bekommen** 3. **geschickt**
4. **gemacht** 5. **geworden** 6. **gearbeitet**
7. **gekündigt**

p. 71, Exercise 2
1. **b** 2. **a** 3. **b** 4. **c** 5. **a**

p. 71, Exercise 3
1. **Hast du ein paar Minuten gehabt?**
2. **Ich habe einen Job gekriegt.**
3. **Ich habe ihm gekündigt.**
4. **Er hat sehr viel gearbeitet.**
5. **Er hat ihm das Schreiben gezeigt.**

p. 71, Exercise 4
1. **Anton hat sieben Jahre für seine frühere Firma gearbeitet.**
2. **Er kündigt, weil er dort keine Aussichten hat.**
3. **Herr Schelling nennt ihn einen Idealisten.**
4. **Susie ist gestern im Kino gewesen.**
5. **Anton hat das Schreiben vor zehn Tagen geschickt.**

p. 71, Exercise 5
1. **Marktschreierische Reklame**
2. **Laß (Lassen Sie) ihn kommen.**
3. **Was meinen Sie damit?**
4. **Sie sind ein Idealist.**
5. **Susie, wie geht's?**

p. 71   The Catchy First Line
p. 72

   It was just after his final high school exam when Anton left Vienna in order to look for a job in Germany. He went to Munich University and studied economics. Then he decided to move to a smaller town. There he found a job with an advertising agency. He always had a talent for writing, and that, of course, helped him. First they asked him to compose commercials for radio, texts for jingles, and newspaper ads. "At that time I wrote more ads than you find in ten Sunday editions," he once confessed to Susie. He knew that a catchy first line is everything. Often he stayed in the office until midnight, ate, drank and slept in the office, lost weight, studied the first lines and jingles of the competition, then tried and sang his own.

p. 73, Newspaper Headlines
Burglars Eat Then Rob Landlord
Dog in Bed Wants Divorce
Fidelio, Only Opera That Beethoven Wrote Monday
   Evening

p. 74, Exercise 6
 1. **Anton fand einen neuen Job.**
 2. **Damals schrieb er viele Briefe.**
 3. **Er blieb bis Mitternacht im Büro.**
 4. **Er arbeitete dort lange.**
 5. **Dann verließ er Wien.**
 6. **Das Talent fürs Schreiben half ihm.**
 7. **Er bat Susie darum.**
 8. **Manchmal aß er im Büro.**
 9. **Er trank meistens Wasser.**
10. **Das Kind sang gern.**

p. 74, Exercise 7
1. **i** 2. **c** 3. **i** 4. **c** 5. **i** 6. **c** 7. **c** 8. **c**
9. **i** 10. **i**

p. 74, Exercise 8
1. **empfohlen** 2. **zerrissen** 3. **verloren**
4. **verfaßt** 5. **probiert**

p. 74, Exercise 9
 1. **Anton verließ Wien (München).**
 2. **In Deutschland suchte er einen Job.**
 3. **Er studierte Volkswirtschaftslehre in München.**
 4. **Er verfaßte Werbespots und musikalisches
    Reimgeklingel (Jingles) mehr als alles andere.**
 5. **Sein Talent fürs Schreiben half ihm dabei.**

p. 74, Exercise 10
1. **Büro** 2. **übersiedeln** 3. **Werbeagentur**
4. **Schreiben** 5. **geschrieben (verfaßt)**

p. 74   I have flown (I flew), I have counted
                (I counted).

pp. 74-75

   Last week Anton flew to Bonn to a friend who has
a sleeping problem.
   "Yesterday I slept very badly again; I don't know
what to do."
   "Why don't you count sheep?" Anton suggests.
   "That, too, I tried. I imagined that I raised sheep.
In the end there were 6,000; they grew very fast,
more and more of them came, ran back and forth, and
jumped around, and I counted them all. Then I
sheared them all. Finally I made 6,000 coats from the
wool and counted them again. But then I had a
horrible problem. It occurred to me that I needed
linings for the 6,000 coats. It went around in my head
so that I could not fall asleep.

p. 75, Exercise 11
1. **c** 2. **i** 3. **c** 4. **c** 5. **i**

p. 75, Exercise 12
1. **haben** 2. **ist** 3. **sind** 4. **habt** 5. **sind**

p. 75, Exercise 13
1. **Vorige Woche ist Anton nach Bonn geflogen.**
2. **Er hat 6 000 Schafe gezählt.**
3. **Er hat Mäntel aus der Wolle gemacht.**
4. **Das Problem war, daß er kein Futter hatte.**

p. 75, Exercise 14
1. **4** 2. **6** 3. **5** 4. **1** 5. **2** 6. **3**

p. 76, Exercise 15
1. **Die Schafe sind sehr schnell gewachsen.**
2. **Es ist mir eingefallen (es fiel mir ein).**
3. **Sie sind hin und her gelaufen.**
4. **Ich machte 6 000 Mäntel.**
5. **Ich hatte ein gräßliches Problem.**

p. 76   Big Shot Anton

ANTON Whether I am satisfied with my present job?
   Very. I will probably stay here several years. Schel-
   ling will give me a raise in salary in six months. In
   one or two years I (will) get a partnership perhaps.
   What do you say? A big shot? You bet. Are you
   then going to treat me with more respect? Seriously,
   it looks good. — What are you doing today? I
   (will) pick you up. Dinner and dancing. Will you
   put on your red evening gown? — You must get up
   early tomorrow? — We are (will be) home before
   twelve. That's probably the new client. Servus.

p. 77, Exercise 16
1. **f** 2. **t** 3. **f** 4. **f** 5. **t**

p. 77, Exercise 17
1. **c** 2. **b** 3. **a** 4. **c**

p. 77, Exercise 18
1. **Schelling wird ihm eine Gehaltsaufbesserung
   geben.**
2. **Bald bekommt er vielleicht eine Teilhaberschaft.**
3. **Susie wird sich ihr Abendkleid anziehen.**
4. **Abends gehen sie essen und tanzen.**
5. **Anton ist mit seinem Job sehr zufrieden.**

p. 77, Exercise 19
1. **Anton ist mit seinem jetzigen Job zufrieden.**
2. **Sie wird ihn mit mehr Respekt behandeln.**
3. **Er wird eine Gehaltserhöhung bekommen.**
4. **Im Ernst, es sieht gut aus.**
5. **Das wird der neue Klient sein.**

p. 77, Exercise 20
1. **Anton wird wahrscheinlich einige Jahre bei
   Schelling & Holz bleiben.**
2. **Susie wird sich abends ihr rotes Abendkleid
   anziehen.**
3. **In zwei Jahren bekommt Anton vielleicht eine
   Teilhaberschaft.**
4. **In sechs Monaten bekommt er vielleicht eine
   Gehaltsaufbesserung.**
5. **Sie werden vor zwölf wieder zu Hause sein.**

Chapter 9, **p. 78**, Starting the Day at the Bauers
A Flat Tire on the Way Home

p. 78   Nora and the Scales
p. 79

Karl's day starts very early. He gets up, washes, shaves himself, and is dressed (in no time), and it is not even seven o'clock. Then he sits down at the breakfast table. Nora has prepared breakfast and sits down with him.

NORA I'm surprised that you need so little sleep.

KARL Some people have enough with six hours.

NORA But you eat so little. Spread some honey on the bread.

KARL No, thanks. Too many calories.

NORA Last year, I remember, you caught a cold at this time. Are you taking your vitamins?

KARL Don't worry, darling. I feel strong and healthy. But if I lose control of myself, I gain weight right away.

NORA I admire your self-discipline. I just stepped on the scales. . .

KARL And you have a few pounds too many?

NORA No, my weight is normal. But according to the table (chart) I should be ten centimeters taller.

p. 79, Exercise 1
1. **erinnert sich**   2. **erkältet sich**   3. **Fühlst du dich**   4. **Entschuldige mich**   5. **unterhalten uns**

p. 79, Exercise 2
1. **Nora bereitet das Frühstück.**
2. **Nora wundert sich, daß Karl so wenig Schlaf braucht.**
3. **Karl streicht sich wegen der Kalorien keinen Honig aufs Brot.**
4. **Nora bewundert seine Selbstdisziplin.**
5. **Karl fragt seine Frau, ,,Hast du ein paar Pfund zu viel?''**

p. 80, Exercise 3
1. **f**   2. **f**   3. **t**   4. **t**   5. **f**

p. 80, Exercise 4
1. It is not even seven.
2. Nora sits down with him.
3. At this time (of year) you catch cold.
4. I just stepped on the scales.
5. According to the table (chart) my weight is normal.

p. 80, Exercise 5
1. **Schlaf**   2. **Vitamine**   3. **ihm**   4. **Frühstück**
5. **gestiegen**   6. **normal**

p. 80   Peter and the Dentist

The children are awake now and want their breakfast. Nora asks them the same (thing) each morning: (to Peter) ''Did you brush your teeth?'' (to Gretchen) ''Did you brush your hair?''

Yesterday Peter complained about a toothache.
''Does the tooth still hurt you, Peter?''
''Yes, a little.''
''But not enough to stay home?''
''Unfortunately not.''
''Karl,'' says Nora, ''please get me the aspirin bottle. I (will) make a note to myself that I call the dentist (to call the dentist). No protest, Peter? Imagine, Karl; Peter will go to the dentist without wailing (complaining).''

p. 81, Exercise 6
1. **b**   2. **a**   3. **c**   4. **a**   5. **b**

p. 81, Exercise 7
1. **b**   2. **b**   3. **a**   4. **b**   5. **b**

p. 81, Exercise 8
1. **Nora fragt jedes Kind dasselbe.**
2. **Hast du dir das Haar gebürstet?**
3. **Hast du Zahnweh?**
4. **Peter will nicht zu Hause bleiben.**
5. **Geh, wasch dir die Hände.**

p. 81, Exercise 9
1. **wach**   2. **Aspirinbüchse**   3. **bleiben**
4. **Zahnweh**   5. **Notiz**

p. 81, Exercise 10
1. **Hast du dir das Haar gebürstet?**
2. **Karl holt die Aspirinbüchse.**
3. **Peter hat sich über Zahnweh beklagt.**
4. **Der Zahn tut ihm nur ein bißchen weh.**
5. **Sie macht sich eine Notiz.**

p. 82   The Flat Tire
p. 82-83

KARL (is driving to the service station on the way home) Will you please look at the right front tire? I think I have a flat tire.

SERVICE STATION ATTENDANT Looks that way. We have to change it. You can take a seat inside meanwhile. There is coffee and cookies.

KARL (inside)

MANAGER How are you, Mr. Bauer?

KARL Except for the flat tire, not bad. And you?

MANAGER Cannot complain. May I offer you a cigar?

KARL No, thanks. I am not supposed to smoke. Stomach ulcers.

MANAGER No wonder, nowadays. Is you car otherwise OK? Shall we check it? Shock absorbers? He now has it on the hydraulic platform (lift).

KARL Please.

MANAGER (inspecting them) Shock absorbers are OK. But we have to fasten the exhaust pipe; it wobbles. Wouldn't you like more coffee?

KARL I am not supposed to drink coffee either. When your man has finished, he can check the battery, also the oil and the water in the radiator.

MANAGER Very good.

p. 83, Exercise 11
1. **kann** 2. **darfst** 3. **mag** 4. **will** 5. **soll**
(**sollen**) 6. **müßt**

p. 83, Exercise 12
1. **Stoßdämpfer** 2. **Kühler** 3. **Hebebühne**
4. **Panne** 5. **Auspuffrohr**

p. 83, Exercise 13
1. **Karl will keine Zigarre, weil er**
   Magengeschwüre hat.
2. **Der rechte Vorderreifen hat die Panne.**
3. **Der Tankwart soll die Stoßdämpfer überprüfen.**
4. **Das Wasser in einem Auto ist im Kühler.**
5. **Er inspiziert die Stoßdämpfer auf der**
   Hebebühne.

p. 83, Exercise 14
1. Karl has a flat tire.
2. He must fasten the exhaust pipe.
3. May I offer you a cigarette?
4. Please check the water in the radiator.
5. Isn't he supposed to look at the shock absorbers?
6. Cannot complain.
7. Except for the stomach ulcers, not bad
8. Looks like it.

p. 84, Exercise 15
1. **f** 2. **f** 3. **f** 4. **t** 5. **t**

p. 84   Smoking and Cancer
MANAGER You told me, Mr. Bauer, that you are
not supposed to smoke. Have you heard of the
woman who was so distressed when she read about
the connection between smoking and cancer that she
decided to give up reading?

p. 84   Everything's OK.
pp. 84-85
ATTENDANT Everything's OK, Mr. Bauer. Any-
thing else?
KARL Did you have to replace the exhaust valve?
ATTENDANT No, that was not necessary.
KARL Did you want to lubricate the car?
ATTENDANT Today I was not able to work on it.
But I recommend lubrication and an oil change for
next week. I'll wash the windshield. Do you need
gas?
KARL I had the tank filled up only the day before
yesterday. Shall I leave the car here for the oil
change next week?
ATTENDANT As you wish, Mr. Bauer. The whole
thing takes half an hour if nobody is here before
you.—I see a customer coming. Excuse me, please.
KARL May I use your phone?
MANAGER By all means.
KARL Nora? How are you feeling? I had a flat
tire.—I hear Gretchen singing; yes, with the radio.
Are you helping Peter to write the (his) English es-
say? Do you need anything? Cold cuts, butter, and
cheese? Then I won't be able to come home before
six. See you.

p. 85, Exercise 16
1. **Mußten Sie das Auspuffrohr ersetzen?**
2. **Wollte er den Wagen schmieren?**
3. **Ließest du den Tank anfüllen?**
4. **Hörte sie Gretchen sprechen?**
5. **Konnte er nach Hause kommen?**

p. 85, Exercise 17
1. **i** 2. **i** 3. **i** 4. **c** 5. **c**

p. 85, Exercise 18
1. **a** 2. **c** 3. **b** 4. **a** 5. **c**

p. 86, Exercise 19
1. **4** 2. **5** 3. **6** 4. **3** 5. **1** 6. **2**

p. 86, Exercise 20
1. **Der Tankwart wird den Wagen nächste Woche**
   schmieren.
2. **Karl hat den Tank anfüllen lassen, weil er**
   Benzin gebraucht hat.
3. **Der Tankwart entschuldigt sich, weil er einen**
   Kunden kommen sieht.
4. **Peter muß einen englischen Aufsatz schreiben.**
5. **Nora braucht kalten Aufschnitt, Butter und**
   Käse fürs Abendessen.

p. 86   A Surprise?
pp. 86-87
   Karl has taken care of his purchases and is at home
again. Nora is in the kitchen and is busy with the
preparation of dinner. Karl has made himself
comfortable and wants to read the evening paper.

KARL Peter, where is the paper?
PETER I believe it still lies (is) outside.
KARL Go and get it, please. Where is Gretchen?
PETER In her room.
KARL Tell her to come here.
PETER Right away.—Gretchen! Come here.—She
doesn't hear me.
KARL Call her once more. Or look (find out) what
she is doing. Tell her I want to speak with her.
PETER (into Gretchen's room; they both come out)
KARL Come here, children. I have to ask you some-
thing.
GRETCHEN A surprise?
KARL Maybe. Get your mother and ask her to come
here.
GRETCHEN Mom! A surprise! Come quickly!
NORA What happened?
KARL Sit down, all of you. As you know, I have
just come from the service station. A flat tire, noth-
ing special. But lately there is always something the
matter with the car. It is pretty old already. Say,
Nora, shall we not buy a new one?
NORA Wait a minute. How long actually do we have
it (have we actually had it)?
KARL About ten years.
NORA But basically it is still OK?

KARL Yes—it rattles a little . . .

NORA Is that all?

KARL And sometimes it doesn't start right away. . .

PETER Hooray! A new car!

NORA Peter, don't be childish. (to both children) Go and wash your hands. The meal is (will be) ready right away. And open the windows, it is very warm in here. (to Karl) Let's drive into the foothills on Sunday, and let's see if the old coach is still of any use. How much is a new one?

KARL More than we can afford at the present time. Give me the newspaper. Let's look at the ads. Aha! Well, a used one. . .

NORA No, don't. Better to save longer and then buy a new one.

KARL You are right.

p. 88, Exercise 21
1. hol 2. **bitte sie** 3. **öffne** 4. **Sag mir** 5. **sei nicht**

p. 88, Exercise 22
1. **Bitte gib mir die Zeitung!**
2. **Wascht euch die Hände!**
3. **Wart einmal!**
4. **Sag ihr herzukommen.**
5. **Gretchen, öffne die Tür!**

p. 88, Exercise 23
1. **Karl will die Zeitung lesen, wenn er nach Hause kommt.**
2. **Gretchen ist in ihrem Zimmer.**
3. **Karl will einen neuen Wagen kaufen.**
4. **Es ist immer etwas anderes los mit dem Wagen.**
5. **Nora nennt ihn die alte Karosse.**

p. 88, Exercise 24
1. **b** 2. **a** 3. **b** 4. **b** 5. **a**

p. 88, Exercise 25
1. **f** 2. **f** 3. **t** 4. **f** 5. **t**

p. 88   The Driver's Test
pp. 88-89
NEIGHBOR I am still all excited. Just passed my exam (test).

KARL I congratulate you. Please, take a seat.

NEIGHBOR You know, that much ordering-about I haven't experienced in a long time.

KARL What are you talking about?

NEIGHBOR About my driver's test. Please, excuse me, I didn't want to bother you with my affairs.

KARL No, tell me.

NEIGHBOR Well. It starts with: Fasten the (your) seat belt, please. Drive to the left, drive to the right. Look into the rearview mirror. Wait for the streetcar; it always has the right of way. Turn around here. Not so fast. Step on the brakes. Don't let the clutch slip. Toward the end he became quite curt: Slow down. Stop. Park. Get out.

p. 90, Exercise 26
1. **Ein Nachbar kommt zur Tür.**
2. **Der Nachbar hat seine Führerscheinprüfung gerade bestanden.**
3. **Es fängt an mit "Bitte anschnallen"!**
4. **Die Straßenbahn hat immer das Vorrecht.**
5. **Das letzte Kommando (Der letzte Befehl) des Prüfers war „Aussteigen!"**

p. 90, Exercise 27
1. I just passed the driver's test.
2. That I have not experienced in a long time.
3. I don't want to bother you with my affairs.
4. Look into the rearview mirror.
5. Don't let the clutch slip.

p. 90, Exercise 28
1. **f** 2. **t** 3. **f** 4. **t** 5. **f**

p. 90, Exercise 29
1. **4** 2. **6** 3. **1** 4. **2** 5. **3** 6. **5**

p. 90, Exercise 30
1. **aufgeregt** 2. **erlebt** 3. **belästigen**
4. **Kupplung** 5. **Bremse**

Chapter 10, **p. 91**, The Bauer Family Wants to Take a Vacation

p. 91   The Sunny South
pp. 91-92
Until now the Bauer family has spent its vacations mostly at the North Sea or in Scandinavia, mainly because they had to leave at the beginning of August at a time when it is very hot in the south of Europe. This time Karl had to stay in town for business reasons during the summer, and they (the Bauers) have vacation plans for the fall.

Today Nora goes out and comes home with a bunch of travel folders that describe the scenic wonders of southern Europe. The weather at home is gloomy, rainy, and cold, and the pictures with the shining sun and the blue sky of the Riviera are irresistible.

Does she sometimes also think back to the unavoidable accompanying circumstances of a stay in the sunny South? She walks back and forth in the room and remembers the sunburn in Crete and the water in Spain. "I advise you against drinking from the faucet," a friend had warned her. "And wash off the fruit before you eat it." But the children paid no attention, and the consequences were catastrophic. "Take along your sunglasses; the light is very bright." The sunglasses did not come off their noses, she saw to that.

p. 93, Exercise 1
1. **Er kommt zurück.**
2. **Sie geht weg.**
3. **Wir gehen auf und ab.**
4. **Er ißt es auf.**
5. **Sie gibt viel Geld aus.**

p. 93, Exercise 2
1. **Kommst du mit? (Kommen Sie mit?)**
2. **Wann holt er uns ab?**
3. **Wann fängt es an?**
4. **Gehst du zurück? (Gehen Sie zurück?)**
5. **Rätst du ihr davon ab? (Raten Sie ihr davon ab?)**

p. 93, Exercise 3
1. **Die Familie Bauer hat bisher ihre Ferien an der Nordsee oder in Skandinavien verbracht.**
2. **Sie ging nicht nach Südeuropa, weil es dort zu heiß war.**
3. **Karl mußte während des Sommers geschäftshalber in der Stadt bleiben.**
4. **Nora bringt heute Reisebroschüren mit.**
5. **Das Herbstwetter in Deutschland ist meistens trüb, regnerisch und kalt.**
6. **Eine Freundin hat sie vor dem Wasser gewarnt.**
7. **Die Folgen waren katastrophal für die Kinder.**
8. **Man soll Sonnenbrillen mitnehmen, weil das Licht sehr grell ist.**

p. 93, Exercise 4
1. **a** 2. **c** 3. **a** 4. **b** 5. **a**

p. 93, Exercise 5
1. **t** 2. **f** 3. **t** 4. **t** 5. **f**

p. 94   Hotel with Bedbugs

Nora remembers the splendid Greek island with the fabulous sunset and the greedy bedbugs that drew a liter of blood from her. She arrives; everything looks wonderful. She says, ''Karl, it is marvelous here; I won't leave for a month.'' Then she falls asleep, wakes up, and everything is different.

Has she forgotten that already? What does she have in mind?

On the other hand, that is (was) long ago. Today Karl earns much more. They can afford a first-class hotel where things like that do not happen. They have two cars in the garage. One of them Karl will finish paying for this year; the other he will pay off within a year. Maybe they fly away (will fly somewhere) in November when the weather is miserable. Maybe they (will) hold a family conference about it today.

p. 95, Exercise 6
1. **Nora erinnert sich an den schönen Sonnenuntergang.**
2. **Die Wanzen zapfen ihr Blut ab.**
3. **Sie schläft glücklich ein.**
4. **Vielleicht fliegen sie im November fort.**
5. **Karl bezahlt den anderen Wagen innerhalb eines Jahres ab.**
6. **In einem erstklassigen Hotel passiert das nicht.**
7. **Was hat sie vor?**

p. 95, Exercise 7
1. They can afford a first-class hotel.
2. The greedy bedbugs draw blood from her.
3. She wakes up and everything is different.

4. I won't leave for a month.
5. Today we hold a family conference.

p. 95, Exercise 8
1. **f** 2. **t** 3. **t** 4. **t** 5. **f**

p. 95, Exercise 9
1. **c** 2. **a** 3. **b** 4. **a** 5. **b**

p. 95, Exercise 10
1. **Heuer** 2. **Insel** 3. **anders** 4. **ausbezahlen**
5. **Wanzen**

p. 95   Yugoslavia
p. 95-97
KARL Well, you have visited the travel agency and have practically ransacked it. All these brochures!
NORA Look at the pictures of Mallorca. A dream!
GRETCHEN And this one, Mom: ''Come back to Sorrento!''
KARL I don't want to go back there. Mosquitoes as big as grasshoppers.
GRETCHEN But it is so romantic.
PETER Look, Dad, here is a picture of a stewardess who says: ''Come along to Du-brov-nik.'' Where is that, Daddy?
KARL In Yugoslavia; we've never been there before.
NORA I totally forgot to tell you, Karl, (that) the Ribars like Yugoslavia very well. They were there three times.
KARL I confess it tempts me more than Italy or Greece.
NORA Why don't you order the airplane tickets? We can readily cancel them if we change our minds. Or we (can) sell them to somebody else.
KARL Maybe we (can) travel with the Ribars.
NORA She is a very nice person.
KARL And he is a funny guy; I always have a good time with him. Why don't we get together with them?
NORA Good idea!
KARL His family is from Yugoslavia originally. If we do not understand something, he'll translate it for us.
NORA Excellent.
KARL Good. Then I (will) phone him tomorrow.
GRETCHEN Look at the beautiful pictures, Daddy. The ocean and the mountains.
KARL Yes, and the crazy people who climb around in the burning sun on the karst with their backpacks. I prefer to lie down and go out in the evening when it's cool.

p. 97, Exercise 11
1. **Ich raube das Reisebüro aus.**
2. **Schauen Sie sich diese schönen Bilder an.**
3. **Ich gestehe, es reizt mich nicht.**
4. **Warum bestellen Sie nicht die Flugkarten?**
5. **Er kann es für uns übersetzen.**
6. **Ich lege mich lieber jetzt nieder.**

7. Ich unterhalte mich oft mit ihm.
8. Er hat es sich anders überlegt.
9. Hast du seinen Geburtstag vergessen?
10. Ich übersetze es für ihn.

p. 97, Exercise 12
1. **In Sorrent waren die Stechmücken so groß wie
   Heuschrecken.**
2. **Die Ribars waren schon dreimal in Jugoslawien.**
3. **Eine Stewardeß sagt, ,,Komm mit nach
   Dubrovnik.''**
4. **Sie können die Flugkarten ohne weiteres
   annulieren.**
5. **Die verrückten Leute klettern mit ihren
   Rucksäcken in der glühenden Sonne am Karst
   herum.**

p. 97, Exercise 13
1. **Jugoslawien**   2. **Heuschrecken**   3. **annulieren**
4. **traumhaft**   5. **Stewardeß**

pp. 97-98, Exercise 14
1. **c**   2. **b**   3. **c**   4. **a**   5. **a**

p. 98, Exercise 15
1. I confess that tempts me.
2. Why don't you order them?
3. I forgot to tell it to you.
4. Did you change your mind?
5. He climbs around there like crazy.

Chapter 11, p. 99   Peter Has a Pupil

p. 99   Introduction: Little Tim
pp. 99-100

   Gretchen and Peter have been receiving pocket
money from their parents from an early age—amounts
with which they are to make do until the end of each
week. Also, they started early on to earn some money
themselves. Gretchen works as a babysitter and
occasionally helps her father in the business. Peter
works as a tutor for the children of American officers
who are stationed at the neighboring military base.
   Tim, nine years old, is one of the children that
Peter tutors. The little boy has been in Germany now
for two years and is generally a good student even
though weak in arithmetic. His German is fluent, and
he speaks almost without an accent.
   His father takes him to Peter's house twice a week,
and the children have become friends. Everybody likes
Tim; he is a very nice little guy.
   He is very good-natured and well-behaved. Unfortu-
nately, he has one big shortcoming; he eats too much
and everything pell-mell and awfully fast. Chocolate is
his great passion, also sugar candy of which he always
carries a supply in his pocket which gets all sticky
from it.

p. 100, Exercise 1
1. **Kandiszucker**   2. **Taschengeld**   3. **Babysitter**
4. **Zögling**   5. **Offiziere**

p. 100, Exercise 2
1. **f**   2. **t**   3. **t**   4. **t**   5. **f**

p. 100, Exercise 3
1. **Peter hilft Tim zweimal wöchentlich nach.**
2. **Tim ist etwas schwach im Rechnen.**
3. **Tims Vater ist in dem benachbarten
   militärischen Standort wohnhaft.**
4. **Tim ist ein netter, kleiner Kerl.**
5. **Er trägt einen Vorrat Kandiszucker in der Tasche.**

p. 100, Exercise 4
1. **b**   2. **c**   3. **a**   4. **b**   5. **a**

p. 100, Exercise 5
1. **Peter arbeitet als Hauslehrer.**
2. **Er hilft Tim nach.**
3. **Tim spricht Deutsch beinahe akzentfrei.**
4. **Tims große Leidenschaft ist Schokolade.**
5. **Er trägt den Kandiszucker in der Tasche.**

p. 101   Tim Counts in German
pp. 101-102

   The so-called cardinal numbers have never posed
any difficulties for Tim. He knew them very well two
weeks after his arrival in Germany.
   Even a number like 987,654 is, he knows, written
in *one* word:
   With this he had a lot of fun.
   He has never quite understood why one doesn't read
the number 53 as fifty-three—as it is in English—
instead of three and fifty. Also the way in which one
writes certain numbers, as 1, not l, and 7, not 7, was
foreign to him.
   Then, of course, there are the really big numbers
like

1,000,000	a million
1,000,000,000	a ''milliard,'' and
1,000,000,000,000	a ''billion''

The American billion is the same as the German
''milliard''; the American trillion equals the German
billion. Why is that different from one language to the
other?
   If Tim doesn't have a watch with him, he'll perhaps
ask someone: What time is it? The answer usually is:
It is eight o'clock, or eleven o'clock, or one o'clock,
or whatever. But one can also skip the o'clock: It is
eight, or eleven, or one.
   In his German textbook in America Tim (has)
learned that 9:15 means quarter or one quarter past
nine, and 9:45 quarter before ten. But he now lives in
Southern Germany, and there one rather says (is more
likely to say) ''quarter ten'' and ''three quarter ten.''
At 9:30 it is always ''half ten,'' to be sure. Of course,
one can also say 9:15 or 9:45, or also: It is fifteen
(minutes) past nine, or fifteen (minutes) before ten.
When it is 9:37, it also means (you can also say)
seven minutes past half ten, and at 9:25, five minutes
before half ten.
   He knows that people are using the twenty-four-hour
system (train time) more and more now; for example:
   The airplane arrives at 21:50, i.e., at 9:50 P.M.
   The train departs at 5:10, i.e., at 5:10 A.M.

p. 102, Exercise 6
1. **acht Uhr dreißig**   2. **neunzehn Uhr vierzig**
3. **vierzehn Uhr zehn**   4. **neunzehn Uhr fünfzehn**
5. **neun Uhr dreißig**   6. **fünfzehn Uhr fünf**
7. **siebzehn Uhr achtundvierzig**
8. **zehn Uhr fünfzehn**
9. **dreiundzwanzig Uhr**

p. 102, Exercise 7
1. **dreihundertsiebenundachtzig**
2. **neunhundertfünfundzwanzig**   3. **eintausendelf**
4. **zwölfhundertachtundvierzig**
5. **siebzehntausendvierhundertneununddreißig**

p. 102, Exercise 8
1. **t**   2. **f**   3. **t**   4. **t**   5. **f**

p. 103   More about Tim
p. 104 (Joke)   The Good Luck of the Cat
"Father," he said, "come quickly! In the dining
room there is a big black cat."
"Don't worry," replied his father. "A black cat
means luck."
"She has it, Daddy," replied Tim. "She just
finished your meal."

p. 104-105   Tim Likes Peter Very Much
Wednesdays Tim comes to Peter at three P.M., and
Sundays at nine A.M. Last time he came at ten; his
mother forgot to wake him. Otherwise he is very
much on time. Peter does not like to work on
Saturdays. In the morning he is in school, like his
pupil, and in the afternoon he does his assignments.
One Wednesday Tim came home from school and
heard that Peter was ill. "This afternoon you don't
have a lesson," his mother told him. "Maybe again
the day after tomorrow. Peter didn't feel well the day
before yesterday. During the day he is OK, but in the
evening he has some fever. That can continue this
way for days." Tim was very sad about it, for he
likes Peter very much.

p. 105, Exercise 9
1. **Der andere Name für Samstag ist Sonnabend.**
2. **Amerika wurde 1492 entdeckt.**
3. **Tim kommt zu Peter gewöhnlich um drei Uhr nachmittags.**
4. **Letztes Mal ist er erst um zehn gekommen, weil seine Mutter vergessen hat, ihn aufzuwecken.**
5. **Peter und Tim machen nachmittags ihre Aufgaben.**
6. **Peter hat sich wegen des Fiebers vorgestern nicht wohlgefühlt.**
7. **Das Fieber kann tagelang so weitergehen.**
8. **Tim ist traurig darüber, weil er Peter sehr gern hat.**

pp. 105, Exercise 10
1. **f**   2. **f**   3. **t**   4. **f**   5. **t**

p. 105, Exercise 11
1. **vorigen Sonntag**   2. **morgen abend**   3. **gestern nachmittag**   4. **jeden Tag**   5. **heute morgen**

p. 105, Exercise 12
1. **b**   2. **c**   3. **a**   4. **b**

p. 105, Exercise 13
1. **gekommen**   2. **Fieber**   3. **weitergehen**
4. **gefühlt**   5. **gern**

p. 105 (Joke)   Five Pairs of Horns
The teacher asks his pupils: "Six cows walk on a
narrow country lane, one behind the other. Which one
can turn around and say: 'I see five pairs of horns.'?"
Tim replies: "The first cow."
The teacher: "Wrong, Tim. Cows cannot talk."

p. 106   Jokes and Puns
pp. 106-107
Sometimes Peter tries to make the lesson with Tim
somewhat more amusing. Then he tells him jokes, for
instance this one:
1. The teacher in school: "What is farther away
from us, Germany or the moon?"
One pupil answers: "Germany."
"How come?" asks the teacher.
The pupil: "Because we can see the moon but not
Germany."
Or this one:
2. The teacher tells her pupils: "Write an essay:
What I would do if I had ten million marks."
Every pupil started writing right away except for
Michael. He played with his ballpoint pen and his
ruler the whole time. After half an hour the teacher
collected the essays. Michael gave her an empty sheet.
"What is that, Michael?" the teacher asked him.
"Is that your essay? Every other pupil wrote two
pages or more."
"Teacher," replied Michael. "That's what I would
do if I were a millionaire."
3. Tim knows, of course, how one pronounces the
letters of the German alphabet. Therefore, Peter can
ask him the following:
"Tim, how do you write **Kuhhaare** (cow hairs)
with only four letters, **Katze** with two, and **Zettel** (slip
of paper) with two?"
Tim, of course, does not know that. So Peter gives
him the solution: (which evidently cannot be
translated).
4. At the very beginning Peter taught his pupil a
funny little poem.
One, two, three, four, five, six, seven,
an old woman cooks turnips;
an old woman cooks bacon,
cuts herself the (her) finger off.

p. 107, Exercise 14
1. **Michael spielte die ganze Zeit mit Kugelschreiber und Lineal.**
2. **Er sagt, das würde er tun, wenn er Millionär wäre** (in other words, he would do nothing).
3. **Jeder andere Schüler hat zwei Seiten oder mehr geschrieben.**
4. **Michael hatte nichts geschrieben.**
5. **Die alte Frau in dem Gedicht kocht Rüben und Speck.**

p. 107, Exercise 15
1. **f** 2. **t** 3. **t** 4. **f** 5. **t**

p. 107, Exercise 16
1. **Lineal** 2. **Seiten** 3. **Mond** 4. **Schule**
5. **Aufsatz** 6. **Gedicht**

p. 107, Exercise 17
1. **Was ist weiter von uns entfernt, Deutschland oder der Mond?**
2. **Was würde ich tun, wenn ich zehn Millionen hätte?**
3. **Die Lehrerin sammelte die Aufsätze ein.**
4. **Tim wußte, wie man die Buchstaben ausspricht.**
5. **Eine alte Frau kocht Rüben.**

p. 107, Exercise 18
1. **C/EI/I/U/T** 2. **U/CH/EI/EA** 3. **E/MM/E/Ä**
4. **H/E/T** 5. **N/L/Ä/Ä**

Chapter 12, p. 108,   The Future of the Children

p. 108   What Peter Would Really Like To Be
pp. 108-109

Yesterday Nora and Karl talked about the future of their children. The whole thing had started with Peter telling them of his pupil Tim who does not like to play the violin. Peter cannot understand that, for music is the most beautiful thing in the world for him. But somebody to whom it does not mean anything will, on his part, not understand this.

KARL How long have you been taking cello lessons?
PETER For seven years.
KARL That's a long time.
NORA I recently talked to his teacher, and he said that Peter is unusually talented.
KARL But is he good enough to become a professional musician?
PETER I am the first cellist in our school orchestra.
NORA I think he is good, Karl. On Saturday he did not go to the movies with his friends but instead practiced the cello almost all day.
PETER We have a concert in one week and it is a very difficult piece. But I really enjoy practicing it. My friends tease me and say I am weird.
NORA Let them talk. You do what *you* want.
GRETCHEN Peter plays very beautifully. He hardly scratches at all.
PETER Thank you, Gretchen. Coming from you, that is a big compliment.
GRETCHEN Siblings have to stick together.
KARL That is all well and good. But do you know, Peter, what the professional outlook is for musicians?
PETER I'd like to learn yet another instrument. Maybe the flute or the oboe. But what I really would like to be I haven't revealed to anyone.
KARL That is?
PETER A conductor.

p. 109, Exercise 1
1. **Gestern sprach man über die Zukunft der Kinder.**
2. **Peter erzählte von Tim, daß er ungern Violine spielt.**
3. **Für Peter ist die Musik das Schönste auf der Welt.**
4. **Er nimmt Cellolektionen seit sieben Jahren.**
5. **Sein Lehrer hat Nora gesagt, daß er unerhört begabt ist.**

p. 109, Exercise 2
1. **f** 2. **t** 3. **t** 4. **f** 5. **t**

p. 110, Exercise 3
1. **4** 2. **1** 3. **5** 4. **6** 5. **2** 6. **3**

p. 110, Exercise 4
1. He doesn't like to play the violin.
2. The most beautiful thing in the world
3. Peter practiced almost all day.
4. I have a concert in one week.
5. He does not go out but stays at home.

p. 110, Exercise 5
1. **Zukunft** 2. **seinerseits** 3. **Violine**
4. **Instrument** 5. **kratzt** 6. **Berufsaussichten**

p. 110   A General in Tails
pp. 110-111

KARL A conductor, you say? That really is a surprise.
GRETCHEN Wonderful, Peter. And very romantic. A conductor reminds me of a general but without uniform.
NORA A general in tails.
PETER That's what I'd like to be.
KARL Do you know how long you have to study?
PETER I don't mind.
KARL On the one hand this costs (will cost) a lot of money; on the other hand it is perhaps a good investment. Some of them (conductors) earn a fortune. Besides, one can also teach.
NORA The main thing is our son is happy. Moreover, conductors supposedly live very long.
GRETCHEN Can you imagine, Daddy, Peter on the podium. . . Are you going to conduct with or without baton, Peter?
PETER It depends. First with, I think. Of course, it must be nicer with hands alone.
GRETCHEN But then you cannot break the baton when you get angry.
KARL Nevertheless I'll first have a thorough talk with your teacher about it. With him, and with your great-uncle in Grünau, who, as you know, is a retired conductor. It will also be necessary to speak about it with your class teacher.
PETER He'll support me.
KARL Why have you been making a secret of it for so long? None of us knew anything of it. Of course, we want the best for you. To be sure, I

thought you would be able later on to help me in the business; however, I'll be glad to. . .

GRETCHEN Daddy, *I* will help you in the business; you know I am looking forward to it.

KARL All right, Peter. When the time comes, I won't stand in your way.

p. 112, Exercise 6
1. t 2. f 3. t 4. t 5. f

p. 112, Exercise 7
1. You will be able to help me in the business.
2. He made a secret of it.
3. We want the best for you.
4. Some of them earn very much.
5. It depends.

p. 112, Exercise 8
1. a 2. c 3. a 4. c

p. 112, Exercise 9
1. **Kapellmeister** 2. **helfen** 3. **gemacht**
4. **sprechen** 5. **vorstellen**

p. 112, Exercise 10
1. **Einerseits—anderseits** 2. **Überdies**
3. **Nichtsdestoweniger** 4. **Jedoch** 5. **Auch**

p. 112   The Soprano

Father took the little boy to his first orchestra concert with (to hear) a famous soprano. The conductor fascinated Johnny particularly.

"Father, why does the man threaten the nice lady with his little stick?"

"Be quiet. He isn't threatening her."

"But why then does she scream?"

p. 113   His Musical Talent
p. 113

To Peter one probably never will have to say: "Either you practice or we sell the cello." (For that) he likes it too much.

He probably owes his musical talent to his mother. Nora comes from a music-loving family. Her father as well as her mother are practicing musicians. Mr. Bachmann (Nora's maiden name) is a superior violinist who plays regularly each week in a string quartet; and Nora's mother is a very popular piano teacher who has a great number of pupils.

Uncle Leopold, who is now living in Grünau, was a respected conductor who conducted the orchestra of the city theater for thirty years. It is, therefore, not surprising that Nora understands her son's ambition. She herself had a very beautiful voice (mezzo-soprano), many years ago dreamed of an operatic career, and now sings in the choir of her church occasionally.

(Neither of) Karl's parents, on the other hand— neither his father nor his mother—is overly interested in music. Karl himself likes music if it is not too difficult. But despite this he is proud of his son's talent, even though he hides his pride most of the time.

p. 114

A very short criticism (music review) appeared in the newspaper: "An amateur string quartet played Beethoven last night. Beethoven lost."

p. 114, Exercise 11
1. b 2. a 3. a 4. c 5. a

p. 114, Exercise 12
1. f 2. t 3. t 4. f 5. t

p. 114, Exercise 13
1. **Sie sind ausübende Musiker.**
2. **Onkel Leopold dirigierte ein Orchester.**
3. **Nora träumte von einer Opernkarriere.**
4. **Er verbirgt seinen Stolz.**
5. **Anderseits ist er nicht übermäßig interessiert.**

p. 114, Exercise 14
1. **Nora singt gelegentlich im Chor ihrer Kirche.**
2. **Onkel Leopold wohnt jetzt in Grünau.**
3. **Peter verdankt seiner Mutter das musikalische Talent.**
4. **Herr Bachmann spielt Violine.**
5. **Nora versteht den Ehrgeiz ihres Sohnes, weil sie aus einer musikalischen Familie kommt.**

pp. 114-115, Exercise 15
1. **entweder—oder** 2. **trotzdem** 3. **weder—noch**
4. **deshalb** 5. **sowohl—als auch**

p. 115

"Do you like music?" a lady asked the famous man.

"No," he replied, 'but of all noises music bothers me the least."

p. 115   Gretchen and the World of Business
pp. 115-116

While Peter is little interested in his father's business, Gretchen, in spite of her romantic inclinations, is an amazingly practical little person.

Although she worked only as a babysitter until a short time ago, she was, on the two preceding weekends, active in the business as extra help and has proved to her father that she is a good saleslady.

As often as Karl needs her, she says, she will be ready to help in the store. Apparently she gets a big kick out of it, and she is sorry that she does not have more time for it. Although she, unlike her brother, does not have any artistic talent, she is an intelligent girl and grasps things quickly. One can see that she is very much at home in the world of business.

Karl now knows that Peter definitely prefers music to business life. Maybe he is a little disappointed about this, but as long as he has Gretchen (and since he has discovered her enthusiasm for the business) he knows that one of his children will continue the proud tradition of the book trade in the Bauer family. If he urgently needs extra help at the height of the Christmas season this time, he will ask his daughter for it.

p. 116, Exercise 16
1. t 2. f 3. t 4. t 5. f

p. 116, Exercise 17
1. **vorhergehenden Wochenenden**   2. **mitzuhelfen**
3. **Buchhandels in der Familie**   4. **Talent**
5. **Spaß**

pp. 116-117, Exercise 18
1. **Während Peter sich wenig dafür interessiert, interessiert sich Gretchen sehr.**
2. **Obwohl sie nur als Babysitter gearbeitet hat, beweist sie ihrem Vater, daß sie als Verkäuferin gut ist.**
3. **Sooft er weggeht, sagt er, "Servus!"**
4. **Seitdem sie voriges Wochenende im Laden gearbeitet hat, ist Karl stolz auf sie.**
5. **Karl ist froh, daß sie sich fürs Geschäft interessiert.**

p. 117, Exercise 19
1. **Sie ist eine erstaunlich praktische kleine Person.**
2. **Sie ist bereit, sooft Karl sie braucht.**
3. **Offenbar tut es ihr leid, daß sie nicht mehr Zeit hat.**
4. **Auf der Höhe der Weihnachtssaison braucht er Aushilfe.**
5. **Solange er sie hat, ist er zufrieden.**

p. 117, Exercise 20
1. **Gretchen hat an den beiden vorhergehenden Wochenenden zuerst im Laden gearbeitet.**
2. **Sie hat ihrem Vater bewiesen, daß sie eine gute Verkäuferin ist.**
3. **Peter zieht die Musik dem Geschäftsleben vor.**
4. **Während der Weihnachtssaison braucht Karl dringend Aushilfe.**
5. **Gretchen hat bis vor kurzem als Babysitter gearbeitet.**

p. 117   Karl the Bookseller
pp. 117-118

When Karl speaks of the proud tradition of the book trade, he is perfectly justified (to do so). The bookstore has been in his family for almost 100 years, still under the same name.

Karl's volume of sales is not very big, simply because he does not have enough space for the many new books that are being published every year. Since his working capital is not very large, he has to purchase carefully. Very few publishers sell on consignment, that is, so that one can return the unsalable books. By occasionally holding a sale, he gets rid of many of the white elephants. There are a lot of booksellers in the city who all, of course, compete with one another.

Like most in his line of business, he, too, has an *Antiquariat,* that is, a section for used books. If a book is well preserved, one can sell it back to the bookseller—insofar as he is interested in it—at about 20-25% of the original price. By serving his customers in a friendly and conscientious way, he can depend on their coming back to him the next time.

pp. 118-119   A Threat

The third request for payment that Karl sent to a man who had been owing him DM 20.-- for a book for four months was answered by the customer as follows:

Your nasty letter of September 23 I did not like at all.

Once a month I throw all unpaid bills into an old wastepaper basket. Then my wife draws one of them blindfolded. If you are lucky, this will be your bill. But if you don't stop sending me your impudent requests for payment, I won't throw your bill into the wastepaper basket next month.

p. 119, Exercise 21
1. **f**   2. **t**   3. **f**   4. **f**   5. **t**

p. 119, Exercise 22
1. **Der Buchladen ist in seiner Familie seit beinahe 100 Jahren.**
2. **Sein Umsatz ist nicht größer, weil er nicht genug Platz hat.**
3. **Er muß vorsichtig einkaufen, da sein Betriebskapital nicht sehr groß ist.**
4. **Er wird die Ladenhüter los, indem er gelegentlich einen Ausverkauf abhält.**
5. **Die Abteilung für gebrauchte Bücher nennt man ein Antiquariat.**

p. 119, Exercise 23
1. **wann immer**   2. **weil**   3. **Falls**   4. **insofern als**
5. **wenn**

p. 119, Exercise 24
1. **c**   2. **a**   3. **c**   4. **b**   5. **a**

p. 119   Gretchen's Ambition
pp. 119-121

As soon as Gretchen has some money together, she takes (carries) it to the bank. There she already has a savings account in both her own and her father's name. The small allowance from Karl apparently is sufficient for her private expenses.

Whenever she takes in or spends something, she enters it into a little book so that she always knows how she is doing financially. For the household she shows little interest. But like Peter, she, too, has her own plans. Tonight, after the table has been cleared and the dishes washed, the family conference continues.

KARL Well, Gretchen, how do *you* picture your future?

GRETCHEN I would very much like to be active in business.

KARL Good. I believe you have a natural talent for it.

GRETCHEN As you know, Daddy, I now take bookkeeping, typing, and shorthand in school. We already write real business letters. When I handed in the latest assignment, the teacher paid me a compliment.

KARL Yes?

GRETCHEN I had typed three requests for payment without an error.

KARL Maybe you can also type some to my customers.

GRETCHEN Gladly, Daddy. But whether you really get the money then, I cannot guarantee.

NORA What do you want to do after you finish secondary school?

GRETCHEN Study computer programming.

PETER She beats me every time playing "Devil's Brat."

GRETCHEN There is nothing to it.

PETER But she really is very skilled (at it). And in math she is also very good. Maybe she can then install a computer in your store, Daddy.

KARL Not a bad idea. Especially for inventory and the bills in arrears.

NORA How long does this study take?

GRETCHEN One can learn (the field) well in two years.

KARL Don't you want to attend a professional school (specialized college)? The more you learn, the better it is for you.

p. 121, Exercise 25
1. **t.** 2. **f** 3. **t** 4. **f** 5. **f**

p. 121, Exercise 26
1. **b** 2. **a** 3. **c** 4. **a** 5. **c**

p. 121, Exercise 27
1. **Sie hat ihr eigenes Sparkonto.**
2. **Sie will wissen, wie ihre finanzielle Situation beschaffen ist.**
3. **Nachdem sie das Geschirr weggeräumt haben, reden sie.**
4. **Als sie ihren Aufsatz ablieferte, machte ihr die Lehrerin ein Kompliment.**
5. **„Je mehr, desto besser", sagte ihr ihr Vater.**

p. 122, Exercise 28
1. **Das Taschengeld ist genug für ihre privaten Ausgaben.**
2. **Die Familienkonferenz wird nach dem Essen fortgesetzt.**
3. **Gretchen möchte gern Computerprogrammiererin werden.**
4. **In der Schule nimmt sie jetzt Buchhaltung, Maschinenschreiben und Kurzschrift.**
5. **Sie soll einen Computer in Karls Geschäft installieren.**

p. 129, Exercise 29
1. Her financial situation is very good.
2. She learns shorthand, bookkeeping, and typing.
3. Karl needs a computer for inventory and bills in arrears.
4. She can type business letters without an error.
5. There is nothing to it.

Chapter 13, p. 123 Kristy Visits Her Viennese Relatives

p. 123   Kristy in Vienna; Ferdinand and Maria Sacher
pp. 123-124

Kristy has decided to visit her relatives in Vienna before she returns to America.

Ferdinand Sacher is a cousin of her mother. His family has been residing in Vienna since 1700. He is a descendant of Franz Sacher, who was the pastry cook of Prince Metternich—a famous personality in the history of Austria—and who in 1835 invented a torte that carries his name. There probably is no visitor to Vienna who hasn't tasted this delicacy, the Sachertorte.

Kristy is certain that she won't count calories during her stay in Vienna. Unfortunately, she gains weight very easily, but she will worry about that later. Ferdinand (or Ferdl, as his friends call him) picks her up from the airport. He has never seen her before, but they have corresponded with each other, and he recognizes her from a picture that she sent him.

FERDL Servus, Kristy. Give me a kiss. You are much prettier than (you are) in the picture.

KRISTY Servus. So you are the dashing Ferdl of whom my father told me. Still not married?

FERDL No, and I'll probably stay a bachelor. There are too many beautiful women in Vienna. I hope you didn't make a hotel reservation, Kristy. Otherwise you (will) have to cancel it. My mother has a villa in Sievering; you can live with her as long as you want.

KRISTY You mean until she throws me out? Joking aside, I am very grateful to both of you.

FERDL Don't mention it. In the first place, the villa is practically empty except for my mother and a maid; in the second place, hotels are very expensive in Vienna; and thirdly, we very rarely have the honor to accommodate an attractive guest from America.

KRISTY Cousin Ferdl, it is difficult to resist your Viennese charm.

FERDL Fine! That's settled.

p. 125, Exercise 1
1. **f** 2. **t** 3. **f** 4. **f** 5. **t**

p. 125, Exercise 2
1. **Franz Sacher war ein Zuckerbäcker.**
2. **Ferdl holt Kristy vom Flugplatz ab.**
3. **Ferdl muß ein Junggeselle bleiben, weil es in Wien zu viele schöne Frauen gibt.**
4. **Kristy wird wahrscheinlich ihre Hotelreservierung rückgängig machen.**
5. **Sie wird bei Ferdls Mutter bleiben, bis man sie hinauswirft.**

p. 125, Exercise 3
1. **Nachkomme** 2. **Kalorien** 3. **verheiratet**
4. **Leckerbissen** 5. **leer**

p. 125, Exercise 4
1. **c** 2. **a** 3. **b** 4. **c** 5. **a**

p. 125, Exercise 5
1. **Franz Sacher war ein Zuckerbäcker.**
2. **Im Jahre 1835 erfand er eine berühmte Torte.**
3. **Kristy nennt Ferdl fesch.**

4. „Mach deine Hotelreservierung rückgängig",
   sagt er ihr.
5. **Scherz beiseite, sie wird bei seiner Mutter
   wohnen.**

p. 125   Food and Culture
pp. 125-126
FERDL So this is your first visit to Vienna, isn't it?

KRISTY Yes, and you cannot imagine how much I
have looked forward to it. Vienna, Vienna, you
alone. . .

FERDL Well, we live quite well here. Good food and
loads of culture, that's for sure. I hope it stays that
way. You see, we are a small country, and we try
to maintain good relations with both the West and
the East. Well, here is my little Volkswagen. It
takes about thirty minutes to get home if the traffic
isn't too bad.

Finally they arrive in Sievering. Mrs. Sacher is the
widow of an Austrian diplomat who was an attaché in
Rome, London, and Madrid. Almost sixty years old,
she is still a beautiful woman with regular features,
snow-white hair, and a youthful figure. She is a very
cultured lady who speaks four languages fluently.

FRAU SACHER Welcome, Kristy. When I saw you
last, you were a sweet baby who could hardly talk.
Today you are an elegant young lady. I hope Ferdl
told you emphatically enough that you can stay here
as long as you want.

KRISTY I don't know how to thank you. May I call
you aunt?

FRAU SACHER No, call me Maria.

p. 126, Exercise 6
1. t 2. f 3. f 4. f 5. t

p. 126, Exercise 7
1. b 2. a 3. c 4. c 5. a

p. 127, Exercise 8
1. **Ferdl hat einen Volkswagen.**
2. **Maria ist beinahe sechzig Jahre alt.**
3. **Sie spricht vier Sprachen fließend.**
4. **Ihre Gesichtszüge sind regelmäßig.**
5. **Als Maria sie zuletzt sah, war Kristy ein süßes
   kleines Baby.**

p. 127, Exercise 9
1. **5** 2. **4** 3. **6** 4. **2** 5. **3** 6. **1**

p. 127, Exercise 10
1. I hope that it stays that way.
2. Finally they arrived at home.
3. Today Kristy is an elegant young lady.
4. She can stay here as long as she wants.
5. One wants to maintain good relations.

p. 127   The *Heurige* and the Café
pp. 127-128
About two kilometers from the villa in which Maria
lives one finds a number of "Heurigen," small
restaurants where new wine is dispensed. There you
sit on wooden benches in the open with a jug of wine
on the table before you in the company of friends. A
Schrammelquartett plays old, popular tunes, and
sometimes there is a singer there, also. One sits,
chats, enjoys the wine, and in the end does not know
how much one has been drinking. One thing one
knows: One feels very good.

Another institution that made Vienna famous is the
Viennese café. In a previous chapter we got to know
the *Café-Konditorei* in Karl's home town. In Vienna it
is the café or coffee house where you can spend a part
of your spare time, can take your meals, can read
newspapers and magazines from all over the world,
can play chess, cards, or billiards, can take care of
your correspondence, can hold business meetings, or
can simply sit and watch the passers-by in the street.
No waiter will disturb you even if you have consumed
but one cup of coffee during a whole afternoon.

p. 128, Exercise 11
1. t 2. f 3. t 4. f 5. t

p. 128, Exercise 12
1. **Man sitzt auf Holzbänken im Freien.**
2. **Man verbringt einen Teil seiner Freizeit im
   Café.**
3. **Man beobachtet die Passanten auf der Straße.**
4. **Man spielt Schach oder Karten und erledigt
   seine Korrespondenz.**
5. **Man kann Zeitungen und Zeitschriften aus der
   ganzen Welt lesen.**

p. 128, Exercise 13
1. **a** 2. **c** 3. **b** 4. **a** 5. **b**

p. 128, Exercise 14
1. **versuchen** 2. **gebildete** 3. **erster** 4. **Tante**
5. **Unmenge**

p. 128, Exercise 15
1. **Österreich versucht, gute Beziehungen mit allen
   Staaten aufrechtzuerhalten.**
2. **Ferdl und Kristy sind endlich in Sievering
   angekommen.**
3. **Marias Gesichtszüge sind regelmäßig.**
4. **Kristy ist jetzt eine elegante, junge Dame.**
5. **Ferdl hat einen Volkswagen.**

p. 129   The Bridge
An American came to Vienna and asked an
acquaintance to show him some of the sights. The
Viennese showed him the State Opera.
"They rebuilt it in two years."
"In America this takes (would take) only nine
months."
Then the Viennese led him to the West Railroad
Station.
"That was finished in one year."
"In America we put up a building like that in three
months."
Finally they came to the new bridge across the
Danube.
"That is a very beautiful bridge," said the
American.
"How long did that take?"

"The bridge, you mean?" replied the Viennese.
"When I entered the city this morning, it was not there yet at all."

Chapter 14, **p. 130**   Susie Wants to Learn
Something New

p. 130   The Boss's Right Hand?
pp. 130-131

Since Anton successfully changed his job, his friend Susie feels more and more encouraged to give up hers. But Anton still works in the same field, as we know. With Susie this is different. She is a secretary, but the duties of a secretary bore her. She has often been assured that she is her boss's right hand, but that is not sufficient for her. Above all, she wants to have more real responsibility and fewer letters to write.

Susie's mother, Mrs. Braun, invited Anton for dinner tonight. Mrs. Braun is an excellent cook. There is nothing to criticize concerning her meals except one thing: Whatever she serves is too much and too heavy. After a glorious potato soup with mushrooms (which in itself represents a complete meal) a pork roast with dumplings and red cabbage is (being) dished up, with it a mixed salad, which is Mrs. Braun's specialty. Beer is (being) served with the meal by Susie. Before one serves the dessert (before dessert is served), Anton asks very politely: "Madam, do you mind if now a little break is taken (if we take a little break)?"

p. 131, Exercise 1
1. **t**   2. **f**   3. **t**   4. **f**   5. **f**

p. 132, Exercise 2
1. **Frau Braun hat heute das Abendessen gekocht.**
2. **Man hat Anton dazu eingeladen.**
3. **Die Kartoffelsuppe ist glorreich.**
4. **Frau Brauns Spezialität ist ihr bunter Salat.**
5. **Zur Mahlzeit wird Bier getrunken.**

p. 132, Exercise 3
1. **Anton wird von Susies Mutter eingeladen.**
2. **Ein Schweinebraten wird von Frau Braun serviert.**
3. **Bier wird von Susie serviert.**
4. **Eine kleine Pause wird eingeschaltet.**
5. **Der Job wird von Susie aufgegeben.**

p. 132, Exercise 4
1. **Anton arbeitet noch immer im gleichen Fach.**
2. **Sie ist die rechte Hand ihres Chefs.**
3. **Frau Braun ist eine ausgezeichnete Köchin.**
4. **Sie werden den Nachtisch später haben.**
5. **Es gibt nichts zu kritisieren.**

p. 132, Exercise 5
1. **c**   2. **a**   3. **c**   4. **a**   5. **b**

p. 132   An Alarm Clock in the Office
pp. 132-133

Poppyseed cake is being served for dessert. With it coffee. Anton drinks it black, Susie takes some whipped cream, Mrs. Braun drinks tea.

FRAU BRAUN When I drink coffee at this time, I cannot sleep.

ANTON That was a meal for the gods, Mrs. Braun.

FRAU BRAUN Are you sure, Mr. Anton, that I gave you enough to eat?

SUSIE Does one (shall we) start over again with the soup?

ANTON Another bite and I (will) burst. Tomorrow I'll fast.

SUSIE Mother, why don't you sit down with us? I'll help you with the dishes later. (Mrs. Braun sits down.)

ANTON Well, tell me, Susie. You say you are dissatisfied with your present job. Don't you earn enough, or don't you like the work?

SUSIE The salary is not bad, but I get bored to death. It is the same old routine that gets on my nerves.

ANTON Explain that to me.

SUSIE At eight sharp the alarm clock is turned on.

ANTON An alarm clock? In the office?

SUSIE The idea of our head bookkeeper who, at the same time, is the office manager. All the doors are open; he knows exactly who is late.

ANTON A time clock would be more practical.

SUSIE For that he is too stingy. Then every office is (being) checked by him five times a day.

ANTON Always at the same time?

SUSIE No; for that he is too shrewd.

p. 133, Exercise 6
1. **f**   2. **t**   3. **t**   4. **t**   5. **f**

p. 133, Exercise 7
1. **Habe ich Ihnen genug zu essen gegeben?**
2. **Ich langweile mich zu Tode.**
3. **Es geht mir auf die Nerven.**
4. **Der Bürovorstand ist sehr schlau.**
5. **Ich kann nicht mehr essen, ich platze bereits.**

p. 134, Exercise 8
1. **Punkt**   2. **geöffnet**   3. **Verdienst**   4. **Stechuhr**
5. **Götter**

p. 134, Exercise 9
1. **a**   2. **c**   3. **c**   4. **a**   5. **c**

p. 134   The Duties of a Secretary
pp. 134-135

SUSIE At nine the mail is (being) delivered. It is opened and put on the desk of the boss. At 9:30 I am (being) ordered to his office by phone. I am responsible for the outgoing mail.

"Susie? Was the package to Pfister & Son mailed to Zürich yesterday? Was it registered and insured? Good. Write to Ulrich Möller A.G. in Hamburg that the merchandise that he ordered will be delivered tomorrow. Confirm the receipt of the letter from Kurt Krone. Threaten him that we (have) waited long enough. Either he pays or we go to court. The same to M.A.T. in Cologne and F.O.P.C. in Stuttgart."

Ten more letters are (being) dictated by him, interrupted by the history of his family, his allergies, and the problems of his children. Day before yesterday his son Günther was examined because of a rash. He mustn't eat chocolate any more. Yesterday his daughter Ruth was almost run over. She crosses the street without looking. "Until now I have been treated for my allergies by Dr. Schwarz. Do you know him, Susie? Do you think he is good? Where was I?" Then he tells me about his symptoms. No letter is dictated to the end.

p. 135, Exercise 10
1. **f** 2. **t** 3. **t** 4. **t** 5. **f**

p. 135, Exercise 11
1. **Sie sind geöffnet und auf den Schreibtisch gelegt worden.**
2. **Seine Tochter ist beinahe überfahren worden.**
3. **Der Erhalt des Briefes ist bestätigt worden.**
4. **Der Chef ist von Dr. Schwarz behandelt worden.**
5. **Kein Brief ist zu Ende diktiert worden.**

p. 135, Exercise 12
1. **Die geöffnete Post wird auf den Schreibtisch des Chefs gelegt.**
2. **Die Ware nach Hamburg wird morgen geliefert werden.**
3. **Auf die Zahlung wurde lange genug gewartet.**
4. **Sie ging über die Straße, ohne zu schauen.**
5. **Günther darf keine Schokolade mehr essen, weil er einen Ausschlag davon bekommt.**

pp. 135-136, Exercise 13
1. **b** 2. **a** 3. **b** 4. **b** 5. **a**

p. 136   No Smoking
pp. 136-137

SUSIE In the middle of it he asks me: "Do you know Hauptmann? Yes, the traveling salesman. Well, yesterday he comes in with the burning (a lit) cigar, tells me some story while blowing the thick smoke into my face. 'Here one doesn't smoke,' I shout. 'Have you gone crazy? Don't you see the signs everywhere? Do you want to poison me with your damned weed?' He is the best traveling salesman we have, but here no exception is made. The curtains are drawn, the windows opened, and the guy is thrown out. 'You are fired if you have the impudence to show up here again with the (your) burning weed.' "

ANTON At your place one mustn't smoke at all?

SUSIE No. Hauptmann probably had forgotten about that.

ANTON At our firm one can (readily) smoke.

p. 137   A Little Joke
BOSS You are ten minutes late again. Don't you know when we start working here?

NEW EMPLOYEE No. The others are always at work already whenever I come here (arrive).

p. 137   Apple With Apple Juice
SUSIE At eleven sharp the first coffee break takes place (literally: is being taken). At twelve Marie Golz, the bookkeeper in my office, takes a buttered roll with three slices of salami and a small piece of Limburger out of a brown paper bag and starts eating noisily.

ANTON Eating noisily?

SUSIE With her mouth open. That takes twenty minutes. Emma Schröder, the stenographer-typist, takes her thermos bottle with apple juice to the john and smokes.

ANTON All the time?

SUSIE That is the only chance (to smoke) she has. She eats a medium-size apple at the same time.

ANTON Apple with apple juice?

SUSIE Why not? Emma is a very pedantic lady. But not so pedantic as Herr Ignaz Fliegenschläger.

ANTON Who is that?

SUSIE The head bookkeeper.

p. 138, Exercise 14
1. **t** 2. **f** 3. **f** 4. **t** 5. **t**

p. 138, Exercise 15
1. **Man arbeitet im Büro.**
2. **Man rauchte dort nie.**
3. **Bei Anton hat man immer geraucht.**
4. **Man zog die Vorhänge.**
5. **Man hat die Fenster aufgemacht.**

p. 138, Exercise 16
1. **Er bläst mir den Rauch ins Gesicht.**
2. **Wollen Sie mich vergiften?**
3. **Hauptmann wird hinausgeschmissen.**
4. **Unterstehen Sie sich nicht!**
5. **Sie schmatzt, und mit offenem Mund.**

p. 138, Exercise 17
1. **Hauptmann bläst dem Chef den Rauch ins Gesicht.**
2. **Der Chef mag keinen Rauch, weil er eine Allergie hat.**
3. **Der Reisende wird hinausgeschmissen.**
4. **Marie Golz ißt eine Buttersemmel.**
5. **Emma trinkt Apfelsaft.**

p. 138, Exercise 18
1. **vergiften** 2. **Gesicht** 3. **gefeuert** 4. **Apfel**
5. **gemacht**

p. 138   A Letter
Dear Mr. Steiner!
What shall I tell the old idiot? In response to your letter of the twelfth of this month, I am sorry that you are dissatisfied with the merchandise. We had to get rid of it fast so as not to lose more on it yet. The quality of the shirts is excellent, and you are the only customer who has complained. That's a beautiful blouse that you have on. Therefore, we cannot take them back, I am sorry to say. How come I didn't

notice (it) before that you have a dimple in the (your) left cheek?

With best greetings (sincerely yours),
Do you have time tonight (are you free tonight)?

p. 139   Dress Designing
pp. 139-140

SUSIE Do you want to hear more about my firm?

ANTON No, please.

FRAU BRAUN Why did you never tell me about it? I don't understand how you can stand that.

SUSIE Is it a wonder (are you surprised) that I want to do something else?

ANTON Do you have something definite in mind? You have a number of different talents. For a time you worked with gold and silver; the ring that you gave me is really very beautiful and such an original design.

FRAU BRAUN Here, look at the brooch that she made for me.

ANTON A little work of art.

SUSIE A nice hobby. I have a lot to learn.

ANTON But there are classes (courses) . . . and your dresses, for instance; I know you sew most of them yourself. And they are so stylish. They probably (would) cost a small fortune if you had to buy them in the store.

FRAU BRAUN And her cartoons, Mr. Anton. The way the character of a figure is brought out with a few strokes . . .

SUSIE What I am really interested in is dress designing.

ANTON How long does it take if you, with your expertise, want to learn it thoroughly?

SUSIE About two years, maybe a year and a half. And I can go there in the evening.

ANTON Great. May I design the label for the new Susie Braun originals?

SUSIE You are the advertising expert.

ANTON Mrs. Braun, do you mind if, for this occasion, we open a bottle of Rhine wine that I brought you today?

p. 140, Exercise 19
1. **t** 2. **f** 3. **t** 4. **t** 5. **f**

p. 140, Exercise 20
1. **Anton meint damit den Ring.**
2. **Susie hat eine Brosche für ihre Mutter gemacht.**
3. **Anton nennt Susies Kleider schick.**
4. **Frau Braun bewundert Susies Karikaturen ganz besonders.**
5. **Modezeichnen interessiert Susie am meisten.**

p. 140, Exercise 21
1. **a** 2. **c** 3. **a** 4. **a** 5. **b**

p. 140, Exercise 22
1. **aushalten** 2. **Etikett** 3. **näht** 4. **Liebhaberei**
5. **Talente**

p. 140, Exercise 23
1. How can you stand that?
2. She has a number of different talents.
3. That costs a small fortune in the store.
4. A bottle of Rhine wine is (being) opened.
5. Mrs. Braun's brooch is (being) admired by Anton.

Chapter 15, p. 141   Ringstrom and His Orchestra

p. 141   The Orchestra
pp. 141-142

Ludwigsheim—the city in which the persons of this report are settled—always has had the ambition to be a cultural center. The season of the municipal theater lasts from September to June, that is, ten months each year. Mainly plays are (being) presented, few modern ones, above all German classics and a lot of Shakespeare. The Germans, as everybody knows, imagine *their* Shakespeare (splendidly translated more than 150 years ago) to be better than the original. Operas, too, can be heard there in second-rate performances, mostly Verdi and Puccini, but a short time ago there was *Porgy and Bess*. The older people didn't like that very much, but the conductor is a great jazz fan. The orchestra of the city theater is good, allegedly, and proudly calls itself the Ludwigsheim Philharmonic. Every Sunday at twelve noon (except in July and August) there is a concert in (the) *Ameliensaal* (Amelien Hall), mainly classical repertory, very much to the regret of the conductor, Mr. Klaus Ringstrom, who advocates modern music. Sometimes, for instance, he plays a beautiful, old piece. If he were not so strict, one would like to hum along. If looks could kill, he would have stabbed half of the audience to death long since. But quite unexpectedly and more and more often there comes a miserable piece of so-called modern music, not even mentioned on the program most of the time, senseless noise, loud and ugly. Ringstrom simply smuggles this in. Fortunately, it is usually short.

p. 143, Exercise 1
1. **f** 2. **f** 3. **t** 4. **t** 5. **t**

p. 143, Exercise 2
1. **c** 2. **a** 3. **c** 4. **b** 5. **a**

p. 143, Exercise 3
1. **könnten** 2. **würde** 3. **hätte** 4. **wäre**

p. 143, Exercise 4
1. **Man würde gern mitsummen.**
2. **Wenn Blicke töten könnten, hätte er schon das halbe Publikum erdolcht.**
3. **Die Deutschen bilden sich bekanntlich ein, daß *ihr* Shakespeare besser ist als das Original.**
4. **Das Ludwigsheimer Orchester nennt sich die Ludwigsheimer Philharmonie.**
5. **Man konnte *Porgy und Bess* dort hören.**

p. 144, Exercise 5
1. **Sie präsentieren eine Menge Shakespeare.**
2. **Zu Herrn Ringstroms Leidwesen spielen sie hauptsächlich Beethoven.**

3. **Moderne Stücke sind auf dem Programm nicht erwähnt.**
4. **Er zieht das klassische Repertoire vor.**
5. **Zum Glück ist es meistens kurz.**

p. 144, Exercise 6
1. **Jazzfan**   2. **unerwartet**   3. **übersetzt**
4. **Repertoire**   5. **Kulturzentrum**

p. 144   More about Ringstrom
p. 144
   Ringstrom believes he has the duty to educate the Ludwigsheim audience musically. Most of the listeners respect him but are intimidated by him. If they could do (act) the way they wanted to, they would fire him. But he has a contract for five years, and he is very stubborn. There is no demand for modern music in Ludwigsheim. Karl and Nora have a subscription to the concert season and, of course, take the children along every time. Karl does not think much of the conductor. He regrets that Uncle Leopold has retired. Nora is not certain, but Peter (as you can imagine) is enthusiastic about the man. Uncle Leopold does not like his successor either. You can't tell what is good music until 100 years later, he thinks, so why take a risk?
   If Leopold had remained in his job for another few months, Ringstrom would have gone to Regensburg. Pity, Karl thinks secretly. He agrees with the majority of the Ludwigsheimers. To Gretchen all this is not all that important. But she loves jazz and especially rock. If she had her way, she would not need an orchestra in Ludwigsheim, just a good rock group.

p. 145, Exercise 7
1. t   2. f   3. t   4. f   5. t

p. 145, Exercise 8
1. **Karl stimmt mit der Mehrzahl der Ludwigsheimer überein.**
2. **Er bedauert, daß Onkel Leopold nicht noch einige Monate auf seinem Posten verblieben ist.**
3. **Die meisten Zuhörer würden ihn feuern.**
4. **Sie können Ringstrom nicht feuern, weil er einen Kontrakt hat.**
5. **Gretchen liebt Jazz.**

p. 145, Exercise 9
1. Why take a risk?
2. As you can imagine . . .
3. They are intimidated by him.
4. If they could do (act) the way they wanted to, . . .
5. Karl does not think much of the conductor.

p. 145   The Interview (Part I)
pp. 145-146
Yesterday Ringstrom granted an interview to the reporter of the *Ludwigsheim Planet* that is printed here in excerpts:

PLANET Maestro, would you please make known to my readers your plans for the next season?
RINGSTROM If Ludwigsheim is less stingy, I shall enlarge the orchestra.

PLANET Is that your first priority?
RINGSTROM One of the first. We need six violinists, three cellists, two clarinetists. . . . Shall I bore you with the numbers?
PLANET How do you explain this shortage?
RINGSTROM Stinginess. When a member of the orchestra dies, no money is granted for his replacement.
PLANET Is that a policy that is directed against you personally?
RINGSTROM Possibly. As you know, I am a controversial figure.
PLANET Could it perhaps be the present economic crisis?
RINGSTROM One has money enough for the new football (soccer) stadium. If I had one-tenth of it (that money) I would show the city what good music is.
PLANET What would you do if you had unlimited means?
RINGSTROM Do you have to print that? All right. I would fire 20% of the orchestra and replace them with better employees (musicians); enlarge the orchestra by fifteen; hold more rehearsals; and reduce our operatic performances. What you see on our operatic stage is a scandal.
PLANET Could we import American singers?
RINGSTROM Bloody beginners? They, too, cost money. Everything costs money.

p. 147, Exercise 10
1. f   2. f   3. t   4. f   5. t

p. 147, Exercise 11
1. **Würden Sie mir bitte alles über Ihre Pläne mitteilen?**
2. **Das ist eine Politik, die gegen ihn gerichtet ist.**
3. **Ich werde das Orchester vergrößern, wenn sie mir das Geld geben.**
4. **Was würden Sie mit unbegrenzten Mitteln tun?**
5. **Ich würde mehr Proben abhalten.**

p. 147, Exercise 12
1. **Der Reporter fragt ihn zuerst nach seinen Plänen für die nächste Saison.**
2. **Ringstrom meint, es ist der Geiz der Ludwigsheimer.**
3. **Er würde 20% des Orchesters mit besseren Kräften ersetzen.**
4. **Die Opernaufführungen, denkt er, sind ein Skandal.**
5. **Ringstrom nennt sich eine umstrittene Figur.**

p. 147, Exercise 13
1. **Würden Sie den Lesern Ihre Pläne bekanntgeben?**
2. **Kein Geld wird für seinen Ersatz bewilligt.**
3. **Was man auf der Opernbühne sieht, ist ein Skandal.**
4. **Er würde das Orchester um 15 vergrößern.**
5. **Könnten Sie in dem Interview Ihre Pläne bekanntgeben?**

p. 147, Exercise 14
1. **6**   2. **4**   3. **5**   4. **3**   5. **1**   6. **2**

p. 148   The Interview (Part II)
pp. 148-149
PLANET What do you think of your critics? Your predecessor on the podium has said that if you made fewer antics, you would be a better conductor.

RINGSTROM Antics? You mean because I shake my head so that the (my) hair flies to all sides when the concertmaster is a quarter tone high? Because I stamp my feet when the cellist louses up his solo? Because I threaten the drummer with my fists when he comes in too soon? Because I dance on the podium when I am bored? Or close my eyes and dream when everything for once goes well?

PLANET The question of the baton, maestro.

RINGSTROM Ah—the baton. If I used the baton and conducted like an automaton, would I then be a better conductor? What is this with the baton? Are these hands not good enough? If I held the baton in my hand, would I then be a better musician? Would I have more success, a better press? Would the Ludwigsheimers then grant me more money? I have a mission here, Mr., Mr. . . .

PLANET Bruck, Maestro, Robert Bruck.

RINGSTROM If I were to give a jazz concert with the orchestra, Mr. Bruck, would the Ludwigsheimers tear me to pieces?

PLANET I would not risk it, Maestro. But you haven't said what you are going to play next season.

RINGSTROM When I know (it), I'll call you.

PLANET If you knew (it), would you tell me?

RINGSTROM Probably not. You would print it, and everybody would criticize the program beforehand.

PLANET Mr. Ringstrom, we thank you for the interview.

p. 149   *Würde* or No *würde?*
Dear Sir:
   I never ordered this cursed radio. If I had ordered it, you never would have sent it. If you had never sent it, I never would have received it. If I had received it, I would have paid for it. If I haven't paid for it, I won't pay for it.
   Go to hell!
   Yours very truly,

p. 149, Exercise 15
1. **t**   2. **t**   3. **t**   4. **t**   5. **f**

p. 149, Exercise 16
1. **Er droht dem Trommler mit seinen Fäusten.**
2. **Ist er mit dem Taktstock ein besserer Dirigent?**
3. **Würde er mehr Erfolg haben?**
4. **Manchmal schließt er seine Augen und träumt.**
5. **Der Reporter dankt ihm für das Interview.**

p. 150, Exercise 17
1. **Er stampft mit den Füßen, weil der Cellist sein Solo verhaut.**

2. **Er schüttelt den Kopf, weil der Konzertmeister um einen Viertelton zu hoch spielt.**
3. **Er droht dem Trommler, weil er zu früh einsetzt.**
4. **Er mag den Taktstock nicht, weil er nicht wie ein Automat dirigieren möchte.**
5. **Er weiß noch nicht, was er in der nächsten Saison spielen wird.**

p. 150, Exercise 18
1. **C/V/Ä**   2. **I/Ä/G/E/O**   3. **T/EI/T/C**
4. **R/N/RR**   5. **IE/Ä/AI**

p. 150, Exercise 19
1. **Vorgänger**   2. **Fäusten**   3. **Musiker**   4. **Haar**
5. **gut**

p. 150   The Ball (Part I)
pp. 150-151
   The ball is a big success. All our friends have come. Karl, Nora and Gretchen, Anton and Susie, also Kristy, the latter with a young man, Dr. Richard Glaser, whom she met at the last concert. Dick, as his friends call him, is a physician who studied in the United States for two years and is now working as an intern in the Ludwigsheim General Hospital. They speak German and English in turn. Kristy tells him he speaks English very well and fluently. Dick replies he had learned the language before; he had attended *Realgymnasium* in Munich where one has to learn English as well as Latin.

KRISTY In which American city did you study?
DICK In Denver, at the University of Colorado.
KRISTY Well, this is an incredible coincidence.
DICK What do you mean?
KRISTY Denver is my home.
DICK Really?
KRISTY And you worked at the University Hospital?
DICK Yes; for two years, as a student.
KRISTY I lived just three miles from you. Will you ever go back to Denver?
DICK Maybe. I have very good friends there.
KRISTY If you come, you must look me up.
DICK Sure thing. You can depend on that.

p. 151, Exercise 20
1. **t**   2. **f**   3. **t**   4. **f**   5. **t**

p. 151, Exercise 21
1. **Kristy kommt zum Ball mit Dick.**
2. **Dick arbeitet als Assistenzarzt im Ludwigsheimer Allgemeinen Krankenhaus.**
3. **In München ist er aufs Realgymnasium gegangen.**
4. **Neben Englisch hat er dort auch Latein gelernt.**
5. **In Denver hat er im Universitätsspital gearbeitet.**

p. 151, Exercise 22
1. **Sie sprechen abwechselnd Englisch und Deutsch.**

2. **Das ist ein unglaublicher Zufall.**
3. **Dick studierte zwei Jahre in Amerika.**
4. **Kristy wohnte bloß drei Meilen von ihm.**
5. **Darauf können Sie sich verlassen.**

p. 152, Exercise 23
1. **c** 2. **b** 3. **a** 4. **b** 5. **b**

p. 152, Exercise 24
1. **Latein** 2. **Zufall** 3. **Arzt** 4. **vorher**
5. **Konzert**

p. 152   The Ball (Part II)
pp. 152-153

Anton dances with Nora, and Karl with Susie. In
the big hall ten musicians of the Ludwigsheim
Philharmonic play one waltz after another, also polkas
and once in a while a foxtrot and swing, the latter
conducted by Maestro Ringstrom in sport shirt, jeans,
and cowboy boots.

In the smaller hall an Argentinian group, *Los Cinco
Gauchos,* plays Latin-American music. Anton is just
now dancing a samba with Nora.

ANTON The cha-cha is my favorite dance. It is very
rhythmic, and the steps are not very complicated.

NORA Maybe you can show it to me.

ANTON Gladly. You have a natural talent. Did you
learn dancing somewhere?

NORA No. But I always liked it. (I always got a kick
out of it.)

ANTON You are very musical.

NORA Yes, that's in the family. Oh, here is Susie. I
am a little warm. Would you like to dance with
her?

ANTON With pleasure. (He changes over to Susie.)

SUSIE Do you like it?

ANTON Very (much). And you? The guys play mar-
velously.

SUSIE Do you want to go on dancing or sit down?
Look, there is Kristy with her young man.
(At a small table)

KRISTY It is good to rest a little.

DICK Would you like a glass of wine from the bar?
Be back right away.—Here: Ludwigsheim *Spätlese.*
Not bad. Please try (it)! Wait. I think we have been
formal long enough. In Denver we were practically
neighbors for two years. Well—*Bruderschaft?*
(They intertwine their arms, drink, and kiss.) How
does our friend Anton say it?

KRISTY Servus.

DICK Servus.

p. 153, Exercise 25
1. **f** 2. **f** 3. **f** 4. **t** 5. **t**

p. 153, Exercise 26
1. **Im großen Saal spielen zehn Musiker der
Philharmonie.**
2. **Ringstrom dirigiert Foxtrotts und Swings.**

3. **Die argentinische Gruppe spielt
lateinamerikanische Musik.**
4. **In Denver waren sie praktisch Nachbarn.**
5. **Dick und Kristy trinken Wein.**

p. 153, Exercise 27
1. **a** 2. **a** 3. **c** 4. **c** 5. **a**

p. 154, Exercise 28
1. **Haben Sie (irgend)wo tanzen gelernt?**
2. **Mir ist ein bißchen heiß.**
3. **Gefallen dir die Dekorationen?**
4. **Es tut gut, sich ein wenig auszuruhen.**
5. **Willst du weitertanzen?**

p. 154, Exercise 29
1. **3** 2. **4** 3. **5** 4. **6** 5. **2** 6. **1**

p. 154

SHE Apart from two things you would be a marvel-
ous dancer.

HE Yes? What are the two things?

SHE Your feet.

Chapter 16, p. 155   Nora at the Supermarket

p. 155   On the Way to the Supermarket
pp. 155-156

Nora has a bulletin board in the kitchen on which
she notes down which groceries she needs. The list is
growing and will continue growing from day to day.
Today is the day on which she goes shopping. She
likes going to Polzer's Supermarket best. Polzer is not
the biggest grocer in Ludwigsheim, to be sure, but he
is, in Nora's opinion, the most dependable.
Vegetables and fruit are always fresh, also the meat
and the milk products and eggs which he buys direct,
partly from the leading co-op, partly from the farmers
of the environs. Polzer's competition tries to undersell
him, but most customers remain faithful to him. If
someone returns something, he has so far always
exchanged the merchandise or returned the money.
His reputation as the "housewife's friend" is more
important to him than the few marks that he perhaps
loses thereby.

Besides, this is also his slogan, which is to be
found every Thursday in the food supplement of the
Ludwigsheim Planet: "Polzer, the Housewife's
Friend, offers:"

Gretchen has a teacher in her German class who
always gets excited about (the fact) that in the German
language now so many foreign words are (being)
used. Why does Polzer use the foreign word *offeriert?*
Why not its German equivalent *anbieten* or *darbieten,*
he asks. But this is the trend, thinks Nora while
putting on her jeans. (Thank God the miniskirt has
been out of fashion for a long time; she hopes it never
comes back. With her knees she cannot make a grand
display (look her best). They are too **fat**.)

p. 157, Exercise 1
1. **f** 2. **t** 3. **t** 4. **t** 5. **f**

p. 157, Exercise 2
1. **Die Liste wächst von Tag zu Tag.**
2. **Sein Ruf ist ihm wichtiger als ein paar Mark.**
3. **Nora zieht sich Jeans zum Einkaufen an.**
4. **Gretchens Lehrer regt sich über die vielen
   Fremdwörter auf.**
5. **Nora hat ihre Kniee nicht gern, weil sie zu dick
   sind.**

p. 157, Exercise 3
1. **c** 2. **c** 3. **a** 4. **c** 5. **c**

p. 158, Exercise 4
1. **Minirock** 2. **Umgebung** 3. **Konkurrenz**
4. **wachsen** 5. **Genossenschaft**

p. 158, Exercise 5
1. **b** 2. **b** 3. **b** 4. **b** 5. **a**

p. 158   Polzer, the Housewife's Friend
pp. 158-159
   Due to the fact that he maintains close contact with
his customers, most of whom he knows personally,
Polzer has won the confidence of many housewives in
Ludwigsheim. Like every other supermarket, his, too,
is on a self-service basis. Nora finds it more practical
to restrict herself to one major store where she takes
care of her grocery purchases rather than going to
three or four different mom-and-pop stores. It is true,
Polzer doesn't carry fish, which she has to buy in a
specialty shop.
   Today, too, her presence has not escaped Mr.
Polzer's attention. He values her as one of his most
faithful customers and greets her from afar at the top
of his voice:

POLZER Good morning, Mrs. Bauer. Young and
   beautiful as always. I almost mistook you for your
   daughter. Only yesterday I said to my wife, "Well,
   Resi, I don't know how Mrs. Bauer does it. She
   doesn't grow older."

   Mr. Polzer's compliments are not to be taken
seriously, of course. Nora knows that. He probably
gives the same speech (with variations) to about 75%
of his customers. It doesn't matter. Nora likes it
anyway.

POLZER May I help you? The pork chops are partic-
   ularly nice today. Or, if you want to make a loin
   roast . . .
NORA Do you have veal lung?
POLZER Veal lung? Just arrived.
NORA You know Mr. Anton Gruber from Vienna?
   We invited him for dinner tomorrow, and what he
   wanted is veal lung.
POLZER With dumplings this is a feast. Pepper-
   corns, onions, parsley, thyme, anchovies, capers,
   cream . . .
NORA How come you know all that?
POLZER Long experience. When I'm at home, I am
   the cook.

p. 160   A Joke
HOUSEWIFE It is tough (hard) to pay ten marks for
   one kilo of meat.
BUTCHER But if you pay only five marks, it is
   tougher yet.

p. 160, Exercise 6
1. **f** 2. **f** 3. **t** 4. **f** 5. **t**

p. 160, Exercise 7
1. **Polzer hat sich das Vertrauen seiner Kundinnen
   dadurch erworben, daß er sehr verläßlich ist.**
2. **Nora findet es praktischer, in *einem* größeren
   Geschäft einzukaufen.**
3. **Er hat mit seiner Frau über Nora gesprochen.**
4. **Er empfiehlt Nora Schweinskoteletts und
   Nierenbraten.**
5. **Für morgen hat Nora Anton zum Essen
   eingeladen.**

p. 160, Exercise 8
1. She is one of his most faithful customers.
2. May I help you?
3. Her presence has not escaped his attention.
4. He greets her at the top of his voice.
5. Doesn't matter.

p. 160, Exercise 9
1. **a** 2. **c** 3. **a** 4. **b** 5. **c**

p. 160, Exercise 10
1. **erworben** 2. **einkaufen** 3. **Kalbsbeuschel**
4. **Koch** 5. **verwechselt**

p. 161   Nora Is Shopping
pp. 161-162
   "Well, give me the veal lung and the roast loin,"
she says to Polzer. "Maybe also some of the pork
chops since you recommend them so highly. Those
I'll probably put into the freezer for next week." And
she thanks him for his advice.
   Above all she needs milk; therefore, she goes to the
dairy products. Peter drinks a lot of it; she is glad.
Good for the bones. Gretchen doesn't like milk at all;
she and Karl take a little with the (their) morning
coffee. Karl is crazy about ***Jungfernkranz grün,*** a
funny name for a cheese. Stinks horribly, only he eats
it, and he has to tuck away into a glass jar whatever
remains, screw the cover tight, and stick it into the
refrigerator; otherwise it pollutes the whole house, and
everybody gets excited about it. It isn't nice that we
are spoiling Karl's harmless enjoyment, but the
stench . . .
   The next stop is the fruit and vegetables
department, where she buys apples, pears, carrots,
tomatoes, spinach, cabbage, asparagus and lettuce.
Vegetables are very important for Nora. Since she is
very diet conscious and also convinced that one should
eat something yellow and something green as often as
possible, hardly a day passes on which there is not
some vegetable or a salad on the table. With spinach,
unfortunately, she is not very lucky, but her salads are
very popular. She prepares them mainly with vinegar

and oil (her own recipe), and they taste delicious, especially if she cuts eggs and ham into them, too. With hot, crisp, buttered rolls, tea or coffee (cocoa for Peter) that makes for a very tasty supper. Once, when she brought home a sauce (dressing) for the salad from the supermarket, there was almost a revolution.

p. 162, Exercise 11
1. **f**   2. **t**   3. **t**   4. **f**   5. **t**

pp. 162-163, Exercise 12
1. **b**   2. **b**   3. **c**   4. **a**   5. **b**

p. 163, Exercise 13
1. **Rat**   2. **Glück**   3. **zuschrauben**   4. **Soße**
5. **Stopp**

p. 163, Exercise 14
1. **Peter trinkt Milch besonders gern.**
2. *Jungfernkranz grün* **stinkt entsetzlich.**
3. **Nora bereitet ihren Salat mit Essig und Öl zu.**
4. **Sie schneidet Eier und Schinken in den Salat.**
5. **Man ißt heiße Buttersemmeln mit dem Salat.**

p. 163, Exercise 15
1. **a**   2. **b**   3. **b**   4. **a**

p. 163   Lilly's Vegetarian Kitchen
pp. 163-165

In the meantime it (has) turned twelve o'clock. Nora is hungry and would like to eat something. She has taken care of all her purchases at Polzer's Supermarket. Then she sees Mrs. Agnes List, a little old lady (thin as a stick), whom she meets now and then while shopping. Mrs. List is a fanatical vegetarian.

MRS. LIST Nice to see you again, Nora. If you are done with your shopping, we can go eat.

NORA I am tired and hungry.

MRS. LIST I have the right thing for you. There's a small restaurant three minutes from here, opened only recently, which serves the most delicious dishes.

NORA Since I was thinking of a little snack only, I don't know whether I. . .

MRS. LIST As you are not in the mood for a big meal, I'm sure you won't be disappointed. Come with me.

NORA I have to pay attention to my diet.

MRS. LIST That you can do there without difficulty. Here, we are lucky, a table for two. The place is full. When I first heard of Lilly's Vegetarian Kitchen I was suspicious. Quite without justification. We (will) probably have to wait a little. Well, here is the menu. Ah—oatmeal soup or barley soup with plums. Baked cauliflower. Fried mushrooms—in olive oil, of course; stuffed kohlrabi, splendid. What do you want to order?

NORA The kohlrabi maybe—

MRS. LIST My own choice. With some rice?

NORA Good.

MRS. LIST And to drink? Cucumber juice with lemon? That's very refreshing. Or radish lemonade?

NORA A cup of coffee.

MRS. LIST We don't get that here. Bad for heart and stomach.

NORA Then a glass of water.

MRS. LIST Herb tea?

NORA As you wish.

MRS. LIST I (will) take the same.

p. 165, Exercise 16
1. **f**   2. **t**   3. **t**   4. **t**   5. **t**

p. 165, Exercise 17
1. **Nora trifft Frau Agnes List.**
2. **Sie muß auf ihre Diät achten.**
3. **Frau List ist dünn wie ein Stock.**
4. **Auf der Speisekarte sind Haferschleimsuppe und Graupensuppe mit Pflaumen.**
5. **Lillys vegetarische Küche ist bloß drei Minuten vom Supermarkt.**

p. 165, Exercise 18
1. **Vegetarierin**   2. **Mahl**   3. **achten**   4. **zwei**
5. **Magen**

p. 165, Exercise 19
1. Agnes is as thin as a stick.
2. She was suspicious without justification.
3. Nora won't be disappointed.
4. They serve the tastiest dishes.
5. I (will) take the same.

p. 165, Exercise 20
1. **b**   2. **b**   3. **b**   4. **a**   5. **b**

Chapter 17, **p. 166   The Soccer Game**

p. 166   The Game (I)
pp. 166-167

ANTON (to Tim) How do you like the game?

TIM Very well (much).

ANTON Do you understand the rules?

TIM Peter explained them to me. But there are so many.

ANTON Which do you prefer, American football or soccer?

TIM Here they run around like crazy. It is difficult to follow the ball. But our kind is much, much. . .

PETER More dangerous, you mean?

TIM Yes. Most of what they do in America is (would be) a foul here. It is all so different. I like both games. I like baseball best.

ANTON That game nobody knows here at all.

PETER I like our football better. The players in America look so funny. And everybody has to be a giant.

TIM I'll never play our football.

PETER How do you know that?

TIM I have no muscles. And I don't eat enough spin-ach. Maybe I'll play soccer. Here one can be a shrimp.

ANTON Thank God, it stopped raining.

TIM Here it always rains. I am pretty wet.

ANTON Let's be glad that it wasn't worse.

The players are on the field again. The trainer (coach) must have given them a dressing-down, for they are suddenly like new. Now the crowd (audience) follows the game with great interest, applause, whistles and yells. The leading sports critic of the *Planet* has stood up. He sees that the Kickers are now on the offensive. The weather has gotten worse; threatening clouds show themselves (appear) in the sky.

p. 168, Exercise 1
1. t   2. f   3. t   4. f   5. t

p. 168, Exercise 2
1. **Tim wird in Amerika nie Fußball spielen, weil er keine Muskeln hat.**
2. **Er wird vielleicht Soccer spielen.**
3. **Der Trainer hat den Spielern die Leviten gelesen.**
4. **Der führende Sportkritiker ist aufgestanden.**
5. **Die Kickers sind jetzt im Angriff.**

p. 168, Exercise 3
1. a   2. c   3. b   4. a   5. c

p. 168, Exercise 4
1. **erklärt**   2. **Verrückt**   3. **im Angriff**
4. **Interesse**   5. **Himmel**

p. 168, Exercise 5
1. I like soccer best.
2. He likes every game.
3. In America there are many football clubs.
4. I like tennis more than soccer.
5. Do you like the game?

p. 169   The Game (II)
pp. 169-170

ANTON Well, look at this! You can clearly see that the Kickers are getting the better of them now.

PETER And the left wingforward, what's his name?

ANTON Fritz Pfaff. He came to the Kickers only three months ago. That's his acid test. He makes a beeline for the goal (runs in a straight line . . .).

PETER The spectators are beside themselves with joy.

ANTON There! The fullback tripped him. A foul! Everybody saw it. Here comes the referee. That was in the penalty area.

PETER The guy is trying to talk himself out of it.

ANTON He has come to the wrong man.

PETER Do you know the referee?

ANTON With him he'll be out of luck. Mr. Pichler is strict and fair.

TIM An eleven meter!

ANTON As it should be.

PETER Who's going to kick? Dietz, I hope.

TIM There he is.

ANTON Goal! Very close to the goal post. You can depend on Dietz!

TIM Now it is 1:1.

ANTON That's only the beginning.

Anton is right. The Kickers have again turned out to be a great team. Hannes Birgel just now beat back an attack of the Haselburgers and with a powerful kick forwarded the ball to Hubert Klaar, the right wing-forward. He passes it to Braunsteiner right away, and the latter (passes) to Hacker, and the score is 2:1. The fans of the Kickers are on cloud nine. The *Elf* now put all their eggs in one basket. The midfield players go to the rear in order to strengthen the defense. Their forwards wait in vain for a chance to take the offensive.

p. 171, Exercise 6
1. f   2. t   3. f   4. f   5. t

p. 171, Exercise 7
1. c   2. a   3. c   4. a   5. c

p. 171, Exercise 8
1. **entpuppt**   2. **übergehen**   3. **Glück**
4. **Monaten**   5. **Erwarten**

p. 171, Exercise 9
1. **Birgel hat soeben einen Angriff der Haselburger abgewehrt.**
2. **Er hat den Ball zu Hubert Klaar befördert.**
3. **Die Mittelfeldspieler der Haselburger gehen nach hinten.**
4. **Der Schiedsrichter ist streng und gerecht.**
5. **Für Fritz Pfaff war das die Feuerprobe.**

p. 171, Exercise 10
1. He runs toward him in a straight line.
2. She tries to talk herself out of it.
3. Surpassing all expectations, he plays very well.
4. One can depend on the guy.
5. As it should be.

p. 171   Victory!
pp. 171-173

ANTON The *Elf* are up against a brick wall. If they concentrate too much on defense, they can never win the game.

PETER This, of course, suits the Kickers to a T.

ANTON Yes, the *Elf* are now in a fix. Now, on top of that, here comes Arnold Dietz, the libero.

TIM Why, actually, is he called "libero," Anton?

ANTON That's the player who, depending on the situation, can play either defense or offense. Libero means *free* in Italian, do you know?

TIM Then he can play wherever he wants to?

ANTON Yes (that's it). I believe he wants to knock off the Haselburgers. There! What is this? A high ball from Schumacher, and Dietz heads it directly into the goal: 3:1.

The spectators enjoy themselves immensely. The first half was a disappointment. But now they get (are getting) their money's worth. The Kickers have thrown the *Elf* off balance. The defense of the Kickers is now in midfield, and the midfield players, together with the forwards, lay siege to the goal of the opponent. The only one who has remained behind is Birgel, the center half.

ANTON If the *Elf* break through, we are in a bad way. That can become (could get) dangerous. No rear guard. They should be more on their guard. There, the libero of the *Elf* has dribbled (himself) free and is coming toward our goal with breakneck speed.

PETER Like greased lightning!

ANTON God help us!

PETER But has he overlooked one vital factor?

ANTON You mean Birgel?

PETER Of course. He (Birgel) promptly takes the ball away from him and kicks it in the direction of Hacker.

TIM And Hacker kicks the ball into the goal: 4:1.

The applause of the audience is indescribable. Hats are thrown into the air; people embrace one another; they shout themselves hoarse. The fiasco of the first half is forgotten. One has never witnessed a comeback like this. The game is over.

p. 173, Exercise 11
1. **t** 2. **t** 3. **f** 4. **f** 5. **t**

pp. 173-174, Exercise 12
1. **b** 2. **a** 3. **a** 4. **c** 5. **a**

p. 174, Exercise 13
1. **„Libero" heißt frei auf deutsch.**
2. **Arnold Dietz will mit den Haselburgern Schluß machen.**
3. **Wenn die Elf durchbrechen, geht es den Kickers schlecht.**
4. **So ein Comeback hat man in Ludwigsheim noch nie erlebt.**
5. **Hüte werden am Ende des Spieles in die Luft geworfen.**

p. 174, Exercise 14
1. He is up against a brick wall.
2. Now, on top of that, here comes Dietz.
3. I hope I get my money's worth.
4. The man runs like greased lightning.
5. He overlooked one vital factor.

p. 174, Exercise 15
1. **Kosten** 2. **Klemme** 3. **königlich** 4. **Hut**
5. **Gleichgewicht**

Chapter 18, p. 175   Christmas

p. 175   Dick's Plans
pp. 175-176
DICK (to Nora) That was an amusing card that you sent out.

NORA Gretchen's idea. And Peter helped her with it. The children always look forward to Christmas very much and speak of nothing else for weeks.

DICK I can imagine.

KRISTY With us in America it is also a very great festival. Unfortunately, however, it has become overcommercialized.

NORA We have a similar problem here. But Christmas still has its own charm. (to Dick) I am glad that you could come.

DICK I was lucky that I didn't have to stay in the hospital tonight.

NORA How long are you going to work there (yet)?

DICK Maybe another two years.

NORA Do you want to specialize in something?

DICK I'd like to be a surgeon. As a boy I got sick when I saw blood. But that has changed. Maybe I can go to America again. There they are now far ahead in surgery.—Oh, here is Tim. How are you, young man?

TIM Thanks, very well. That is very nice of you, Mrs. Bauer, that you invited me.

NORA Peter's friend is my friend. Tim's parents, Major Kelley and his wife, went to Berchtesgaden for skiing. But they couldn't take Tim along because he sprained his arm a week ago.

DICK Let me see.

TIM One can see hardly anything anymore.

DICK It is still a little swollen. Does it hurt?

TIM Only a little. Until yesterday I still had to have it in a sling.

DICK Be glad that you did not break it.

NORA Do you want to settle down in Ludwigsheim?

DICK I don't know yet. You have a lot of physicians here. The hospital is very good, but I probably would prefer a larger city.

p. 176, Exercise 1
1. **f** 2. **f** 3. **t** 4. **t** 5. **f**

p. 176, Exercise 2
1. **Dick ist es als Jungem schlecht geworden, wenn er Blut sah.**
2. **Er wird vielleicht noch zwei Jahre in Ludwigsheim arbeiten.**
3. **In Amerika sind sie in der Chirurgie weit voraus.**
4. **Tims Eltern sind heute in Berchtesgaden.**
5. **Er hat sich seinen Arm verstaucht.**

p. 176, Exercise 3
1. **Schlinge** 2. **mitnehmen** 3. **geschwollen**
4. **Idee** 5. **Fest**

pp. 176-177, Exercise 4
1. He looks forward to Christmas.
2. It has its own charm.
3. There they are far ahead.
4. He has sprained his arm.
5. He did not break it.

p. 177, Exercise 5
1. **Ich habe Glück gehabt.**
2. **Sie spricht von nichts anderem.**
3. **Er möchte gern Chirurg sein.**
4. **Das passierte vor einer Woche.**
5. **Er möchte sich in einer grösseren Stadt niederlassen.**

p. 177   The Curse of Smoking
pp. 177-178

NORA Excuse me, please. I have to see what's going on in the kitchen. They can probably do without me there with Mrs. Braun and Gretchen.

DICK Look out, Frau Nora: Too many cooks spoil the broth.

NORA No danger. Yet I think I should show myself (put in an appearance). Anton, where is Susie?

ANTON (She) is working like a trooper in the kitchen.

NORA She, too? I think I'll take her place.

ANTON How are you, Dick? Nice to see you again. Cigarette?

DICK No, thanks. I am glad I gave up smoking. I was a chain smoker. Practically lit up one on the other. Especially in my student days, when I had to cram for an exam.

ANTON How did you break the habit?

DICK Whenever I was smoking too much, I got a sore throat. But I continued smoking in spite of it. One day it was so bad I could hardly talk. And the terrible cough in the morning! It was then that I told myself, knock it off, and I haven't touched a coffin nail since.

KRISTY I think you have a lot of willpower.

DICK While dissecting, I saw some lungs, let me tell you . . .

KRISTY Please, not today.

DICK You have to stop totally. In installments it does not work.

ANTON You are right. I have stopped five times already. But I have bad luck.

DICK What do you mean?

ANTON I never get a sore throat.

p. 178, Exercise 6
1. **t** 2. **f** 3. **f** 4. **t** 5. **t**

p. 178, Exercise 7
1. **Zu viele Köche verderben den Brei.**
2. **Anton bietet Dick eine Zigarette an.**
3. **Vor einer Prüfung hat Dick besonders viel geraucht.**

p. 178, Exercise 8
1. **c** 2. **a** 3. **c** 4. **c** 5. **a**

p. 178, Exercise 9
1. They can do without her there.
2. Nora will take her place.
3. He had to cram for the exam.
4. It does not work in installments.
5. He has bad luck.

p. 178, Exercise 10
1. **Küche** 2. **angezündet** 3. **reden** 4. **aufhören**
5. **Halsweh**

p. 178   How Was Christmas Business?
pp. 178-179

KARL Please take something to drink. The punch really is not bad. I even put some alcohol into it.

DICK Many thanks. And the hors d'oeuvres are really excellent.

ANTON Nora is a first-rate cook. — How was your Christmas business?

KARL Not bad.

ANTON What do you sell the most?

KARL The usual best-sellers. Between you and me, most of them are trash. But, of course, that is a matter of taste. Classics still sell pretty well as Christmas gifts, especially those with nice covers. After Christmas people try to exchange them because the children have received three Schillers or two Goethes.

DICK Do you exchange them?

KARL Yes, that you have to do.

DICK Most of the books that I buy are paperbacks. They have taken over the market, haven't they?

KARL Very much so. Unfortunately, they are not as cheap as they used to be. And one has to sell a lot of them, for the markup is very small.

ANTON I hear that Gretchen is a very good saleslady.

KARL I believe Gretchen could sell anything. She has a winning way of dealing with customers. When she is in the store, everything goes smoothly.

ANTON Do you sell for cash?

KARL I would like to, but nowadays everybody wants to buy on credit, and the bills in arrears grow from year to year.

ANTON You should have more Chinese for customers.

KARL What do you mean?

ANTON The Chinese pay all their debts punctually on January 1.

KARL That's easy for them. They don't have any Christmas the week before.

p. 179, Exercise 11
1. **t** 2. **t** 3. **f** 4. **t** 5. **f**

p. 180, Exercise 12
1. **Paperbacks** 2. **Einbänden** 3. **Schund**
4. **Schnürchen** 5. **schlecht**

p. 180, Exercise 13
1. **b** 2. **a** 3. **c** 4. **a** 5. **a**

p. 180, Exercise 14
1. Between you and me
2. Everything goes smoothly.
3. She knows how to deal with customers.
4. That is a matter of taste.
5. Karl cannot sell for cash only.

p. 180, Exercise 15
1. **Zum Punsch ißt man Hors d'oeuvres.**
2. **Karl nennt die meisten Bestsellers Schund.**
3. **Karl muß eine Menge Paperbacks verkaufen, weil der Kalkulationsaufschlag sehr klein ist.**
4. **Die Chinesen haben keine Weihnachten die Woche vorher.**
5. **Bei Karl wachsen die Außenstände von Jahr zu Jahr.**

p. 180   More about Ludwigsheim
pp. 180-182
Ludwigsheim is one of the oldest cities in Germany. It was founded by the emperor Ludwig II in 831, and is a beautiful example of a medieval settlement, flanked by ancient walls, towers, and gates.

The most interesting building is the city hall, in which the Gothic style is most purely preserved. Between 1200 and 1500 Ludwigsheim became a famous commercial and industrial center of southern Germany and did not lose its commercial importance until after the year 1500 when the maritime route to India was discovered.

Today Ludwigsheim is a city of solid citizens of relative wealth, the majority conservatively inclined, culturally interested, and proud of their soccer team. There is little poverty there, the streets and public grounds are spick and span. There is a fine of twenty marks for dropping a cigarette butt on the street. The night spots in Ludwigsheim you can count on the fingers of one hand. The moral standards are very high here, allegedly. A big-city dweller who is transplanted to Ludwigsheim will probably find the city boring.

But today it is crawling with tourists. The city fathers realized a long time ago that tourism is the only solid source of income for Ludwigsheim, and have done all they could—probably with mixed emotions—to put their best foot forward. The red wine of Ludwigsheim is famous in all of Germany; it is tasty, smooth, and light, and is consumed, therefore, in great quantities by the unsuspecting visitors; but you can become dead drunk from it.

p. 182, Exercise 16
1. **t** 2. **t** 3. **f** 4. **t** 5. **f**

p. 182, Exercise 17
1. **Die Stadt ist ein schönes Beispiel einer mittelalterlichen Siedlung.**
2. **Das kostet 20 Mark.**
3. **Von Armut ist wenig zu sehen.**
4. **Heute wimmelt es von Touristen.**
5. **Der Ludwigsheimer Rotwein ist süffig, lieblich, und leicht.**

p. 182, Exercise 18
1. spick and span
2. He did all he could.
3. He is dead drunk.
4. She puts her best foot forward.
5. The city fathers realized that a long time ago.

p. 182, Exercise 19
1. **b** 2. **a** 3. **c** 4. **b** 5. **a**

p. 182, Exercise 20
1. **Wohlstand** 2. **süffig** 3. **Siedlung**
4. **Nachtlokale** 5. **Bewegung**

p. 182   Back to the Bauers: In the Kitchen
pp. 182-184
During the last week one was very busy (there was a lot of activity) in Nora's kitchen. Now the last preparations for the big Christmas meal are being made; everything looks wonderful and smells marvelous.

KRISTY Please forgive me for not helping you. Unfortunately, I never really learned how to cook.

NORA Ah, you would only have been in the way. Four of us are more than enough.

KRISTY Maybe I can wash out the pots.

NORA Good. I hire you (you're hired) for later.

KRISTY I see you have two kinds of carp.

GRETCHEN Yes. One part is breaded, and the other is in aspic.

KRISTY It is hard to choose.

SUSIE You must taste both. They are masterpieces of culinary art.

KRISTY I like carp very much. Unfortunately, one doesn't get it in Denver, or very rarely.

GRETCHEN They don't know what's good.

MRS. BRAUN Here, taste a piece.

KRISTY Mmm—marvelous!

MRS. BRAUN And look at the giant goose. And the dumplings. With asparagus and cranberries.

SUSIE Do you think we'll have enough?

KRISTY I'm not sure.

SUSIE Nora is always very much afraid that the guests in her house are going to starve.

NORA Oh, stop it!

SUSIE I have to show you the dessert. Here. Apple dumplings, hazelnut torte, and, because it's Christmas, ginger cookies and gingerbread.

KRISTY Is that all?

SUSIE Here is the soup—cauliflower soup—smell it.

KRISTY I won't be able to eat anything for a week.

SUSIE Wait! And here is Nora's specialty, known city-wide: her famous mixed salad.

p. 184, Exercise 21
1. **f** 2. **t** 3. **f** 4. **t** 5. **t**

p. 184, Exercise 22
1. **Kristy wird später vielleicht die Töpfe auswaschen.**

2. **Kristy muß den Karpfen kosten.**
3. **Susie nennt Noras Karpfen ein Meisterwerk kulinarischer Kunst.**
4. **Mit der Gans serviert man Spargel und Preiselbeeren.**
5. **Dann hat man noch Ingwergebäck und Lebkuchen.**

p. 184, Exercise 23
1. **c** 2. **a** 3. **c** 4. **b** 5. **a**

p. 184, Exercise 24
1. **5** 2. **6** 3. **4** 4. **2** 5. **3** 6. **1**

p. 184, Exercise 25
1. You would only have been in our way.
2. They don't know what's good.
3. Kristy tastes a piece.
4. Are they going to starve in Nora's house?
5. Everything smells marvelous.

p. 184   The Christmas Meal
pp. 184-185

The meal is a great success. Everybody eats more than he (or she) should. Since the table in the dining room is not large enough, the children sit at a small, separate table in the corner. Karl has uncorked a few bottles of Rhine wine and fills the glasses of the guests again and again. Kristy is a little tipsy.

DICK A toast to our kind hostess. I must say that was the best meal of my life. (All applaud.)

KRISTY (to him) Especially after the food in the hospital.

NORA Many thanks, Dick. But you eat so little. Take more of the goose.

DICK Frau Nora, sometimes I eat more than usual, but never less. Thank you. How can I resist.

ANTON That's terrible. The nice hunger is all gone (I'm not hungry anymore).

SUSIE Leave some room for the dessert. Or you (will) offend my mother. The hazelnut torte is her specialty. (All applaud.)

NORA Children, have you had enough?

TIM May I have another portion of cranberries, Mrs. Bauer? They are sooo good.

NORA Gretchen made them. Here.

TIM I'll tell my mother about it. Maybe you can give her the recipe.

GRETCHEN Oh, she knows it I am sure. Don't you have them (cranberries) with turkey in America?

TIM Yes, but here they taste much better.

PETER I think I'm full.

GRETCHEN No torte?

PETER Maybe later.

p. 185, Exercise 26
1. **f** 2. **f** 3. **t** 4. **t** 5. **f**

p. 185, Exercise 27
1. **Die Kinder sitzen an einem Katzentisch.**
2. **Karl füllt die Gläser der Gäste mit Wein.**

3. **Nora ist die liebenswürdige Gastgeberin.**
4. **Die Gäste sollen sich für den Nachtisch Raum lassen.**
5. **In Amerika essen sie Preiselbeeren mit dem Truthahn.**

p. 186, Exercise 28
1. **wenig** 2. **beschwipst** 3. **genug** 4. **Rezept**
5. **Krankenhaus.**

p. 186, Exercise 29
1. The food in the hospital is miserable.
2. Sometimes Dick eats more than usual.
3. Tim gets another portion of cranberries.
4. In America turkey is very popular.
5. How can he resist?

p. 186, Exercise 30
1. **b** 2. **a** 3. **b** 4. **a** 5. **b**

p. 186   0 Tannenbaum
pp. 186-187

The guests make themselves comfortable in the living room and admire the beautiful Christmas tree that is decked out with glittering decorations but also with nuts, candy, and cookies. The children open their gifts and are on cloud nine. Karl offers liqueur to the guests, *Kümmel* or *Slivovitz*. This supposedly is good for the digestion.

SUSIE Now we should sing carols.

NORA Unfortunately, we don't have a piano. Karl wanted to buy me one, but I told him: Wait until we move into the new house. There we'll have more room for a grand piano. But I have a surprise for you.

KRISTY What is it, Nora?

NORA You know that Peter is a musician. A very good cellist. He played a solo in the latest school orchestra concert. Excellently. But he wants to be a conductor.

GRETCHEN Sometimes he stands in the room and conducts with the records, sawing wildly in the air. But in this nobody must disturb him. Uncle Leopold says he does it very well.

NORA *My* uncle, the retired conductor. Tell them, Peter.

PETER After the cello I wanted to learn to play the flute. But there is something wrong with my teeth. And we don't have a piano yet. A conductor is supposed to play several instruments. Then Daddy bought me a guitar two months ago.

DICK Can you play it already?

PETER That is pretty easy. But I wasn't the only one who got a guitar. Tim, now it's your turn.

TIM I've been playing the violin for four years. And I cannot stand it. Then Peter gets his guitar, I listen to him, and it is super. So I say to my Dad, "Dad, can you buy me a guitar, too?"

KRISTY And did you get it?

TIM Yes. here, I've brought it along.

p. 187, Exercise 31
1. **t** 2. **f** 3. **t** 4. **f** 5. **t**

p. 187, Exercise 32
1. **Am Weihnachtsbaum hängen Dekorationen.**
2. **Nora wird im neuen Haus ein Klavier haben.**
3. **Peter dirigiert im Zimmer.**
4. **Sein Vater hat ihm eine Gitarre geschenkt.**
5. **Tim kann das Violinspielen nicht ausstehen.**

p. 187, Exercise 33
1. **c** 2. **a** 3. **a** 4. **b** 5. **a**

p. 188, Exercise 34
1. Liqueur is supposedly good for the digestion.
2. Nora prefers a grand piano.
3. Peter saws the air.
4. What, says he, is pretty easy?
5. Now it's your turn.

p. 188, Exercise 35
1. **Violine** 2. **Ordnung** 3. **Klavier** 4. **Flöte**
5. **Solo**

p. 188   "Silent Night, Holy Night"
pp. 188-189
KRISTY What is the surprise, Nora? We can hardly wait.
NORA Peter taught Tim how to play the guitar. And they have been practicing carols for the last two weeks. But that isn't all.
ANTON It is I, actually, who should play the guitar.
DICK Why?
ANTON You know my name is Gruber.
DICK And?
ANTON On December 24, 1818, Franz Gruber composed "Silent Night, Holy Night." It was sung at midnight mass for the first time. That was in a village near Salzburg.
DICK Are you a descendant of Franz Gruber?
ANTON Quite possibly. My great-grandfather moved from Salzburg to Vienna.

KRISTY What does that have to do with the guitar?
ANTON Franz Gruber was a school teacher and organist in Oberndorf. But the organ that he should have played on Christmas Eve was ruined. Mice had gnawed at its works, and no sound came out. He, therefore, had to accompany the choir on the guitar. But we are lucky. We have not only one but two guitars here. Today you'll hear an artistic rendition of "Silent Night, Holy Night" not on the organ but the way it sounded originally. Ladies and gentlemen, I am presenting here two authentic interpreters of Gruber's music: Peter and Tim.

p. 189, Exercise 36
1. **t** 2. **f** 3. **t** 4. **f** 5. **t**

p. 189, Exercise 37
1. **Peter hat Tim die Gitarre spielen gelehrt.**
2. **„Stille Nacht" wurde 1818 zuerst gesungen.**
3. **Antons Urgroßvater ist von Salzburg nach Wien übersiedelt.**
4. **Die Orgel war am Weihnachtsabend kaputt.**
5. **Peter und Tim sind heute die Interpreten von Grubers Musik.**

p. 189, Exercise 38
1. **Weihnachtslieder** 2. **Dorf** 3. **Wiedergabe**
4. **Organist** 5. **Getriebe**

p. 189, Exercise 39
1. He taught him (how) to play the guitar.
2. Is Anton a descendant of Franz Gruber?
3. The boys are authentic interpreters of "Silent Night."
4. The organ was ruined.
5. No sound came out.

p. 189, Exercise 40
1. **b** 2. **a** 3. **c** 4. **a** 5. **b**

German—English Vocabulary

Definitions are limited to the contexts in which the words appear in the text.

Nouns are listed with their plural forms: *Tag, -e; Messer, -; Student, -en.* Plurals that take umlaut are shown as: *Fall, ⁻e; Mann, ⁻er; Mutter, ⁻.*

Nouns that are never (or rarely) used in a plural form are shown in the singular only: *Honig* (**m**). Similarly, nouns never or rarely used in the singular are shown in the plural form only: *Eltern* (**pl.**).

Strong and irregular verbs show their infinitive, simple past, and past participle forms. Any vowel change in the present tense is also shown: *geben, gibt, gab, gegeben.* Verbs taking the auxiliary *sein* are shown like this: *gehen, ging, ist gegangen.*

A

Aal, -e (m) eel
ab off, down, away
ab und zu once in a while, now and then
abbezahlen to pay off
abdrucken to print
Abend, -e (m) evening
Abendbrot (n) supper
Abendessen (n) dinner
Abendkleid, -er (n) evening gown
abends evenings
Abenteuer, - (n) adventure
aber but
abgemacht! it's a deal!
abgesehen davon apart from this
abgewöhnen (sich das Rauchen) to give up (smoking)
Abgott, ⁻er (m) idol
abhalten, hält ab, hielt ab, abgehalten to hold
abhängen to hang up
abholen to pick up
Abitúr (n) final secondary school exam (college preparatory)
ablenken to divert
abliefern to deliver
ablösen to take the place of, relieve
abnehmen, nimmt ab, nahm ab, abgenommen to lose weight; to take away
abraten, rät ab, riet ab, abgeraten to advise against
Abonnemént, -s (n) subscription
abrücken to move away, depart
Absicht, -en (f) intention
absolút absolute
Abteilung, -en (f) department
abwaschen, wäscht ab, wusch ab, abgewaschen to wash off
abwechselnd in turn
abwehren to beat back
abzapfen to draw off
abzählen to count off
ach! ah
achten to pay attention
sich in Acht nehmen to watch out
adelig titled

Ádeliger, -en nobleman
Adresse, -n (f) address
ähnlich similar to
Akzént, -e (m) accent
akzentfrei accent-free
Album, Alben (n) album
allerdings to be sure
Allergíe, -n (f) allergy
alles everything
allgemein general
Allgemeines Krankenhaus General Hospital
im allgemeinen in general
alliíert allied
Alphabét, -e (n) alphabet
als when, than, as
als ob, als wenn as if
also therefore, thus
alt old
altmodisch old-fashioned
Amateurstreichquartett, -e (n) amateur string quartet
Ameliensaal (m) Amelien Hall
Amerika (n) America
Amerikaner, - (m) American
amerikanisiert americanized
Amulétt, -e (n) amulet, charm
sich amüsieren to amuse oneself
an to, at, on
anbieten, bot an, angeboten to offer
anbrechen, bricht an, brach an, angebrochen to open (as a bottle)
Andenken, - (n) souvenir
ander other
andernfalls otherwise
anders different
anderswo elsewhere
anderthalb one and a half
andeuten to hint
andrehen to turn on
Anfang, ⁻e, (m) start, beginning
anfangen, fängt an, fing an, angefangen to begin
Anfänger, - (m) beginner
anfüllen to fill
angeblich allegedly

Angelegenheit, -en (f) matter
angenehm agreeable
angesehen respected
Angestellter, -n (m) employee
Angriff, -e (m) offensive
zum Angriff übergehen to take the offensive
Angst, ⁻e (f) fear
ängstlich fearful
anhaben, hat an, hatte an, angehabt to have on, to be dressed in
anhalten, hält an, hielt an, angehalten to hold (one's breath)
Anhänger, - (m) fan (as of a team)
anhören to listen
Anisplätzchen, - (n) anise cookie
Ankauf, ⁻e, (m) purchase
anklopfen to knock at the door
ankommen, kam an, ist angekommen to arrive
Ankündigung, -en (f) announcement
Ankunft, ⁻e (f) arrival
Anlage, -n (f) investment
öffentliche Anlagen (f. pl.) public grounds
annagen to gnaw at
annehmen, nimmt an, nahm an, angenommen to suppose
anno dázumal way back
Annónce, -n (f) advertisement
annulieren to cancel
anrufen, rief an, angerufen to telephone
anrühren to touch
anschauen to look at
ansässig residing
sich ansässig machen to take up residence
sich anschnallen to buckle up
anscheinend apparently
sich (etwas) ansehen, sieht sich etwas an, sah sich etwas an, hat sich etwas angesehen to look (at something)
Ansicht, -en (f) opinion

225

ansonsten otherwise
anständig decent
anstreichen, strich an, angestrichen to paint
Antiquariát, -e (n) second-hand bookshop
(jemandem etwas) antun, tut an, tat an, angetan to do (a person) harm
Antwort, -en (f) answer
antworten to answer
Anzahl (f) number, amount
sich anziehen, zog sich an, sich angezogen to get dressed
Anzug, -̈e (m) suit
anzünden to light
Apfel, -̈ (m) apple
Äpfel im Schlafrock apple dumplings
Apfelsaft (m) apple juice
applaudieren to applaud
Appláus (m) applause
Apríl, (m) April
Arbeit, -en (f) work
arbeiten to work
Architektúr, -en (f) architecture
arg bad
Ärger (m) annoyance
argentínisch Argentinian (adj.)
Arie, -n (f) aria
Arm, -e (m) arm
Armut (f) poverty
Art, -en (f) kind, sort
auf diese Art in this way
Arzt, -̈e (m) physician
Aspirínbüchse, -n (f) aspirin box
Assistenzarzt, -̈e (m) intern
astronómisch astronomical
Ateliér, -s (n) studio
atlantisch Atlantic (adj.)
der atlantische Ózean the Atlantic Ocean
Attraktión, -en (f) attraction
attraktív attractive
auch also
auf on, upon
aufbauen to build up, to construct
Aufenthalt, -e (m) stay
Auffassungsvermögen, - (n) perception; ability to comprehend, grasp things
aufgeben, gibt auf, gab auf, aufgegeben to give up, to send
aufhören to stop
aufgeregt excited
sich aufregen to get excited
Aufsatz, -̈e (m) essay
Aufschnitt, -e (m) cold cuts
aufstehen, stand auf, ist aufgestanden to get up
aufsuchen to go to see
auftragen, trägt auf, trug auf, aufgetragen to dish up
aufwecken to wake (someone)
Auge, -n (n) eye
mit einem lachenden und einem weinenden Auge with mixed emotions
mit verbundenen Augen blindfolded

Augúst (m) August
aus out of, from
ausbezahlen to pay in full; *here:* to finish paying for
Ausblick, -e (m) outlook
Ausgabe, -n (f) expense
ausgebacken baked through, fully baked
ausgeben, gibt aus, gab aus, ausgegeben to spend
ausgehen, ging aus, ist ausgegangen to go out
er ist wie ausgewechselt he is like a new man
ausgezeichnet excellent
aushalten, hält aus, hielt aus, ausgehalten to stand
Aushilfe, -n (f) extra help
aushilfsweise as extra help
auskommen, kam aus, ist ausgekommen to make do
Ausnahme, -n (f) exception
ausnützen to take advantage of
Auspuffklappe, -n (f) exhaust valve
Auspuffrohr, -e (n) exhaust pipe
ausrauben to ransack
sich ausreden to excuse oneself
ausreichend sufficient
sich ausruhen to rest
ausschenken to pour out, to dispense
ausschicken to send out
Ausschlag, -̈e (m) rash
aussehen, sieht aus, sah aus, ausgesehen to look, appear
Außenstürmer, - (m) forward (on a soccer team)
außer except
außerdem besides
außerhalb outside of
aussetzen: was ist daran auszusetzen? what's wrong with that?
Aussicht, -en (f) chance
aussprechen, spricht aus, sprach aus, ausgesprochen to pronounce
ausständige Rechnungen (f. pl.) bills in arrears
ich kann ihn nicht ausstehen I cannot stand him
aussteigen, stieg aus, ist ausgestiegen to get off
Austrálien (n) Australia
ausübend practicing
Ausverkauf, -̈e (m) final sale
ausverkauft sold out
authentisch authentic
Automát, -en (m) automaton

B

Backwerk (n) pastries
baden to bathe
Badezimmer, - (n) bathroom
Bahnzeit, -en (f) railroad time
Ball, -̈e (m) ball
Ballorchester, - (n) ball orchestra
Bank, -en (f) bank
bankrott bankrupt

gegen bar verkaufen to sell for cash
Batteríe, -n (f) battery
Bauer, -n (m) peasant, farmer
Baum, -̈e (m) tree
bayerisch Bavarian (adj.)
beantworten to reply
Beantwortung, -en (f) reply
bedauern to regret
bedeuten to mean
bedeutend important
es bedeutet ihm nichts it doesn't mean anything to him, is of no importance to him
Bedeutung, -en (f) importance
bedienen to serve
Beefsteak, -s (n) beefsteak
beehren to honor
befördern to forward
begabt talented
Beginn, - (m) beginning
beginnen, begann, begonnen to begin
begleiten to accompany
Begleitumstände (m. pl.) accompanying circumstances
begreifen, begriff, begriffen to grasp, comprehend
begrüßen to greet
behandeln to treat
behalten to keep
behängen to deck out
beherbergen to accommodate
behilflich sein to be of service
bei near, with, at the home of
bei weitem by far
beide both
Beifall (m) applause
Bein, -e (m) leg
(jemandem) ein Bein stellen to trip (someone)
beinahe almost
beichten to confess
sich beeilen to hurry
beisammen together
Beisammensein (n) togetherness
Beispiel, -e (n) example
zum Beispiel for example
ein Bekannter, -n (m) acquaintance
bekanntgeben to make known
bekanntlich as everybody knows
bekommen, bekam, bekommen to receive
belagern to lay siege to
belästigen to bother
belegen to cover
beleidigen to offend
beliebt popular
bellen to bark
bemerken to notice
benachbart neighboring
Benehmen (n) behavior
benennen to name
benutzen to use
Benzín, - (n) gasoline
beóbachten to observe
bequém comfortable
berechtigt justified
Berechtigung, -en (f) justification
Berg, -e (m) mountain

bereiten to prepare
bereits already
Bericht, -e (f) report
Bernhardiner, - (m) St. Bernard
    dog
Berufsaussichten (f. pl.)
    professional outlook, prospects
berufsmäßig professional
berühmt famous
berühren to touch
**wie ihre finanzielle Situation
    beschaffen ist** how she is doing
    financially
beschäftigt busy
beschließen, beschloß, beschlossen
    to decide
beschränken to restrict
**beschreiben, beschrieb,
    beschrieben** to describe
beschwipst tipsy
besitzen, besaß, besessen to own
Besitzer, - (m) owner
besonders especially
besorgen to attend to
besser better
best- best
bestehen, bestand, bestanden to
    exist; to pass (an exam)
bestätigen to confirm
bestellen to order
bestimmt certain(ly)
bestürzt dismayed
besuchen to visit
Betrag, ̈e (m) amount
betreten to enter
Betriebskapitál, -ien (n) working
    capital
Bett, -en (n) bed
bevor before
bevorzugen to prefer
bewahren to preserve
sich bewegen to move
beweisen, bewies, bewiesen to
    prove
bewilligen to grant
bewundern to admire
bezahlen to pay
**sich beziehen auf, bezog sich, hat
    sich bezogen** to refer to
Beziehung, -en (f) relation
Bezirk, -e (m) district
Biber, - (m) beaver
Bier, -e (n) beer
Bierflasche, -en (f) beer bottle
Bild, -er (n) picture
Bildhauer, - (m) sculptor
bildhauern to sculpt
Billard, -s (n) billiards
billig cheap
ich bin I am
Birne, -n (f) pear
bis until
bis auf except for
bisher, bis jetzt so far, until now
Biskuitschnitte, -n (f) slice of
    pound cake
ein bißchen a little
Bissen, - (m) bite (noun)
bitte please
Bitte, -n (f) request

bitten, bat, gebeten to request
blasen, bläst, blies, geblasen to
    blow
blasiert blasé
Blatt, ̈er (n) leaf, sheet
blau blue
bleiben, blieb, ist geblieben to stay
Blick, -e (m) glance
Blitz, -e (m) lightning
blöd(e) stupid
blond blonde
bloß only
Blume, -n (f) flower
Blumenkohl, -e (m) cauliflower
Bluse, -n (f) blouse
Blut, - (n) blood
blutig bloody
Boden, ̈ (m) floor
Bonbon, -s (n) candy
Boot, -e (n) boat
böse angry
Branche, -n (f) line of business
brauchen to need
braun brown
brav well-behaved
Brei, - (m) pap, porridge, mush
Bremse, -n (f) brake
brennen, brannte, gebrannt to
    burn
schwarzes Brett, -er (n) bulletin
    board
Briefmarke, -n (f) stamp
bringen, brachte, gebracht to bring
Brosche, -n (f) brooch
Broschüre, -n (f) brochure
Brot, -e (n) bread
bruchstückweise in excerpts
Brücke, -n (f) bridge
Bruder, ̈ (m) brother
Bruderschaft trinken to pledge
    close friendship
Bube, -n (m) boy
Buch, ̈er (n) book
Buchhalter, - (m) bookkeeper
Buchhandel (m) book trade
Buchhändler, - (m) bookseller
Buchladen, ̈ (m) bookstore
Buchstabe, -n (m) letter
büffeln to cram (for an exam)
Bühne, -n (f) stage
Bündel, - (n) bunch
bunt many-colored
Bürger, - (m) citizen
Büró, -s (n) office
Bürovorstand, ̈e (m) office
    manager
bürsten to brush
Busenfreund, -e (m); (-in) (f)
    bosom friend
Butterkremtorte, -n (f) buttercream
    torte
Buttersemmel, -n (f) buttered roll

C

Café-Konditorei, -en (f) café-pastry
    shop
Cellíst, -en (m) cello player
Cello, -s (n) cello
Cellolektión, -en (f) cello lesson

Charákter, -e (m) character
Charme (m) charm
Chef, -s (m) boss
Chinése, -n (m) Chinese
Chirúrg, -en (m) surgeon
Chirurgíe (f) surgery
Chor, ̈e (m) choir
Computer, - (m) computer
Computerprogrammicrung, -en (f)
    computer programming
Couchtisch, -e (m) endtable
Cowboystiefel, - (m) cowboy boot

D

da there, then, since, because
dabei for all that
Dachstube, -n (f) attic
dadúrch, daß due to the fact that
dafür for it
hast du etwas dagégen? do you
    mind?
dahér therefore
damals at that time
Dame, -n (f) lady
damit with it; so that
dank due to
dankbar grateful
danke! thank you
danken to thank
dann then
darán thereon
**darbieten, bietet dar, bot dar,
    dargeboten** to offer
darf ich? may I?
darín in it
darstellen to represent
darúm therefore
darúnter among them
das the, that
dasselbe the same
daß that
Dattel, -n (f) date
gefüllte Datteln stuffed dates
dauern to last
Deckel, - (m) lid
decken to cover
Defékt, -e (m) defect
definitiv definitive
Dekoratión, -en (f) decoration
deliziös delicious
denken, dachte, gedacht to think
denn for
dennoch however
der the, this
deren whose
derselbe the same
deshalb therefore
dessen whose
deutlich distinct
deutsch German
Deutschklasse, -n (f) German class
d.h. = das heißt that means; e.g.
Diät, -en (f) diet
diätbewußt diet conscious
dick fat
die the, this, these
Diele, -n (f) den
Dienstag, -e (m) Tuesday
Dienstmann, ̈er (m) porter

dieser this
diesmal this time
diktieren to dictate
Diplomát, -en (m) diplomat
direkt direct
Dirigént, -en (m) conductor
dirigieren to conduct
Doktor, -en (m) physician
Donnerstag, -e (m) Thursday
Dorf, -er (n) village
dort there
dortig of that place
draußen outside
drei, dreimal, dreizehn, three, three times, thirteen
dreißig thirty
dribbeln to dribble (as in soccer, basketball)
dringend urgent
drinnen inside
drohen to threaten
drohend threatening
Drohung, -en (f) threat
drucken to print
du you (familiar)
duften to smell good
dumm stupid
Dummkopf, -e (m) dumbbell, stupid person
dunkel dark
dünn thin
durch through, by
durchbrechen, bricht durch, brach durch, durchgebrochen to break through
durcheinander pell-mell
dürfen to be allowed to
sich duzen to be on familiar terms with a person

E

eben just now
ebenfalls also
ebenso wie just as
Ecke, -n (f) corner
es ist mir egál it's all the same to me
eher rather
Ehre, -n (f) honor
ehren to honor
Ehrgeiz, -e (m) ambition
Ei, -er (n) egg
eigen - own
eigensinnig stubborn
eigentlich actually
ein a, an
einander one another
Einband, -e (m) cover, binding (of a book)
sich einbilden to imagine
Einbrecher, - (m) burglar
eindringlich emphatic
Eindruck, -e (m) impression
einerseits on the one hand
einfach simple
einfallen: es fällt mir ein it occurs to me
Einführung, -en (f) introduction
eingehend extensive
eingeschüchtert intimidated

eingestellt inclined
Einkauf, -e (m) purchase
einkaufen to purchase
Einkommensquelle, -n (f) source of income
einladen, lädt ein, lud ein, eingeladen to invite
einlangen to arrive
einlullen to lull (into a false sense of security)
einmal once; someday, sometime
einnehmen, nimmt ein, nahm ein, eingenommen to take in
einrichten to furnish
einschalten to turn on
einschlafen, schläft ein, schlief ein, ist eingeschlafen to fall asleep
einschreiben, schrieb ein, eingeschrieben to register (a letter)
einsehen, sieht ein, sah ein, eingesehen to realize
zu früh einsetzen to begin too soon
sich für jemanden einsetzen to stand up for someone
einst at one time
eintragen, trägt ein, trug ein, eingetragen to enter (as in a list)
eintreten, tritt ein, trat ein, ist eingetreten to enter (as into a room)
Einwohner, - (m) inhabitant
einziehen, zieht ein, zog ein, ist eingezogen to move into
einzig only
Eisenbahn, -en (f) railroad
Eisschrank, -e (m) refrigerator
Elfmeter, - (m) a penalty kick in soccer
Eltern (pl.) parents
empfehlen, empfiehlt, empfahl, empfohlen to recommend
emsig busy
Ende, -n (n) end
zu Ende at an end
endlich finally
Energíe, -n (f) energy
eng narrow
engagieren to hire
englisch English
entdecken to discover
entfernt distant
entgehen, entging, ist entgangen to escape (a person's attention)
Enthusiásmus, (m) enthusiasm
enthusiastisch enthusiastic
entkorken to uncork
entlang along
entlassen, entläßt, entließ, entlassen to discharge (as from the army)
sich entpuppen to turn out to be
entscheiden, entscheidet, entschied, entschieden to decide
sich entschließen, entschloß, entschlossen to decide, resolve
sich entschuldigen to excuse oneself
entsetzlich dreadful
enttäuscht disappointed

Enttäuschung, -en (f) disappointment
entweder—oder either—or
entwerfen, entwirft, entwarf, entworfen to design
Entwurf, -e (m) design
erdolchen to stab (with a dagger)
Ereignis, -se (n) event
Erfahrung, -en (f) experience
Erfolg, -e (m) success
erfolgreich successful
Ihr sehr ergebener yours very truly
Erhalt (m) receipt
erhalten, erhält, erhielt, erhalten to receive
sich erinnern to remember
sich erkälten to catch a cold
erkennen, erkannte, erkannt to recognize
erklären to explain
erleben to witness
erledigen to bring to a close
ermutigen to encourage
sich ermutigt fühlen to feel encouraged
im Ernst seriously speaking
ernstnehmen, nimmt ernst, nahm ernst, ernstgenommen to take seriously
eröffnen to open
erraten, errät, erriet, erraten to guess
errichten to put up
Ersatz, -e (m) substitute
erschaffen, erschuf, erschaffen to create
erscheinen, erschien, ist erschienen to appear
ersetzen to substitute
erst only
erst recht all the more so; not to mention
erstens firstly
erstklassig first-class
erstaunlich amazing
ersuchen to request
erwarten to expect
Erwartung, -en (f) expectation
erwachsen adult
erwähnen to mention
erwerben, erwirbt, erwarb, erworben to acquire
erwidern to reply
erzählen to tell
erziehen, erzog, erzogen to educate
Erziehungsmethode, -n (f) educational method
es it
essen, ißt, aß, gegessen to eat
das Essen, - (n) meal, food
Eßzimmer, - (n) dining room
Etikétt, -e (n) label
etwa maybe, perhaps
etwas something
euer your
Európa (n) Europe
europäisch European (adj)
eventuéll perhaps
Exekutivbüro, -s (n) executive office
exotisch exotic

F

Fach, ⸚er (n) field, subject
Fachhochschule, -n (f) specialized college
fahren, fährt, fuhr, ist gefahren to go, travel, drive
Fahrt, -en (f) travel, trip
faktisch for all practical purposes
Fall, ⸚e (m) case
fallen, fällt, fiel, ist gefallen to fall
fallenlassen, läßt fallen, ließ fallen, hat fallenlassen to drop
falls in case of
falsch wrong
Família, -n (f) family
Familienangelegenheiten (f. pl.) family matters, affairs
Familienkonferenz, -en (f) family conference
fanátisch fanatical
fangen, fängt, fing, gefangen to catch
fast almost
fasten to fast
fasziniert fascinated
Faust, ⸚e (f) fist
Februar (m) February
fehlen to be lacking
was fehlt ihr? what's wrong with her?
Fehler, - (m) mistake
fehlerlos without a mistake
Feld, -er (n) field
Feldweg, -e (m) country lane
Fenster, - (n) window
Ferien (pl.) vacation
Ferienpläne (pl.) vacation plans
fern distant, apart
Fernseher, - (m) TV set
fertig done
fesch dashing
Fest, -e (n) feast
fest firm
Festessen, - (n) festive meal
festhalten, hält fest, hielt fest, festgehalten to hold onto firmly
festmachen to fasten
fett fat
feucht moist
feuern to fire
Feuerprobe, -n (f) acid test
Fiáker, -s (m) a special Viennese cab
Fiásko, -s (n) fiasco
Fieber, - (n) fever
Figúr, -en (f) figure
Film, -e (m) film
finanziéll financial
finden, findet, fand, gefunden to find
Finger, - (m) finger
Firma, -en (f) firm
Fisch, -e (m) fish
fischen to fish
Fischer, - (m) fisherman
Fischgeschäft, -e (n) fish market
Flächeninhalt, -e (m) area
Flammenwerfer, - (m) flame thrower
Flasche, -n (f) bottle

Fleisch (n) meat
Fleischbrühe, -n (f) beef broth
Fleischgericht, -e (n) meat dish
fleißig diligent
fliegen, flog, ist geflogen to fly
fließend fluently
Flöte, -n (f) flute
Fluch, ⸚e (m) curse
Flug, ⸚e (m) flight
Flügel, - (m) wing; grand piano
Flugplatz, ⸚e (m) airport
Flugzeug, -e (n) airplane
folgen to follow
die Folgen (f. pl.) consequences
Form, -en (f) form, shape
förmlich practically
fortfahren, fährt fort, fuhr fort, ist fortgefahren to take off
fortfliegen, flog fort, ist fortgeflogen to fly away
fortsetzen to continue
Foul, -s (n) foul (in soccer)
Frack, -s (m) tails
Frage, -n (f) question
fragen to ask
Frau, -en (f) woman
Fräulein, - (n) Miss, Ms.
frei free
im Freien in the open
Freitag, -e (m) Friday
Freizeit, -en (f) spare time
fremd strange, foreign
Fremdenverkehr (m) tourism
ein Fremder, -n (m) a stranger
Fremdwort, ⸚er (n) foreign word
fressen, frißt, fraß, gefressen to eat (said of animals; *essen* is used for human beings.)
Freude, -n (f) joy
Freude bereiten to give joy
außer sich vor Freude sein to be beside oneself with joy
Freund, -e (m) friend
freundlich friendly
frieren, fror, gefroren to freeze
frisch fresh
froh glad
Frucht, ⸚e (f) fruit
früh early
Frühling, -e (m) spring
Frühstück, -e (n) breakfast
Frühstückstisch, -e (m) breakfast table
fühlen to feel
sich wohl fühlen to feel well
führen to lead, to carry
führend leading
Führerscheinprüfung, -en (f) driver's license test
Führungskraft, ⸚e (f) executive
füllen to fill
fünf, fünfzehn, fünfzig five, fifteen, fifty
für for
fürchterlich awful
Fürst, -en, (m) prince
Fuß, ⸚e (m) foot
zu Fuß on foot
Fußball (m) soccer
Fußballmannschaft, -en (f) soccer team

Fußballspieler, - (m) soccer player
Fußballstadion, -s (n) soccer stadium
Futter, - (n) lining (as of a coat)

G

ganz complete, very
garantieren to guarantee
garstig nasty
Garten, ⸚ (m) garden
Gas, -e (n) gas
Gast, ⸚e (m) guest
Gastgeber, - (m) host
Gasthaus, ⸚er (n) restaurant
Gaststätte, -n (f) restaurant
Gatte, -n (m) spouse (husband)
Gattin, -nen (f) spouse (wife)
Gebäude, - (n) building
geben, gibt, gab, gegeben to give
gebildet educated
geboren born
gebraucht used
Geburtstag, -e (m) birthday
Gedicht, - (n) poem
gefallen, gefällt, gefiel, gefallen to please
es gefällt mir I like it
Gefahr, -en (f) danger
gefährlich dangerous
Gefrorenes (n) ice cream
gegen at about, toward, against
Gegend, -en (f) area, neighbor, neighborhood
gegenüber opposite
Gegenwart (f) presence
gegenwärtig present
Gegner, - (m) opponent
Gehalt, ⸚er (n) salary
Gehaltsaufbesserung, -en (f) increase in salary
Gehaltserhöhung, -en (f) increase in salary
gehen, ging, ist gegangen to go, walk
im Geheimen secretly
Geheimnis, -se (n) secret
gehören to belong
wie es sich gehört as it is fitting
Geiger, - (m) violinist
geizig stingy
Gejammer (n) lamentation, complaining
geläufig fluent
gelb yellow
Geld, -er (n) money
mir ist das Geld ausgegangen I ran short of money
Gelegenheit, -en (f) occasion
gelegentlich occasionally
gemächlich leisurely
Gemüse, - (n) vegetable
gemütlich cosy
genáu accurate
Generál, ⸚e (m) general
Generatión, -en (f) generation
genießen, genoß, genossen to enjoy
Genossenschaft, -en (f) co-op
genug enough
genügen to be sufficient
geölt oiled

Geplauder (n) small talk
geráde just now
gerécht just
Gericht, -e (n) meal; court
gern gladly
ich habe ihn gern I like him
Gesandtschaftsattaché, -s (m) attaché
Geschäft, -e (n) business
Geschäftsbrief, -e (m) business letter
geschäftshalber for business reasons
Geschäftskorrespondenz, -en (f) business correspondence
Geschäftsleben (n) business life
Geschénk, -e (n) gift
Geschichte, -n (f) story
geschickt skilled
geschieden divorced
Geschirr (n) dishes
Geschirrspülmaschine, -n (f) dishwasher
Geschlécht, -er (n) gender, sex
Geschmáck, ̈e (m) taste
das ist Geschmacksache that's a matter of taste
geschniegelt und gebügelt spick and span
geschraubt stilted
Geschwister (pl.) siblings
geschwollen swollen
Gesellschaft, -en (f) company, party, society
Gesicht, -er (n) face
Gesichtszüge (m. pl.) facial features
ich bin gespannt I am anxious to know
Gespräch, -e (n) conversation
gesprächig talkative
Gestalt, -en (f) figure
Gestank (m) bad smell
gestehen, gestand, gestanden to confess
gestern yesterday
gesund healthy
Getriebe, - (n) works
Gewicht, -e (n) weight
gewinnen, gewann, gewonnen to win
gewinnend winning
gewiß certain
Gewissen (n) conscience
gewissenhaft conscientious
Gewitter, - (n) thunderstorm
gewogen favorably inclined
gewöhnlich usual
gierig greedy
Gitarre, -n (f) guitar
glänzend splendid
Glas, ̈er (n) glass
Glasgefäß, -e (n) glass jar
glauben to believe
Gläubiger, - (m) creditor
gleich similar; immediately
gleichen, glich, geglichen to equal
Gleichgewicht, -e (n) balance
aus dem Gleichgewicht bringen to throw off balance
gleichzeitig at the same time
glitzern to glitter

glorreich famous
Glück (n) good luck, happiness
Glück haben to be lucky
zum Glück luckily
glücklich happy
Glückwünsche (m. pl.) congratulations
glühend burning, glowing
gnädige Frau, -en (f) Madam
Gold (n) gold
gotisch gothic
Gott, ̈er (m) god
Gott sei Dank! thank God
Gramm, -e (n) gram
gräßlich horrible
Gräte, -n (f) fish bone
gratulieren to congratulate
grau gray
Graupensuppe, -n (f) barley broth
grell bright
Grenze, -n (f) border
grob gruff
Groschen, - (m) penny
groß, big, tall
großartig grand
Großmutter, ̈ (f) grandmother
Großstädter, - (m) city dweller
Großvater, ̈ (m) grandfather
Grübchen, - (n) dimple
grün green
im Grunde genommen basically
gründen to found
Grundlage, -n (f) basis
gründlich thorough
Gruppe, -n (f) group
Gruß, ̈e (m) greeting
Grüß Gott! a greeting used in southern Germany and Austria
Gurkensaft, ̈e (m) cucumber juice
gut good
das Gut, ̈er (n) property
gutmütig good-natured
Gymnasium, -ien (n) secondary school with emphasis on the classics

H

Haar, -e (n) hair
haben, hat, hatte, gehabt to have
Haferschleimsuppe, -n (f) oatmeal soup
halb half
Halbzeit, -en (f) half time
hallo hello
Hals, ̈e (m) neck
halsbrecherisch breakneck
Halsweh (n) sore throat
halt just
halten, hält, hielt, gehalten to hold, to block
jemanden dafür halten to consider someone as
etwas von jemandem halten to think much of someone
Hand, ̈e (f) hand
Händedruck, ̈e (m) handshake
Handel (m) commerce
Handelszentrum, -en (n) commercial center

Handschuhe (m. pl.) gloves
Handtasche, -n (f) pocketbook
hängen to hang
hänseln to tease
hart hard
Haselnußtorte, -n (f) hazelnut torte
hassen to hate
Hauptsache, -n (f) main thing
hauptsächlich mainly
Hauptsitz, -e (m) main office
Hauptstadt, ̈e (f) capital
Haus, ̈er (n) house
zu Hause at home
Hausaufgabe, -n (f) homework
Hausbesitzer, - (m) landlord
Hauseingangstür, -en (f) house entrance door
Hausfrau, -en (f) housewife
Hausgehilfin, -nen (f) domestic
hausgemacht homemade
Hauslehrer, - (m) tutor
Hauswirtschaft, -en (f) household
Hebebühne, -n (f) hydraulic lift
Hebel, - (m) lever
alle Hebel in Bewegung setzen to do all one can
Heim, -e (n) home
Heimat (f) homeland
Heimatstadt, ̈e (f) home town
heimbringen to bring home
heimkehren to come home
heiser hoarse
heiß hot
mir ist heiß I am warm
heißen, hieß, geheißen to be called
helfen, hilft, half, geholfen to help
Hemd, -en (n) shirt
heráuskriegen to remove
heráusstellen to set off, to bring out
heráusziehen, zog heraus, heráusgezogen to draw out
Herbst, -e (m) fall
Hering, -e, (m) herring
herkommen, kam her, ist hergekommen to come here
herúmfuchteln to saw the air
herúmklettern to climb around
herúmkommandieren to order about
herúmspringen, sprang herum, ist herúmgesprungen to jump around
herúnterkommen, kam herunter, ist heruntergekommen to come down, off
Herr, -en (m) Mr.
herrlich magnificent
hervorragend outstanding
Herz, -en (n) heart
herzig cute
herzlich cordial
Heurige (n), - (m) new wine
Heuschrecke, -n (f) grasshopper
heute today
heutig of today
heutzutage nowadays
Hilfe (f) help
hilfsbereit ready to help
Himmel, - (m) sky, heaven
im siebenten Himmel in Seventh Heaven, on cloud nine

hin und her back and forth
hináusschmeißen, schmiß hináus, hináusgeschmissen to throw out
hinéinfahren, fährt hinein, fuhr hinéin, ist hineingefahren to drive in
hinéinschmuggeln to smuggle into
hinéinschneiden, schnitt hinein, hineingeschnitten to cut into
hinéintun, tut hinéin, tat hinéin, hinéingetan to put into
hingegen on the other hand
hingehen, ging hin, ist hingegangen to go there
hinhängen to hang there
hinlegen, hinstellen to put there
hinten in the back
nach hinten to the back
hinter behind
hintereinander one after another
Hitze (f) heat
hoch high
hoffen to hope
hoffentlich it is to be hoped
höflich polite
Höflichkeit (f) politeness
Höhe, -n (f) height
Holzbank, ¨e (f) wooden bench
Honig (m) honey
hören to hear
hör doch auf damit! stop this!
Horn, ¨er (n) horn
Hotel, -s (n) hotel
Hotelreservierung, -en (f) hotel reservation
hübsch pretty
Humór (m) humor
Hund, -e (m) dog
hundert hundred
Hundertmarknote, -n (f) hundred mark bill
Hunger (m) hunger
hungrig hungry
hurra! horray!
Husten (m) cough
auf der Hut sein to be on one's guard

I

ich I
Ideál, -e, (n) ideal
Idée, -n (f) idea
ihr you (familiar, pl.)
Ihr your (formal)
illustrieren to illustrate
immer always
importieren to import
imstande sein to be able to
im Wege stehen, stand, gestanden to stand in (someone's) way
in in, inside of, into
indem while
Indien (n) India
Industriezentrum, -en (n) industrial center
innerhalb within
Insel, -n (f) island
Inserát, -e (n) advertisement

insofern (in) so far as
inspizieren to inspect
installieren to install
Institutión, -en (f) institution
Instrumént, -e (n) instrument
interessánt interesting
sich interessieren to be interested
intélligent intelligent
Interprét, -en (m) interpreter
Interview, -s (n) interview
interviewen to interview
Inventúr, -en (f) inventory
irgendeinmal sometime
Irrenhaus, ¨er (n) insane asylum
Itálien (n) Italy

J

ja yes
Jacke, -n (f) jacket
Jahr, -e (n) year
Jahrhúndert, -e (n) century
jährlich annual
Januar (m) January
japánisch Japanese (adj.)
Jazzkonzert, -e (n) jazz concert
je—desto the—the
je nach der Situation depending on the situation
Jeans (pl.) jeans
jeder every, each
jederzeit anytime
jemand somebody
jetzig of the present time
johlen to yell
jugendlich youthful
Jugoslawien (n) Yugoslavia
jung young
Junge, -n (m) boy
Jungfernkranz (m) the name of a fictitious cheese
Junggeselle, -n (m) bachelor
Juni (m) June
Juli (m) July

K

Kaffee (m) coffee
Kaffee mit Schlag coffee with whipped cream
Kaffeepause, -n (f) coffee break
Kaiser, - (m) emperor
Kaiserreich, -e (n) empire
Kakao (m) cocoa
Kalbsbeuschel, - (n) calf's lung
Kalbsschnitzel, - (n) breaded veal
Kalbszungenfrikassée, -s (n) veal tongue á la king
Kalkulationsaufschlag, ¨e (m) markup
Kaloríe, -n (f) calorie
kalt cold
Kamera, -s (f) camera
Kampf, ¨e (m) battle
Kandiszucker (m) sugar candy
Kapéllmeister, - (m) conductor
Kaper, -n (f) caper
Kapitalanlage, -n (f) investment
kaputt ruined
Kardinalzahl, -en (f) cardinal number

Karikatúr, -en (f) cartoon
Karósse, -n (f) coach
Karosseríe, -n (f) (car) body
Karriére, -n (f) career
Karriere machen to be quickly promoted
Karst (m) karst
Karte, -n (f) card
Karten spielen to play cards
Kartoffelsuppe, -n (f) potato soup
Käse (m) cheese
Kasse, -n (f) checkout counter
Katze, -n (f) cat
Katzentisch, -e (m) small, separate table
kaufen to buy
Kaufhaus, ¨er (n) department store
kein not a, not any
kein Anlaß! don't mention it
Keks, -e (m) cookie
Kellner, - (m) waiter
kennen, kannte, gekannt to know
kennenlernen to become acquainted with
Kenntnis, -sse (f) knowledge
Kettenraucher, - (m) chain-smoker
Kilo, -s (n) kilogram
Kind, -er (n) child
kindisch childish
Kino, -s (n) cinema, movies
Kinobesuch, -e (m) going to the movies
Kipfel, - (n) croissant
Kirche, -n (f) church
klagen to complain
klar clear
Klarinette, -n (f) clarinet
Klasse, -n (f) class
Klassenlehrer, - (m) class teacher
Klassiker, - (m) classic
klassisch classical
Klavíer, -e (n) piano
Klavierlehrerin, -innen, (f) piano teacher
klebrig sticky
klein small
von klein auf from an early age
Klemme, - (f) pinch
in der Klemme sein to be in a fix
Kliént, -en (m) client
Klima, -s (n) climate
klingen, klang, geklungen to sound
Klo, -s (n) toilet
Klub, -s (m) club
Knie, -e (n) knee
knipsen to shoot (a picture)
Knirps, -e (m) midget, shrimp
Knödel, - (m) dumpling
knusprig crisp
Koch, ¨e (m) cook
viele Köche verderben den Brei too many cooks spoil the broth
kochen to cook
Kohl, -e (m) cabbage
Kohlrabi, -s (m) kohlrabi (a kind of cabbage)
Kölnischwasser, - (n) cologne
komisch funny
kommen, kam, ist gekommen to come

kommerzialisiert commercialized
kommerziéll commercial
Kommissión, -en (f) consignment
Kompliménr, -e (n) compliment
kompliziert complicated
komponieren to compose
Komponíst, -en (m) composer
Kompótt, -e (n) compote
Kondítor, -en (m) pastry cook
Konditoréi, -en (f) pastry shop
Konferénz, -en (f) conference
König, -e (m) king
königlich like a king
Konkurrénz, -en (f) competition
konkurrieren to compete
können to be able to
konservatív conservative
konsumieren to consume
Kontinént, -e (m) continent
Kontrákt, -e (m) contract
Kontrollabschnitt, -e (m) ticket
    stub
kontrollieren to check
sich konzentrieren to concentrate
    oneself
Konzért, -e (n) concert
Konzertsaal, -säle (m) concert hall
Kopf, ¨e (m) head
im Kopf herumgehen to go around
    in one's head
köpfen to head (in soccer), to strike
    the ball with one's head
Korb, ¨e (m) basket
Körper, - (m) body
Korrespondénz, -en (f)
    correspondence
korrespondieren to correspond
Kost (f) food
kosten to cost; to taste
Kosten (pl.) costs, expenses
sie kommen auf ihre Kosten they get
    their money's worth
Kostüm, -e (n) woman's tailored suit
Kraft, ¨e (f) strength; labor,
    employee
krank ill
kratzen to scratch
Kraut, ¨er (n) cabbage, weed
Kräutertee, -s (m) herb tea
Kreatúr, -en (f) creature
Krebs, -e (m) crab; cancer
Kredít, -e (m) credit
Kreditkarte, -n (f) credit card
Krem, -en (f) cream
Kreta (n) Crete
Krieg, -e (m) war
kriegen to get
Kritik, -en (f) review
Kritiker, - (m) critic
kritisieren to criticize
Krokodíl, -e (n) crocodile
Krug, ¨e (m) pitcher
Küche, -n (f) kitchen
Kuchen, - (m) cake
Kugelschreiber, - (m) ball pen
Kühler, - (m) radiator
kulinarisch culinary
Kultúr, -en (f) culture
Kultúrzentrum, -tren (n) cultural
    center

Kümmel, - (m) kümmel (caraway
    liqueur)
sich kümmern to pay attention
Kunde, -en (m) customer
kündigen to give notice
Kunst, ¨e (f) art
Das ist keine Kunst that's easy;
    there's nothing to it
künstlerisch artistic
Künstlergemeinde, -n (f)
    community of artists
Künstlerkolonie, -n (f) artists'
    colony
Künstlerviertel, - (n) artists' quarter
Kunstwerk, -e (n) work of art
Kupplung, -en (f) clutch
Kurkapelle, -n (f) a band in a
    resort town
Kurs, -e (m) course
kurz short; brief, curt
kurzen Prozeß machen to make
    short work of it
kürzlich recently
Kurzschrift, -en (f) shorthand
Kusíne, -n (f) cousin
Kuß, Küsse (m) kiss

L

lachen to laugh
lächerlich ridiculous
Laden, ¨ (m) store
Ladenhüter, - (m) white elephant
Ladentisch, -e (m) counter
Land, ¨er (n) land, state, country
Landkarte, -n (f) map
landwirtschaftlich agricultural
lang(e) long
langjährig of long duration
sich langweilen to get bored
langweilig boring, dull
lassen, läßt, ließ, gelassen to leave;
    to let, to permit, to cause
    (something to happen)
Lärm (m) noise
laufen, läuft, lief, ist gelaufen to
    run
Laune, -n (f) mood
in schlechter Laune sein to be in a
    bad mood
Laut, -e (m) sound
laut loud
Leben, - (n) life
leben to live
Lebensgeschichte, -n (f) biography
Lebensmittel (pl.) foodstuffs
Lebensmittelhändler, - (m) grocer
Lebensweise, -n (f) way of life
Lebkuchen, - (m) ginger bread
Leckerbissen, - (m) delicacy
Lederhosen (f. pl.) leather shorts
Lederwarenabteilung, -en (f)
    leather goods department
ledig single
leer empty
legen to put
Lehrbuch, -er (n) textbook
lehren to teach
Lehrer,- (m) teacher
leicht easy, light

es tut mir leid I am sorry
ich kann es nicht leiden I cannot
    stand it
Leidenschaft, -en (f) passion
leider unfortunately
zum Leidwesen to the regret
leihen, lieh, geliehen to lend
leise low, soft
leisten to perform
ich kann Besseres leisten I can do
    better
er kann es sich nicht leisten he
    cannot afford it
Leitung, -en (f) line (as an
    electrical line)
lesen, liest, las, gelesen to read
letzt last
der letztere the latter
letzthin lately
Leute (pl.) people
jemandem die Levíten lesen to give
    someone a dressing down
Libero, -s (m) soccer player who,
    depending on the situation,
    plays either in the offense or
    the defense
Licht, -er (n) light (noun)
licht light (adj.)
lieb dear
lieben to love
liebenswürdig kind, affable
lieber preferably, rather
Liebesknochen, - (m) eclair
Liebhaberéi, -en (f) hobby
lieblich lovely, smooth
Liebling, -e (m) darling
Lieblingstanz, ¨e (m) favorite dance
Lied, -er (n) song
liefern to deliver
liegen, lag, gelegen to lie
Likör, -e (m) liqueur
Lilie, -n (f) lily
Lineál, -e (n) ruler
Linie, -n (f) line
links left
Linksaußen, - (m) left forward (in
    soccer)
Liste, -n (f) list
Liter, - (m) litre
Löffel, - (m) spoon
Lohnschreiber, - (m) literary hack
Lokál, -e (n) place
was ist los? what is the matter?
Lösung, -en (f) solution
**loswerden, wird los, wurde los, ist
    losgeworden** to get rid of
Lust haben auf to be in the mood
    for
lustig cheerful, jolly

M

machen to do, to make
das macht nichts that doesn't matter
Macht, ¨e, (f) power
mächtig powerful
Mädchen, - (n) girl
Mädchenname, -n (m) maiden name
ich mag nicht I don't like
Magen, ¨ (m) stomach

Magengeschwür, -e (n) stomach ulcer
Mahlzeit, -en (f) meal
Mahnbrief, -e (m) request for payment
Mai, -e (m) May
Majór, -e (m) major
Maler, - (m) painter
man one
Mann, ̈er (m) man
manchmal sometimes
Mangel, ̈ (m) shortage
Manieren (pl.) manners
Mantel, ̈ (m) coat
märchenhaft "fairytale-like," fabulous
Mark, - (f) mark (currency)
Markt, ̈e (m) market
marktschreierische Reklame ballyhoo
März, -e (m) March
Maschinenschreiben (n) typing
Mathe (f) mathematics
mathemátisch mathematical
Mätzchen, - (n) antics
Mauer, -n (f) wall
Maus, ̈e (f) mouse
Medizín, -en (f) medicine
Meer, -e (n) ocean
Meerrettich, -e (m) radish
Mehlspeiskoch, ̈e (m) pastry cook
mehrere several
Mehrheit, -en (f) majority
Mehrzahl, -en (f) plural, majority
Meile, -n (f) mile
mein my
meinen to mean, to think
Meisterwerk, -e (n) masterpiece
Menge, -n (f) a lot, crowd
Mensch, -en (m) person, human being
Messer, - (n) knife
mexikanisch Mexican (adj.)
Mezzosopran, -e (m) mezzo soprano
Miene, -n (f) look, facial expression
Miete, -n (f) rent
mieten to rent
Milch (f) milk
Milchprodukt, -e (n) milk product
militärisch military
Minirock, ̈e (m) miniskirt
Minúte, -n (f) minute
miserábel miserable
Mißfallen (n) disapproval
mißfallen, mißfällt, mißfiel, mißfallen to displease
Missión, -en (f) mission
mißtrauisch suspicious
Mist (m) garbage, rubbish (*basic meaning:* manure)
mitbringen, brachte mit, hat mitgebracht to bring along
miteinander together
mithelfen, hilft mit, half mit, mitgeholfen to help
mitkommen, kam mit, ist mitgekommen to come along
mitnehmen, nimmt mit, nahm mit, mitgenommen to take along

mitsummen to hum along
Mittag, -e (m) noon
Mittel (n. pl.) means (as "financial means")
mittelalterlich medieval
Mittelfeld, -er (n) midfield
Mittelgebirge (n) the highlands
mittelgroß medium height
mittendrin in the middle of it
Mitternachtsmesse, -n (f) midnight mass
mittlere Reife (f) a secondary school diploma for students not going on to university
Mittwoch, -e (m) Wednesday
Möbel, - (n) furniture
möblieren to furnish
ich möchte gern . . . I would like to . . .
modérn modern
Modezeichnen (n) dress designing
mögen, mag, mochte, gemocht to like, to want
möglicherweise possibly
Möglichkeit, -en (f) possibility, opportunity
sein Möglichstes tun to do his utmost
Mohnkuchen (m) poppy-seed cake
Molkereiprodukt, -e (n) dairy product
momentán right now
Monat, -e (m) month
Mond, -e (m) moon
Monográmm, -e (n) initials
Montag, -e (m) Monday
moralisch moral
Mord, -e (m) murder
morgen tomorrow
Morgen, - (m) morning
morgens in the morning
Moskito, -s (m) mosquito
müde tired
Mühe, -n (f) effort
München (n) Munich
Mund, ̈er (m) mouth
Münze, -n (f) coin
Musík (f) music
musikalisch musical
Músiker, - (m) musician
Musikfest, -e (n) music festival
musikliebend fond of music
Musikstudent, -en (m) music student
Muskel, -n (m) muscle
müssen, muß, mußte, gemußt to have to
Mutter, ̈ (f) mother
Mütze, -n (f) cap

N

na; na ja well (interj.)
nach to, after
Nachbar, -n (m) neighbor
nachdem after, when
Nachfolger, - (m) successor
nachhelfen, hilft nach, half nach, nachgeholfen to tutor
nachher afterwards

Nachkomme, -n (m) descendant
Nachmittag, -e (m) afternoon
nachsehen, sieht nach, sah nach, nachgesehen to make sure
nächst next
Nacht, ̈e (f) night
Nachtisch, -e (m) dessert
Nachtlokal, -e (n) night spot, night club
nähen to sew
nahezu almost
nämlich that is (to say)
nahrhaft nutritious
Nahrungsmittelbeilage, -n (f) food supplement
Nase, -n (f) nose
sich die Nase putzen to blow one's nose
naß wet
Natúr, -en (f) nature
natürlich of course
neben beside
nebenan next door
nehmen, nimmt, nahm, genommen to take
Neigung, -en (f) inclination
nein no
Nelke, -n (f) carnation
nennen, nannte, genannt to name
nett nice
Nerv, -en (m) nerve
es geht mir auf die Nerven it gets on my nerves
nervös nervous
Nerz, -e (m) mink
Nerzmantel, ̈ (m) mink coat
neu new
neun, neunzehn, neunzig nine, nineteen, ninety
nicht not
nicht wahr? isn't that so? right?
nichts nothing
nichts besonderes nothing special
nichtsahnend unsuspecting
nichtsdestoweniger nevertheless
Nicken (n) nodding (of the head)
nie never
(sich) niederlassen, läßt nieder, ließ nieder, niedergelassen to settle
sich niedersetzen to sit down
Nierenbraten, - (m) roast loin
noch in addition; still
noch einmal once more
noch immer still
noch nicht not yet
Nordamerika (n) North America
Norden (m) north
Nordsee (f) North Sea
Note, -n (f) grade
Notíz, -en (f) note, memo
notwendig necessary
November (m) November
Nudel, -n (f) noodle
ich gehe auf Numero sicher I want to be absolutely safe
null zero
nun now
nur only
Nuß, Nüsse (f) nut

O

ob whether, if
oben on high
obendrein on top of that, besides, to boot
Ober, - (m) waiter
Oberbuchhalter, - (m) head bookkeeper
die Oberhand gewinnen to gain the upper hand
Oboe, -n (f) oboe
Obst (n) fruit
Ochsenschwanzsuppe, -n (f) oxtail soup
obwohl although
obzwar although
oder or
offen open
öffentlich public
offerieren to offer
Offizier, -e (m) officer
öffnen to open
oft often
ohne without
ohnehin anyway
ohneweiteres readily
Oktober, - (m) October
Öl, -e (n) oil
Olivenöl, -e (n) olive oil
Ölwechsel, - (m) oil change
Onkel, - (m) uncle
Oper, -n (f) opera
Opernaufführung, -en (f) opera performance
Opernkarriere, -n (f) operatic career
Orchéster, - (n) orchestra
Orchestermitglied, -er (n) orchestra member
Ordnung, -en (f) order
in Ordnung OK
Organisatión, -en (f) organization
Organíst, -en (m) organist
Orgel, -n (f) organ
Originál, -e (n) original
Originalmusik (f) original music
originéll original, amusing, interesting
Osten (m) east
Österreich (n) Austria
Österreicher, - (m) Austrian
Ozean, -e (m) ocean

P

Paar, -e (n) pair, couple
ein paar a few
Pakét, -e (n) package
panieren to bread
Panne, -n (f) car breakdown
Papierkorb, ⸚e (m) waste basket
Papiertüte, -n (f) paper bag
Parfümeríe, -n (f) cosmetics department
Park, -s (m) park
parken to park
Partitúr, -en (f) musical score
Passánt, -en (m) passer-by, pedestrian
passen to pass (in soccer)

passieren to happen
es paßt mir gut it suits me to a T
Pause, -n (f) pause, intermission
Pech (n) bad luck
pedantisch pedantic
Pelzmantel, ⸚ (m) fur coat
Pelzwaren (f. pl.) fur goods
pensioníert retired
Persón, -en (f) person
persönlich personal
Petersilie, -n (f) parsley
Pfeife, -n (f) pipe
pfeifen, pfiff, gepfiffen to whistle
Pfefferkorn, ⸚er (n) peppercorn
Pferd, -e (n) horse
Pflicht, -en (f) duty
Pflaume, -n (f) plum
Pfosten, - (m) post
Pfund, -e (n) pound
Philharmoníe, -ien (f) Philharmonic
Photográph, -en (m) photographer
photographieren to photograph
Pilz, -e (m) mushroom
Pilzbratling, -e (m) fried mushroom
Plan, ⸚e (m) plan
Planét, -en (m) planet
Platz, ⸚e (m) place
nehmen Sie Platz! take a seat
Platzanweiser, - (m) usher
platzen to burst
plaudern to chat
plötzlich sudden
Podium, -s (n) podium
Polka, -s (f) polka
Politík (f) politics
Polstersessel, - (m) easy chair
populár popular
Portión, -en (f) portion
Post (f) mail
Posten, - (m) job
Postkutsche, -n (f) postal coach
Postkutscher, - (m) postal coachman
Postwurfsendung, -en (f) direct mail advertising
praktisch practical
präsentieren to present
Präsidént, -en (m) president
Preis, -e (m) price
um jeden Preis at any cost
Preiselbeeren (f. pl.) cranberries
Presse (f) press
Prioritát, -en (f) priority
privát private
Privatsekretärin, -nen (f) private secretary
Probe, -n (f) rehearsal
probieren to try
Problém, -e (n) problem
Prográmm, -e (n) program
Projékt, -e (n) project
prompt prompt
Protést, -e (m) protest
Prozént, -e (n) percent
mit jemandem kurzen Prozeß machen to give short shrift to someone
prüfen to test
Prüfung, -en (f) test, exam
Publikum (n) audience

Pudel, -n (m) poodle
in einem Punkt (m) in one respect
Punkt acht at eight sharp
pünktlich punctual, on time
Punsch, -e (m) punch (beverage)
putzen to clean
Putzmädchen - (n) cleaning woman

Q

Qualität, -en (f) quality

R

Radio, -s (n) radio
Rahm (m) cream
rasch fast
rasieren to shave
Rat (m) advice
raten, rät, riet, geraten to guess
Rathaus, ⸚er (n) city hall
rattern to rattle
rauben to rob
Rauch (m) smoke
rauchen to smoke
Raum, ⸚e (m) room
Rätsel, - (n) puzzle, riddle
Realgymnasium, -ien (n) secondary school emphasizing the natural sciences
Rechnen (n) arithmetic
rechnen to do figures
Rechnung, -en (f) bill, invoice
die Rechnung ohne den Wirt machen to overlook one vital factor
rechts right
recht haben to be right
mit Recht rightfully
Rede, -n (f) speech
eine Rede halten to give a speech
reduzieren to reduce
Regál, -e (n) shelf, set of shelves
Regel, -n (f) rule
regelmäßig regular
Regierung, -en (f) government
regnen to rain
regnerisch rainy
reich rich
Reifen, - (m) tire
Reifenpanne, -n (f) flat tire
Reihe, -n (f) row
ich bin an der Reihe it is my turn
Reimgeklingel, - (n) jingle
rein clean
Reis (m) rice
Reise, -n (f) trip
eine Reise machen to take a trip
Reisebroschüre, -n (f) travel folder
Reisebüro, -s (n) travel agency
Reiseklub, -s (m) travel club
reisen to travel
Reiz, -e (m) appeal, attraction
reizen to tempt
Reklame, -n (f) advertising
relatív relative
rennen, rannte, ist gerannt to run
Repertoire, -s (n) repertory
respektieren to respect
resultieren to result
retten to save, rescue

Rettichlimonade, -n (f) radish lemonade
sich revanchieren to get back at someone
Revolutión, -en (f) revolution
Rezépt, -e (n) prescription; recipe
Rheinwein, -e (m) Rhine wine
rhythmisch rhythmical
richten to direct
richtig correct
Richtung, -en (f) direction; *also:* trend, school (as in art)
riechen, roch, gerochen to smell
Riese, -n (m) giant
Riesengans, -e (f) giant goose
riesig enormous
Rindfleisch (n) beef
Ring, -e (m) ring
Risiko, Risiken (n) risk
ein Risiko eingehen to take a risk (chance)
Rolle, -n (f) role
das spielt keine Rolle that doesn't matter
Román, -e (m) novel
Rose, -n (f) rose
rot red
Routine, -n (f) routine
Rübe, -n (f) turnip
Rücken, - (m) back
Rückendeckung, -en (f) rear guard
rückgängig machen to cancel, to rescind
Rucksack, -e (m) backpack
Rückspiegel, - (m) rearview mirror
Ruf (m) reputation
ruhig quiet
sich rühren to stir, move
rührend touching
die Stirn runzeln to frown
Rußland (n) Russia

S

Sache, -n (f) matter, thing
in eine Sackgasse geraten, gerät, geriet, ist geraten to be up against a brick wall
saftig juicy
sagen to say
sag mal! tell me
Sahne, -n (f) cream
Saison, -s (f) season
Salát, -e (m) salad
Salz (n) salt
Salzkartoffeln (f. pl.) boiled potatoes
sammeln to collect
Samstag, -e (m) Saturday
Sänger, - (m) singer
Sängerin, -nen (f) singer
Sardelle, -n (f) anchovy
Sargnagel, - (m) "coffin nail," cigarette
satt satisfied, full
schäbig shabby
Schach (n) chess
schade! too bad!
schaden to hurt
Schaf, -e (n) sheep

schaffen to make (it)
sich schämen to be ashamed
Schärfe (f) rigor, severity
schätzen to value, appraise
ich weiß das zu schätzen I appreciate that
schauen to look
Scheibe, -n (f) slice
Scheidung, -en (f) divorce
scheinen, schien, geschienen to seem, to shine
scheren, schor, geschoren to shear
Scherz, -e (m) joke
Scherz beiseite joking aside
scheußlich dreadful, horrible
schick chic
schicken to send
Schiedsrichter, - (m) referee
schießen, schoß, geschossen to shoot, to score (a goal)
Schild, -er (n) sign
Schinken, - (m) ham
Schlaf (m) sleep
schlafen, schläft, schlief, geschlafen to sleep
Schlafzimmer, - (n) bedroom
Schlagzeile, -n (f) headline
Schlange, -n (f) snake
schlank slender
schlau shrewd
schlecht bad
die Kupplung schleifen to let the clutch slip
schließen, schloß, geschlossen to close
schlimm bad, naughty
Schlinge, -n (f) sling
schlohweiß snow-white
Schluß, -sse (m) end
Mach Schluß! knock it off.
Schlußverkauf, -e (m) final bargain sale
Schmachtfetzen, - (m) tearjerker
schmackhaft tasty
schmal narrow
schmatzen to eat noisily
schmecken to taste
es schmeckt mir gut it tastes good
schmieren to lubricate
Schmierung, -en (f) lubrication
er spricht, wie ihm der Schnabel (beak) gewachsen ist he does not mince words
schneiden, schnitt, geschnitten to cut
schnell fast
es läuft wie am Schnürchen it goes like clockwork, smoothly
schnurstracks direct, in a straight line
schon already
schön beautiful
Schönheit, -en (f) beauty
schöpferisch creative
Schrammelquartett, -e (n) quartet for popular Viennese music: two violins, guitar, accordion
in Schrecken versetzen to terrify
schrecklich terrible
das Schreiben, - (n) letter

schreiben, schrieb, geschrieben to write
Schreibtisch, -e (m) desk
schreien, schrie, geschrien to scream
Schriftsteller, - (m) writer
Schulaufgabe, -n (f) assignment, homework
Schuld, -en (f) debt; fault
schulden to owe
Schule, -n (f) school
Schüler, - (m) pupil, student
Schülerin, -nen (f) pupil, student
Schulkollégin, -nen (f) schoolmate
Schund (m) trash
schwarz black
Schweinebraten, - (m) pork roast
Schweinerouladen (f. pl.) pork roulades
Schweinekotelett, -s (n) pork chop
schwer difficult; heavy
Schwester, -n (f) sister
schwierig difficult
Schwierigkeit, -en (f) difficulty
Schwimmbad, -er (n) swimming pool
schwimmen, schwamm, ist geschwommen to swim
sechs, sechzehn, sechzig six, sixteen, sixty
Seeweg, -e (m) maritime route
sehen, sieht, sah, gesehen to see
sieht ganz so aus! it looks that way
Sehenswürdigkeit, -en (f) sight(s)
sei so gut. . . be so kind. . .
sein, ist, war, ist gewesen to be
sein his, its
seinerseits on his part
(der, die, das) seinige his
seit, seitdem since
Seite, -n (f) page, side
sie zeigen sich von ihrer besten Seite they put their best foot forward
Sekunde, -n (f) second
selbst, selber —self; myself, himself, etc.
Selbstdisziplín (f) self-discipline
selbstverständlich of course
selten seldom, rare
September, - (m) September
servieren to serve
Servus! hello! so long!
Sessel, - (m) chair
setzen to put, to place
alles auf eine Karte setzen to put all one's eggs in one basket
sich (nieder)setzen to sit down
seufzen to sigh
sezieren to dissect
sicher certain, safe
Sie you (formal)
sie they, she, it
sieben, siebzehn, siebzig seven, seventeen, seventy
Siedlung, -en (f) settlement
Sieg, -e (m) victory
siezen to use the polite form (Sie)
Silber (n) silver
Silbermünze, -n (f) silver coin

singen, sang, gesungen to sing
Sinn, -e (m) sense; mind
sinnlos senseless
Situatión, -en (f) situation
Sitz, -e (m) seat
sitzen, saß, gesessen to sit
Skandál, -e (m) scandal
Skandinavien (n) Scandinavia
skifahren to ski
Sliwowitz (m) Slivovitz, plum
   liqueur
Smoking, -s (m) tuxedo
so so
so ziemlich pretty well
sobáld as soon as
sodáß so that
soében just now
soférn as far as
sofórt right away
Sohn, ⸚e (m) son
solange as long as
solíd solid
sollen to be supposed to
Solo, -s (n) solo
solo alone
Sommer, - (m) summer
sonderbar weird, strange
sondern but, on the contrary
Sonnabend, -e (m) Saturday
Sonne, -n (f) sun
Sonnenaufgang, ⸚e (m) sunrise
Sonnenbrand, ⸚e (m) sunburn
Sonnenbrille, -n (f) sunglasses
Sonnenuntergang, ⸚e (m) sunset
sonnig sunny
Sonntag, -e (m) Sunday
Sonntagsausgabe, -n (f) Sunday
   edition
sonst otherwise
sonst noch etwas? anything else?
soóft as often as
Soprán, -e (m) soprano
dafür sorgen to see to (something)
sich sorgen to worry
Soße, -n (f) sauce, gravy
soso so so
sowohl — als auch as well as
Spanien (n) Spain
sparen to save
Spargel, - (m) asparagus
Sparkonto, -s (n) savings account
Spaß, Spässe (m) joke, jest, fun
es macht ihm Spaß it amuses him
zum Spaß for fun
Spaßvogel, ⸚ (m) joker
spät late
Spätlese (f) wine made from grapes
   gathered late in the fall
Spaziérgang, ⸚e (m) walk, stroll
Speck (m) bacon
Speise, -n (f) food, fare
Speisekarte, -n (f) menu
sperren to close
jemanden einsperren to lock
   someone up
Speziálgeschäft, -e (n) specialty
   store
sich spezialisieren to specialize
Spezialität, -en (f) specialty
Spiel, -e (n) game
spielen to play

es spielt keine Rolle it doesn't
   matter
Spinát (m) spinach
Sport (m) sport
Sporthemd, -en (n) sport shirt
Sportkritiker, - (m) sports critic
Sprache, -n (f) language
Sprachspiel, -e (n) language game
**sprechen, spricht, sprach,
   gesprochen** to speak
springen, sprang, ist gesprungen
   to jump
Staat, -en (m) state
großen Staat machen to make a
   grand display
Stadt, ⸚e (f) city
städtisch municipal
stadtbekannt known city-wide
Stadttheater, - (n) city theater
Stadtväter (m. pl.) city fathers
Stammgast, ⸚e (m) regular guest
stampfen to stamp
Standort, -e (m) base (as military
   base)
starten to start
statt, stattdessen instead
Statue, -n (f) statue
Stechmücke, -n (f) mosquito
Stechuhr, -en (f) time clock
stecken to stick, to put
stehen, stand, gestanden to stand
stehlen, stiehlt, stahl, gestohlen to
   steal
kann mir gestohlen werden they
   can keep it
steigen, stieg, ist gestiegen to
   climb, to get into
stellen to place, to put
Stellengesuch, -e (n) job application
Stellung, -en (f) job, position
Stengel, - (m) stalk, stem
Stenotypistin, -nen (f)
   typist-stenographer
Stereoanlage, -n (f) stereo system
steríl sterile; (of an animal:
   neutered)
sternhagelvoll dead drunk
Stil, -e (m) style
still quiet
sei still! be quiet!
Stille (f) silence
Stimme, -n (f) voice
mit schallender Stimme at the top
   of his voice
stimmt! true! right!
stinken, stank, gestunken to stink
Stirn, -en (f) forehead
Stock, ⸚e (m) stick
stolz proud
Stopp, -s (m) stop
stören to bother, to disturb
Stoßdämpfer, - (m) shock absorber
strahlen to shine
Strand, ⸚e (m) beach
Straße, -n (f) street
Straßenbahn, -en (f) streetcar
sich sträuben to be reluctant, to
   resist
streichen, strich, gestrichen to
   spread
Streichquartett, -e (n) string quartet

streng strict
Strich, -e (m) stroke
Strom (m) electricity
Stück, -e (m) piece
Studént, -en (m) student
studieren to study
Stuhl, ⸚e (m) chair
mit Stumpf und Stiel "with root
   and branch," i.e., completely
Stunde, -n (f) hour
Sturm, ⸚e (m) storm
suchen to look for
Südamerika (n) South America
süddeutsch south German
Süden (m) south
Südeuropa (n) southern Europe
südlich southern
süffig tasty
sülzen to jelly
summen to hum, to buzz
Suppe, -n (f) soup
Suppenterrine, -n (f) soup tureen
Supermarkt, ⸚e (m) supermarket
süß sweet
Süßigkeiten (f. pl.) sweets
Symptóm, -e, (n) symptom
Systém, -e (n) system
szenisch scenic

T

Tabélle, -n (f) table, schedule
Tafel, -n (f) blackboard
Tag, -e (m) day
tagaus, tagein day by day
von Tag zu Tag from day to day
tagelang for days
täglich daily
tagsüber during the day
Taktstock, -e (m) baton
Talént, -e (n) talent
Tank, -s (m) tank
Tankstelle, -n (f) service station
Tankwart, -e (m) service station
   attendant
Tante, -n (f) aunt
Tante Emma Laden, ⸚ (m)
   mom-and-pop store
tanzen to dance
Tänzer, - (m) dancer
Taschengeld, -er (n) pocket money
Taschentuch, ⸚er (n) handerchief
Tasse, -n (f) cup
tätig active
tatsächlich actual
taugen to be of use
sich täuschen to be mistaken
Taxichauffeur, -e (m) taxi driver
Tee (m) tea
teilen to share
Teilhaber, - (m) partner
Teilhaberschaft, -en (f) partnership
Telephón, -e (n) telephone
telephonieren to telephone
telepathisch telepathic
Teller, - (m) plate
Temperatúr, -en (f) temperature
Tempo, s (n) tempo
Tenór, ⸚e (m) tenor
Terrine, -n (f) tureen
teuer expensive

Teufel, - (m) devil
Teufelsbalg, -e (m) "Devil's Brat"
Theater, - (n) theater
Theaterstück, - (n) play
Thema, -en (n) topic
Thermosflasche, -n (f) thermos bottle
Thymian, -e (m) thyme
Tiefkühltruhe, -n (f) freezer
Tier, -e (n) animal
Tierfreund, -e (m) animal lover
tippen to type
Tisch, -e (m) table
Tochter, ⁻ (f) daughter
Tod (m) death
Toilette, -n (f) toilet
Tomate, -n (f) tomato
Ton, ⁻e (m) tone
Topf, ⁻e (m) pot
Tor, -e (n) goal
Torhüter, Tormann, Torwart (m) goalkeeper
tot dead
total total
töten to kill
Tourist, -en (m) tourist
Tradition, -en (f) tradition
tragen, trägt, trug, getragen to wear; to carry
Tragödie, -n (f) tragedy
Traum, ⁻e (m) dream
träumen to dream
traumhaft dreamlike
traurig sad
treu faithful
trinken, trank, getrunken to drink
Trommler, - (m) drummer
tropfen to drip (as of water)
Trottel, -n (m) idiot
trotz in spite of
trotzdem nevertheless
trüb gloomy
in Trümmern in ruins
Truthahn, ⁻e (m) turkey
tun, tut, tat, getan to do
Tür, -en (f) door
Turm, ⁻e (m) tower
typisch typical

U

üben to practice
über over; across
überall everywhere
überdies besides
überfahren, überfährt, überfuhr, überfahren to run over
überhandnehmen, nimmt überhand, überhandgenommen to spread, to increase, to take over (the market)
überhaupt at all, altogether
überlassen, überläßt, überließ, überlassen to leave (to someone)
es sich anders überlegen to change one's mind
übermäßig overmuch, excessive
übermenschlich superhuman
übermorgen day after tomorrow

überprüfen to investigate, to examine
überreden to persuade
Überraschung, -en (f) surprise
übersetzen to translate
übertreffen, übertrifft, übertraf, übertroffen to surpass
ich bin überzeugt I am convinced
üblich usual
übrigens by the way
Uhr, -en (f) clock, watch
um around, at
um . . . zu in order to
umarmen to embrace
sich umdrehen to turn around
Umgang mit Kunden the way one deals with customers
Umgebung, -en (f) environs
umrühren to stir
Umsatz, ⁻e (m) volume (of sales)
umschulen to retrain
umsonst free of charge
machen Sie keine Umstände! don't make a fuss, go out of your way
umstritten controversial
umtauschen to exchange
unaufhörlich continuous
nicht unbedingt not necessarily
unbeschränkt unlimited
unbezahlt unpaid
unbeschreiblich indescribable
und and
und zwar namely
undenkbar unthinkable
unerhört unheard of, terrific
unerwartet unexpected
ungebildet uneducated
ungefähr approximate
eine schreiende Ungerechtigkeit a crying injustice
ungern reluctantly
ungewöhnlich unusual
Uniform, -en (f) uniform
Universität, -en (f) university
Universitätsspital, ⁻er (n) university hospital
Universitätskrankenhaus, ⁻er university hospital
Unkraut, ⁻er (n) weed
unlängst recently
eine Unmenge von. . . loads of. . .
unmodern out of fashion
unschön unsightly
unser our
unter under, among
unter uns gesagt between you and me
unterbieten, unterbot, unterboten to undersell
unterbrechen, unterbricht, unterbrach, unterbrochen to interrupt
Unterbrechung, -en (f) interruption
sich unterhalten, unterhält sich, unterhielt sich, hat sich unterhalten to converse, to talk
Unternehmen, - (n) business
eine Reise unternehmen, unternimmt, unternahm, unternommen to take a trip

unterrichten to teach
zum Unterschied von. . . other than. . .
sich unterstehen, unterstand sich, hat sich unterstanden to have the impudence, to dare
unterstützen to support
untersuchen to examine
Untertasse, -n (f) saucer
unüberwindlich invincible
unverkäuflich unsalable
unvermeidlich unavoidable
unverschämt impudent
Unzahl (f) a great number
unzufrieden dissatisfied
uralt ancient, very old
Urgroßmutter, ⁻ (f) great-grandmother
Urgroßvater, ⁻ (m) great-grandfather
Urlaub, -e (m) vacation
auf Urlaub gehen (fahren) to take a vacation
keine Ursache! don't mention it
ursprünglich originally

V

Vater, ⁻ (m) father
Vegetarier, - (m) vegetarian
vegetarisch vegetarian
Veilchen, - (n) violet
veranstalten to arrange
verantwortlich responsible
Verantwortung, -en (f) responsibility
verbergen, verbirgt, verbarg, verborgen to hide
sich verbeugen to take a bow
Verbindung, -en (f) connection
verbleiben, verblieb, ist verblieben to remain, to stay
verbringen, verbrachte, verbracht to spend
verdammt damned
verdanken to owe
Verdauung (f) digestion
verderben, verdirbt, verdarb, verdorben to spoil
verdienen to earn
Verdienst, -e (m) salary, earnings
Vereinigte Staaten (pl.) United States
verfassen to compose, to write
vergeblich in vain
vergehen, verging, ist vergangen to pass
vergessen, vergißt, vergaß, vergessen to forget
vergiften to poison
vergleichen, verglich, verglichen to compare
Vergnügen (n) pleasure
vergrößern to enlarge
verhauen to muff, to louse up
verheiratet married
verhungern to starve
verkaufen to sell
Verkäuferin, -nen (f) saleslady
Verkaufsschlager, - (m) (big) seller
Verkehr (m) traffic

sich verlassen, verläßt, verließ, verlassen to depend, to rely
verläßlich dependable
Verleger, - (m) publisher
verletzen to hurt
verlieren, verlor, verloren to lose
vermerken to make a note of
vermindern to reduce
vermissen to miss (someone)
Vermögen, - (n) fortune
veröffentlichen to publish
verpassen to miss (a train, an event)
verpesten to pollute
verpflanzen to transplant
verraten, verrät, verriet, verraten to disclose, to reveal
verrückt crazy
versäumen to miss (an opportunity, a bus)
verschenken to give away
verschieden various, different
verschlechtern to deteriorate
verschmust cuddly
versichern to assure, to insure
versprechen, verspricht, versprach, versprochen to promise
verständig intelligent, sensible
verstärken to strengthen
verstauchen to sprain
verstauen to tuck away
verstellen to obstruct
versuchen to try
Vertrauen (n) confidence
Vetter, -n (m) cousin
Verteidiger, - (m) fullback (in soccer)
Verwandte(r) relative
verwechseln to mistake, to mix up with
verwenden to use
verzeihen, verzieh, verziehen to forgive
viel, viele much, many
vielleicht maybe
vier, vierzehn, vierzig four, fourteen, forty
Viertel, - (n) quarter
Viertelton, -e (m) quarter tone
Villa, -en (f) villa
Violíne, -n (f) violin
Violiníst, -en (m) violinist
Vitamín, -e (n) vitamin
Volk, -er (n) people
Volkswirtschaft, -en (f) economy
voll full
vollauf, völlig perfectly
Vollmond, -e (m) full moon
von from, of
vor before, in front of
vorbereiten to prepare
Vorbereitung, -en (f) preparation
Vorbereitungen treffen to make preparations
Vorderreifen, - (m) front tire
vorfahren, fährt vor, fuhr vor, ist vorgefahren to drive up
was geht da vor? what is going on here?
vorgestern the day before yesterday
vorhaben to have in mind

Vorhang, -e (m) curtain
vorher before
vorhergehend preceding
vorig last, previous
vorkommen, kam vor, ist vorgekommen to occur
sich jemanden vornehmen to deal with someone
Vorrat, -e (m) supply
Vorrecht, -e (n) right of way
Vorsicht (f) caution
vorsichtig cautious, careful
jemanden vorstellen to introduce someone
stellen Sie sich vor! imagine!
vortrefflich superior

W

Waage, -n (f) scales
wachsen, wächst, wuchs, ist gewachsen to grow
wackeln to wobble
wacker brave, stout; like a trooper
Wagen, - (m) car
Wahl, -en (f) choice
da fällt mir die Wahl schwer this is a hard choice to make
wahr true
währen to last, to take (time)
während during, while
Wahrheit, -en (f) truth
wahrscheinlich probably
Walzer, - (m) waltz
Wand, -e (f) wall
Wange, -n (f) cheek
wann when
Wanze, -n (f) bedbug
Ware, -n (f) merchandise
Warenhaus, -er (n) department store
warnen to warn
warten to wait
wart einmal! wait a minute!
warúm why
was what
was für ein what kind of
was übrig bleibt what remains
waschen, wäscht, wusch, gewaschen to wash
Wasser (n) water
Wasserleitung, -en (f) water pipes
wechseln to change
Wecker, - (m) alarm clock
weder—noch neither—nor
weg away
Weg, -e (m) way
im Wege stehen to be in the way
wegen because
wegfahren to leave, to drive away
wegräumen to remove
wehtun to ache, hurt
weiblich female
Weihnachten (f. pl.) Christmas
Weihnachtsabend, -e (m) Christmas Eve
Weihnachtsbaum, -e (m) Christmas tree
Weihnachtslied, -er (n) Christmas carol

Weihnachtssaison, -s (f) Christmas season
weil because
eine Weile a while
Weise, -n (f) tune; manner
weiß white
weit far
weit voraus far ahead
weitergehen to continue
weitertanzen to dance on
welcher which
Welt, -en (f) world
wenn if, when
wenn auch even though
Werbeagentur, -en (f) advertising agency
Werbefirma, -en (f) advertising agency
Werbefachmann, -leute (m) advertising expert
werben, wirbt, warb, geworben to advertise
Werbespot, -s (m) commercial
werden, wird, wurde, geworden to become
werfen, wirft, warf, geworfen to throw
Werk, -e (n) work
Wert, -e (m) value
wertlos worthless
Westbahnhof (m) West Railway Station (in Vienna)
Westen (m) west
Wetter (n) weather
wichtig important
widerstehen, widerstand, widerstanden to resist
wie how, like, as
wie eh und je as always
wie folgt as follows
wie geht's? how are you?
wieder again
Wiedergabe, -n (f) rendition
auf Wiedersehen, auf Wiederhören good-bye
Wien Vienna
Wiener, wienerisch Viennese
wieso how come
wieviel how much
wild wild
willensstark having willpower
willkommen welcome
es wimmelt von Touristen it crawls with tourists
Wind, -e (m) wind
Windschutzscheibe, -n (f) windshield
Winter, - (m) winter
Winterkleider (n. pl.) winter clothes
wir we
wirklich really
wirksam effective
Wirt, -e (m) host
Wirtschaftskrise, -n (f) economic crisis
wispern whisper
wissen, weiß, wußte, gewußt to know
Witwe, -n (f) widow
Witz, -e (m) joke

wo where
wobéi whereby
Woche, -n (f) week
Wochenende, -n (n) weekend
wochenlang for weeks
wöchentlich weekly
wohér from where
wohín where to
wohl probably, indeed; well
Wohlstand (m) wealth
wohnen, wohnhaft sein to live
Wohnzimmer, - (n) living room
Wolke, -n (f) cloud
Wolle (f) wool
wollen to want to
worán at what
worín in what
wovón of (or from) what
Wort, ⁼er (n) word
in Wort und Bild in words and
  pictures
Wunder, - (n) wonder, miracle
wunderbar, wunderschön
  wonderful
sich wundern to be surprised
wünschen to wish
es wurmt ihn it irritates (angers)
  him
wütend furious

Z

Zahl, -en (f) number
zahlen to pay
zählen to count
Zahn, ⁼e (m) tooth
Zahnweh (n) toothache
Zauberpyramide, -n (f) magic
  pyramid
zehn ten
Zeichen, - (n) sign
Zeichentrickfilm, -e (m) animated
  cartoon
Zeichnen (n) drawing

Zeichnung, -en (f) drawing
zeigen to show
Zeit, -en (f) time
um diese Zeit at this time
zeitig early
Zeitschrift, -en (f) magazine
Zeitung, -en (f) newspaper
Zentimeter, - (m) centimeter
Zentrum, -ren (n) center
zerbrechen, zerbricht, zerbrach,
  zerbrochen to break
zerquetschen to squash, to crush
zerreißen, zerreißt, zerriß,
  zerrissen to tear apart
sich zerstreiten, zerstreitet sich,
  zerstritt sich, hat sich
  zerstritten to have an argument
Zettel, - (m) slip of paper
ziehen, zog, gezogen to draw, to
  pull
ziemlich pretty, quite
Ziffer, -n (f) number
Zigarre, -n (f) cigar
Zigarette, -n (f) cigarette
Zigarettenstummel, -n (m) cigarette
  stub
Zimmer, - (n) room
Zimmerpflanze, -n (f) house plant
zimmerrein housebroken
Zitróne, -n (f) lemon
Zögling, -e (m) pupil
zornig angry
zu to, at
zubereiten to prepare
züchten to raise
Zuckerbäcker, - (m) pastry cook
zuérst first
Zufall, ⁼e (m) chance
zufríeden satisfied
Zug, ⁼e (m) train
zugléich at the same time
zuhören to listen
Zuhörer, - (m) listener
zumál da especially since

zunehmen, nimmt zu, nahm zu,
  zugenommen to gain (weight)
Zungenbrecher, - (m) tongue
  twister
zurückbringen, brachte zurück,
  zurückgebracht to bring back
zurückdenken, dachte zurück,
  zurückgedacht to think back
zurückgeben, gibt zurück, gab
  zurück, zurückgegeben to
  return
zurückgehen, ging zurück, ist
  zurückgegangen to go back
zurückkehren to return
zurücknehmen, nimmt zurück,
  nahm zurück,
  zurückgenommen to take back
zurückschicken to send back
zurückverkaufen to sell back
zusammen together
zusammenhalten, hält zusammen,
  hielt zusammen,
  zusammengehalten to hold
  together
zusammenkommen, kam
  zusammen, ist
  zusammengekommen to get
  together
Zuschauer, - (m) spectator
Zuschauerraum, ⁼e (m) auditorium
zuschrauben to screw tight
zuviel too much
Zuwachs (m) addition to the family
zwar it is true, I admit
Zweck, -e (m) purpose
zwei, zwölf, zwanzig two, twelve,
  twenty
zweitens secondly
zweitrangig second-rate
Zwetschge, -n (f) plum
Zwiebel, -n (f) onion
zwischen between
in der Zwischenzeit in the
  meantime

English-German Vocabulary

Definitions are confined to the context in which the words are used in the text.

A

a, an **ein**
a little **ein bißchen**
about **ungefähr**
accent **Akzent (m)**
to advise against **dagegen raten**
again **wieder**
against **gegen**
a week ago **vor einer Woche**
airplane ticket **Flugkarte (f)**
album **Album (n)**
all **alle, alles**
already **bereits**
also **auch**
although **obwohl**
amazing **erstaunlich**
to amuse oneself **sich unterhalten**
to apologize **sich entschuldigen**
applause **Applaus (m)**
around **um**
to arrange **veranstalten**
to arrive **ankommen**
as **als, wie**
as long as **solange als**
as often as **sooft als**
as well as **sowohl . . . als auch**
aside from **abgesehen von**
to ask **fragen**
to fall asleep **einschlafen**
Atlantic Ocean **atlantischer Ozean (m)**
Australia **Australien (n)**
away **weg**

B

back and forth **hin und her**
bad **schlecht**
ballyhoo **marktschreierische Reklame (f)**
to bathe **baden**
baton **Taktstock (m)**
beautiful **schön**
because **weil**
because of **wegen**
to become **werden**
bedbug **Wanze (f)**
besides **außerdem**
big **groß**
birthday **Geburtstag (m)**
black **schwarz**
blackboard **Tafel (f)**
blond **blond**
to blow **blasen**
book **Buch (n)**
bored **gelangweilt**
born **geboren**
boss **Chef (m)**
to take a bow **eine Verbeugung machen**

boyfriend **Freund (m)**
to bring **bringen**
brother **Bruder (m)**
to brush **bürsten**
I am bursting already **ich platze bereits**
busy **beschäftigt**
to buy **kaufen**
by **durch, mit**

C

cabinet **Kasten (m)**
to call **rufen**
I can **ich kann**
in case **im Falle (m)**
to cancel **annulieren**
car **Wagen (m)**
career **Karriere (f)**
cat **Katze (f)**
to catch cold **sich erkälten**
century **Jahrhundert (n)**
certain **gewiß**
he changes his mind **er überlegt es sich anders**
child **Kind (n)**
Christmas **Weihnachten (pl.)**
classical **klassisch**
clear **klar**
to close **schließen**
coat **Mantel (m)**
coffee **Kaffee (m)**
coincidence **Zufall (m)**
to come **kommen**
to command **kommandieren**
command **Befehl (m)**
comfortable **bequem**
competition **Konkurrenz (f)**
to conduct **dirigieren**
conductor **Dirigent (m)**
confess **gestehen**
conscience **Gewissen (n)**
continent **Kontinent (m)**
to cook **kochen**
cooperative **hilfsbereit**
corner **Ecke (f)**
corsage **Ansteckbukett (n)**
to cost **kosten**
whipped cream **Schlagsahne (f)**
to criticize **kritisieren**
croissant **Kipfel (n)**
cup **Tasse (f)**
cute **herzig**

D

to dance **tanzen**
don't you dare! **unterstehen Sie sich nicht!**
dashing **fesch**
daughter **Tochter (f)**

day **Tag (m)**
day in, day out **Tag für Tag**
death **Tod (m)**
to deceive **täuschen**
to decide **entscheiden**
decoration **Dekoration (f)**
defect **Defékt (m)**
delicious **deliziös**
you can depend on that **Sie können sich darauf verlassen**
dessert **Nachtisch (m)**
to direct **richten**
direction **Richtung (f)**
dishwasher **Geschirrspülmaschine (f)**
Don't mention it! **Kein Anlaß!**
Don't you think so? **Glauben Sie nicht?**
door **Tür (f)**
down **hinunter**
to draw (off blood) **abzapfen**
to draw, sketch **zeichnen**
to dream **träumen**
to drink **trinken**
drummer **Trommler (m)**
during **während**

E

each **jeder**
to earn **verdienen**
easy **leicht**
to eat **essen**
to eat noisily **schmatzen**
either . . . or **entweder . . . oder**
to emigrate **auswandern**
to enlarge **vergrößern**
enough **genug**
to enter **eintreten**
enthusiastic **enthusiastisch**
entrance door **Eingangstür (f)**
every day **jeden Tag (m)**
everywhere **überall**
exactly **genau**
examiner **Prüfer (m)**
to excuse **entschuldigen**
excellent **ausgezeichnet**
expectation **Erwartung (f)**
extra help **Aushilfe (f)**
eye **Auge (n)**

F

face **Gesicht (n)**
famous **berühmt**
fast **schnell**
fat **dick**
to feel **fühlen**
film **Film (m)**
firm **Firma (f)**
first-class **erstklassig**
first **Faust (f)**

flight **Flug (m)**
floor **Stock (m)**
flower **Blume (f)**
to fly **fliegen**
on foot **zu Fuß**
for **für**
to forget **vergessen**
fortunately **glücklicherweise**
fortune **Vermögen (n)**
freshly baked **frischgebacken**
from **von**
funny **komisch**
furious **zornig**
future **Zukunft (f)**

G

to gamble **wagen**
garage **Garage (f)**
German **deutsch**
Germany **Deutschland (n)**
to get **bekommen**
girl **Mädchen (n)**
to give **geben**
glad **froh**
glass **Glas (n)**
gloves **Handschuhe (pl.)**
to go back **zurückgehen**
to go on **weitergehen**
goings-on **Getue (n)**
good **gut**
great **groß**
greeting cards **Glückwunschkarten (pl.)**
to grow **wachsen**
guest **Gast (m)**
regular guests **Stammgäste (pl.)**

H

hair **Haar (n)**
half **halb**
hand **Hand (f)**
on the other hand **anderseits**
handkerchief **Taschentuch (n)**
What happened? **Was ist passiert?**
happy **glücklich**
hard **schwer, hart**
to have **haben**
he **er**
to hear **hören**
height **Höhe (f)**
here **hier**
to hide oneself **sich verstecken**
high **hoch**
to hint **andeuten**
to hold **halten**
homemade **hausgemacht**
it is to be hoped **hoffentlich**
horrible **scheußlich**
hotel **Hotel (n)**
hotel reservation **Hotelreservierung (f)**
hour **Stunde (f)**
house **Haus (n)**
How are you? **Wie geht's?**
How much? **Wieviel?**
however **jedoch**

I

I **ich**
I am **ich bin**
it **es**

idealist **Idealist (m)**
if **wenn**
in **in**
inasmuch as **insofern als**
incredible **unglaublich**
inside of **innerhalb von**
in spite of **trotzdem**
instead of **statt**
interested **interessiert**
interruption **Unterbrechung (f)**
interview **Interview (n)**
to invent **erfinden**
investment **Kapitalanlage (f)**

J

job **Job (m)**
joking aside **Scherz beiseite**
just **soeben; gerade**

K

to keep **halten**
they can keep it **es kann mir gestohlen werden**
to keep a diary **ein Tagebuch führen**
kitchen **Küche (f)**
knife **Messer (n)**
to know **kennen; wissen**
I don't know **ich weiß nicht**
Who knows? **Wer weiß?**

L

large **groß**
last **vorig**
the last few days **die letzten paar Tage**
later **später**
leather shorts **Lederhosen (pl.)**
to learn **lernen**
to let **lassen**
letter writer **Briefschreiber (m)**
to lie down **sich niederlegen**
to like **gern haben**
line **Linie (f)**
to listen **zuhören**
little **klein**
to live **wohnen, leben**
living room **Wohnzimmer (n)**
to look **schauen**
lots of. . . **eine Menge von. . .**
lucky **glücklich**

M

mainly **hauptsächlich**
to make **machen**
to make themselves comfortable **es sich bequem machen**
man **Mann (m)**
manners **Manieren (pl.)**
many **viele**
it doesn't matter **es macht nichts**
maybe **vielleicht**
to mean **meinen**
means **Mittel (pl.)**
menu **Menu (n)**
educational method **Erziehungsmethode (f)**
mile **Meile (f)**
What do you have in mind? **Was hast du vor?**

Do you mind? **Hast du was dagegen?**
minute **Minute (f)**
Miss **Fräulein (n)**
modern **modern**
money **Geld (n)**
month **Monat (m)**
she is in a bad mood **sie ist schlechter Laune**
more **mehr**
morning **Morgen (m)**
most **meist**
mother **Mutter (f)**
Mrs. **Frau (f)**
a practicing musician **ein ausübender Musiker (m)**
must **müssen**

N

name **Name (m)**
naughty **schlimm**
necessary **notwendig**
to need **brauchen**
neighbor **Nachbar (m)**
it gets on my nerves **es geht mir auf die Nerven**
never **nie**
nevertheless **nichtsdestoweniger**
new **neu**
next door **nebenan**
nice **nett**
no **nein, kein**
not **nicht**
not too much **nicht zu viel**
nothing **nichts**
nothing else **sonst nichts**
to give notice **kündigen**
nowadays **heutzutage**

O

obviously **offenbar**
ten o'clock **zehn Uhr**
it occurred to me **es fiel mir ein**
of **von**
to offer **antragen**
office **Büro (n)**
office manager **Bürovorstand (m)**
often **oft**
old **alt**
on **auf**
on the other hand **anderseits**
one **ein, man**
only **nur**
to open **öffnen**
open **offen**
opera **Oper (f)**
opinion **Meinung (f)**
opportunity **Gelegenheit (f)**
orchestra **Orchester (n)**
to order **bestellen**
ordering about das **Herumkommandieren (n)**
other **ander**
out **aus**
outside of **außerhalb von**
over **über**

P

to paint **malen**
painter **Maler (m)**

paper **Zeitung (f)**
parents **Eltern (pl.)**
to pass **bestehen; passen**
pastry cook **Zuckerbäcker (m)**
to pay **bezahlen**
penny **Groschen (m)**
people **Leute (pl.)**
person **Person (f)**
personally **persönlich**
photographer **Photograph (m)**
to pick up **abholen**
picture **Bild (n)**
it is a pity **schade!**
plan **Plan (m)**
plate **Teller (m)**
to play **spielen**
please **bitte**
point of departure **Ausgangsort (m)**
to poison **vergiften**
policy, politics **Politik (f)**
popular **populär**
potato **Kartoffel (f)**
practical **praktisch**
to practice **üben**
to prefer **vorziehen**
presence **Gegenwart (f)**
to present **präsentieren**
President **Präsident (m)**
price **Preis (m)**
pride **Stolz (m)**
private **privat**
probably **wahrscheinlich**
problem **Problem (n)**
program **Programm (n)**
prove to be **werden**

R

to ransack **ausrauben**
ready **bereit**
really **wirklich**
to receive **erhalten**
refrigerator **Kühlschrank (m)**
to the regret of. . . **zum Leidwesen
     von. . .**
relative **relativ**
to remember **sich erinnern**
rent **Miete (f)**
repertory **Repertoire (n)**
reporter **Reporter (m)**
to rest **sich ausruhen**
right of way **Vorrecht (n)**

S

sad **traurig**
the same **dasselbe**
satisfied **zufrieden**
Saturday **Samstag (m)**
to say **sagen**
secretary **Sekretärin (f)**
school **Schule (f)**
sculptor **Bildhauer (m)**
season **Saison (f)**
to see **sehen**
seller, i.e., an item that is selling
     well **Verkaufsschlager (m)**
to settle **sich niederlassen**
to shave **sich rasieren**
she **sie**
sheep **Schaf (n)**

silly **dumm**
to shine **scheinen**
short **kurz**
to show **zeigen**
shrewd **schlau**
silence **Ruhe (f)**
since **seit**
sister **Schwester (f)**
to sleep **schlafen**
to smoke **rauchen**
so **so**
some **einige**
sometimes **manchmal**
soon **bald**
I am sorry **es tut mir leid**
sound **Laut (m)**
to sound **klingen**
southern **südlich**
to spend **ausgeben**
splendid **glänzend**
spoon **Löffel (m)**
I cannot stand it **ich kann es nicht
     aushalten**
to start **anfangen**
to stay **bleiben**
Stop it! **Hör auf!**
street **Straße (f)**
strong **stark**
to study **studieren**
suit **Anzug (m)**
sun **Sonne (f)**
Sunday **Sonntag (m)**
sunset **Sonnenuntergang (m)**
superfluous **überflüssig**
to surpass **übertreffen**
stage **Bühne (f)**
still **noch immer**
structural **baulich**
success **Erfolg (m)**
surgeon **Chirurg (m)**

T

to take **nehmen; dauern**
to take along **mitnehmen**
to take a bow **sich verbeugen**
to talk **reden**
tea **Tee (m)**
to tempt **reizen**
terrific! **unerhört!**
to thank **danken**
many thanks **vielen Dank**
that (demon. pronoun) **das**
that (sub. conj.) **daß**
at that time **damals**
the **der, die, das**
there **dort**
there are, there is **es gibt**
therefore **deshalb**
they **sie**
I think **ich glaube**
three **drei**
thirteen **dreizehn**
this **dieser, das**
to threaten **drohen**
through **durch**
to throw out **hinauswerfen**
time **Zeit (f)**
to **zu**
today **heute**

together **zusammen**
tomorrow evening **morgen abend**
toothache **Zahnweh (n)**
topic **Thema (n)**
torte **Torte (f)**
total **total**
it touches him **es berührt ihn**
tourist **Tourist (m)**
toward the end **gegen Ende**
to translate **übersetzen**
travel agency **Reisebüro (n)**
trip **Reise (f)**
to turn around **sich umdrehen**
twenty **zwanzig**
typical **typisch**

U

uncle **Onkel (m)**
to understand **verstehen**
unemployment **Arbeitslosigkeit (f)**
unlimited **unbegrenzt**
usher **Platzanweiser (m)**
his utmost **sein Möglichstes**

V

vehicle **Fahrzeug (n)**
very **sehr**
view **Aussicht (f)**

W

to wait **warten**
waitress **Kellnerin (f)**
to want to **wollen**
warm **warm**
to wash **waschen**
watch **Uhr (f)**
watch out **nehmt euch in acht**
we **wir**
to wear **tragen**
weather **Wetter (n)**
week **Woche (f)**
well-behaved **brav**
what **was**
whenever **wann immer**
where **wo**
which **der; welcher**
while **während**
to whisper **wispern**
who **wer**
whole **ganz**
why **warum**
wind **Wind (m)**
window **Fenster (n)**
with **mit**
without **ohne**
woman **Frau (f)**
No wonder! **Kein Wunder! (n)**
wonderful **wunderbar**
wool trade **Wollhandel (m)**
nothing worth talking about **nicht
     der Rede wert**
to work **arbeiten**
worth **wert**
year **Jahr (n)**
yesterday afternoon **gestern
     nachmittag**
yet **noch**
you **du, Sie**
young **jung**

Strong and irregular verbs

INFINITIVE	3RD PERS. SINGULAR	PAST TENSE	PAST PARTICIPLE	ENGLISH MEANING
beginnen	beginnt	begann	begonnen	to begin
bieten	bietet	bot	geboten	to offer
bitten	bittet	bat	gebeten	to ask
blasen	bläst	blies	geblasen	to blow
bleiben	bleibt	blieb	ist geblieben	to stay
brechen	bricht	brach	gebrochen	to break
brennen	brennt	brannte	gebrannt	to burn
bringen	bringt	brachte	gebracht	to bring
denken	denkt	dachte	gedacht	to think
einladen	lädt ein	lud ein	eingeladen	to invite
empfehlen	empfiehlt	empfahl	empfohlen	to recommend
essen	ißt	aß	gegessen	to eat
fahren	fährt	fuhr	ist gefahren	to drive, travel
fallen	fällt	fiel	ist gefallen	to fall
fangen	fängt	fing	gefangen	to catch
finden	findet	fand	gefunden	to find
fliegen	fliegt	flog	ist geflogen	to fly
frieren	friert	fror	gefroren	to freeze
geben	gibt	gab	gegeben	to give
gehen	geht	ging	ist gegangen	to go
genießen	genießt	genoß	genossen	to enjoy
gewinnen	gewinnt	gewann	gewonnen	to win
haben	hat	hatte	gehabt	to have
halten	hält	hielt	gehalten	to hold
helfen	hilft	half	geholfen	to help
kennen	kennt	kannte	gekannt	to know
klingen	klingt	klang	geklungen	to sound
kommen	kommt	kam	ist gekommen	to come
lassen	läßt	ließ	gelassen	to let, allow
laufen	läuft	lief	ist gelaufen	to run
mögen	mag	mochte	gemocht	to like
müssen	muß	mußte	gemußt	to have to
nehmen	nimmt	nahm	genommen	to take
pfeifen	pfeift	pfiff	gepfiffen	to whistle
raten	rät	riet	geraten	to advise
rennen	rennt	rannte	ist gerannt	to run
riechen	riecht	roch	gerochen	to smell
rufen	ruft	rief	gerufen	to call
schaffen	schafft	schuf	geschaffen	to create
scheinen	scheint	schien	geschienen	to shine
scheren	schert	schor	geschoren	to shear
schlafen	schläft	schlief	geschlafen	to sleep
schlagen	schlägt	schlug	geschlagen	to beat
schließen	schließt	schloß	geschlossen	to close
schmeißen	schmeißt	schmiß	geschmissen	to throw
schneiden	schneidet	schnitt	geschnitten	to cut
schreiben	schreibt	schrieb	geschrieben	to write
schreien	schreit	schrie	geschrien	to shout
schwimmen	schwimmt	schwamm	geschwommen	to swim
sehen	sieht	sah	gesehen	to see

sein	ist	war	ist gewesen	to be
singen	singt	sang	gesungen	to sing
sitzen	sitzt	saß	gesessen	to sit
sprechen	spricht	sprach	gesprochen	to speak
springen	springt	sprang	ist gesprungen	to jump
stehen	steht	stand	gestanden	to stand
stehlen	stiehlt	stahl	gestohlen	to steal
steigen	steigt	stieg	ist gestiegen	to climb
sterben	stirbt	starb	ist gestorben	to die
streichen	streicht	strich	gestrichen	to spread
treffen	trifft	traf	getroffen	to meet
treten	tritt	trat	ist getreten	to step
trinken	trinkt	trank	getrunken	to drink
tun	tut	tat	getan	to do
verbergen	verbirgt	verbarg	verborgen	to hide
verderben	verdirbt	verdarb	verdorben	to spoil
vergessen	vergißt	vergaß	vergessen	to forget
vergleichen	vergleicht	verglich	verglichen	to compare
verlieren	verliert	verlor	verloren	to lose
waschen	wäscht	wusch	gewaschen	to wash
werden	wird	wurde	ist geworden	to become
werfen	wirft	warf	geworfen	to throw
wissen	weiß	wußte	gewußt	to know
zerreißen	zerreißt	zerriß	zerrissen	to tear apart
ziehen	zieht	zog	gezogen	to pull, move

Pronunciation Guide

I. Vowels

The symbol ¯ above a vowel will be used to indicate a long vowel.

The symbol ˘ above a vowel will be used to indicate a short vowel.

1. A German vowel is long
   a. if it is followed by a single consonant:
      ā   **Nāme** (as in father), name
      ē   **lēsen** (as in late), to read
      ī   **Maschīne** (as in machine), machine
      ō   **lōben** (as in bone), to praise
      ū   **Schūle** (as in fool), school
   b. if it is doubled; this occurs only with *a, e,* and *o.*
      Saāl (as in Saab), hall
      Meēr (as in fair), ocean
      Boōt (as in load), boat
   c. if it is followed by a silent *h:*
      Hāhn (as in father), rooster
      sēhr (as in share), very
      īhn (as in lean), him
      Sōhn (as in loan), son
      Schūh (as in blue), shoe
   d. if it is followed by a silent *e;* this occurs only after an *i:*
      Dīeb (as in creep), thief

      e. if it is followed by *β* (scharfes *s*) and another vowel:
         Straße (as in shah), street
  2. A German vowel is short
      a. if it is followed by more than one consonant or a double consonant:

ă	**dann** (as in con), then
ĕ	**Gĕld** (as in held), money
ĭ	**Lĭnse** (as in pins), lens
ŏ	**ŏft** (as in often), often
ŭ	**nŭll** (as in bull), zero

      b. if it is an *e* in the last syllable of a word that ends with: *-e, -el, -en,*
         -er:

allĕ	all
Himmĕl	sky
gehĕn	to go
bittĕr	bitter

      c. if it is an *e* in an inseparable prefix like *be-, emp-, ent-, er-, ge-, ver-,*
         zer-:

bĕsítzen	to own	**ĕmpféhlen**	to recommend
ĕntlássen	to discharge	**ĕrhálten**	to receive
gĕséhen	seen	**verzéihen**	forgive
zĕrréißen	to tear apart		

Important: The long German ē is the sound you hear in the English *heir*.
The long German ō is the sound you hear in the English *four*. There is *no off-glide*
sound.
  3. An Umlaut is indicated by two dots above the vowel, as in:
      ä **Hӑnde** (hands); this should be pronounced as if spelled *Hende;* there is no
         difference in pronunciation between *ä* and *e*.
      ö **schōn** (beautiful); your lips have to be rounded and pushed forward force-
         fully. Imagine sucking a lemon as you pronounce this.
      ü **grün** (green); do what you did when producing the *ö* only more so. Your
         mouth has to shrink to a little round hole through which the *ü* has to pass.
         (Both the *ö* and the *ü* were explained in Chapter 1.)
Please note: The rules as to whether a vowel is long or short apply to the umlauts
as well.
  4. Diphthongs are pairs of vowels:

au	**Haus** (as in mouse), house
äu	**Häuser** (as in oil), houses
eu	**deutsch** (as in foil), German

Please note: There is absolutely no difference in pronunciation between *äu* and
eu; they are both pronounced like *oi* in oil or coil.

ai	**Mai** (rhymes with lie), May
ei	**klein** (rhymes with mine), little.

There is no difference in the pronunciation of *ai* and *ei*.

II. Consonants

b, d, g	are generally pronounced the same way as in English, *except* at the end of a syllable and before a consonant:
b	**gāb** (as if spelled **gāp**), gave
	gĭbt (as if spelled **gĭpt**), gives
d	**Lӑnd** (as if spelled **Lӑnt**), land
g	**sāg** (as if spelled **sāk**), say
	sāgt (as if spelled **sākt**), says

c	is used mostly in words that have a *ch* or *sch*. In foreign words before an *e* or *i* it is pronounced *ts*, otherwise like *k*.
f, g, h, *k, m, n,* *p, t*	are pronounced as in English.
j	**Jähr** (year); the German *j* is pronounced like the English *y* in year.
l	should be pronounced with the tip of your tongue against the back surface of your upper front teeth. As pointed out in Chapter 1, it should sound like the flat *l* in *William*.
q	As in English, occurs only before *u*, and *qu* is pronounced *kv*.
r	Try to roll the *r* the way a Scotsman does.
s	Before a vowel, *s* sounds like the English *z* in zipper. **Sommer** (as if spelled **zŏmmĕr**), summer **Nase** (as if spelled **Nāzĕ**), nose Elsewhere it should sound like an English *s*.
ß (scharfes s)	is pronounced like an English *s*. It follows a long vowel or diphthong; it also stands before a consonant and at the end of a word. **weiß** (pronounced like the English *vise*), white. **läßt** (rhymes with guest), lets.
v	is to be sounded exactly like the letter *f:* **Vater** (as if spelled **Fātĕr**), father, *except* in words of foreign origin: **Vase (Vāsĕ)**, vase
w	is pronounced like the English *v:* **Winter** (pronounced **Vĭntĕr**), winter
x	sounds like *ks*.
y	sounds like the umlaut *ü*. If it occurs as the last vowel in a first name, it is sounded like a short *i* (Anny).
z	must be pronounced like the last two letters in *cats*. But it also occurs at the beginning of a syllable: **Zimmer** (as if spelled **Tsĭmmĕr**), room; **Zahn** (as if spelled **Tsān**), tooth

III. Consonant Combinations

ch (the one)	sounds like the *ch* in the Scotch *loch*, and occurs only after the vowels *a, o, u* and the diphthong *au:* **Băch** (brook), **nŏch** (still), **Gerŭch** (smell), **Bauch** (belly);
ch (the other)	sounds like an exaggerated *h* in *Hugh*. It occurs after *e, i, n, l, r,* also after *ie, ä, ö, ü, ei,* and *eu*. **Pĕch** (pitch), **mĭch** (me), **München** (Munich), **wĕlcher** (which), **Lĕrche** (lark)
chs	sounds like *ks* **Fuchs** (as if spelled **Fŭx**), fox
sch	sounds the same as the English *sh*.
ck	the same as k
sp, st	at the beginning of words or word stems are pronounced *schp scht:* **Spitze** (as if spelled **Schpĭtse**), point; **Stelle** (as if spelled **Schtĕlle**), place.
th	always like *t:* **Theater** (as if spelled **Tēăter**), theater.